近代国语运动研究

崔明海 ◎ 著

安徽师范大学出版社
·芜湖·

图书在版编目（CIP）数据

近代国语运动研究 / 崔明海著. — 芜湖: 安徽师范大学出版社, 2018.2
ISBN 978-7-5676-2780-2

Ⅰ.①近… Ⅱ.①崔… Ⅲ.①汉语史 – 研究 – 近代Ⅳ.①H1-09

中国版本图书馆CIP数据核字（2017）第055841号

近代国语运动研究

崔明海　著

责任编辑：胡志立
装帧设计：王　彤
出版发行：安徽师范大学出版社
　　　　　芜湖市九华南路189号安徽师范大学花津校区
网　　址：http://www.ahnupress.com/
发 行 部：0553-3883578　5910327　5910310（传真）
印　　刷：虎彩印艺股份有限公司
版　　次：2018年2月第1版
印　　次：2018年2月第1次印刷
规　　格：700 mm×1000 mm　1/16
印　　张：20.5
字　　数：336千字
书　　号：ISBN 978-7-5676-2780-2
定　　价：59.00元

如发现印装质量问题，影响阅读，请与发行部联系调换。

目　　录

绪　　论

一、选题旨趣

近代中国是一个倡言"改革"与"革命"的时代，汉字、汉语因近代中国的国势衰微而被"问题化"，具有特定的历史语境。晚清以降，在民族危机日益深重的政治背景下，汉字和文言被时人认为是民智开启和国家强盛的巨大阻碍，而方言的纷杂亦不利于现代民族-国家的建构。在"言文一致"和"语言统一"口号的催动下，众多知识分子为改革汉字、推行白话文和统一方言而发动的语文改革运动，史称"国语运动"。

胡适既是近代国语运动的倡导者，又是这个运动的历史叙述者。1921年，他在安庆第一师范和商务印书馆开办的国语讲习所的公开演讲中，就对从清末开始的语文改革运动的历史脉络作了宏观勾勒。他指出，国语运动的第一期是清季白话报时代，以白话作为"开通民智"的利器。第二期是同时代的简字（切音字）运动时期，以简字作为不识字人求知识的利器。第三期是国语时期，有国语研究会、国语统一筹备会等研究国语的机关，用注音字母来拼各地的音，再编国语教科书。第四期是国语的文学时期。第五期是国语的联合运动时期，这一时期是把以前的白话报、字母、国语教科书、国语文学的运动联合起来，共同发展[1]。按照胡适的思路，国语运动的主将黎锦熙在《国语运动史纲》一书中对这一运动的发展历程作

---

[1] 曹伯言整理：《胡适日记全编》(1919—1922)，合肥：安徽教育出版社，2001年，第414页；胡适：《国语运动的历史》，《教育杂志》第13卷第11期，1921年11月20日。

了更为具体的总结和呈现。他将国语运动分为四期，第一期是切音字运动时期（1892—1899），以卢戆章、蔡锡勇、沈学、王炳耀等人所创的切音新字为代表。第二期是简字运动时期（1900—1911），以王照的官话字母和劳乃宣的简字为代表。第三期是注音字母与新文学联合运动时期（1912—1923），在这一期，由改革派知识分子组织成立读音统一会和国语统一筹备会来实践他们的改革理念，如创制注音字母、研究国语，推行白话文教科书等。第四期是国语罗马字与注音符号联合推进运动时期（1924—1934），这一时期南京国民政府大学院公布了国语罗马字，确定了以北京话为基础方言的标准国语，开始推行注音符号和国语[①]。本文所指的国语运动大致不离胡适和黎锦熙所言，但在时间、空间和内涵层面都有所延伸和扩展。

清季以来的国语运动表面上虽为一场语言文字改革运动，但它与民族主义、国家建构、政治权力、文化改革和社会变迁等议题有着诸多联系，包括语文改革与国民启蒙、国家整合与地方政治、精英文化与大众文化、世界化与民族化、传统与现代等多重内涵，不啻为一场社会政治运动。语言文字关乎国家、民族和个体的生存和发展方式，它在很大程度上又形塑和推动着中国政治、历史和文化的形成和演变。在众多改革思潮和社会运动中，国语运动无疑对近代中国的历史进程产生了巨大影响。

2001年1月1日，《中华人民共和国国家通用语言文字法》于新世纪的开局之年正式施行。可以说，这标志着中国历经百年的文字改革史落下帷幕，简体字、普通话、白话文取得了国家层面的法律地位，汉字拼音化运动也宣告停止。不过，学术界对于中国百年文字改革史的反思和研究远没有结束。语文改革是中国文化改革和国家建设的重要议题，与中华文明和民族国家的整体利益休戚相关。从历史学角度考察和总结近代国语运动的缘起、改革内容、推广过程和历史经验，探究我们正在经历的语言文字的现实世界是如何形成的前因，正是本项研究的重要立足点。从实践价值而言，不但有益于中国近代文化史、思想史的研究，对当代中国的语言文字规划工作和文化建设亦有着现实借鉴意义。

---

① 黎锦熙：《国语运动史纲》，上海：商务印书馆，1934年。

二、研究综述

1949年之前，黎锦熙的《国语运动史纲》一书是研究近代国语运动的奠基之作。新中国成立后，为配合国家建设、文化革命和大众扫盲，民国时期一些主张语文改革的知识分子和革命家，如黎锦熙、吴玉章、陈望道、倪海曙等人由分歧走向聚合，继续推进汉字改革，这也是倪海曙的《清末汉语拼音运动编年史》①成书的政治和社会语境。为了给新中国成立初期的文字改革寻求更多的历史资源，《清末汉语拼音运动编年史》一书按照时间顺序，对清季拼音运动的二十年历史（1891—1911）中诸多切音简字创制者的汉字改革思想和各种拼音方案作了详细的研究。概而观之，黎、倪二人的著作基本厘清了清季切音字运动以至20世纪30年代国语运动的宏观历史，对各家拼音方案的特点、国语运动不同时期的组织机构、民国政府的法令措施等等作了梳理和总结，为后世辑存了近代语文改革的珍贵史料。在西方汉学界，美国汉学家和语言学家德范克（John DeFrancis，1911—2009）对中国的语文改革运动关注较早，在20世纪40年代初，他就曾致信中国学界，询问有关中国文字改革的问题②。其后，他又出版相关著作，探讨了中国的语言改革与民族主义的问题③。改革开放以后，有关近代国语运动的研究逐渐深入。

（一）国语运动兴起的背景、原因和目的

台湾学者王尔敏指出，国语运动是当时文字改革家寻求知识普及化以及富国强民的现代化改革方案，这一举动从一个侧面反映出在西潮冲击和国家沦亡之际，近代知识分子民族自信心的丧失④。美国学者W.K.Cheng有

---

① 倪海曙：《清末汉语拼音运动编年史》，上海：上海人民出版社，1959年。新中国成立前，倪海曙还著有《中国拼音文字运动史简编》一书（上海：时代书报出版社，1948年），该书对从清季以来的切音字运动、国语运动和拉丁化运动的总体面貌有所概述。

② 《答复美国John DeFrancis君关于中国文字改革的问题》，倪海曙编：《中国语文的新生——拉丁化中国字运动二十年论文集》，上海：时代书报出版社，1949年。

③ John DeFrancis, *Nationalism and Language Reform in China*, Princeton: Princeton University Press, 1950.

④ 王尔敏：《中国近代知识普及化之自觉及国语运动》，《"中央研究院"近代史研究所集刊》（台北）1982年第11期。

关清季语言改革的研究则突出了这场运动的"启蒙"和"统一"双重诉求。另外，他的研究还揭示了西方传教士对晚清切音字运动的外在影响①。汪林茂将清末切音字运动置于民族主义视野中加以考察。他指出，中日甲午战争之后，知识分子的文字改革思想发生了重大变化，他们按照工具理性的思路开展了文字改革运动，这股趋势在客观上直接导向"欧化主义"和无政府主义者"废除汉文"的主张。他认为，这场文化运动的本质是以民族主义为外在动力逐渐深化为以民族主义为内在灵魂的历史进程②。赵黎明则指出，工具主义、进化主义和世界主义是晚清和五四时期语文变革的三大动力。语文运动家以工具主义、进化主义和世界主义为理论号召，实现了中国语文的现代性转变。由这三大理论原则演绎的工具理性、进步原则和世界视野本身又成为中国语文现代性的内在素质。在现代民族国家建构的历史进程中，这些因素与民族主义、民主主义一起共同推动了中国语文现代化的发展③。

王东杰将清季切音字运动置入中西学战的背景下，详细考察了切音字创制者在进化论思想的影响下，将民智的低下归之于汉字的繁难，并与国家生死存亡相勾连，这无疑增强了汉字改革的合法性。在文字观上，改革者将汉字的功用降低到符号性的工具地位，以为汉字是表意文字，并不随声而变，阻碍了言文一致，而切音字的创制正可以走向拼音化，实现言文一致，利于教育普及化。这一工具性的文字观实是声音中心主义的极端表现，也是近代文字改革的重要理论资源④。而王东杰的研究视角开始有了转换，他超越此前线性的语文现代化理论和革命史观的叙事模式，将清季切音字运动放回到历史现场，对当时支持和反对汉字改革的多重复杂的声音

---

① W.K.Cheng,"Enlightenment and Unity: Language Reformism in Late Qing China", Modern Asian Studies35,2(2001).

② 汪林茂：《清末文字改革：民族主义与文化运动》，《学术月刊》2007年第10、11期；汪林茂：《工具理性思路下的清末文字改革运动》，《浙江大学学报》（人文社会科学版）2008年第5期。

③ 赵黎明：《工具主义·进化主义·世界主义：论晚清至五四语文运动的现代性动力》，《重庆师范大学学报》（哲学社会科学版）2008年第2期。

④ 王东杰：《从文字变起：中西学战中的清季切音字运动》，《中山大学学报》（社会科学版）2009年第1期。

都有所呈现①。

刘进才的《语言运动与中国现代文学》一书对国语运动有不少精辟的论述，并梳理了晚清以降废除汉字的语言变革思潮。他指出，国语运动既是以普及教育、动员民众、挽救危亡、富强国家为目的，又蕴涵着完善民族文化符号系统，促进民族文化革新与发展的现代性旨归。另外，国语运动所倡导的言文一致和国语统一也推动了中国近代民族国家建设②。刘春研究了从清末至五四时期汉字改革的现代性诉求。他指出甲午战败后，中国许多知识分子把国家的危亡与汉字的繁难联系起来，清末至五四时期出现的变革汉字的呼声与实践，体现出汉字改革派对于启迪民智，培养具有现代素质的国民，输入西方现代文明，实现国家富强的现代性诉求③。袁先欣、村田雄二郎以五四时期国语统一论争为切入点，对国语运动与民族主义的关系亦有深入分析和反思④。

(二)清末与五四时期的白话文运动

清末和五四时期的白话文运动是近代中国语文改革的重要组成部分，但这两个时期的白话文运动既有不同，亦有密切联系。支持白话文学革命的当事人更多的是看到它们之间存在的差异。胡适在1922年就评价说，清季有人提倡白话报，有人提倡白话书，有人提倡官话字母，有人提倡简字字母，这些人可以说是"有意的主张白话"，但不可以说是"有意的主张白话文学"。因为他们将社会分作两个部分，一边是应该用白话的"他们"——齐氓细民，另一边是做古文古诗的"我们"——士大夫。而1917年以来的文学革命运动才是有意的主张白话文学，白话新文学革命没有"他们""我们"的区别，白话乃是创造中国文学的唯一工具⑤。周作人和蔡

---

① 王东杰：《一国两文：清季切音字运动中"国民"与"国粹"的紧张》，《学术月刊》2010年第8、9期。

② 刘进才：《语言运动与中国现代文学》，北京：中华书局，2007年；刘进才：《国语运动与现代民族国家的想象》，《人文杂志》2010年第4期。

③ 刘春：《清末至五四时期汉字改革的现代性诉求》，《江汉论坛》2011年第1期。

④ 村田雄二郎：《五四时期的国语统一论争——从"白话"到"国语"》，赵京华译、王中忱等编：《东亚人文·第一辑》，北京：生活·读书·新知三联书店，2008年；袁先欣：《语音、国语与民族主义：从五四时期的国语统一论争谈起》，《文学评论》2009年第4期。

⑤ 胡适：《五十年来中国之文学》(1922年3月3日)，欧阳哲生编：《胡适文集》(第3卷)，北京：北京大学出版社，1998年，第252页。

元培在不同场合亦有相似的评述①。后来的研究者对这两个时期的白话文运动也有不少再研究，但大致不离胡适和周作人等人的观点。相关研究都指出，清季白话文运动暗含了平民/精英二元语言秩序观，而新文学革命提倡一元语言价值观②。

　　作为新文化运动的倡导者，胡适等人对晚清与五四白话文运动之间的差异有较多论述，但对它们之间的联系认识不足。谭彼岸很早就指出，晚清白话文运动是五四白话文运动的前驱，有了这前驱的白话文运动，五四时期的白话文才有历史根据。他认为胡适为凸显自己在新文学革命中的功绩，故意隔断历史，写了一部模糊阶级性的白话文学史③。谭彼岸的观点受建国初期批判胡适的政治氛围的影响，对胡适的评价有失公允。不过，晚清与五四白话文运动之间的联系逐渐得到不少研究者的重视。陈万雄在研究五四新文学的源流时指出，晚清白话文运动与五四时代的白话文运动，确是一脉相承，不能分割。五四白话文运动的倡导者，如蔡元培、陈独秀、胡适、钱玄同等人曾在晚清时代主持过白话报，这是清末白话文运动与五四白话文运动具有内在联系的最好证明④。李孝悌也认为，白话文在清末最后十年的发展是中国近代白话文运动史真正的开端。五四白话文运动是清末发展的延伸和强化⑤。还有不少研究者也指出，晚清声势浩大的白话文运动激起了巨大的社会和心理变化，为五四白话文运动奠定了理论和实践上的基础⑥。

　　白话文取代文言文占据主流书面语地位是近代文化转型的标志之一，

---

① 周作人讲校、邓恭三记录：《中国新文学的源流》，北平：人文书店，1932年；蔡元培：《〈中国新文学大系〉总序》（1935年8月6日），高平叔编：《蔡元培全集》（第6卷），北京：中华书局，1988年。

② 夏晓红：《晚清白话文运动》，《文史知识》1996年第9期；高玉：《对五四白话文学运动的语言学再认识》，《中国现代文学研究丛刊》2001年第3期；梁桂莲：《对晚清白话文运动的语言认识》，《海南师范大学学报》（社会科学版）2008年第2期；王平：《晚清白话文运动"二元性"语言观再认识》，《首都师范大学学报》（社会科学版）2009年第4期；徐改平：《胡适与晚清文学改良思潮》，《兰州大学学报》（社会科学版）2002年第1期。

③ 谭彼岸：《晚清的白话文运动》，武汉：湖北人民出版社，1956年。

④ 陈万雄：《五四新文化的源流》，北京：生活·读书·新知三联书店，1997年。

⑤ 李孝悌：《胡适与白话文运动的再评估——从清末的白话文谈起》，《清末的下层社会启蒙运动：1901—1911》，石家庄：河北教育出版社，2001年。

⑥ 旷新年：《胡适与白话文运动》，《中国现代文学研究丛刊》1999年第2期；胡全章：《被遮蔽的风景：清末民初北京白话报刊演说文》，《中国图书评论》2011年第8期。

很多学者从不同层面研究了五四时期白话文运动取得成功的原因。张积玉研究了《新青年》杂志对现代白话文运动的兴起和发展所产生的巨大推动作用。他指出，《新青年》凭借自身的舆论传播力量，运用各种传播技巧，催生和推动了现代白话文运动，从而使现代白话文在短短几年时间之内，彻底取代了文言文在书面语言中的正统地位①。汤文辉、黄斌从社会运动、传播技术与符号体系之间复杂的互动关系角度研究了白话文运动成功的媒介学原因。他们指出，符号体系在一定程度上被传播技术所决定，雕版印刷术有限的传播能力和技术支持了文言文占据数千年的正统地位，而晚清以来机械活字印刷术拥有强大的生产能力，借助白话文运动，机械活字印刷术获得了大批量生产所必需的读者群和市场，并取代了雕版印刷术的主导地位。这为白话文取代文言文提供了技术条件②。郑瑞萍认为，五四时期白话文运动取得很大成功，有三个关键要素：一是晚清白话文的发展为五四白话文运动做了铺垫；二是国语运动与文学革命的合流推动了白话文运动；三是现代知识分子的人格和精神力量也是五四时期产生思想革命和现代文化转型的重要推动因素③。

（三）知识分子与国语运动

国语运动的推广主要得力于知识分子的积极倡导和推动，因此，这一群体日益受到学界的重视。卢戆章是清季切音字运动的第一人，1892年他的《中国第一快切音新字》在厦门出版，开启了近代汉语拼音化运动的先河。陈立中分析了卢戆章创制切音字的思想来源和社会环境。他指出，卢戆章因自幼生活在教会方言罗马字流行最早、最盛的厦门，西方传教士用方言罗马字翻译《圣经》，对教民进行扫盲教育，这对卢氏有比较大的影响④。王照是清季官话合声字母的创制者，这个官话简字在北方影响甚大。周敏之以王照作为研究对象，在其博士论文中详细论述了王照在清季切音

---

① 张积玉、杜波：《〈新青年〉与现代白话文运动》，《厦门大学学报》（哲学社会科学版）2004年第2期。
② 汤文辉、黄斌：《印刷术与文、白之争——白话文运动的媒介学分析》，《浙江学刊》2007年第4期。
③ 郑瑞萍：《论五四白话文运动的发生与发展》，《山东理工大学学报》（社会科学版）2011年第1期。
④ 陈立中：《近代国语运动的急先锋卢戆章》，《文史知识》1994年第9期。

字改革中的作用和贡献。他指出，王照是中国近代主张和平改革的重要人物，以教育为本位的改革思想支配他一生的言论和活动。王照从戊戌变法和义和团运动中吸取教训，进一步认识到民众在社会变革中的作用和普及教育的重要性。他从事文字改革工作，为普及教育创造利器，为中国的文字改革和教育普及做出了重要的贡献①。还有学者研究了梁启超的文字改革思想，认为梁启超考究日本和西方文字、文体的变迁，从进化论角度主张改良汉字②。

　　1917年以后国语运动和新文学运动合流，胡适、黎锦熙、吴稚晖等人逐渐成为国语运动的主要推动者。韩立群研究了胡适的国语教育思想。他认为，胡适国语教育工具论的主体内容是语文教育工具进化论和语文教育工具建设论③。许家鹏指出，白话文运动与胡适的实用主义哲学之间存在着密不可分的关系，这一哲学基础作用于白话文运动的实践，具体表现为对语言的内在价值的漠视，以彻底的工具主义观点看待古文与白话及语文改革④。杨庆惠、梁容若概述了黎锦熙在国语运动中的事迹和贡献⑤。郑亚捷对黎锦熙的边疆民族语文教育思想有初步的研究，中国是个多民族的国家，边疆各少数民族的语言与汉族不同。黎锦熙对边疆语文教育问题提出了相关建议，即在已有的注音符号的基础上，增加"方音符号"，并且主张通过以注音符号为中介，编写国语边语四行体的教科书，在基础教育阶段培养双语之间的沟通能力⑥。黎锦晖是黎锦熙的弟弟，亦配合其兄，积极投身国语运动。黎泽渝指出，黎锦晖在修订注音符号、校订《国音字典》、推行国语和创拟国语罗马字等方面都有积极的贡献⑦。吴稚晖是国民党元老，同时亦是南京国民政府语言规划机构的主要领导者之一，对国语运动的影响

---

① 周敏之：《王照研究》，长沙：湖南人民出版社，2002年。
② 高扬：《梁启超的文字改革观及近代日本的影响》，《湖湘论坛》1999年第1期。
③ 韩立群：《胡适的国语教育工具论及其实践》，《山东社会科学》1998年第2期。
④ 许家鹏、车金荣：《胡适实用主义哲学与白话文运动》，《华侨大学学报》（人文社会科学版）2002年第3期。
⑤ 杨庆惠：《语文学术上的一位划时代的宗师黎锦熙先生》，《北京师范大学学报》（社会科学版）1998年第6期；梁容若：《黎锦熙先生与国语运动》，《文史精华》1996年第4期。
⑥ 郑亚捷：《国语运动视野中的"边疆特殊语文"》，《中国现代文学研究丛刊》2008年第4期。
⑦ 黎泽渝：《著名音乐家黎锦晖先生对国语运动的贡献》，《北京师范学院学报》（社会科学版）1992年第6期。

甚大。黄晓蕾的《吴稚晖和中国现代语言规划》①一文概述了吴稚晖从清末至20世纪中期的语言规划思想、实践的成就和不足。詹玮所著《吴稚晖与国语运动》②一书则比较详细地研究了吴稚晖文字改革思想的来源、发展以及他在整个20世纪国语运动中的贡献。于锦恩研究了吴稚晖在汉语拼音制定方面的指导思想③。高振兰简述了蔡元培统一国语的思想，他认为蔡元培想通过统一国语以达到挽救民族和国家危亡，实现国家统一之目的④。

在近代国语运动中，章太炎的弟子钱稻孙、马裕藻、朱希祖和钱玄同等人起了很大的推动作用。朱元曙通过研究朱希祖日记等第一手史料后指出，在国语运动初期，从日本留学归来的章门弟子们在读音统一会和学界大放异彩，朱希祖也首次在全国学界赢得声誉⑤。刘贵福研究了钱玄同的语文改革思想。他认为，在新文化运动时期，钱玄同废除汉字的论调，是其反传统和"全盘承受欧化"思想的具体表现⑥。卢毅认为，在中国近代语言文字的改革实践中，钱玄同虽曾提出过废除汉字的偏激主张，产生了一些不良影响，但他很快就纠正了这一错误，并在罗马字拼音与简体字两方面均取得了丰硕的研究成果，为后人的探索提供了宝贵的经验教训。尤其是他所主持编订的"国语罗马字拼音法式"以及《简体字表》，为新中国成立后制定《汉语拼音方案》和《汉字简化方案》奠定了坚实的基础⑦。

（四）国语运动在地方社会的开展及其影响

近年来，学界对国语运动在地方社会的宣传推广史亦有所涉及。王东杰研究了清末官绅推行切音字的经过和成效。他指出，清末切音字运动从改革观念的传播到付诸实践，一度呈现蓬勃趋势，但随着简易识字学塾政策的推行而逐渐式微，实际效果并不可观⑧。王曦研究了近代福建切音字运

① 黄晓蕾：《吴稚晖和中国现代语言规划》，《语言文字应用》2005年第2期。
② 詹玮：《吴稚晖与国语运动》，台北：文史哲出版社，1992年。
③ 于锦恩：《吴稚晖制定注音字母的指导思想概述》，《语言文字应用》2005年第4期；于锦恩：《简论吴稚晖在国语运动中的地位和作用》，《语文研究》2005年第3期。
④ 高振兰：《论蔡元培统一国语的救国思想》，《党史文苑》2005年第11期。
⑤ 朱元曙：《国语运动中的朱希祖及章门弟子》，《鲁迅研究月刊》2005年第4期。
⑥ 刘贵福：《钱玄同思想研究》，北京：北京师范大学出版社，2011年。
⑦ 卢毅：《钱玄同与近代语言文字改革》，《重庆社会科学》2007年第5期。
⑧ 王东杰：《清末官绅推行切音字的努力与成效》，《四川大学学报》（哲学社会科学版）2011年第4期。

动。他指出，近代福建切音字运动是从闽南方言开始的，也可以说清末的切音字运动是以此为契机的。他概括出福建切音字运动的三个特点：第一，该运动前后历经六十年，其形体变化从汉字笔画式到拉丁字母式，再到速记符号式，最后回归汉字笔画式，集中体现了其创制人期望达到的便于识记、便于书写的共同目的；第二，该运动有一个从拼切方言到拼切官话的发展过程；第三，运动经历了个人奋斗、上书朝廷和民间推行的过程。作者认为，这场运动虽因不彻底性而失败，但推行切音字方案，为扫除文盲和推广"官话"起到一定的作用①。

喻忠恩对民国时期广东国语运动做了对比研究。他指出，20世纪20年代后期的广东国语运动随着国民革命军北伐以及国民政府的北迁，此前声势浩大的国语运动开始发生逆转。广东籍国民党要人以粤语为载体的正统意识，以及凭借这种意识对政治话语权的争夺，是造成这一时期广东国语运动成效甚微的主要原因。而"两广事变"后，国语运动的声势与规模前所未有，达到了民国时期广东国语运动的顶峰。但是，这次国语运动也没能对广东普及国语产生实质性的影响。这次国语运动在很大程度上是广东当局为适应广东新形势变化而开展的一次政治运动②。

光复初期台湾的国语运动是近年来台湾和大陆学界研究的一个热点问题。蔡明贤认为国民政府接收台湾后，强力禁绝日文日语，引起若干台籍人士的反感，但此次国语运动使得台湾本土的方言得以恢复，并以方言辅助国语教学③。汪毅夫则从宏观层面回顾了光复初期台湾国语运动从官方筹划、民众自发到学者主导的发展情形，并对魏建功等语文学术专家在台的国语学术理念和实践做了研究④。鲁国尧介绍了台湾光复初期国语推行的简况，叙述了《国音标准汇编》的内容梗概，以及魏建功等人对台湾国语运

---

① 王曦：《近代福建切音字运动史论——切音字运动和汉字改革》，《泉州师范学院学报》(社会科学版)2001年第5期。

② 喻忠恩：《政治话语与语言教育：20世纪20年代后期的广东国语运动》，《井冈山大学学报》(社会科学版)2010年第5期；喻忠恩：《"两广事变"后的广东国语运动》，《开放时代》2009年第4期。

③ 蔡明贤：《战后台湾的语言政策(1945—2008)——从国语运动到母语运动》，台湾中兴大学历史学所硕士论文，2009年。

④ 汪毅夫：《魏建功等"语文学术专家"与光复初期台湾的国语运动》，《东南学术》2002年第6期。

动的贡献[1]。黄英哲探讨了魏建功在光复后台湾国语运动中的重要功绩[2]。马学磊基本肯定了国民政府在台湾光复初期大力推行国语运动的举措。他认为这场运动弘扬了民族文化。不过，陈仪政府在推行国语的过程中，强制性地将语言和政治结合，加剧了台湾民众与大陆入台者的政治对立[3]。仇志群和范登堡的《台湾推行国语的历史和现状》一文概述了从20世纪40年代至90年代，台湾推行国语几个不同阶段的特点。作为一项长期的语言政策，台湾推行国语已经取得了很大成效，基本达到了普及程度，但方言仍是台湾民间社会的主要交际语[4]。

（五）国语运动与拉丁化新文字运动

大体而言，中国近代语文改革史上有两股影响力较大的改革力量，一支是胡适和黎锦熙等人称之为国语运动，该运动始自清末白话报、切音字运动时期以至民国白话文、字母、国语教科书、国语文学的联合运动时期。另一支是在苏联共产党支持下，一些左翼知识分子参与宣传和实践的拉丁化新文字运动。尽管这两股运动在理论基础、组织方式和改革路径（声调符号、国语标准和语言统一方式等问题）上有些不同，但他们都认同中国语文需要改革这个大前提，可谓殊途同归。

一些左翼知识分子倡导的拉丁化新文字运动秉承了从晚清以来历次文字改革的思想，又受到十月革命后苏联境内少数民族文字拉丁化改造和扫盲运动的影响。从20世纪20年代末期开始，在苏联的中共党员和革命知识分子如瞿秋白、吴玉章、林伯渠、萧三等人产生了为中国工人（首先为在苏联远东地区的中国工人）创制简单的汉语拼音文字的思想。较早考虑文字改革问题的瞿秋白在苏联汉学家郭质生、龙果夫、莱赫捷尔等人的协助下，参考了国内的"注音字母""国语罗马字"等拼音方案拟定了北方话（以山东话为主）拉丁化新文字方案。1933年，国内的世界语工作者焦风

---

[1] 鲁国尧：《台湾光复后的国语推行运动和〈国音标准汇编〉》，《语文研究》2004年第4期。

[2] 黄英哲：《魏建功与光复后台湾国语运动（1946—1948）》，刘柏林、胡令远编：《中日学者中国学论文集——中岛敏夫教授汉学研究五十年志念文集》，上海：复旦大学出版社，2006年。

[3] 马学磊：《语言中的政治：台湾光复初期的国语运动》，《温州大学学报》（社会科学版）2009年第6期。

[4] 仇志群：《台湾推行国语的历史和现状》，《台湾研究》1994年第4期。

等人在苏联世界语工作者的协助下，将这个拉丁化新文字方案介绍到国内文化界。1934年8月，世界语工作者叶籁士等人在上海成立"中文拉丁化研究会"，开始了拉丁化新文字的研究、宣传和推广工作①。新文字拉丁化派最详尽的思想言论集中在由倪海曙主编的《中国语文的新生——拉丁化中国字运动二十年论文集》②一书中。

关于新文字拉丁化运动的研究，学者主要以抗日战争时期陕甘宁边区的新文字冬学运动作为研究对象，深入反思和探讨了这场运动兴起、终止原因及其意义。陕甘宁边区于1940年开始在冬学运动中试行新文字教育，1941年新文字冬学运动推行至全边区，但到1942年，新文字冬学实施范围缩小至延安县，1943年新文字推行工作中断。胡现岭正面评价了陕甘宁边区的新文字冬学运动。他指出，新文字冬学运动不但是为了提高广大农民的文化水平，更重要的是向广大边区农民宣传党的政策、纲领、路线，以图达到发动农民投身抗战、提高政治觉悟、巩固边区政权的作用。由于新文字本身存在的诸多问题以及冬学运动本身受到很多客观因素的制约，提高边区群众文化水平的目的未能达到。他认为新文字冬学运动的普遍开展，为新中国成立后制定汉语拼音方案、研究文字改革工作提供了有益的经验③。尚微亦指出，尽管陕甘宁边区推广新文字运动没有取得成功，但不可否认，它是我国进行文字改革的一次具有历史意义的伟大尝试。汉语拼音在新中国成立后之所以能够成功推广，是和吸取陕甘宁边区开展推广新文字运动所取得的宝贵经验分不开的④。

对于新文字冬学停办的原因，王元周等人作了更加深入的分析。他认为新文字和新文字冬学本身都存在着许多问题：第一，作为抗日战争重要

① 萧三：《萧三文集》，北京：新华出版社，1983年，第70页；倪海曙编著：《拉丁化新文字运动的始末和编年纪事》，上海：知识出版社，1987年，第69-85页；焦风：《三十年代中国世界语者介绍拉丁化新文字的一点回忆》，《文字改革》1963年第21期。值得注意的是，拉丁化运动在中苏两国的走向并不一致。列宁逝世之后，斯大林推行大俄罗斯民族主义的国语政策，反对拉丁化，推行斯拉夫化，把苏联境内多种拉丁化新文字一律改成俄语字母。所以，20世纪30年代，当中国境内宣传中文拉丁化的时候，苏联已经放弃拉丁化了。（周有光：《百岁新稿》（修订版），北京：生活·读书·新知三联书店，2014年，第180页。）

② 倪海曙编：《中国语文的新生——拉丁化中国字运动二十年论文集》，上海：时代书报出版社，1949年。

③ 胡现岭：《抗战时期陕甘宁边区的新文字冬学》，《党史研究与教学》2008年第3期。

④ 尚微：《陕甘宁边区推广新文字运动述略》，《教育史研究》2005年第3期。

组成部分，新文字冬学运动是一项群众性的识字运动，但这项运动并不是出于民众自身追求知识的要求。同时，有些领导干部对冬学不够重视；第二，很多知识分子和老百姓初接触新文字，对其社会功用持怀疑态度；第三，到20世纪30年代中期，全盘西化的激烈反传统思想逐渐式微，主张所有文字都必然走向拼音文字的西化观点与日益强烈的民族化潮流存在着潜在的矛盾；第四，新文字的存在没有合适的社会生活环境。在诸多原因之中，作者认为废除汉字这种极端化的主张与民族国家建设这一整体任务之间存在矛盾，这是新文字终未能取代汉字的根本原因①。秦燕则指出，新文字运动的兴衰反映了20世纪三四十年代中国共产党有关国际化、民族化、大众化的理论思考与社会实践②。学者们通过研究陕甘宁边区的新文字冬学运动反思了汉字拼音化改革的得失，历史实践证明废除汉字、实行拼音化的论调脱离了中国实际。

（六）国语运动研究的前瞻

近代国语运动因涉及中国语言和文字改革的诸多方面，它同是语言学、文字学、文学、历史学、教育学等学科的研究对象，但因研究者关注点相异，所要探讨的问题亦有所不同。综观国语运动研究史的推进和发展，和国语运动相关的议题如国语运动兴起的原因，清末民初白话文运动、知识分子与国语运动、国语运动在地方的开展及其影响等方面都得到不同程度的关注，这为以后进一步的研究打下了基础。

胡适、黎锦熙、倪海曙等人皆是文学、语言学和教育学方面的专家，同时亦是此项运动的参与者和支持者，为了给他们所从事的语文改革运动寻求"合法性"，他们对这段历史的研究和呈现就更为积极。不过，其历史叙事亦带有明显的价值偏向，这也使得他们不可避免地窄化和隐蔽了近代语文改革运动的一些面相，如对白话文和汉字拼音化改革持反对意见的人的思想和行动就难以得到全面和客观的记述。后世研究者既要将他们的著述视之为有价值的史料，同时也要再次"文本化"。

20世纪60年代以后，随着新加坡、中国台湾和香港等属于东亚汉字

---

① 王元周：《抗日战争时期陕甘宁边区的新文字冬学运动》，《抗日战争研究》2009年第3期。

② 秦燕：《陕甘宁边区新文字运动兴衰探析》，《中共党史研究》2010年第8期。

文化圈内的国家和地区的经济发展，特别是80年代改革开放以后，中国不断崛起的现实证明了汉字是否拼音化与教育普及化、国家现代化并没有必然的关系。而重估中国传统文化与现代化之间的关系，亦成为学术界的重要议题。这一外在社会情势的转变，使得学界对近代国语运动的研究有了不同的视角和评判标准。随着研究视角的转变和更多材料的发掘，近代国语运动仍有不少问题尚待深入研究。

第一，由于处于特定的历史时代，民族主义思潮对近代中国的政治、经济和文化有着巨大的影响。民族主义与近代消费文化、历史书写、现代医疗卫生和身体政治之间的互动关联，学界多有揭示[①]。国语运动与现代民族主义思潮之间同样存在着千丝万缕的联系，但近代国语运动与民族主义思潮之间有怎样的互动影响，这是需要进一步加以研究的问题。

第二，自传统的帝制王朝被倾覆之后，中国现代民族国家的构建，事实上面临着国家统一和政治中心重建的问题。政治人物和事件史的研究是我们解读近代政治和民族国家构建的主流视角。不过，受新史学的影响，学界亦有不少研究另辟蹊径，从社会和文化的面相来解读近代国家政权建设和政治权力下渗的影响[②]。通过对近代国语标准问题的争论、国语推广的途径、内容和语言统一成效的考察，可以从语言文化变迁的角度来透视中国近代民族国家建构的复杂面相。

第三，文言逐渐被边缘化与白话文取得主流书面语的社会地位，是多重力量作用下的结果。不少研究者从思想文化、传播媒介和新兴知识分子群体层面探讨了五四白话文运动成功的原因。不过，从国语运动角度来研究民初白话文运动仍不多见。五四时期国语运动与文学革命的合流，从思

---

① [美]葛凯著、黄振萍译：《制造中国：消费文化与民族国家的创建》，北京：北京大学出版社，2007年；[德]施耐德著、关山等译：《真理与历史：傅斯年、陈寅恪的史学思想与民族认同》，北京：社会科学文献出版社，2008年；[美]杜赞奇著、王宪明译：《从民族国家拯救历史：民族主义话语与中国现代史研究》，北京：社会科学文献出版社，2003年；杨念群：《再造"病人"——中西医冲突下的空间政治（1832—1985）》，北京：中国人民大学出版社，2006年。

② [美]杜赞奇著、王福明译：《文化、权力与国家：1900—1942年的华北农村》，南京：江苏人民出版社，1996年；李恭忠：《中山陵：一个现代政治符号的诞生》，北京：社会科学文献出版社，2009年；陈蕴茜：《崇拜与记忆：孙中山符号的建构与传播》，南京：南京大学出版社，2009年；王笛有关茶馆的研究也探讨了大众文化和国家权力的关系，参见王笛著译：《茶馆：成都的公共生活和微观世界，1900—1950》，北京：社会科学文献出版社，2010年。

想、政治和社会层面都对双方产生了巨大的推动作用，那么，这些互动作用是如何产生以及带来了怎样的历史影响也是本课题着重研究的问题。

第四，从清末切音字运动开始，有关汉字改革的争论此起彼伏。因受线性语文现代化理论和革命史观的影响，有关文字改革史的研究大多聚焦于汉字改革的理论和实践，对汉字改革者的言论着墨较多，而相对忽视那些质疑和反对汉字改革的声音。尽管有学者注意到了清末切音字运动中汉字改革问题的争论，但20世纪三四十年代汉字拉丁化运动引起的汉字存废之争仍缺乏相关研究。简化汉字改革亦是国语运动的重要组成部分，但一直以来被人所忽视。有关它的研究大多出现在一些文字学著作中，其目的即是为简体字寻求历史合理性和改进措施，大陆史学界对这一运动的研究，尚少见①。不少学者专注于简体字本身的研究，且将这一运动抽离出当时的社会语境，对诸多问题尚语焉不详。这一时期汉字简化的观念缘何而起？作为一场运动它又是如何发展，蔚然成势，以致引起社会和政府的密切关注？时人又是如何看待汉字简繁两体，对其文化和教育功能又有何不同的认知？简体字颁行前后的社会反应如何？对这些问题都需要作进一步探讨。稽古知今，对汉字存废和汉字简繁之争的历史探析不乏其理论价值和现实意义。

第五，中国地域广阔，各个区域的文化、政治和历史环境，都有很大不同。而在不同时期和不同区域，知识精英和政府在推行国语运动时都需要面对不同的问题。随着历史研究的"眼光向下"，地方国语运动史有待继续开拓，特别是国语运动中地方和中央的互动关系，不同的社会群体对这一运动所表现出的多重反应和复杂心态成为我们拓展国语运动乃至近代社会文化史研究的重要内容。

---

① ［新加坡］谢世涯：《新中日简体字研究》，北京：语文出版社，1989年；张书岩：《简化字溯源》，北京：语文出版社，1997年；李乐毅：《简化字源》，北京：华语教学出版社，1996年。日本学者村田雄二郎对相关问题有所论述，因所收资料的局限，笔者并没有见及原文，有关中文译述资料仅对钱玄同与简体字的关系略有介绍。1949年国民党退台以后，因简体字问题再起论争，但这两次论争的社会和政治语境有着明显不同。（详细论述可参见菅野敦志，〈台湾における「简体字论争」—国民党の「未完の文字改革」とその行方—〉，《日本台湾学会报》第6号，2004年5月。）

三、史料与研究方法

　　史学研究的不断推进和深化，建基于扎实的研究资料之上。近代国语运动首先由清季知识分子发动，进入民国以后，逐渐得到国家力量的支持。政府部门所保存的原始档案，显然是我们了解官方对语文改革持何种态度以及如何推行国语的重要史料。在档案资料方面，国语运动的官方资料主要散见于南京中国第二历史档案馆所藏北京政府教育部、南京国民政府、教育部、南京国民政府教育部国语推行委员会及中国大辞典编纂处全宗档案，已刊的《中华民国史档案资料汇编》同样辑有不少国语教育史方面的资料。除此之外，还有一些已刊和未刊的地方档案资料，如广东省和福建省档案馆的相关档案。近年来，有关台湾国语教育的档案资料亦刊出不少，如中国第二历史档案馆主编《馆藏民国台湾档案汇编》就为研究台湾地方国语运动提供了不少有用的资料。

　　不过，档案史料显示的更多是表面化的规章制度，而要深入了解历史人物的思想和行动，他们所遗留下来的文集、日记和回忆录就更为宝贵。新中国成立初期，为配合政府的文字改革，文字改革出版社刊印了一批从清季以来的切音字运动、国语运动（包括注音字母和国语罗马字）、拉丁化新文字运动的文字改革史料，其中有不少都是影印原作，如清季劳乃宣的《简字谱录》，王照的《官话合声字母》，卢戆章的《一目了然初阶》（中国切音新字厦腔）等文集。1950年代末还出版了《清末文字改革文集》，该文集由文字改革出版社于1958年9月出版，汇集、整理了清末切音字运动的重要史料，全书收录文章67篇，附件6篇，基本收齐了这二十年间有关切音字的论述。除此之外，《胡适日记全编》《桐城吴先生（汝纶）日记》《小航文存》《章太炎全集》《钱玄同日记》《钱玄同文集》《吴稚晖先生全集》等，都是不可缺少的研究资料。

　　语文教育家黎锦熙从十三岁开始记日记，一直到八十九岁临终时。据其女黎泽渝介绍，黎锦熙日记记载了黎氏一生经历的清末、民初、帝制复辟、北洋政府、国民党政府和中华人民共和国几个历史阶段，对当时的国内外大事、政治变动、政权废兴、学术进展和社会生活等方面都有详略记述，弥足珍贵，但这一日记迄今仍未出版，甚为缺憾。曾参加过1913年读音统一会的朱希祖所保存的《癸卯日记》是了解当时各派知识分子在读音统一会会场上讨论如何确定"标准音"的第一手资料，这一日记前人甚少利用。这本日记可与《1913年读音统一会资料汇编》一起用来研究民国初年的文字改革和读音统一问题。

　　要了解国语运动在地方社会的推行及民众的反应，并不是一件容易的事。不过，虽然普通民众并没有留下直接的文字资料，但我们还是可以通过知识分子的相关记录来挖掘这方面的"声音"。所以，不同时期出版的期刊（特别是教育类期刊）和一些报纸值得我们认真爬梳和整理，如《新世纪》《国粹学报》《民报》《新青年》《新教育》《国语周刊》《国语月报》《国语报》《国语月刊》《申报》《中央日报》《大公报》《民国日报》（广州、上海版）、《盛京时报》等。一些文史资料所刊载的回忆性文章，同样具有重要的史料价值。

　　本文主要以国语运动中精英和普通民众的"思想"与"行动"作为研究对象，关于思想史的研究方法问题，学界已有不少讨论。陈寅恪很早就指出，"夫圣人之言，必有为而发，若不取事实以证之，则成无的之矢矣。圣言简奥，若不采意旨相同之语以参之，则为不解之谜矣。既广搜群籍，以参证圣言，其言之矛盾疑滞者，若不考订解释，莫衷一是，则圣人之言行终不可明矣。"①现今学界由于受"语言学转向"的影响②，思想（话语）的形成和变化与政治、社会文化之间的互动关系，也即"文本"与"语境"的相互关联性逐渐受到重视。王汎森曾指出，"就思想论思想是思想史的根本工作，但同时思想史应该广泛地与许多领域相结合"。因为思想之于社会，"就像血液透过微血管运行周身，因此，它必须与地方社群、政治、官方意识形态、宗教、士人生活等复杂的层面相关涉，故应该关注思想观念在实际生活世界中的动态构成，并追寻时代思潮、心灵的复杂情状。"③

---

① 陈寅恪：《杨树达论语疏证序》，陈寅恪著、陈美延编：《陈寅恪集·金明馆丛稿二编》，北京：生活·读书·新知三联书店，2001年，第262页。

② 语言学的转向及后现代主义对历史学的巨大影响和冲击，相关研究可参见［美］格奥尔格·伊格尔斯著、何兆武译：《二十世纪的历史学：从科学的客观性到后现代的挑战》，济南：山东大学出版社，2006年；王晴佳、古伟瀛著：《后现代与历史学：中西比较》，济南：山东大学出版社，2003年。

③ 王汎森：《晚明清初思想十论》，上海：复旦大学出版社，2008年，"序"第1页。

罗志田也赞同此观点,"思想史研究首先要让思想回归于历史,其次要尽量体现历史上的思想,最好能让读者看到思想者怎样思想,并在立说者和接受者的互动之中展开特定思想观念的历史发展进程"。所谓"让思想回归历史",即是"多数思想观念都是在反复表述和实践的过程中,伴随着各式各样的理解、甚至各种歧义和冲突,在相关见解的不断辩论和竞争中发展的;具体见解的提出者和先后参与争辩者,又都有其常受时空语境限制的特定动机和意图。简言之,思想是行动,而且是有意的行动,并始终处于行动状态之中"①。本文的研究方法深受前辈学者相关论点的启发。

本文主要采用历史学的研究方法,从历史行动者本身的视角出发,持"同情之了解"的人类学态度,尽可能做到客观和全面地呈现时人的思想和行为,并将它们放置在更为广阔的时代背景中来考察,凸现思想与社会、政治之间的互动关联。同时,本文还借鉴了语言学、政治学、教育学和社会学等其他社会科学的理论。传统的结构主义语言学认为,语言是一种自然和功能主义的系统,是一个完整而内在封闭的符号体系,一个自我调节的自足系统。但现代"话语"分析理论和语言社会学则指出,"言语"(话语)实际上指涉多样的意识形态、政治权力和象征,具有实际的规范作用②。作者在分析一些"文本"时,如话语、课本、演讲、宣传口号,都有意识地运用了这些概念和方法。但本文最终的目的不是演绎这些概念和理论,而是将其作为一种视角和工具,来帮助我们深入地解读史料,并透过这些分析来了解当时的民众心态、社会和政治文化。

四、研究思路和框架

既有的研究成果颇为丰富,这就要求本书必须在继承前人研究成果的基础上,做到详人之所略,略人之所详。因学界对近代国语运动的宏观历史着墨较多,特别是倪海曙的《清末汉语拼音运动编年史》和黎锦熙的

---

① 罗志田:《近代中国思想史研究的两点反思》,《社会科学研究》2009年第2期。

② 相关原创性研究可参见法国哲学家福柯和社会学家布尔迪厄的著作。福柯:《知识考古学》,北京:生活·读书·新知三联书店,2003年。Pierre Bourdieu, *Language and Symbolic Power*, Massachusetts: Harvard University Press,1991.话语分析理论对历史研究的借鉴作用,学界亦有分析和反思,参见黄兴涛:《"话语"分析与中国近代思想文化史研究》,《历史研究》2007年第2期。

《国语运动史纲》已基本厘清了清季以至20世纪30年代国语运动发展情形。本文不打算以历时性的思路继续重复前人的研究，而是以专题的形式来构思和组织全书，这样才能对国语运动中一些具体的问题进行深入论述。不过，在探讨具体问题时，笔者并没有忽视历史年代的变化，因为在不同的历史时期，时人的思想和行动都有不小的变化。

　　本书主要从政治、文化和社会史的多重角度，研究近代国语运动的起因、思想争论及其在地方社会的推广和实践，重点呈现精英和民众在国语运动中错综复杂的思想和行动，并总结了这场延续长达半个世纪的语文改革和推广运动给近代中国的政治、文化和社会所带来的历史影响。

　　全书共分为八章，开篇绪论部分主要总结了学界近五十年来有关近代国语运动的研究现状，并对本书的研究主旨和方法、史料来源和全书结构作了总体介绍。第一、二、三、四章主要从思想、政治和社会史角度研究国语运动的起因及其相关问题的思想争论。

　　第一章探析了近代知识精英语文改革思想形成的历史背景和动因。在中西竞争的时代处境中，清季文字改革者将拼音文字的"言文一致""字话一律"特点与教育普及相勾连，而民众教育的普及又是国家强弱的根本，这无疑成为不少士人改革汉字、倡导切音字最强有力的话语。清季白话文运动与切音字运动尽管在实践层面并不相谋，但在改革思想和目的方面实有相通之处，两者都以"言文一致"为目标，谋求汉字和文言的实用性改革，以图民众教育的普及化。民智则国强，其背后的理念同是民族主义的价值诉求。"国语统一"是近代国语运动力求达成的另一个目标，这种思想的形成与近代中国的政治和社会变化有着紧密的互动关联。自传统的帝制王朝被倾覆之后，中国现代民族国家的构建是促发近代语言统一思想形成的政治因素。而伴随着近代社会流动性的增强，各种类型的公共空间的扩大，知识分子亦从社会和个体交流层面来强调语言统一所具有的现实意义。这一政治变动和社会需要为知识分子和政府借用国家权力来推进国语统一运动提供了原始动力。

　　第二章探讨了近代国语运动中有关国语标准如何确立的思想争论。近代国语标准问题因清季切音字运动而逐渐得到时人关注。从清末以至20世纪40年代，各派知识精英基于不同的语言和文化观念对如何确立国语标准或者说民族共通语有着甚大的争议，其核心的议题集中在应通过何种途径来创造较完备的国语，以赢得社会民众的认同。其中较有影响的观点分别是章太炎的"复古音"说、吴稚晖的"修正的官话（音）"说、胡适的"北方官话"说以及张士一的"北京语"说。围绕着国语标准如何确立的争论显示了时人的语言文化观和社会政治因素之间存在着密切的互动影响。

第三章研究了近代国语运动中汉字简化思想的产生、发展及其社会争议。钱玄同是汉字简化改革最重要的支持者，这一思想的缘起应置入从清末以来汉字拼音化改革的时代思潮中加以考察。作为拼音化之外的汉字改革的过渡政策，简化汉字实是改革者在面对拼音文字难以推行于世的社会现实面前，所做出的一种变通之举。至1935年前后，南京国民政府在知识界的支持与运动下，采择和颁布简体字表，承认其在书写体上的合法地位，并试图利用国家权力强制推行简体字。但另一方面，时人因立场和认知的歧义，对于简体字在文化和教育上的功用聚讼不一，难下定论。汉字改革是泥于古，还是合于今？推行简体字是便于民，还是害于国？简化汉字所引发的思想争论凸现出近代国语运动中各派知识分子复杂的民族主义情感和文化认同。

第四章主要梳理和分析了20世纪三四十年代有关汉字存废问题的争论。南京国民政府时期，特别是九一八事变之后，汉字拉丁化运动将中国近代语文改革推向了一个高潮。废除汉字的呼声再次甚嚣尘上，推行拉丁化新文字在当时亦成为声势浩大的社会运动。不过，不仅是简体字引起了人们的质疑，废除汉字论更是激起了社会各界人士的强烈反对。因学理、立场和阶级意识多有不同，各方人士围绕"汉字与教育普及""汉字与拼音文字的难易""废除汉字与文化传承"与"汉字与阶级"等问题发生了争论。20世纪三四十年代的汉字存废之争可算是对近代废除汉字论进行了一次整体性反思。

第五、六、七、八章主要研究近代国语运动的社会推广及其历史影响。

第五章研究了民国初年国语运动的具体发动过程和社会影响。20世纪20年代是近代国语运动发展的高潮时期。1920年，北京政府教育部将国民学校"国文"改为"国语"，所有科目一律以白话来编纂。在国语派和新文化派精英的运动和支持下，国语教育得到国家权力的认可，进入国民教育－知识再生产体系。在政府和精英双方力量的推动下，国语的社会权势地位逐渐得到确立，而传统文言教育则开始进入一个不断被边缘化的过程。在这一文化转型的过程中，不同的社会群体经历一个艰难的文化认同和心理调适过程。

第六章研究了国语运动在闽粤两省的推广情形。闽粤地区的国语推广和方言统一，是近代国语运动的重要指向。陈济棠推行读经政策，胡适在广东的尴尬遭遇以及由推行国语（白话文）而在地方知识分子中所引发的争议，表明国语运动在广东所引起的社会反响是异常复杂的。各派人士居于不同的立场，对国语、文言、粤语是各有支持，反对者也不乏其人。广东地方知识分子之间有关国语和粤语文字之间的争论，凸显出方言、地方文化和国语统一之间存在的矛盾。"两广事变"以后，国民党中央势力真正进入广东，该地区的国语推行才逐渐被纳入中央政府所规定的统一计划中。与广东的国语运动稍有不同，福建的国语推行，因地方主政者的重视，特别是"福建事变"后，代表中央的蒋派势力进驻较早，教育措施伴随着政治权力的统一和渗透，国语在福建地方的影响较之于广东为大。

第七章探讨了国语统一视野下近代边疆民族语文教育政策的构思过程和初步实践。中国传统的帝制王朝被颠覆之后，民国政府在变动甚小的族群和地理疆域的基础上，开始了新的民族国家建设。蒙藏各族语言文字和汉地各有不同，如何在拥有众多异质文化的基础上建构统一的国家，如何处理边疆少数民族语言和文字成为知识分子和国民政府急需面对的问题。当时政学两界的主流观点是，在尊重边地民族固有的语言和文字的基础上，有计划和有步骤地推行国语，以实行国语统一，再造中华民族。国民政府在制定具体的民族语文政策时，亦大体上遵循了一元多体的构思路径，统一语文的国族教育是近代民族国家构建的重要组成部分。

第八章研究了光复初期台湾省国语运动的展开及其社会影响。日本在统治台湾五十年期间，推行其日本化教育，在语言和国民思想塑造方面对台湾民众有着较深的影响，当国民党统治势力进据台湾以后，语言和政治的问题更显突出。因之，在台湾光复前后，国民党在台湾岛内进行了一场"再中国化"的国语运动。这一国语运动可看作是近代中国民族－国家建构的延续，但同时亦是国民党政治权力在台湾渗透的表现。由于台湾特殊的文化和政治环境，以及"二二八"事件的爆发，这一时期的语言问题反映了光复初期台湾复杂的社会和政治生态。

结语部分总结了国语运动与民族主义思潮、近代文化变迁、政治权力和地方社会之间的互动关系等相关议题。

第一章 国语运动的理论话语和 社会政治背景

自明清以来，外国传教士利用罗马字母拼注中国汉语方言，在中西文化交流史上产生了深远的历史影响。明万历十一年至清雍正元年（1583—1723）是中国罗马字拼音萌芽时期，耶稣会教士是这一时期罗马字的创制和使用者。他们应用罗马字的目的，一方面是用其传教，向中国传播西方的文化；另一方面是用其辅助学习汉文，阅读中国典籍。其中，以意大利人利玛窦（Matteo Ricci，1552—1610）的《西字奇迹》（1605）和法国人金尼阁（Nicolas Trigault，1577—1629）的《西儒耳目资》（1626）为代表。清雍正二年到光绪十五年（1724—1889）为罗马字拼音在中国扩大时期。自鸦片战争以后，海禁大开，中外交流不断扩大，西洋教士、商人到中国日多，罗马字的应用亦渐广，一些传教士利用方言罗马字母译注《圣经》，向地方民众宣教，同时研究方言，用罗马字直拼方音，制造出许多种罗马字拼音。这一时期，以英国驻华公使威妥玛（T.F.Wade，1818—1895）《语言自迩集》为罗马字拼音的代表①。直至清季甲午庚子之际，清政府内政失修，外受列强欺凌，众多改革之士极力鼓吹变法维新，以图自强。而日本的骤然强盛，也使中国士大夫注意到日本的国民教育，以及五十假名的功用。正是在东西方文化新思潮和音标文字的示范和激荡下，改良中国语文的呼声亦应时而起。

---

① 温锡田：《中国之罗马字拼音流变述略》，《国语周刊》第136期，1934年5月5日。（笔者所阅览的《国语周刊》是国家图书馆电子缩微品，没有版次，下同。）

一、言文一致与国家富强

晚清国势日显颓势，诸多仁人志士不断寻求富国强民之道，从倡办洋务到戊戌变法，都凸现时人努力足迹。但在这一困窘年代，从"器物"到"制度"层面的图强之策却屡遭失败。对此结果，庚子之后的梁启超曾这样反思道："今论者于政治、学术、技艺，皆莫不知取人长以补我短矣"，但"不知民德、民智、民力，实为政治、学术、技艺之大原"[①]。一味追求西方技艺，无异于舍本追末。在中西竞争中，由此前仅追求强国之技艺逐渐下移到重视智民之术，成为当时不少士人思考的新方向。切音字倡导者王炳耀就意识到这样的问题。他说："今欲兴中国而专求欧美二洲之铁路、机器、技艺、矿务、商务、银行、邮政、军械、战舰，不务去伪之道，诱善之方，智民之术，兴强无基，而赢弱反日深。"[②]再造国民，方法万端，如设学堂以求西法，立报馆以启民心，但如止乎此，民昧如故。不少改革者认为其纷端的核心在于汉字过于繁难，不如泰西拼音文字易识易认，声入心通。以故，应如沈学所言，"以变通文字为最先"[③]。

早在 1877 年至 1882 年间，黄遵宪以参赞身份跟随何如璋出使日本时，就指出"言文一致"与普及教育之间的重要关联，而这种思想很大程度上是在与日本的假名和欧洲各国拼音文字的对比中产生的。日本因古无文字，不得不强借与本国语言不相通的汉文作为书写工具，而这一点也造成了日本文字与言语不相合，虚辞、助词的用法受到严格限制。自假名创作后，日本本土方言统摄其中，上自官府、下至商贾，使用汉字杂假名以成文。这种"闾里小民、贾竖小工、逮于妇故慰问，男女赠答"的专用假名，因言文合一，使用起来比较方便且推行广泛。再看欧洲大陆，"余闻罗马古时，仅用腊丁语，各国以语言殊异，病其难用。自法国易以法音，英国易以英音，而英法诸国文学始盛。耶稣教之盛，亦在举旧约、新约就各

① 梁启超：《新民说》（1902），《饮冰室合集·专集之四》，北京：中华书局，1989年，第6页。
② 王炳耀：《〈拼音字谱〉自序》（1897年），《清末文字改革文集》，北京：文字改革出版社，1958年，第12页。
③ 沈学：《〈盛世元音〉自序》（1896），《清末文字改革文集》，北京：文字改革出版社，1958年，第9页。

国文辞普译其书，故行之弥广"。这两个实例，让黄遵宪不得不承认"语言与文字离则通文者少，语言与文字合则通文者多，其势然也"。而反观中国，"泰而论者谓五部洲中以中国文字为最古，学中国文字最难，亦谓语言、文字之不相合也"。中国文字和文体自周秦以下，又时时在变化。黄遵宪认为，"乌知夫他日者不又变一字体，为愈趋于简、愈趋于便者乎？""乌知夫他日者不更变一文体，为适用于今，适行于俗者乎？"要使"天下之农工商贾，妇女幼稚，皆能通文字之用，其不得不于此求一简易之法哉！"[①]中国言文的分离增加了汉字的学习难度，黄遵宪预感到汉字和文体的改革是迟早的事情。黄遵宪的《日本国志》于1887年成书，1895年底才正式刊行。在1887年左右，提出改革汉字的士人还只是少数，且影响甚小。不过，随着甲午战败至庚子之变，在一种迫切求强的心态和社会情势强压之下，改革汉字、创制切音新字已逐渐成为当时不少士人的共识。

1896年，梁启超在给沈学的音书作序时提出这样一个令人深思的问题："德美二国，其民百人中识字者殆九十六七人，欧西诸国称是。日本百人中识字者亦八十余人，中国以文明号于五洲，而百人中识字者不及二十人，虽曰学校未昌，亦何遽悬绝如是乎？"[②]如果说这一组数据与实际情形大致不差，其背后的原因确实值得探讨。据罗友枝（Evelyn Rawski）的研究，19世纪清代民众识字率男性约为30%至45%，女性约为2%至10%[③]。李伯重也认为，19世纪初期中国江南地区的识字率已有很高的水平，达到罗友枝所估计的识字率的上限，比较合理。而张朋园指出，中国乡村中的男性识字率为40%至50%，属于乐观的假设。由于地域性差异极大，长江三角洲有较高的识字率，但内陆地区实难以与其比较，而女性是否有5%的识字率（2%至10%）亦有疑问。他估计19世纪中国民众的识字率难以超过20%。就同一时期的欧美国家来看，19世纪末的英国，文盲几乎绝迹，而美国于1800年前后，识字率男性为84%，女性46%，经过一百年的发展，

---

① 以上引文均参见（清）黄遵宪著、吴振清等点校：《日本国志》(下卷)，天津：天津人民出版社，2006年，第805-811页。

② 梁启超：《沈氏音书序》(1896)，《饮冰室合集·文集之二》，北京：中华书局，1989年，第1页。

③ Evelyn Rawski, *Education and Popular Literacy in Ch'ing China*, Ann Arbor：University of Michigan Press,1979,pp140.

到1900年左右，美国民众的识字率之高已是可想而知①。从日本学龄儿童的入学率来看，19世纪日本的国民识字率应远高于中国。在明治六年（1873），日本学龄儿童的入学率是，男性为39.9%，女性为15.1%；至1900年，日本男性学龄儿童就学率已增至90.6%，女性学龄儿童就学率增至71.7%②。由此可见，19世纪中国与日本、欧美等国的识字率差距甚远。显然，国民识字率的高低和国家强弱是多方面因素造成的结果，如经济条件、政治体制、文化传统和教育制度等，文字本身的难易并不起决定性作用的。不过，大众启蒙的缓慢性和国家危亡之间所存在的内在张力，迫使晚清知识分子大多从文字角度来反思这一问题。

面对万千平民，主张文字改革的士人虽不敢直言废除曾被誉为世界上最为美备的汉字，但在他们的心目中，汉字至少已成为"问题化"的国粹。曾编制成"天下第一快切音新字"的福建卢戆章就认为汉字是当今"普天之下之字之至难者"，《康熙字典》虽存有四万余汉字，但平常诗赋文章惯用者不过五千余字而已，但要想识读此数千字，"至聪明者非十余载之苦工不可"③。蔡锡勇也持此相同观点："尝念中国文字最为美备，亦最繁难，仓史以降，孳乳日多，字典所收四万余字。士人读书，毕生不能尽职。……寻常应用，三千足矣，《四书》不同者，二千三百余字，《五经》《十三经》递加二千余字，童子束发入塾，欲竟其业，慧者亦须历十余年，如止读数年，改操他业，识字有限，类不能文，在妇女更无论矣。"④在时人看来，造成汉文和汉字难学、难写的主要原因有哪些呢？梁启超认为，"抑今之文字，沿自数千年以前，未尝一变。而今之语言则自数千年以来，不啻万百千变而不可以数计，以多变者与不变者相遇，此文言相离之所由起也"。中国文言相离起于秦、汉以后，"去古愈久，相离愈远，学文愈

---

① 李伯重：《八股之外：明清江南的教育及其对经济的影响》，《清史研究》2004年第1期；张朋园：《知识分子与近代中国的现代化》，南昌：百花洲文艺出版社，2002年，第208、214页。

② 相关统计数据可参见［日］依田憙家著，卞立强译：《日中两国近代化比较研究》（增订本），北京：北京大学出版社，1991年，第203页。

③ 卢戆章：《〈中国第一快切音新字〉原序》，《一目了然初阶》（中国切音新字厦腔）（1892），北京：文字改革出版社，1956年，第2—3页。

④ 蔡锡勇：《〈传音快字〉自序》（1896年），《清末文字改革文集》，北京：文字改革出版社，1958年，第4页。

难"①。王照亦认为"吾国古人造字，以便民用，所命音读，必与当时语言无二，此一定之理也。语言代有变迁，文亦随之"。但中国"文字不随语言而变，二者日趋日远"，导致"同国渐如异域，妨害多端"②。劳乃宣也分析道，古人先有语言后有文字，文字只不过是记载语言之表识。人事降而愈繁，则文字趋而愈简，乃是自然之势。今之汉字比之古籀篆隶，虽简单不少，但"比之东西各国犹繁"，因为"主形则字多，字多则识之难。主声则字少，字少则识之易"③。以上言论都认为言文分离是汉文、汉字难学的主要原因。

再来反观西方主音文字的功用。沈学详细比较了主形汉字和主音文字的优劣。他认为汉字字形代有变迁，"意会者多，欲真恒久，非图画不可，字非图画，字各有音"，而"汉文以边傍为训诂者若干部，与格致大相刺谬，不足为义"。"字音有六千二百八十不同单音，是更要于字义，何止千倍"。但西字却"不作字义，只以字音连句读通行天下，足证字音胜字义，字义难载字音，字音尽载字义，是切音字不独广远，兼能恒久"④。这一认知与大约二十年后尚在美国留学的胡适的观点有所不同。胡适认为无论何种文字不能同时具有"传声"和"达意"的功用。字母文字，能传声，不能达意；象形会意文字，可达意，而不能传声。⑤沈学视主音文字完美无缺，目的不过是想突出汉字的缺陷及其改革的必要性。

更为重要的是，沈学认为使用主音文字是西欧、美国、日本、俄国富强之源。欧洲列国之强，"罗马失道，欧洲散为列国，列国所以强，有罗马之切音字也。人易于读书，则易于明理。理明则利弊分晰，上下同心，以求富强"；美洲之强，"其所以强，由欧洲人迁居其地，大都读书种子，今格致富强，与欧洲并驾齐驱者，亦切音字为之，切音字易达彼此衷曲，上

---

① 梁启超：《沈氏音书序》(1896)，《饮冰室合集·文集之二》，北京：中华书局，1989年，第1-2页。

② 王照：《〈官话合声字母〉原序》(1900)，《官话合声字母》，北京：文字改革出版社，1957年，第2-3页。

③ 劳乃宣：《〈简字全谱〉自序》(1907)，《清末文字改革文集》，北京：文字改革出版社，1958年，第77页。

④ 沈学：《〈盛世元音〉自序》(1896)，《清末文字改革文集》，北京：文字改革出版社，1958年，第10页。

⑤《如何可使吾国文言易于教授》(1915年8月26日)，曹伯言整理：《胡适日记全编》(1915—1917)，合肥：安徽教育出版社，2001年，第259-262页。

下无隔膜"；俄国日本之强，"其势由上，借本国切音字，翻译泰西富强书，令民诵读者也。"①王照也认为，现今欧美各国，教育大盛，政艺日兴。而日本号令改变之速，其中最大的原因也是"言文合一，字母简便"②。

劳乃宣同样认为文字的难易是造成国家强弱的重要原因。他指出，识字者多则民智，民智则国家强。识字者少则民愚，民愚则国家弱③。中国汉字主形，字数繁多，读音难辨，以致难写、难识，而"泰西以二十六字母，东瀛以五十假名括一切音，文与言一致，能言者即能文，故人人能识字，实为教凡民之利器"，所以"我国数百兆凡民，欲令普受教育，非学步之不可"④。卢戆章更以欧洲和日本为例，认为当今普天之下，除中国以外，其余欧美文明国家大多因为使用字母，"字画一律"，以致"虽穷乡僻壤之男女，十岁以上，无不读书"。如英国26个字母，德、法、荷25个字母，意大利22个字母，而日本"向用中国字，近有特识之士，以47个简易之画为切音字之字母，故其文教大兴"。所以他总结道：

> 窃谓国之富强，基于格致，格致之兴，基于男妇老幼皆好学识理，其所以能好学识理者，基于切音为字，则字母与切法习完，凡字无师能自读，基于字话一律，则读于口遂即达于心，又基于字画简易，则易于习认，亦即易于捉笔，省费十余载之光阴，将此光阴专攻于算学、格致、化学以及种种之实学，何患国不富强也哉。⑤

以欧美和日本为例来说明使用"言文一致"的拼音字与国家强大之间的因果关系，确有相当的说服力，而这一言论实为清季文字改革者之间相互共享着的理论话语。但对视汉字不如拼音文字，且造成国家落后的观

---

① 沈学：《〈盛世元音〉自序》(1896)，《清末文字改革文集》，北京：文字改革出版社，1958年，第10页。

② 王照：《〈官话合声字母〉原序》(1900)，《官话合声字母》，北京：文字改革出版社，1957年，第3页。

③ 劳乃宣：《〈简字全谱〉自序》(1907)，《清末文字改革文集》，北京：文字改革出版社，1958年，第77页。

④ 劳乃宣：《〈重订合声简字谱〉序》(1905)，《清末文字改革文集》，北京：文字改革出版社，1958年，第52页。

⑤ 卢戆章：《〈中国第一快切音新字〉原序》，《一目了然初阶》(中国切音新字厦腔)(1892)，北京：文字改革出版社，1956年，第3-4页。

点，也有不少时人持反对意见。章太炎就认为象形文字和拼音文字优劣互见，欧洲强国虽用拼音文字，但"南至马来，北抵蒙古，文字亦悉以合音成体，彼其文化，岂有优于中国哉？"合音之字，能识音，但不能识义，缺点明显。而识字教育能否普及，"在强迫教育之有无，不在象形、合音之分也"①。在章氏看来，识字教育的普及与否并不是汉字本身的问题，而是教育及其方法的问题。当时不少人将国力强弱归之于是否推行拼音文字，只不过是将对欧美强国的想象投之于文字上而已。汉字与拼音文字孰优孰劣，不一而足。

　　文廷式在与传教士李提摩太争论时就曾指出，与拼音文字相比较，汉字并不繁杂。其一，"西人拼音，凡数万音。而中国所用之音，不过数千"；其二，"西人字典不下十万字，其常用之字亦将近万。而中国所有之字，除别体讹体外，不过一万，所常用之字不过四千"，并且这数千之音，"大半分为四声，道之语言，则平、上、去三音，不甚分别，是音尤简"。但他亦不讳言学童一时难通汉文，非文字本身之缺点，而是"求工求雅之过"。"中国文法，大半沿之周、秦、汉者十七八，沿之唐、宋者十二三，若近千年之名物则不登于文字，近五百年之语言则不书之简牍"，这就使得学习的人既要读古书，又要通文理，兼有两次翻译之功，所以学习迂缓②。文廷式虽极力为汉字辩驳，反对创制切音简字，但其意则又暗示文言因过于雕琢，与今人言语、事物不合，致增学习难度。

　　1913年，参加读音统一会的舒之鎏、周明珂等人也对时人创制的简易字母能否易知易学、普及大众教育同样有所担忧。一般社会民众"不知简易字母只能音串，不能义明；三五句俗语，或一目了然而可知；数千百字文语，则满纸勾剔而莫辩。再告以何谓母音，何谓子音，何谓拼音与清音浊音之符号，平上去入之标识，则脑力更因之昏乱"。简字之创制本为启迪民智，普及大众教育，沟通上层精英文化和下层大众文化，但这一目的能

---

　　① 太炎：《驳中国用万国新语说》，《民报》第21号，清光绪三十四年六月九日，第2页。
　　② 文廷式：《罗霄山人醉语》，汪叔子编：《文廷式集》（下册），北京：中华书局，1993年，第804页。也有现代学者同意此说，如唐德刚就认为"在拼音文字里，由于音节太长，单字不易组合，因而每一个字都要另造出一个特别的单字来表明，如此则'字汇'就多得可怕了"。拼音文字由于字汇过多，学习拼音文字最大麻烦便是认字。（参见唐德刚：《胡适杂忆》，上海：华东师范大学出版社，1996年，第133-134页。）

否实现也未为可知。正如周明珂等人所指出的，"夫教育至于高等矣，其各种科学教课书果能用此简字编辑乎？势必有所不能！既云不能，则所学非所用，而学之为无益。小儿脑力简单，学识汉字已觉困苦，又识简字更难兼顾。如谓学识简字不习汉字，则不便将来；如谓将来再学汉字，则先入为主，识之则更匪易矣。"这一提醒并非多余，在社会继续沿用汉字的情况下，切音简字的存在势必非常尴尬。学或者如何学，都是一个问题。同时，他们也指出，很多人以为教育不能普及，委过于汉字，其实未能深究其理。归根结底，乡人生计问题未能解决之前，对识字与否大多漠不关心。周明珂等人甚至断言"倘我中国无富强之一日，纵使每字只有一画，吾敢断言其亦无不过问者。"①此点显示，时人已经认识到文字、教育与国家富强之间存在着复杂的关系。

　　大约在清末切音字运动兴起的同时，受戊戌变法的影响，不少士人开始主张改革艰涩晦深的文言，并兴办和出版白话报纸推行白话，以启民智。1898年，裘廷梁在《无锡白话报》上发表《论白话为维新之本》一文开始批判文言，提倡使用白话，并将国弱民愚的矛头指向文言。他诘问道："有文字为智国，无文字为愚国，识字为智民，不识字为愚民，地球万国之所同也。独吾中国有文字而不得为智国，民识字而不得为智民。……此文言之为害矣。"②他认为文字是天下人公用的留声器，在文字创作之设，不过是白话而已。但后人不明斯义，是古非今，摹仿古人言语，于是"文与言判然为二"，手口异国，此为二千年文字一大厄运③。中国古代文言的形成，有其一定的原因。古时简册繁重，得书不易，文字非音节和谐，不能行远传后，著书的人为便于记诵起见，不得不注重此点。而中国方言庞杂，注重文体的统一，也是隋唐以后科举统一取士的需要。但在文体上过于雕饰，则过犹不及，言文的分离，给教育所带来的弊端也是人所共知的④。裘廷梁批判文言的观点虽有偏颇之处，但他所详举的使用白话的八大

---

① 以上所引均见《舒之鎏、周明珂所提〈论于本会读音统一意见书〉》，文字改革出版社编：《1913年读音统一会资料汇编》，北京：文字改革出版社，1958年，第54-56页。

② 裘廷梁：《论白话为维新之本》(1898)，张枬、王忍之编：《辛亥革命前十年间时论选集》(第一卷)，北京：生活·读书·新知三联书店，1960年，第38页。

③ 同上，第38-39页。

④ 潘力山：《言文一致的讨论》，《学艺》第3卷第9号，1922年2月28日。

益处，也不无道理。在他看来，白话是智民的工具，只有白话兴，实学才能兴。实学昌盛的结果便是民智国强，所以他感叹道："以区区数小岛之民，皆有雄视全球之志，则日本用白话之效。"[①]

白话可以智民强国，这一话语对清季白话文运动起到了至关重要的推动作用。从1897年至1911年间，各地完全采用白话的报刊，至少有一两百种[②]。但这一时期白话文的倡导仅是政治和思想启蒙的附属性改革，它本身的直接目的并不是要废除文言。如陈独秀在《安徽俗话报》创办缘起中说道："要把各项浅近的学问，用通行的俗话演出来，好教我们安徽人无钱多读书的，看了这俗话报，也可以长点见识。"[③]而当时由章太炎和钱玄同创办的《教育今语杂志》，其目的亦是"本杂志以保存国故，振兴学艺，提倡平民普及教育为宗旨。本杂志依上列宗旨演以浅显之语言，故名《教育今语杂志》。"[④]不管是让人长点见识，还是着眼于平民教育，这些都是使用白话的重要目的。随着社会上白话书报的增多，吕思勉开始注意到白话对初等教育的重要性，他甚至提倡全国初等小学也要改教通俗文以利教育普及和统一国语[⑤]。

蔡元培对清季创制切音字和办白话报的行为曾这样评价道："秦汉以来，治文字不治语言，文字画一而语言不画一，于是语言与文学离，则识字之人少，无以促思想之进步矣。于是有志之士，为拼音新字，为白话报，为白话经解，思有以沟通之。"[⑥]这一评价可以说明，尽管清季切音字运动和白话文运动在实践层面并不相谋，但在内在理论逻辑方面实有相通

---

① 裘廷梁：《论白话为维新之本》(1898)，张枬、王忍之编：《辛亥革命前十年间时论选集》(第一卷)，北京：生活·读书·新知三联书店，1960年，第42页。

② 据蔡乐苏和李孝悌的研究，晚清所出白话书报，至少有130种，实际数量远超出这个数字。据胡全章的研究，清末十余年，白话报刊的数量在270种以上。(蔡乐苏：《清末民初的一百七十余种白话报刊》，丁守和主编：《辛亥革命时期期刊介绍》(第5卷)，北京：人民出版社，1987年，第493-538页；李孝悌：《清末的下层社会启蒙运动：1901—1911》，石家庄：河北教育出版社，2001年，第17-18页；胡全章：《被遮蔽的风景：清末民初北京白话报刊演说文》，《中国图书评论》2011年第8期。)

③ 《开办安徽俗话报的缘故》，《安徽俗话报》第1期，光绪三十年七月十日，第3页。

④ 《刊行〈教育今语杂志〉之缘起》(1910)，《钱玄同文集》(第2卷)，北京：中国人民大学出版社，1999年，第312页。

⑤ 博山(吕思勉)：《全国初等小学均宜改用通俗文以统一国语议》，《东方杂志》第8卷第3期，宣统三年四月二十五日，第3-4页。

⑥ 王世儒编：《蔡元培日记》(上)，北京：北京大学出版社，2010年，第159页。

之处，两者都以"言文一致"为目的，谋求语文的实用性改革，以图民众教育的普及化。而民众教育的普及又是国家强盛的根本，这无疑成为清季不少士人改革语文最强有力的话语资源。民智则国强，其背后共同的理念是民族主义的价值诉求，与现实政治密切相关。正是在这样的历史语境中，汉字和文言就成为人们质疑和改革的对象。

二、国语、国民与国家

中国地域广阔，自秦汉以来，汉字虽已逐渐统一，但地域方言仍是纷杂。清代思想家龚自珍很早就认识到，"音有自南而北东西者，有自北而南而东西者，孙曾播迁，混混以成"。不过，各地方言表面上虽纷杂难懂，但却是有规律可循的。他希望"旁采字母翻切之旨，欲撮举一言，可以一行省音贯十八省音，可以纳十八省音于一省也"。这个统一的方言书，是"首满洲，尊王也；胪十八行省，大一统也；终流求、高丽、蒙古、喀尔喀，示王者无外也"①。这个论点可以看作是近代早期的语言统一论。龚自珍的语言观强调了语言的伦理性和政治性。语言先文字而生，是文字的始祖，只有统一语言，"审声音之教"后，礼教传世，社会才得以规范。

后来的改良派代表人物康有为也从国家治理和社会交流层面强调了统一言语的重要性。他认为先圣垂训，贤师论道，皆示言之可贵。而国家治事，同样要注重统一言语，因为"上下相际，官民相通，讯诵狱，问疾苦，宣上德，达下情，必言语同声，名号同系，然后能交喻也"②。清季中国驻新加坡的粤籍领事胡璇泽会见曾纪泽时，因两人方言不通，乃以英语相问答③。康有为见此事不无忧虑地说道："夫以中朝大臣，而中土语言不能相语，致籍英言以为交质，此可叹息者也"，"闽、广、江、浙人交臂

① 以上所引均见《拟上今方言表》，(清)龚自珍著、王佩净校：《龚定盦全集·第5辑》，上海：上海古籍出版社，1999年，第308-309页。

② 康有为：《教学通义》(1885)，姜义华等编校：《康有为全集》(第一集)，北京：中国人民大学出版社，2007年，第54-55页。

③ 1877年，新加坡殷商胡璇泽被清廷委任为中国首任驻新领事。1878年，曾纪泽被派充出使英国、法国大臣。同年11月12日，曾纪泽抵达新加坡。13日，胡璇泽来见曾纪泽，商谈领事筹设经费之事。曾纪泽在日记中记载道："琼轩(胡璇泽号"琼轩"——引者注)操粤中土谈，余不能解，因以英语相问答焉。"参见(清)曾纪泽：《曾纪泽日记》，1878年1月13日，长沙：岳麓书社，1998年，第817页。

于外国，虑其皆不相通，而咸籍夷言以通语也，其辱国甚矣"。他还告诫世人，印度因语言文字纷杂，"不能联会齐一人心"，是以弱亡①。这里的"叹息""辱国""亡国"等评语都足见康有为对言语统一的高度重视。

1903年，梁启超在美国游历时，见外洋粤民之间矛盾重重，亦慨叹国语统一的急迫性：

> 凡外洋之粤民，皆有所谓三邑、四邑者，是最怪事。所谓三邑，则南海番禺顺德也；所谓四邑，则新会、新宁、恩平、开平也。会宁属广州府，恩开属肇庆府，而会宁之人昵其异府之恩开，而疏其同府之南番顺，岂非异闻。推原其故，则言语之同异为之也（新会新宁之语在省会几无人能解，恩、开则甚相近）。三邑、四邑殆如敌国，往往杀人流血，不可胜计，非直金山，即他埠亦然。呜呼！国语统一之法之不可不讲也如是夫。②

康梁所见，显然不是一时一地的现象，且代表了时人一般性认知。近代语言统一论肇始于清末这一"三千年来未有之变局"，和当时之政治、社会因素密切相关，随这一时期切音字运动而逐渐进入时人视野。

如果我们以清季切音字运动为例，其中相关言论颇为相通，且提出了具体的语言统一之法。清季文字改革者以语音为中心，创制切音字最初的目的是为民众容易识字；与此同时，他们也考虑到语言统一的问题。一方面，统一语音是创制标准切音字的必要条件，正如卢戆章所言："切音字乌可不举行以自异于万国也哉，又当以一腔为主脑。"③另一方面，语言统一有利于国民团结和国家建设。"长白老民"就认为："世界各强国无不以全国语言一致为内治之要端。故近年吾国洞达治体者，亦无不深明此理。"④1903年，直隶学堂学生王用舟等人，在请求直隶总督袁世凯颁行王照的官话字母的呈书中就指出中国方言之弊，强调了统一语言的必要性，"统一语

---

① 康有为：《教学通义》(1885)，姜义华等编校：《康有为全集》(第一集)，北京：中国人民大学出版社，2007年，第55—56页。
② 梁启超：《新大陆游记》，上海：商务印书馆，1916年，第181页。
③ 卢戆章：《〈中国第一快切音新字〉原序》，《一目了然初阶》(中国切音新字厦腔)(1892)，北京：文字改革出版社，1956年，第6页。
④ 长白老民：《推广京话至为公义论》(1903)，《清末文字改革文集》，北京：文字改革出版社，1958年，第34页。

言以结团体也。吾国南北各省，口音互异，甚有隔省之人不能通姓名之弊。夫国人所赖以相通相结者，语言也，言不类则心易疑，此涣散之本也。彼泰西各国，类皆文言合一，故团体最固，至于日本，尤以东京语为普通教育，诚握要之图也"①。推行标准切音字正好有利于统一语言，如果以标准的切音字颁行海内，则"皇灵所及之地，无论蒙古、西藏、青海、伊犁以及南洋数十岛，凡华民散居处所，不数年间书可同文，言可同音，而且妇孺皆能知书，文学因而大启，是即合四外为一心，联万方为一气也"②。

民间士人极力推荐切音字的动向，也引起了清政府的注意。1902年，京师大学堂总教习吴汝纶赴日本考察学政。在访日期间，日本贵族院议员、教育家伊泽修二就以德意志、奥匈帝国和日本的实例向吴汝纶讲述国语统一的重要意义。

（伊泽氏）又曰：欲养成国民爱国心，必须有以统一之。统一维何，语言是也。语言之不一，公同之不便，团体之多碍，种种为害，不可悉数，察贵国今日之时势，统一语言，尤其亟亟者。

（吴氏）答：统一语言，诚哉其急，然学堂中科目已嫌其多，复增一科，其如之何？

伊泽氏曰：宁弃他科而增国语，前世纪人犹不知国语之为重，知其为重者，犹今世纪之新发明，为其足以助团体之凝结，增长爱国心也。就欧罗巴各国而论，今日爱国心之最强者，莫德意志若。然德意志本分多少小国，语言自不相同，斯时也。彼自彼，我自我，团体之不结，国势之零落，历史中犹历历如绘也。既而德王威廉起，知欲振国势，非统一联邦，则不足以跻于盛壮。欲统一联邦，非先一语言则不足以故其同气，方针既定，语言一致，国势亦日臻强盛。欧罗巴各国中，爱国心之薄弱，殆莫如墺大利、匈牙利之共同国，全国国种不一，自然语言不齐，莫知改良之方，政治风俗，在在见参互错综之状，甚至陆军不受政府之驾驭，骚乱之举，曷其有极。傍观者时切杞

---

① 以上所引均见《上直隶总督袁世凯书》(1903)，《清末文字改革文集》，北京：文字改革出版社，1958年，第36页。

② 林辂存：《上都察院书》(1898年)，《清末文字改革文集》，北京：文字改革出版社，1958年，第17页。

忧，谓墺匈之恐不国也，此皆语言不统一之国，一则由不统一以致统一，其强盛有如德国；一则本不统一而不知改为统一，其紊乱有如墺匈合国，成绩攸分，似足为贵帮前车之鉴矣。①

　　伊泽修二主要强调了国语统一在养成国民爱国心以及稳固团体方面所起到的重要作用。吴汝纶在其日记中也提及当时国内南北各省士人仿照外国字母另立拼音简字的情形。他对王照依《音韵阐微》之例，别制官话字母，颇显推崇，且对字母的拼法有详细的介绍，在访日日记中特别写道："访伊泽修二，留饮久谈，謪謪以国语一致为统一社会之要。"②于此可见，伊泽修二的语言统一思想对吴汝纶产生了一定影响。吴汝纶还在日本未归国期间，即向管学大臣张百熙奏请实施国语教育，他指出："中国书文渊懿，幼童不能通晓，不似外国言文一致，若小学尽教国人，似宜为求捷速途径。"而王照的官话合声字母，"此音尽是京城声口，尤可使天下语音一律。今教育名家，率谓一国之民，不可使语言参差不通，此为国民团体最要之义。日本学校必有国语读本，吾若效之，则省笔字不可不妨办矣。"③吴汝纶推崇王照的官话合声字母，较偏重其语言统一之功用，而这一"国语统一"意见确实引起清政府的重视。由张百熙、张之洞和荣庆编定的《学务纲要》就要求各学堂均于"中国文一科内附入官话一门"，"将来各省学堂教员，凡授科学，均以官音讲解"④。

　　如果说语言统一思想在清末切音字运动时期更多的还只是处在一种萌发阶段，民国建立以后，随着国家政治制度的转变和受内忧外患的现实处境的影响，时人主张国语统一的言论显得更为迫切。有研究者指出，民国时期的语言改革与政治革命关系密切，一种旧的官话被一种新的民族语言代替的现实反映了新民族-国家认同的建构和统一的中央行政体系需要一

　　①《贵族院议员伊泽修二氏谈片》(吴振麟录)，吴汝纶：《东游丛录》，东京：三省堂书店，1902年，第94-96页。
　　②《桐城吴先生(汝纶)日记》，沈云龙主编：《近代中国史料丛刊》第37辑(367)，台北：文海出版社，出版时间不详，第764-765、808页。
　　③《与张尚书》，(清)吴汝纶撰：《吴汝纶全集》(三)，合肥：黄山书社，2002年，第435-436页。
　　④《学务纲要》，舒新城编：《近代中国教育史料》(第2册)，《民国丛书》第二编(46)，上海：上海书店，1990年影印版，第20页。

种统一的国家语言①。在近代中国，不存在用一种新的民族语言来代替旧的官话的问题，这与欧洲各国用方言书写来代替拉丁文有着根本不同，但统一语言的重要目的是为了建构新的民族国家认同倒是确信无疑的。正如时人陈启天所言，国语统一是国家主义思想的表现，其目的即是通过统一语言达到"内求合一"。这种"合一"在于均质性的"国民-国家"观念的养成，而此"国民"，非指属于同一种族、信仰同一宗教，而是指组成国民的各分子都能自觉地成为国民中的一员，共同维持对国家的义务②。

不过，从清末至民国初年，国家重心随军事权势的下移和地方主义的增强而日益虚化。军阀拥兵自重，割据一方，思想意识中亦无多少国家认同之概念。罗重民分析了国内政治纷争的局面，"汉藏之间，习俗不相同。闽粤之间，言语不相通。武将专横，有省自为政之概。南北分立之见，且时萌于一部人士之脑中，人方合群力群谋，以数千万人为一体，思置我于保护国之列。我乃散漫如沙，人自为谋。"造成这种局面的原因，缘于"国民无共同之观念，无统一之精神"，以致"外人得择肥而食，饱其欲壑"③。张天一亦认为，中国因历年来的国内战争和帝国主义的压迫，表面上看似双方不睦，权利冲突，究其实在，"实是言语不统一以致种种误会，所以造成紊乱如麻的连年战争，如往昔南北之战，四川等省部落之战等等，即今之所谓反动派背叛中央，也可说是言语不统一上一个大关键，因为言语不统一致有思想上之分歧，致有感情上之不融洽，感情上之不融洽于是不能服膺三民主义而绝对服从中央，而有背叛事情发现了"④。这些言论都提到了语言纷歧是造成国家分裂和政治不统一的重要原因。所以，在军阀混战的时代，有时论就这样呼吁："方今南北纷争，忧国之士，力谋统一，但统一南北，非先联络感情不可，欲联络感情则言语之效力乃大"⑤。

在抗日战争时期，日本对中国内政的批评更影响到时人对本国国家政

---

① [澳]费约翰著、李恭忠等译：《唤醒中国——国民革命中的政治、文化与阶级》，北京：生活·读书·新知三联书店，2004年，第231-238页。

② 陈启天：《国家主义与国语运动》，《中华教育界》第15卷第8期，1926年，第3-4页。

③ 罗重民：《国民之统一与国语之统一》，《学艺》第2号，1917年9月，第1页。

④ 张天一：《国语统一运动中之注音符号》，《中华全国电政同人公益会会报》第64期，1930年9月，第18页。

⑤ 新：《国语与国体之关系》，《申报》1923年5月30日，第3版。

权建设的反思。许清源就反思说："近一年来，每日阅报，所最怕见的就是'无组织不统一'几个字"。就是这个几个字让他苦恼万分，因为自"九一八"以后，日本每每拿"这句话来中伤我们"。这虽然是日人的国际宣传和妄言，但他认为"这不能不加以相当的注意"。因为通过表面往内幕里一想，"现在的现象，实在是不能不令我们出一身冷汗！"丢开政治不谈，就拿语言来说，"蒙藏文字与汉字不同，语言更是无从说起，即就同用汉字的省分来说，也有京话、苏白、粤调好多不同的种类。很小的福建省内自己就有好几种语言，延平话到福州不能用，福州话到漳州也听不懂。因为语言的不同，所以北方人到南方就成了哑巴，南方人过了大江也就如同到了外国。这种情形，不但是文化上、交通上的大障碍，并且也不能不承认是教育的一种耻辱，国家的一个弱点吧！"①

当时在广东勤勤大学任教的林砺儒也有相同省思："本国人不能用本国语说话，我们天天说雪国耻，难道国语不统一，还不算国耻么？中国军队不能协力对外作战，不要说因为军械不统一，训练不统一，就是国语不统一这一点，已经不能携手上阵了。敌人毁谤我们，说我们是无组织的国家，其实平心而论，连国语都不能统一，还算有组织么？"②

近世中国社会离乱，政治分立，国民如一盘散沙，语言不统一显然不是其主因。时人强调语言不统一的弊端，将语言不统一与国内政治纷争联系起来分析，显然是想凸显统一国语的必要性。国语问题关系国家前途，至重且大。正是在此种语境下，在不少人看来，应在义务教育阶段，统一国语，如此则"国民统一之精神，自随而勃发，驯至五族一志，四亿同心，然后扩充军备，以固国防，振兴实业，以裕国计，普及义务教育以培国本，发达科学技艺，以宏国用，种种问题皆得迎刃而解矣"③。建构国民－国家的统一体，语言能否统一被时人视之为重要标志，这一政治性诉求未尝不是当时社会现实的反映，亦配合了国家政权建设的需求。而将"国语"与"国民"之间的关系强行勾连，在20世纪30年代似已形成一种

① 以上所引均参见许清源：《究竟那种是国音》，《国语周刊》第69期，1933年1月21日。
② 林砺儒：《国语比赛之后》（1934年5月28日），北京师范大学校史研究室编：《林砺儒文集》（下编），广州：广东教育出版社，1994年，第658页。
③ 罗重民：《国民之统一与国语之统一》，《学艺》第2号，1917年9月，第7页。

话语意识形态，在舆论宣传之下，影响至一般知识分子和普通民众。郭常平、杨国石就回忆说，他们于1933年来到广东百侯乡艺友师范学习，随处可见"不会国语，不算国民"等宣传标语[①]。

中华民国建立之初就以"五族共和"明志于世，这时革命派的民族主义思想观已经由清末狭隘的大汉族主义转换到多民族共存的国家建制思想，而蒙藏各族语言文字和汉地各有不同，如何在拥有众多异质文化的实体上建构统一的国民-国家，实是时人处理民族关系时不得不考虑的重大问题。

1912年7月，由蔡元培召集的教育部临时教育会议即提出应注重蒙藏回教育问题。同年8月，高凤谦在《教育杂志》上就撰文指出，注重国语国文，实为蒙藏回教育的第一要义。他分析了国语文在政治和教育上的重要性，并指出蒙藏回民族各有特种语文，与内地绝不相通，而合五大族为一民国，非亟谋同化无以巩固国家基础，只有"蒙藏回民族皆通国语国文而后得欣合无间，不然中央之政府议会中，蒙回藏民族殆无容喙之余地。所谓合各民族为一国，人人平等有参证之权，殆终无实行之日也"。就实际情况来看，蒙藏回地广人稀，施行普通教育，已非常困难，若欲就蒙回藏的本土语文建立种种高等专门学校，以多数经费培植少数学生，事实上难以做到，并且能以本民族固有之语文来教授高等学术的教员又难以获得，如想提升蒙藏回民族的教育程度，使之与内地人民有齐等的能力，则"非授以国语国文，并有游学内地之资格，殆无术以处之"[②]。

1918年第五届全国教育联合会大会的决议案，亦提倡蒙藏教育应注重国语。该案认为中国由汉、满、蒙、回、藏五族共和而成，满回两族与汉族风俗虽有不同，但语言受汉语同化，所以满、汉、回三组结合甚固。而蒙藏两族不惟风俗未能与汉族混同，语言更是大异，所以结合不弥，时有独立警报，最为可虑。该案建议北京政府在殖边学堂、蒙藏文学堂、师范学校、实业学校中除教授各种学科及国语外，应加授蒙语或藏语，以储通译国语人才，作为通行国语的预备。而为蒙藏人特办的初等、中等学校，

---

① 郭常平、杨国石:《回忆三十年代百侯艺友师范教育》，广东省陶行知研究会编:《一代宗师——陶行知诞生100周年纪念文集》，广州:广东教育出版社，1993年，第264页。

② 高凤谦:《蒙回藏教育问题》，《教育杂志》第4卷第5号，1912年8月10日，第95页。

均应注重国语。

　　蒙藏之民既是中华民国国民，当得熟习"国语"，建构一种全民族的共同语，加强其疆域内国民的国族性建构乃是国语运动的应有之义，"吾国五族之民，果用一致之语言，自无不通之意志，同心协力，息内争而防外患，除偏见而获共和，岂非五族之大幸哉！岂非中华民国之大幸哉！"[①]时人也以欧美等国作为参照，强调语言统一的重要性。"有以单纯民族而成为一国者，有以数种民族而合建一国者，疆域虽极辽阔，语言无不一致，即在异邦属地，亦亟亟提倡其固有之语言文字，不遗余力。故欧美人足迹所至，兼并弱族，团结团体，胥以言语同化为始基。"所以"我国号称五族共和，所恃以通情款谋联络者，除政教礼俗而外，国人亦颇注重国语统一。"[②]就是在这样一种从多民族基础上创造强大国家的思想建构下，特别是抗日战争爆发以后，国家政治中心迁移到西南大后方后，在抗战建国的大潮中，统一国语文成为边疆建设中的时代呼声，南京国民政府颁布了边地民族学习国语的教育措施。虽然整个民国时期全国远没有达成统一之势，国语教育对于蒙藏之地也是鞭长莫及，政令也大多停在纸面，但这些措施也能反映出当时的语言统一运动已不仅仅局限于汉族内部，而是放眼全国乃至国外。

　　海外华侨的语言统一亦是国语运动的重要指向。在海外华侨群体内部，方言纷歧和地域主义在很大程度上亦直接影响了华侨内部的团结和国民-国家认同感的形成。在时人看来，在南洋华侨中也存在着国语统一的问题。"南洋的语言，本极复杂，通常以马来语为普通，英语次之。就是在华侨里面，言语也至不相同，广东人说广东话，福建人说福建话，在广东里面，又有广府话、客话、海南话、潮州话等；在福建里面，又有福州话、厦门话、泉州话、漳州话等等，彼此都极不通达"[③]。方言互不相通，致使华侨之间差别极大，彼此不能交换意见，人心涣散，缺乏团结，又

　　①《第五届全国教育会联合会大会议决案》(1919)，邰爽秋等合选：《历届教育会议议决案汇编》，上海：教育编译馆，1936年，第17—19页。
　　②《全国教育会议报告》(1928年)(乙编)，沈云龙主编：《近代中国史料丛刊续编》第43辑(429)，台北：文海出版社，1977年，第186页。
　　③钱鹤、刘士木、李则刚合辑：《华侨教育论文集》，国立暨南大学南洋文化事业部印，1929年，第19—20页。

"吾南洋侨胞，久处于外人统治之下，语言文字将为外人所同化，爱国心之沦亡势所必然"①。华民久居国外"则数代流传，将不知有祖国，是则海外移民之举，适成为戕贼民族性之机"②。所以"凡吾同胞，正宜挽狂澜之将倒，作中流之砥柱，高举统一国语之旗帜，招我华夏之国魂，庶几泱泱大国，建基于亚东，伸展于南洋，与大地并存而光照全球。"③国语就这样逐渐成为消除华侨内部的地域之见，团结对外，发挥其对祖国大陆的民族想象，坚固其民族性，加强国家认同的重要纽带。这大概也是康有为因戊戌变法招罪而流居海外时，就在海外华文学校里强调国家观念和民族意识，在南洋诸学校中，主张用官话教学的重要原因④。

三、统一语言与现实需求

随着近代交通的日益发达和社会流动性的增强，形如费孝通所说的"熟人社会"⑤的关系网络逐渐被打破，这一变化着的社会现实，对时人的语言统一观同样有着不小的影响。近代公共教育空间的扩大，促使知识精英日益重视起"口头言语"。在清季民初，各学堂、宣讲所、议会次第新建，演说成为发表思想、输入文明的利器。不善演说，在时人看来"则为言语上半身不遂之病"⑥。罗一东亦说，口舌、笔墨、枪炮乃是社会竞争的利器，枪炮乃危险物，非和平所能用，笔墨虽属文人要具，"但所生之效力究不若口舌之便利"⑦。在近代中国，不识字者居多，在针对一般民众的思想启蒙运动中，知识精英日渐强调口头演说和表达能力的重要性，更

①《南洋华侨教育会议报告》，国立暨南大学南洋文化事业部印，1930年，第249-250页。

②《华侨教育会议报告书》，中央训练部印，1930年，第2页。

③《南洋华侨教育会议报告》，国立暨南大学南洋文化事业部印，1930年，第250页。

④苏云峰：《康有为主持下的万木草堂》，《"中央研究院"近代史研究集刊》（台北）1972年第3期，第452页注释部分。

⑤"熟人社会"是费孝通在《乡土中国》一书中提出的概念，它指的是中国传统乡土社会的一些特征，如人口流动率比较小，社会生活富于地方性，区域间接触少。但在各自孤立的社会圈子中间，因较长时间的生活，人与人之间又有一个"熟悉"的社会网络。（参见费孝通：《乡土中国 生育制度》，北京：北京大学出版社，1998年，第9-11页。）

⑥[日]冈野英太郎著、王蕃清译：《演说学》，直隶教育图书局印，1912年，第2页。

⑦罗一东：《演说学》，出版地不详，1930年，"自序"第1页。

凸现出这样一种"言语文化"的兴起实与政治密切相关①。余楠秋就认为，"吾国人民，没有受过教育的，居大多数，则能受教育者，应当多担负一些责任，去领导他们，启发他们，使得他们至少能够明了我们本国的情形，然后我们这个国家才得有进步，有与人竞争的希望。那么，我们首先就非得要训练我们自己，要能说得明白，解释透彻，才能够对大多数的民众尽我们的本分"②。殷凯亦强调，"各地方之有志青年，群标到民众去的精神，以宣传其所抱之主义"，凡此种种，演说是不可少的工具③。但如何能发挥演说的化民功用，运用统一的语言就更为重要，时人曾注意到，"后起爱国之贤不可不讲演说之术且必有一律通行语言以为演说之器用"④。

　　蔡元培早在清末任上海南洋公学特科班的总教习时，就特别注重学生的国语训练，这一点确有远见。据黄炎培的回忆，蔡氏常向他们指示："今后学人领导社会，开发群众，须长于言语"。在蔡元培的指导下，学生常设小组会练习演说和辩论。但这种演说、辩论训练并不是以方言为主，因为"方言非一般人通晓，习令国语"⑤。这点显示出蔡元培当时已经认识到统一语言在公共教育空间中的重要性，他后来亦多次强调统一国语在知识的交换和应用方面的重要作用。他曾说，学生来自全国各地，语言不统一，求学很麻烦，"到上海进学校，一定要学苏白；要是转学到北京，又要学京腔，不是很麻烦么？现在北京的大学，因为教员与学生不是都能作国语，这一省有时候教员的话，学生听不懂，所以一定要印讲义；或者中国教员，不能不用英国话来讲，这不是怪事么？"⑥

　　1920年代曾在东北大学文学院就读的牟金丰就有如此经历：读预科

① 王东杰和陈平原等人对近代中国"言语文化"的兴起有详尽的研究,他们对时人日益重视"言语"的现象所蕴含的社会、政治和文化意义多有揭示。李孝悌则具体研究了在清季下层启蒙运动中,地方精英如何利用宣讲、讲报、演说等这些不同于文字作为载体的"口头启蒙"形式来对一般民众进行启蒙教育。(相关研究可参见王东杰:《口头表达与现代政治:清季民初社会变革中的"言语文化"》,《学术月刊》2009年第12期;李孝悌:《清末的下层社会启蒙运动:1901—1911》,石家庄:河北教育出版社,2001年,第65-150页;陈平原:《有声的中国——"演说"与近现代中国文章变革》,《文学评论》2007年第3期。)

② 余楠秋编:《演说学概要》,上海:中华书局,1934年,"自序"第1页。

③ Arthur M.Lewis 著、殷凯译:《演说术》,上海:太平洋书店,1924年,"序"第2页。

④ 《说演说》(续前稿),《大公报》1902年11月6日。

⑤ 黄炎培:《吾师蔡子民先生哀悼辞》,中华职业教育社编:《黄炎培教育文选》,上海:上海教育出版社,1985年,第266页。

⑥ 蔡元培:《国语的应用》,《国语月刊》第1卷第1期,1922年2月20日,第1页。

时，除英语课以外，其他科如中国文学、中国地理、中国历史等，都用汉语讲。但是那些用汉语讲课的老师，如黄学勤、黄方刚、张世豪、郭秉和等，又都是从浙江、福建、广东一带招聘来的留洋学生，他们不会北方话，只会说方言或外语，我们东北学生去听他们的课，一句也听不懂。同学们只好利用课后的自修时间，重新反复阅读教材，整理笔记。有时需要向老师请教时，往往也借助于英语进行会话。所以从那时起，东北大学的学生普遍认为：在汉民族中雷厉风行地推广一种标准语是十分必要的[①]。

因为方言的原因，造成教学和理解的障碍也是不乏其例。时为广东省立一中学生的区伟干就说到他亲身所经历的例子：记得我小学的时候，在课本上读到一课关于奈端的故事，我脑中便认识奈端是一个很诚实的少年，后来进初中学习物理学时，发现了一个发明万有引力的牛顿，但从物理教员的口中听说是奈端发明万有引力，我以为先生说错了，下课时我便去问他，他说"奈端"和"牛顿"并不是两个人，同是英文的 Newton 所译出来的。原来在国音上，奈端和牛顿是差不多一样读法的，但在广州话的口音读来，就差得太远了。这虽然是译名的不统一，可以参考原名（英文的）便会知道，"牛顿"和"奈端"就以为是两个人了。区伟干及其同学了解到语言统一对于教学的重要性之后，自动请教员用国语讲解课文[②]。1920年代初，广州国立中山大学的学生人数达到二千余人，其中广东籍占多数，但亦有不少外省客籍学生，校方认为，为便于学生普遍听讲，准确了解各科内容，"势非用普通语言，不足以收普及之效"。所以，中山大学发出通告，各科教师，除教授外国语言外，各种科学一律应用普通话解释，以归划一[③]。1932年4月，章太炎北游讲学，有一日在北京大学讲《广论语骈枝》，当日旁听学生多为北方人，不懂浙语，所以由钱玄同用国语代为重译[④]。试想，当时如果没有翻译，章太炎的讲学效果恐怕要大打折扣了。

现代政治公共空间的扩大，亦使时人注意到统一语言在服务社会和交

① 牟金丰等口述、邓小溪整理：《回忆张学良将军和东北大学》，中国人民政治协商会议辽宁省委员会文史资料委员会编：《"九一八"前学校忆顾》，沈阳：辽宁人民出版社，1991年，第62页。

② 区伟干：《用国语讲书》（高中日记，4月13日），《广东省立一中校刊》第126期，1935年5月13日，第15页。

③ "通告"，《国立中山大学校报》第7期，1927年3月28日，第4页。

④ 周作人：《知堂回想录》，香港：三育图书有限公司，1980年，第550-551页。

换意见方面的功用。蔡元培就告诫时人，"我既然爱国，要尽我国民的责任，我就不可不知道全国国民的意思，而且有时也一定要把我的意思，给全国国民知道，这就要有一种交换意思的工具，那就是国语了。为什么江苏省议会常常有江北的议员与江南的争执，……为什么湖南第一次制宪，为了湘西人与湘南人争执，不能迅速成立呢？这其中固然有地方利害的关系在内，然而地方意见的起源，还是为语言不是全同，交换意见的作用不完全的缘故。为什么服务海军的机关，不是福建人，不容易插入呢？为什么有个交通系，不是广东人，或不是与广东人有密切关系的人，不容易插入呢？这其中固然有把持权力的作用，但是最初排斥外省人的意见，还是为不容易交换意见的缘故。"①蔡元培的担心不是没有道理。1926年1月，中国国民党第二次全国代表大会在广州召开，在大会上，因为广东代表大多不懂各省方言，陈其瑗、吴永生、何香凝就要求大会主席团对于各项重要报告及决议都要翻译成粤语。因粤籍党员在当时国民党中占据要席，所以主席团不得不同意这样的请求②。

方言不通，在政治公共空间阻碍交流和沟通的例子不胜枚举。在1931年5月12日，北平《晨报》记者在国民会议旁听记中有云："记者旁听之余，所最感触者厥为语言问题。主席于老先生之陕西腔，实不易懂。蒋主席之宁波音，亦殊费力。尤以江浙两地代表，几完全使用土音，吾侪听惯北方官音者，大有听外人演说之感。"代表演说，宛如各地方言比赛会，这种情形让旁观记者甚是担忧，"彼此语言不甚通晓，如何能尽量讨论，斯灭国家发展前途，一大障碍"③。在1948年的国民大会上，国语运动虽已推行了二十年时间了，但方言交流障碍依然存在。有一位海外回来的华侨代表许荣暖，只会粤语，不懂国语，他请求每次发言要有粤语翻译。大会临时秘书长认为每次翻成粤语，事实上有困难，因为会场上讲各种方言的都有，如果都要翻译，难以满足要求④。这点也凸显出近代中国政治公共空间的语言生态。

① 蔡子民：《国语的应用》，《国语月刊》第1卷第1期，1922年2月20日，第2页。
② 中国第二历史档案馆编：《中国国民党第一、二次全国代表大会会议史料》（上册），南京：江苏古籍出版社，1986年，第244—245页。
③ 船夫：《"国语漫谈"："需要"和"感觉"》，《国语周刊》第35期，1932年5月21日。
④ "国大第2日"，《中央日报》1948年3月3日，第2版。

在抗战年代，因方言不通而造成的交流障碍，更让时人揪心不已。任明道就在呈请政府加速统一全国语言工作的意见书中呼吁："我政府为动员民众派员分赴各地指导，然因语言不通，每见开会时讲演者舌敝唇焦，甚至声泪俱下，听之者不抹头脑或竟茫若无闻，精神动员岂可得手，愚竟此时全国各地军政长官、各级公务人员以及各级学校无论课堂，教授当众讲演，务宜一律操用国语，俾上行下效两三月之内统一全国语言，加速动员工作。"①这点从侧面反映了当时已进行十多年的国语运动并没有多大成效，而随着近代政治公共空间的扩大，在公共场合发表意见和言论，统一语言越发重要。

不同省籍的人，因方言隔阂，不得不用英语或者翻译来交流，这在时人看来是有损于国体的②。和日本人交流，日人用国语（汉语），而国人不懂，更是"未免太够不上做本国人了"③。这种观感显然是一种民族主义情感的流露。而就实际情况而言，民众体会更多的恐怕还是方言不统一给人们日常生活所带来的障碍和不便。学者郭秉文曾回忆说：记得从前到菲律宾去，有一天去访一个福建朋友，有要事商量。我不能讲福建话，和他讲普通话，他不懂，和他讲英国话，他亦不懂，真没法儿想。后来找到他一个书记，那位书记是个外国人，懂西班牙语的。我便用英语和那书记讲，他再译成西班牙语转述福建朋友，这位朋友才明白我的意思。我还记得有一个朋友告诉我说，到南洋去演说，非常困难，有什么三菩萨的名号。这三菩萨是什么呢？就是演坛上往往立着三个人，一是演说的，一是翻福建话的，一是翻广东话的。……可见言语不普通真是困难④。

冯省三，早年在北京大学预科法文班毕业，1923年与陈声树等创办世界语专门学校，负责教务工作。他曾致信给钱玄同，谈到他初到广州因方言障碍所遭遇的窘境，有诗为证：进了广州城，不啻到外国；有耳不能听，有口不能说。说话各样打手势，听话老是问"什么？"手势打了千百

①《为任明道通电提倡国语一案希查照办由》（1939年7月31日），中国第二历史档案馆藏（以下简称"二档馆藏"），南京国民政府教育部档案（以下简称"教育部档"），档案号：5—12291。
②新：《国语与国体之关系》，《申报》1923年5月30日，第3版。
③黄志尚：《国音常用字汇》，《国语周刊》第85期，1933年5月13日。
④郭秉文讲、华超记：《暑假讲习所及国语统一之重要》，《教育杂志》第13卷第11期，1921年11月20日，第5页。

遍，两人还是对着看；"什么"问了千百次，还是不懂什么事。他直燥得冒汗，我便急得打转！①这一段描述非常生动地展示了方言障碍给人们日常生活带来的误解和不便。

在民众日常生活交往中，也有因方言误解而造成双方冲突、失业、失财，不少精英就利用这些实际鲜活的例子向社会宣传方言统一的重要性。永泉就在《申报》上撰文举例警示时人："去年战事，苏州驻有兵士甚多，内有一山东籍之兵士，一日向该处老虎灶泡茶，该兵侧目说，水要开的，灶头司务（系苏州人）说，滚的滚的，该兵一听，以为叫他滚，遂起冲突。"还有一例："居住上海之本地人某在荞头店觅得一江北娘姨，一日主妇持铜元三枚，命他买钉，他听错了言语买锭三串回，主妇以为不吉，大忿，遂停去其职。"②署名为"昌"的读者在《不懂国语的害处》一文中，就以亲身经历来说明不懂国语的害处："我上星期从庆宁寺乘上川长途汽车到川沙。汽车开行后，有一位如教员先生，同车到曹家路站，可是他看了车票上注明到邵家衡站的（邵家衡近，曹家路远），出了曹家路的票价买了邵家衡的票子，他以为售票员的差误，其实他不能讲国语，所以有这种情形发生，后来被查票员加倍收了一站的车费，这位先生面上顿时就红起来了。"③

另外，国语在社会上谋职业也起着重要作用。蔡元培就说："我们若是只想在家乡种几亩田，做一件手工，开一个小店，那就不必说了。若是想到大工厂、大公司去占个位置，就不能不到远一点的地方，就不能单说家乡话。"如钱庄是宁绍帮的专业，若是有一个不会宁绍话的山西票号老伙计，要进钱庄去，也很不容易了。广东嘉应州一带的人，是长江流域的人流寓在那里的；他们的客话，与别种广东话不同，他们无论在何处，都不能同广肇帮或潮帮在一处④。不少在外地谋职业的人，也逐渐认识到国语在实际工作中的重要性，为工作便利起见，在报纸上登载广告聘请教师，主

---

①《悼冯省三君》（1924年6月19日），钱玄同：《钱玄同文集》（第2卷），北京：中国人民大学出版社，1999年，第87-88页。

②永泉：《我国急宜推广国语》，《申报》1926年1月12日，第3版。

③昌：《不懂国语的害处》，《申报》1926年1月26日，第4版。

④蔡子民：《国语的应用》，《国语月刊》第1卷第1期，1922年2月20日，第1-2页。

动学习国语①。

尽管如论者所言,"国语统一"话语在近代民族国家建构中,充满了时人对强大的国民国家的想象,但随着各种形态的公共空间,如教育空间、公共政治空间、日常交往空间、职业空间的扩大和拓展,国语统一话语的生成确有其社会现实基础和实际需要。

图1　天安门城墙上"国语统一""言文一致"标语

（根据照片上的标识,这张照片拍摄于1928年,墙上右侧开头为"国语统一、言文一致",随后是文件标题"国音字母",以下即为注音字母表,落款为"中华民国教育部国语统一会"。图片来源:《老照片》（第9辑）,济南:山东画报出版社,1999年,第111页。）

国语运动的主将黎锦熙曾说,"言文一致"和"国语统一"是为中国近代国语运动的两面旗帜②。这两大口号曾用大字题在北京天安门城楼西侧的一段城墙上（图1）,以提醒民众注意。知识精英对它们的重视于此可见一斑。从学理角度而言,言与文不可能实现真正的一致,而语言也不可能达到完全的统一。但毋庸置疑,这种话语的建构实是近代语文改革最为重要的理论资源。它所批判的对象是:一方面,因书写文字符号的限制,造成现代言文的日渐分离,在时人看来,民智的低下和国家的羸弱,与其有

①《征国语教师,酬车二十万》,《中央日报》1947年3月3日,第8版;《公开征求国语教师》,《中央日报》1947年4月14日,第5版。
② 黎锦熙:《国语运动史纲》,上海:商务印书馆,1934年,第10页。

很大的关系。这里暂且不论这种理论的缺陷①，但在近代先后产生的切音字运动、白话文运动和方言拉丁化运动的背后无不体现了这方面的思考取向。另一方面，中国地域广阔，境内存有多种方言，这种纷杂和隔绝的语言环境，对中国的政治、教育以及社会各方面影响至深。作为一种民族主义思想的彰显，近代语言统一观是一种国语、国民和现代国家共生的语言建设思想，它反映了近代中国由传统王朝体制向现代国家转型过程中，由于民族国家建设的需要，知识精英希冀从统一语言进而实现再造新国民，消弭地域保护主义和加强民众对国家认同感的政治诉求。而随着近代社会流动性的增强，各种类型公共空间的产生和扩大，知识精英亦从教育、政治、社会生活和个体交流层面来强调和宣传"国语统一"所具有的现实意义，这些都为精英和政府借用政治权力来推行国语运动提供了动力。

值得注意的是，在改革派精英强调国语统一之于民族国家建设这一话语的背后，一个较为隐蔽的远大目标是：提倡白话、国语统一亦是为施行拼音文字做准备②。钱玄同在新文化运动早期就主张废除汉语，直接采用世界语。他认为如果不废汉语，将汉字直接改为拼音文字难度非常大，因为中国语言文字极不一致，语言之音各处万有不同，文字之音，亦纷歧多端。言文音读不统一，汉文同音者甚多，这都使得汉字难以改用拼音文字。但陈独秀在其时又反对废除汉语，那么，如果想改用拼音文字，则只有如胡适所构思的，提倡白话文不仅可以减少单音字，而同时亦可建构"国语"，用之统一方言，这样在未来的某一时间，再将"白话的文字变成拼音的文字"就并不是不可能的事情③。

与日本相比较，中国近代国语运动的原动力、批判指向和路径与之有相似亦有不同的地方。近代中日两国语文变革的兴起都出现在西方优势文化压倒东方的时势下，其背后一个重要的原动力即是企图改革语言文字以

① 现代学者已经指出，文字书写符号体系与口语发音的不一致是普遍的现象，即使是拼音文字亦不可能做到"言文一致"。因为凡属有较长历史的拼音文字，由于拼写字形稳定，同时随着15世纪印刷术发明以来，书写符号的固定与易变的口语读音之间的差距日益显现出来，有时字母的读音反而受词的位置或习惯而定，其学习难度不亚于象形文字。（许寿椿：《评对拼音文字"言文一致"的误解和迷信》，《汉字文化》1992年第3期。）

② 桑兵也从这个角度反思了五四时期的白话文和汉字改革，可参见桑兵：《文与言的分与合——重估五四时期的白话文》，《社会科学战线》2010年第10期。

③《中国今后之文字问题》，《新青年》第4卷第4期，1918年4月15日，第352-357页。

重塑民族国家；而"言文一致"话语亦是两者共同的理论基石，日本在这一点上对中国影响较大。但日本近代国语运动追求"言文一致"目的是要建构"纯粹日语"，其语言民族主义的指向是想极力排除异质的外来文化，即汉字文化对日本的影响，并推动其书写语言向西方的拼音文字靠拢，但这项改革却是欲废而不能，结果形成了汉文假名混合书写符号，这也是日本"脱亚入欧"的文化表现和结果。同时，伴随着殖民主义的扩张，日本的国语运动还存在着语言殖民主义的政治目的①。中国近代国语运动显然并不具备这些特征。

---

① 相关研究可参见［日］小森阳一著、陈多友译：《日本近代国语批判》，长春：吉林人民出版社，2003年；［日］柄谷行人：《民族主义与书写语言》，《学人》第九辑，南京：江苏文艺出版社，1996年；丸山敏秋著、何绍贤译：《日本的国语政策与汉字教育》，《汉字文化》2007年第5期；魏育邻：《日本语言民族主义剖析——从所谓"纯粹日语"到"言文一致"》，《日本学刊》2008年第1期；王平：《语言重构的两种向度——日本言文一致运动与晚清白话文运动之比较》，《兰州大学学报》（社会科学版）2009年第2期；刘芳亮：《近代化视域下的话语体系变革——中国"五四"白话文运动和日本言文一致运动之共性研究》，《解放军外国语学院学报》2004年第3期。

第二章　近代有关国语标准问题的思想争论

  "国语"这一名词，它的沿革本身就包含有复杂的文化和政治意涵。据陈梦家从古文字学角度的解释，所谓"域"或"国"最早是城邑的南北两界，次之为东南北三面为界，最后是四方有围界。又从它意义的演化程序来看，可知国最初只是疆域之义，后来才变成邦国之义①。中国幅员辽阔，自古就有方言存在，在古代典籍中就有记载："五方之民，言语不通。"（《礼记·王制》）但同时也存在着区际共同语，如春秋战国时期的"雅言"。"雅"字的古训是"正"，"正"即是"标准"。"雅"和"俗"，两者之间既有空间地域范围的不同，亦有文化上的等级区分②。先秦时代的雅言应以王畿成周一带的方言（陕西地区）为基础，是当时受过教育的上层精英使用的较为正式的语言。因为有"雅言"的存在，这一时期"国语"的意思却是狭义的"列国的人的言谕（语）"集的专名（《国语》）③。

  随着外族入侵和民族迁移，有些少数民族在统治中原的时候，都有过将本族的语言称作"国语"的做法。据《隋书·经籍志》记载：后魏初定中原，"军容号令，皆以夷语。后染华俗，多不能通。故录其本言，相传教习，谓之国语。"④其后，金人也曾称女真文为"国书"，称女真语为"国语"。元人称蒙古文，清（后金）人称满洲文，都叫"国书"。清高宗时期

<hr />

① 陈梦家：《释"国""文"》，《国文月刊》1941年第11期。
② 于迎春：《"雅""俗"观念自先秦至汉末衍变及其文学意义》，《文学评论》1996年第3期。
③ 魏建功：《国语运动在台湾的意义》，《现代周刊》第1卷第9期，1946年2月28日，第8页。
④ （唐）长孙无忌等撰：《隋书·经籍志》（卷一），北京：中华书局，1985年，第33页。

"将蒙古字制为国语，创立满文，颁行国中。"①满族统治者为了维护清政府的统治和加强武装力量，兴八旗官学，教八旗子弟满文和骑射，告诫本族人要保持"国语（满语）骑射"②。满族进入辽沈和中原地区以后，长期与汉族杂居相处，在政治、经济、文化、生活上大量接受汉族的影响，满语逐渐被汉语取代，骑射也随之失去其原有的意义。但将满语称为"国语"的做法至晚清仍未改变，在晚清外交史料的记载中，汉语和国语仍是分开称呼，如在1897年光绪帝接见日本使者的仪式中，首先用满语致答谢词，这里的满语是被清政府认定为国语的③。

美国学者Victor H.Mair指出，中国古代少数民族统治者将本族的语言设定为"国语"，只是将某一语言看成是特定的族群所专有④。在古代中国，由少数民族建立起来的政权，在强大的汉文化的影响下，使得这种语言政策具有消极的保护性特征。这种"国语"所属的族群仅保留于政治上占统治地位的民族，而没有将其强加于统治疆域内全体民众。黎锦熙后来评价说，国语"中古倒成了统治者的'外国语'的高贵称呼，如辽的契丹语、金的女真语、元的蒙古语、当时都叫'国语'，清的满洲语叫'国书'，实际上统治阶级都用的是汉文汉语了。但是中国从来不把汉语叫作'国语'的，这并不是表示谦虚，是恰好表现了'半统一''半分化'特殊过程中'统治阶级放弃口头语'的这个观点，而另一个观点就是抓紧书面语——汉字，一直在宣扬'天下同文一统'的。"⑤这一评价大致概括出古代中国语言政策的一些特点。

近代以来，在西方殖民体系的冲击下，"国语"的建构是东亚走向民族国家过程中的一个重要议题。中国近代意义上"国语"思想的形成受日本影响较大，因清季切音字运动而逐渐流行开来。1902年，吴汝纶在日本

---

①《太祖实录》卷三，《清实录》（第1册），北京：中华书局，1985年影印版，第44页。

②参见王钟翰：《清史新考》，沈阳：辽宁大学出版社，1997年，第59-64页；沈阳市民委民族志编纂办公室编：《沈阳满族志》，沈阳：辽宁民族出版社，1991年，第298-304页。

③《拟日本国使臣觐见礼节单》（光绪二十三年五月），《清光绪朝中日交涉史料》第51卷，故宫博物院编印，1932年，第5页。

④ Victor H.Mair, "Buddhism and the Rise of the Written Vernacular in East Asia:The Making of National Languages", The Journal of Asian Studies, Vol.53, No.3.(August, 1994),pp.725-730.

⑤黎锦熙：《汉语规范化论丛》，北京：文字改革出版社，1963年，第24页。

考察期间就注意到日本的国语（日语）教育，日本教育家也和他谈到国语教育对于国民–国家建设的重要性①。王照在给《挽吴汝纶文》中曾写道：先生"目睹日本得力之端，在人人用其片假名之国语，而顿悟各国莫不以字母传国语为普通教育至要之原"②。清季士人这时所说的"国语"大致与"官话"相同③。正式提出把"官话"改称为"国语"一说，始自于1910年资政员江谦的建议，他在《质问学部分年筹办国语教育说帖》（1910）中曰："凡百创作，正名为先，官话之称，名义无当，话属之官，则农工商兵，非所宜习，非所以示普及之意，正统一之名，将来奏请颁布此项课本时，是否须改为国语读本，以定名称？"④"官话"的"官"既可作"公共"解释，也可以作"官场"解释，而将官话解释成官场士大夫的交际语，这种观点无疑赋予官话一定的社会定位。江谦给"国语"正名，提出语文的普及化，实际上反应了当时改革者希望清政府能推行切音简字、普及教育、打破语言的官民之分，提高民众文化水平的诉求。这一时期"国语"成为"官话"代名词，称谓上的不同亦反映了语言改革和政治之间的相互影响。正如有研究者所言，清末民初"国语"一词，启导于民族主义思想，犹如"国地""国教""国民"，"国"字用意广泛是当时民族主义思想日渐扩大的表现⑤。

　　经过清末切音字运动至民初新文学革命，近代"国语"的内涵大致确定。当时学者一般的解释是，"国"字的意义含有土地、人民、统治权三种要件，"语"是指活人口里的语言；国语就是指经全国各处派人整理出来，作为全国共同标准的多数地方能懂能说的语言，写在纸上和口头语言一

---

　　①《东游丛录》（第4卷），（清）吴汝纶撰：《吴汝纶全集》第3册，合肥：黄山书社，2002年，第788–789、797–798页。

　　② 王照：《挽吴汝纶文》（1903），《清末文字改革文集》，北京：文字改革出版社，1958年，第32页。

　　③ 官话的内涵一开始不甚明了，后来被用作北方话的统称，有的属于基础方言的次方言，甚至地方方言均可成为"某某官话"，如"西南官话""下江官话""桂林官话"等等，但这是"官话"的引申用法，与基本义已有区别。（参见鲁国尧：《鲁国尧语言学论文集》，南京：江苏教育出版社，2003年，第511页；叶宝奎：《明清官话音系》，厦门：厦门大学出版社，2001年，第4页。）

　　④ 江谦：《质问学部分年筹办国语教育说帖》（1910），《清末文字改革文集》，北京：文字改革出版社，1958年，第117页。

　　⑤ 王尔敏：《中国近代知识普及化之自觉及国语运动》，《"中央研究院"近代史研究所集刊》（台北）1982年第11期。

致①。这一解释突出了近代语文改革追求的"语言统一"和"言文一致"的双重目标。1948年，黎锦熙对近代"国语"概念作出总结性的定义：

> （以）本国领土全境各种语文为范围，凡在境内的居民属于本国之籍的，与本国人侨居国外的，所操语言都算是国语，这是国语的最广义。……于本国各种语言中，以最通行占人口最多为主要的语言，称之为国语。我国的汉语汉文，当然能取得这个资格。将本国主要语言划清时代，现代普用的语文为国语，在我国就是汉语的普通语（仍包括各种大区域的方言），利用汉字写出来的语体白话文。于本国现代普用的主要语言中，选择一种势力最大，流行最广的方言为标准国语，其文字的读音须标准化，在我国就是北平语及其音系叫做"国音"，这才是国语的狭义。②

按照黎锦熙的解释，作为广义概念的"国语"，这种语言相对于外国语而言，具有中国的国籍身份；而狭义概念的"国语"，其标准在族群、年代和区域上也都有了明确区分和限定。

索绪尔曾指出："随着文明的不断发展，交流的日益频繁，人们通过某种默契，选择一种现存的方言，从而使它成为与整个民族相关事务的工具。"③中国语言学家岑麒祥对国语的解释和索绪尔的观点颇有相近之处，他亦认为国语只是一种方言的发展，"一国的人民，因为利害相同，休戚相关，常有互相了解的需要。如果他们国内有的不只一种方言，便常有意或无意地选择了其中一种最有势力的来做他们共同发表意思的工具，这就叫做国语"④。中西各国因历史文化和政治等因素的不同，确立国语的过程也有很大差异。显然，如何确立一国的国语，并不是一件轻而易举的事情。反观中国近代国语的确立过程，其中有不少值得讨论的问题。

本章拟系统地探讨在近代语文改革史上，以北京语（音）作为标准国

---

① 马国英：《国语文讲义》，《国语月刊》第1卷第1期，1922年2月，第1页；黎锦晖：《国语概论》，《国语月刊》第1卷第3期，1922年4月，第3页。

②《黎锦熙所写"基本教育中国语教育的范围和特质"稿》（1948），二档馆藏，教育部档，档案号：5-12297。

③ 费迪南·德·索绪尔著，裴文译：《普通语言学教程》，南京：江苏教育出版社，2002年，第224页。

④ 岑麒祥：《方言调查方法概论》，《语言文学专刊》第1卷第1期，1936年，第23页。

语在近代是如何确立起来，这个标准国语的确立又引起了哪些不同的社会反应？基于不同立场和视野的知识分子对国语标准问题进行了怎样的争论，并借此以观语言观念的变迁与社会、政治之间错综复杂的互动关系。

一、切音字与标准音

　　清季标准语（音）的问题，因切音字的创制而引起士人和清廷的关注。因对切音字所起的作用有不同的定义和认知，不同派别的精英对如何确定标准语（音）存在着很大的分歧。在切音字创制者看来，推行切音字是便于底层不识字民众，并非因此废除汉文。王照就曾说道："余令今私制此字母，但为吾北方不识字之人便于俗用，非敢用之于读书临文。"[①]潘籍郛也认为推行简字非废汉文，不过于汉文外增识切音简字，"如读碑碣，如摹钟鼎，如考订切韵谐声，与其已识之汉文无损焉"[②]。劳乃宣也持相同意见，"简字仅足为粗浅之用，其精深之义，仍非用汉文不可。简字之于汉文，但能并行不悖，断不能稍有所妨"[③]。其时，尽管吴稚晖等无政府主义者提倡废除汉字一说，但在知识界，一些改革者虽提倡切音字，但无意也不敢附和废除汉字的言论。

　　在当时的切音字创制中，这些切音新字是以何音为标准的呢？卢戆章在开始创制切音新字的时候，是以闽南方言作为标准的。不过，他在中途又改变了看法，认为切音字当以一腔为主脑，应以南京话为各省正音，十九省之中，"除广福台而外，其余十六省，大概属官话，而官话之最通行者莫如南腔，若以南京话为通行之正字，为各省之正音，则十九省语言文字既从一律，文话皆相通，中国虽大，犹如一家"[④]。这也可见南派官话在当时还有一定影响。但最后卢戆章又主张全国应一律学习京音官话之切音字

---

　　① 王照：《〈官话合声字母〉原序》（1900），《官话合声字母》，北京：文字改革出版社，1957年，第85页。

　　② 潘籍郛：《推行简字非废汉文说》（1907），《清末文字改革文集》，北京：文字改革出版社，1958年，第76页。

　　③ 劳乃宣：《进呈简字谱录折》（1908），桐乡庐氏校刻：《桐乡劳先生（乃宣）遗稿》（第4卷），沈云龙主编：《近代中国史料丛刊》第36辑（357），台北：文海出版社，出版日期不详，第340页。

　　④ 卢戆章：《〈中国第一快切音新字〉原序》，《一目了然初阶》（中国切音新字厦腔）（1892），北京：文字改革出版社，1956年，第6页。

书，全国公文、契据、文件，均认京音官话为通行国语，以统一天下语言①。这其中的变化值得玩味。

1906年，江苏人朱文熊利用拉丁字母创制江苏新字母时，只是拼写苏州话，因为"那时候我还没有到过北方，北京话是完全不懂的，只会讲家乡的苏白，所以只能拟制拼写苏州话的拼写方案"②。不过，他在文章序言中也指出，这个新字母暂以苏音为准，先试之江苏，后再修改③。

福建安溪县学卢戆章的同乡林辂存极力向清廷倡议推行卢戆章的切音新字，因为卢氏新字"正以京师官音"，颁行海内，则可合四外为一心，联万方为一气④。当时在北方影响甚大由王照创制的官话合声字母，其腔调也是以北京语音为拼写对象，以京话统一全国语言。王照认为汉字难通，印北京土语成文，以便俗用，"语言必归画一，宜取京话"，因为"北至黑龙江，西逾太行宛洛，南距扬子江，东傅于海，纵横数千里百余兆人皆解京话。外此诸省之语，则各不相通，是京语推广最便，故曰'官话'"⑤。王照新释"官"为"公"，"官话"即是公用之话。选择"京话"作为标准，因为京话与各省土语皆有略通，占幅员人数最多，王照以此理由为京话树立权威。

1902年，京师大学堂总教习吴汝纶还在日本考察期间，就上书向管学大臣张百熙推荐王照的官话合声字母，其中至关重要的一条理由也是"此音尽是京城声口，尤可使天下语音一律。"⑥吴汝纶强调官话合声字母有统一语音的功用。而由张之洞、张百熙和荣庆编定的《学务纲要》则规定以官音统一天下语言，自师范以及高等小学堂，均于中国文一科内附入官话一门。各学堂练习官话，皆应用《圣谕广训》直解一书为准⑦。不过，此处

---

① 卢戆章：《颁行切音字书十条办法》(1906)，《清末文字改革文集》，北京：文字改革出版社，1958年，第73页。

② 朱文熊：《我和江苏新字母》，《拼音》1956年第4期，第1页。

③ 朱文熊：《江苏新字母》，北京：文字改革出版社，1957年影印版，"自序"第1页。

④ 林辂存：《上都察院书》(1898年)，《清末文字改革文集》，北京：文字改革出版社，1958年，第17页。

⑤ 王照：《官话合声字母》(1906)，北京：文字改革出版社，1957年，第9页。

⑥ 《与张尚书》，(清)吴汝纶撰：《吴汝纶全集》(三)，合肥：黄山书社，2002年，第436页。

⑦ 《学务纲要》，舒新城编：《近代中国教育史料》(第2册)，《民国丛书》第二编(46)，上海：上海书店，1990年影印版，第20页。

的"官话"显然不是当时的北京话，应该是传统的官话读书音。

1906年，中国提学使黄绍箕、吴庆坻等游历日本，考察日本教育，并向日本帝国教育会请教语言统一和汉字改革相关问题，该会特开调查委员会来讨论此事。会上，日本教育家伊泽修二特别推荐以京话为标准（如前文所述，伊泽修二也曾单独向吴汝纶推荐过北京官话）。他认为，统一语言，其标准语应符合以下三点：简赅明了、威严足以服人、国内多数人所通晓。如果以此标准绳诸中国各方言，则北京官话为最适宜的语言。第一，就繁简和难易而言，中国各地方言音韵，广东有上平、上上、上去、上入、中平、中上、中去、中入、下平、下上、下去、下入十二种；福州有上平、上声、上去、上入、下平、上声、下去、下入八种。南京一带及以南诸省有平上去入四种，北京一带则有上平、下平、上、去四种。以此观之，北京语省去入声，故学之非常省力。即就发音而言，北京语亦明了，较为容易；第二，北京为中央政府所在地，"政令之所由发布，名公巨卿之所聚集，而亦将来议院之所在也，是欲威信达于全国者，不能不用北京话"。采用北京话，犹如巴黎语之于法国，伦敦语之于英国。伊泽氏认为日本虽文化尚浅，而东京语已为全国通用。东京旧为江户城，东京语是明治维新时各处学者伟人聚集一所，自然形成的一种语言，与江户语不同。他以此为例指出，北京官话亦是各省言语之集合而成，所以选择北京官话为标准，其威信足以服人。再次，伊泽修二认为北京官话通行于江北诸省，及满洲全部，以及南清官吏社会，通行范围较为广泛，将来议院既设，议场常必用北京语[①]。伊泽修二主要从语音难易、应用范围、城市政治地位角度论证北京话的权威地位。

在清末文字改革初期，不少文字改革者在"言文一致"原则的指导下，本依据他们所熟悉的方音来创制切音字，但随着清政府介入到切音字运动中以后，民间改革人士为使自创的切音字得到政府的承认，大多顺应"国语统一"的思潮，纷纷表明自己的立场，决定切音字以京音官话为标准。除此之外，清季切音字方音方案和官话音方案地位的此消彼长，部分

---

① 《中国提学使东游访问纪略》，《东方杂志》第3卷第12期，光绪三十二年十一月二十五日，第360-363页。

和切音字作者籍贯的变化有关①。这一转变导致北方官话音（以京音为代表）逐渐成为各种切音字的拼切对象。当时不少人在日本学习或者考察过，日本教育界人士支持北京语的言论对国内改革者也有一定影响。

清季官话仍有南派、北派之分，南派官话仍有一定地位，但切音字运动促使北京话为代表的北派官话地位逐渐超过南派官话，南北官话的权势关系发生重要转移②。但在这一转变过程中，对北京官话的认同与否，显然因士人的语言和文化观念的不同而异。

实际上，清政府内部和社会各界对切音字标准音的意见并不统一。正如"长白老民"所言，不少显宦和名士极力反对京话字母，其在北人，因"二百余年常隐然畏南人斥吾之陋，故务作高雅之论，不敢言推广京话以取南人讥笑，实则文野之分"；其在南人，"狃于千数百年自居文明之故见，以为惟江南为正音，又因其乡人习北语甚难，若用京话字母拼译中西各书，使南人读之，较之读解文章，不见有倍蓰之易，故以为多一周折不如任各省语言各异，专用文章通译，或专用外国文通译，钝则均钝，利则均利"③。因囿于文野、雅正之分，一些南方读书人仍以江南话为正音，对京话的认同感不一，北方人又因南方人的反对不敢贸然推行京话。有生员王仪型就对王照的官话字母痛加诋驳，并列举各省音韵，纠正此音之误。不过，袁世凯较为支持王照官话合声字母，直隶学务处对此回应是，简字"求合于京音，不能概各省之音，方力求与京音一律，收全国合一之效，奏定章程中言之甚详。若仍执他省之音以相纠绳，是所谓适楚而北其辙也，此无庸置议者也"④。这一回应还是从统一语音角度肯定了京音的地位。

但清政府学部的审查者根据传统音韵学，反对以京音作为标准音。1906年，卢戆章将其所创制的切音字上呈外务部，外务部送呈学部核定。清廷学部译书馆文典处的审查意见是："今欲造中国切音字母以济象形文字之

---

① 王东杰：《"声入心通"：清末切音字运动和"国语统一"思潮的纠结》，《近代史研究》2010 年第 5 期；W.K.Cheng, "Enlightenment and Unity: Language Reformism in Late Qing China", Modern Asian Studies,Vol.35,No 2(May,2001), pp485-490.

② 李宇明：《清末文字改革家的方言观》，《方言》2002 年第 3 期。

③ 长白老民：《推广京话至为公义论》(1903)，《清末文字改革文集》，北京：文字改革出版社，1958 年，第 34 页。

④ 《直隶学务处复文》(1904 年)，《清末文字改革文集》，北京：文字改革出版社，1958 年，第 44 页。

穷，则宜审求三十六母之本音，稍去其微妙难辨者，以为标准声母若干字，又按四呼四收法，参酌古今韵书，以为标准韵母若干字，声韵既定，或仿日本片假名之例，取原字之偏旁以造新字，或竟用泰西各国通例借罗马字为之，新字成立，乃以《玉篇》《广韵》等书所注之反切，逐字配合，垂为定程，通行全国。不得迁就方音，稍有出入，要使写认两易，雅俗兼宜，然后足以统一各省之方言，徐谋教育之普及。"①此观点明显拘泥于传统的音韵学，以语就文，即以切音字须符合汉字的传统音韵，而不是按照现代语音来造字。此文还认为，卢戆章的《中国切音字》，二十五字母审音定位，搜讨不为不勤，用意不为不至，但其泥今忘古，与传统的三十六字母不甚相符，韵母无入声，并认为决不能据一二省之方音为标准，强他人以从我②。显然，该文以古为是，从传统音韵学角度否定了以一地方音（京语）为标准。

马体乾考虑到时人认同心理，也不大同意以京音为标准，而是以会通全国各省共有之音定为国音。因为推行国音，属于强制行为，必假借功令，"诚使国音丛脞而但功令以强之使行，则天下仇视国音矣。鄙意以为应择全国公有之音定为国音，各地特有之音定为方音，所谓国音者即与向之官音相类，而方音即今之所谓闰音"③。这一观点亦代表了一部分人的意见。

不过，也有人为京语辩解。1910年，清廷实行预备立宪之后，山东道监察御史、前拼音官话书社编译员庆福等人就在联合签名的《陈请资政院颁行官话简字说帖》中为官话字母呼吁。他们认为此官话简字选音精当，用之京话，则无音不备；尽管用之他语，多有所缺，但这正可以起到统一语言的作用，并认为京语非北京人私有之语，而是全国共有语言："夫言语出于人，非出于地也。地有偏隅，人无偏隅，凡京师所在，人皆趋之，千百年荟萃摩练，在成此一种京话，斯即中央非偏隅也，且原与京语大略相同者，已有直隶、奉天、吉林、黑龙江、山东、河南、甘肃、云南、贵州、四川、陕西十一省及安徽、江苏之两半省矣，此外各语无两省相同

---

① 《学部咨外务部文》，卢戆章：《催呈外务部核办原禀》(1906)，《清末文字改革文集》，北京：文字改革出版社，1958年，第69-70页。

② 《学部咨外务部文》，《清末文字改革文集》，北京：文字改革出版社，1958年，第70-71页。（黎锦熙认为此文是汪荣宝手笔，时汪荣宝任译学馆教职——引者注）

③ 马体乾：《谈文字》(1908年)，《清末文字改革文集》，北京：文字改革出版社，1958年，第87页。

者，为高因陵，为下因泽，岂有舍京语而别事矫揉之理哉？"①这一言论同样从北京的政治地位和京语的应用范围角度企图将北京语从地域方言的局限中解脱出来，强调了作为标准的京音简字有统一语言的功用。

大体而言，清季诸多改革士人为创制和推行切音字，是想按着时人的语音来编造，并不是完全遵循传统反切旧法，因为反切旧法"牵合支离，类例繁多，徒乱人意"，而以京语为标准，是为统一语言之便，不无道理；但以一地方音为准，却难以服众。

章太炎是清季反对用京语作为标准语最具代表性的人物。作为晚清"国粹派"的代表，章太炎对汉字拼音化和用万国新语来替代汉语的言论反对甚力。不过，章氏亦提出"辅汉文之深密，使易能易知者，则有术矣"。这个"术"即是指改革汉字教学方法。如在记音方面，"尝定纽文三十六、韵文为二十二，皆取古文、篆、籀径省之形"，"如是上纽下韵，相切成音"②。章太炎所定的纽文、韵文，只作切音之用，笺识字端，令汉字本音画然可晓，非废本字。他反对那种本字可废，惟以切音成文的观点，因为这只会致使众多同音而义异的字，无法分别。从此点可以看出，章氏仅把纽文、韵文的作用限制在标注汉字的读音上，而不是因语切音成文，这与卢戆章、王照、劳乃宣等人创制切音字的初衷——因语成文——有很大不同，而这一差异则直接导致了各方对如何确立标准语（音）有了根本不同的立足点。既想标注汉字读音，统一音韵在所难免，则以何为"正"？章太炎的意见是，"上稽唐韵，下合字内之正音，完具有法，不从乡曲，不从首都"。他极力反对以清廷首都——京语为标准，理由是：

> 汉字以唐韵为正音，其有上合古韵及经典释文所举六朝旧音者，皆可采择。若韵不违旁转对转，纽不违外侈内敛旁迤之例者，亦可因仍无改。至于讹音谬语，则不容羼入。盖汉字以形为主，于形中著定谐声之法，虽象形指事会意诸文，亦皆有正音在。非如欧洲文字，以音从语不以语从音，故可强取首都为定也。英用英格兰语，德奥用日

① 《陈请资政院颁行官话简字说帖》(1910)，《清末文字改革文集》，北京：文字改革出版社，1958年，第126页。
② 太炎：《驳中国用万国新语说》，《民报》第21号，光绪三十四年六月十日，第11-14页。

耳曼语，法用法兰西语，而一切方国之言，悉从删汰，由其语本无正音，有语而后以字著之，非有字而必以语合之。故欧洲语，发音非有定律，惟强是从，惟用是便。中国语发音则有定律，不为便用而屈求是。昔陆法言作《切韵》《唐韵》承之，皆采合州国殊言，从其至当，不一以隋京为准，故悬诸日月而不刊。中唐有《韵英考声》诸书，惟以秦音为主，慧琳依之以作《众经音义》，稽以《说文》谐声之则，远不如《唐韵》密近，故《韵英考声》废，而《唐韵》遵用至今。……在欧洲本无定是，故虽强从都会，未为倍于学理；在中国既有定是，若屈其定是而从首都，则违于学理甚矣。要之，欧洲定语言，犹之行政，但问方略；中国定语言，犹之司法，必依准律令行之，此定语者所当知。若云语言初起，惟是触口成音有何正则而当执守，此则荀子有云，约定俗成，异于约则谓之不宜。如牛马不可互称，水火不能易号，皆从其定约成俗耳。惟音亦然，上世固多流变，唐韵即著，斯有定音，犹可通以转音之例，惟违例妄呼者，乃为讹音谬语。今宛平语，不如江宁审正多矣，而江宁复不逮武昌审正，然武昌亦有一二华离，故余谓当旁采州国以补武昌之阙，此非专就韵纽为言，名词雅俗亦当杂采殊方。夫政令可以王者专制，言语独可以首都专制耶？[①]

章太炎认为欧洲定语言，因无定是，只为便用，所以强从都会。而中国音韵古有定法，所以应以古为是。他同意钱玄同"不能以北京官音为准"的主张，在致钱氏的信中说道："宛平一县，宁能尽天下之化声，即北部诸行省语言虽博，而入声漫灭无闻，亦未足据为同律。"他认为若就音韵而言，以长江流域为正，自成都而下，"夒府、江陵、至于武昌，光、黄以下，沿及皖北，至扬州、镇江而止，其音皆清浊调匀"；"自此以下，则吴音过慢矣；自此以南，则湘、粤侏离之响矣"；自此以北，"则中原旧音今变为郑声矣"。[②]以江汉间武昌音韵为正，理由不为不多。章太炎认为，"今之声韵，或正或讹，南北皆有偏至"，"北方分纽，善符于神珙，而韵略有函胡"；广东辨韵，"眇合于法言，而纽复多淆混"。所以，南北相校，惟江、

---

① 太炎:《规新世纪》,《民报》第24号,光绪三十四年十月十日,第24页。

② 马勇:《章太炎书信集》,石家庄:河北人民出版社,2003年,第100—101页。

汉处其中流，江陵、武昌，韵纽皆正①。

章太炎曾将中国方言大略分为十种，其中他对江汉方言和北京方言有如是评价：从文化源流来看，"迹江汉之盛，有轮郭于春秋，张于吴、晋，弸于宋，以至今。然其萌芽，即自变楚始。夫声乐者，因于水地，而苍生当从其文者以更始。幽、冀之音，其道不久矣"②。"察文王之化，西南被于庸、蜀、濮、彭，而江、汉间尤美。"③而从地理位置来看，"观于水地，异时夏口之铁道，南走广州，北走卢沟桥，东西本其中道也，即四乡皆午贯于是"。章太炎以复古之夏声为理想，"君子知夏口则为都会，而宛平王迹之磨灭不终朝，是故言必上楚，反朔方之声于二南，而隆《周》、《召》"④。以江、汉为正音，仍须旁采州国典则之音，以成夏声，这个典则标准则须符合隋唐音书。章氏认为中国上古语言统一，言文亦一致。不过，乡土方言历代递变而文字不变，文与言如是分离，但今世诸多方言实与《尔雅》《方言》《说文》诸书相合⑤，所以"欲求文言合一"，应一一返本复源，"先博考方言，寻其语根，得其本字，然后编为典语，旁行通国，斯为得之"⑥。就语辞而言，边方亦有典语。以故，"北人不当以南纪之言为磔格，南人不当以中州之语为冤句"，如果能调均殊语，成为一家，则名言亦有典则可准⑦。这一语言观具有一定的民主主义思想。

辛亥革命起于武昌之后，但正音并未如章太炎所预想的那样，这也是他深以为憾的事。以武昌音为准，尽管也有尊奉地域方音的嫌疑，但江汉武昌音韵受北方民族语言影响较小，和古代正音联系密切，这正符合清季政治革命中章太炎持反清复古，以恢复汉族种性为革命的志向。周作人曾回忆说，这时章太炎的民族主义革命思想是光复旧物，从《国粹学报》开始，后来《民报》也是从这条路上发展，"太炎所做的论文除了《中华民国

① 以上所引均参见太炎：《驳中国用万国新语说》，《民报》第21号，第4-5页。
② 《訄书重订本·方言第二十四》，《章太炎全集》（三），上海：上海人民出版社，1984年，第205页。
③ 同上，第485页。
④ 同上，第487页。
⑤ 《新方言补》（节录某君论学书），《国粹学报》第4年第5册，第49期，1908年，第1页；章绛：《新方言自序》，《国粹学报》第3年第5册，第34期，1907年，第1-2页。
⑥ 章炳麟：《博征海内方言告白》，《民报》第22号，光绪三十四年七月十日，附录页。
⑦ 太炎：《驳中国用万国新语说》，《民报》第21号，第5页。

解》，因为反对《新世纪》的主张用万国新语，提倡简化反切，为后来注音字母的始基，有过建设性以外，大抵多是发思古之幽情，追溯汉唐文明之盛"①。钱玄同后来亦谈到章太炎的复古心态，"太炎先生对于国故，实在是想利用它来发扬种性以光复旧物，并非以为它的本身都是好的，都可以使它复活的"。②这一政治理念及其所影响下的语言观在知识界产生了一定影响。

刘师培在章太炎《新方言》一书的序言中也评价说，知古语可以证今言，而今言亦可通古语，"自东晋一还，胡羯氐羌入宅中，夏河淮南北间杂彝音，重以女真蒙古之乱，风俗颓替，异语横行而委巷之谈，妇孺之语转能保故言而不失，此则夏声之仅存者"。刘氏严守夷夏之防，以为民间俗语保留上古夏声，而要恢复汉族种姓和认同，则此旧语效力甚大，"昔欧洲希意诸国受训非种，故老遗民保持旧语而思旧之念，沛然以生。光复之勋薾蒍于此，今诸华彝祸与希意同，欲革彝言，而从夏声，又必以此书为嚆矢矣"。③章氏的思想对其后辈学生亦有很大的影响，其时钱玄同在日记中曾记载说，他和友人谈到文字音韵必不可不复古，并主张顾炎武所言复三代古韵说。④

此时崇尚无政府主义的吴稚晖则倡导万国新语说，他认为中国语言文字改革，上策必径弃汉语而改习万国新语；其次则改用欧洲科学精进国的文字；再次，则在中国文字上附加读音。不过，他同样反对当时所谓简字、切音字，离旧文而独立，失信于社会。吴稚晖认为造出一种适宜音字附属于旧有文字，于是声音不得不齐一。⑤这齐一之法，在吴氏看来，甚为简单，只要在北京或上海等地，特设一三个月之短会，延十八省所谓能谈中国"之乎者也"之名士，每省数人，每天到会半日，书记将字典揭开唱

---

① 周作人：《钱玄同的复古和反复古》，中国人民政治协商会议全国委员会文史资料委员会编：《文史资料选辑》第94辑，北京：文史资料出版社，1984年，第100页。

② 钱玄同：《三十年来我对于满清的态度的变迁》（1924年12月30日），《语丝》第8期，1925年1月5日，第3页。

③ 刘师培：《新方言序》，《国粹学报》第43期，光绪三十四年六月二十日，第4—5页。

④《钱玄同日记》（手稿本）1908年3月8日、9月8日，福州：福建教育出版社，1996年，第608、671页。

⑤《书神洲日报〈东学西渐篇〉后》（1909年6月26日），吴稚晖著、梁冰弦编：《吴稚晖学术论著》，上海：出版合作社，1927年，第291页。

曰"一"候大家议定官音，当注何音；又唱曰"丁"又候大家议定当注何音。每日注三四百字，有如"庭"音既定，则"廷亭停"可不复多议，故三月必可讫事。议论之际，苟无十死不通之经学大师在内，不将古音等横插无谓之问题，似解决亦无所难。吴稚晖对章太炎复古音之说，颇有非议。他说："此种愚人甚多，以为此音一定，即古音之音训全淆。殊不知每物予以一名，不过便于称谓而已"，"因讲求古音者，古书俱在，仍可资其嚼甘蔗渣之研究。虽新改者，至离奇亦不过于汉字古今音源流表上，添一沿革之大故事而已。"[①]但他和章氏一样，反对以京语为官话，"若近日专以燕云之胡腔，认作官话，遂使北京鞑子，学得几句擎鸟笼之京油子腔口，各往别国为官话教师，扬其狗叫之怪声，出我中国人之丑，吾为之心痛！"[②]这一心态未尝不是晚清满汉矛盾的反映。于此可见，晚清的政治对时人的语言文化观产生了深刻影响。

吴稚晖虽然批判章太炎的复古主义思想，但他的语言观同样具有一定的民主主义思想，反对语言标准的专制。吴氏眼中的"官音"，是为通用、雅正之意。他以为汉人祖宗，税居于黄河两岸，汉音之初，近于北音；南人语音虽杂有南蛮音，北人亦未尝不受胡羌影响。所以，以通用而言，即以今人南腔北调，多数人通解之音为最当。其声和平，语近典则，即可以为雅正之根据。其所言之"官话"，内涵较为宽泛，他认为若能写作文字，而又不杂一方土俗典故，同时出以官音，而使人人通解的语言，即可谓之为官话。学校只需编刻汉语课本，注以简字，二十年以后读音可齐一，当鲁人和粤人相遇，则将学校所习读音，彼此对语，其意即可通达，这亦是吴氏所认为的言语统一[③]。

在政府方面，清政府实行预备立宪之后，在民间切音字运动的推动下，为便于普及教育和统一语言，学部奏报分年筹备事宜清单"国语教育"条目下就有编订、颁布官话课本事项，但一直迟迟未见实行。各省议员纷纷敦促政府颁行官话简字，资政院特任股员会就此问题开会讨论，股员长严复提出《审查采用音标试办国语教育案报告书》一案。在报告书

①《书神洲日报〈东学西渐篇〉后》(1909年6月26日)，吴稚晖著、梁冰弦编：《吴稚晖学术论著》，上海：出版合作社，1927年，第293页。

②同上，第294页。

③以上撮述均参见《书神洲日报〈东学西渐篇〉后》(1909年6月26日)，第293、295页。

中，严复将当时的"切音字"改名为"音标"，阐明其功用只为范正汉文读音，采用之后，注于初等小学课本每课生字旁，令全国儿童读音渐趋一致。这一改革路径大致与章、吴两人的主张相似。此件报告在议场获多数通过，不过学部终未会奏①。

　　1911年5月，由唐文治等人发起的各省教育总会联合会在上海开会（包括江苏、广西、安徽等11省代表），会中通过的呈请学部实施的议决案中就有"统一国语方法案"。该案指出，"吾国人民之生活程度，能入高等小学者已居少数，教授国语宜注重在初等小学，方可渐期统一"；但主张简字者，"欲离固有之文字而独立，既乖保存国粹之义，转滋文字纷歧之弊，其法未为允当。然非审正字音，实无统一语言之良法"；在字音统一方面，该案主张以"京音为标准音"，话法统一上，"以京话为标准语"。②后学部中央教育会开会议决统一国语办法，时张謇为正会长，张元济、傅增湘为副会长。对于此会的内部情形，吴宓在日记中曾记载其舅父胡平甫的描述："中央教育会近日事务甚忙，现方议统一国语案，而反对者亦不乏人。惟此会究难得良善之成绩，缘开会之初，俨分两派，各省派来人员则结为一体，专与学部人员反对。而凡议一事，则各省会员又有南北之见存焉。南人所倡，北人非之。北人所计，南人破之。而于统一国语案，议时尤多龃龉云。且各省会员中，惟江苏人目空一切，自视甚高，对各省人皆有鄙不屑视之意。"③从这一描述也可以看出，对于统一国语事宜，学部与各省会员，各省会员之间都有矛盾和争议。在嘈杂的争议声中，该会得一议决结果：先由学部设立国语调查总会，次由各省提学使设立调查分会，办理调查一切事宜。调查事项分为语词、语法、音韵三项。选择及编纂，各省分会调查后，录送总会，由总会编制，逐加检阅，其雅正通行语词、语法、音韵，分别采择，作为标准。审定音、声、话之标准，各方发音歧异，宜以京音为主，京语四声中入声，未能明确，亟应订正，宜以不废入

　　①《资政院特任股员会股员长严复审查采用音标试办国语教育案报告书》，《清末文字改革文集》，北京：文字改革出版社，1958年，第134-135页。
　　②《各省教育总会联合会会议议决案》（1911年5月），朱有瓛等编：《中国近代教育史资料汇编·教育行政机构及教育团体》，上海：上海教育出版社，1993年，第188页。
　　③吴宓著、吴学昭整理：《吴宓日记》（第1册），北京：生活·读书·新知三联书店，1998年，第117-118页。

声为主，话须正当雅驯，合乎名学，宜以官话为主①。这一议决案大部分事项都获多数通过，但对于国语音韵案，议员争论繁多，议而未决。

陆费逵是以记者的身份旁听这次中央教育会，他对当时统一国语的标准和方法，颇有些不满。他认为统一国语，为当今第一急务，统一之法，必须音标。音标不能用汉字，如用汉字，则不免将以其固有之音读之。语音须完备，但如仅依京音，"则将来各省之音势必归于消灭"②。时任学部大臣的唐景崇亦以国语课本须合全国教授之用，"未便以一部分之音韵强为规定"，因而要向民间征集音韵，以便多参酌采用③。

清季国语标准问题因切音字运动而起，受国语统一思潮的影响，相关争论主要集中在标准音上。参与争论的知识分子因语言文化观和语言规划思路的不同，以致对如何确定标准音存在着很大的分歧。王照等人企图遵从"因语成文"的原则来创制切音字，以求达到"言文一致"，便利通俗教育。以京音京语为准，是为统一国语的便利，不少士人因北京是首府所在地，多以日本为榜样，支持京语成为国语。这一意见后来也得到各省教育总会联合会的支持。不过，从学部中央教育会决议案来看，清政府学部并不赞同直接以当时的北京话作为国语标准，而主张以传统官话（音）对京音京语进行修正。章太炎、吴稚晖和严复等人则将切音字视为标注汉字读音的音标，便利学习汉字和统一音读。因对切音字及其功用有不同的定义和认识，这些差异导致了各方对如何确立标准音有了根本不同的立足点。章太炎主张读音标准应以古为是，以语从文。吴稚晖视京话为"胡腔""狗叫之声"，对京话的观感更是达到贬低和憎恶的程度。在语言统一上，章太炎主张以古代正音成辞作为标准，吴稚晖调和南北语言的思想一直影响到民国初期的国语争论。

---

①《学部中央教育会议议决统一国语办法案》(1911年)，《清末文字改革文集》，北京：文字改革出版社，1958年，第143-144页。

② 陆费逵：《论中央教育会》(1911)，朱有瓛等编：《中国近代教育史资料汇编·教育行政机构及教育团体》，上海：上海教育出版社，1993年，第180页。

③《学部征集国语标准》，《大公报》1911年9月9日，第2张第1版。

二、制定国音与南北之争

民国新建，蔡元培被南京临时政府委任为教育部总长。临时政府北迁以后，1912年7月，教育部组织临时教育会议，讨论教育事宜。在临时教育会议开会之始，针对社会上有人主张初等小学宜改教国语的提议，蔡元培认为既要教国语，非先统一国语不可。但各地语言不同，若限定地方语言为标准，势必招致各地方反对，所以应该通过公平的办法来处理此事。国语统一后，始可制定音标①。后蔡元培因与袁世凯政见不合，辞职南去，由次长董鸿祎代理部务。8月初，此次教育临时会议通过采用切音字母案，由教部召集对音韵之学素有研究之人，及通欧文两种以上之人共同议决统一读音方案②。12月教育部根据官制规定，由专门教育司筹设国语统一进行办法，特开设读音统一会，部聘吴稚晖主持此事③。

本次读音统一会的职责主要是审定一切字音为法定国音；将所有国音均析为至单至纯之音素，核定所有音素总数；采定字母，每一音素均以字

①《全国临时教育会议开会词》（1912年7月10日），高平叔编：《蔡元培全集》第2卷，北京：中华书局，1984年，第264-265页。

②《临时教育会议日记》，邰爽秋等编选：《历届教育会议议决案汇编》，上海：教育编译馆，1936年，第19页。

③《读音统一会章程》，中国第二历史档案馆编：《中华民国史档案资料汇编·教育》，南京：江苏人民出版社，1979年，第768页。当时教部为何选择吴稚晖主持此事，其中缘由，颇值得研究。吴稚晖，清季曾自创"豆芽字母"，后又与章太炎辩论万国新语说，有一定的社会影响。有研究者指出，辛亥年底，吴稚晖由欧洲回国，到南京担任临时总统府的重要幕宾，孙中山就把统一国语的设计和执行工作，交他主持。（沈云龙主编：《近代中国史料丛刊续编》第13辑（130），台北：文海出版社，1975年，第46页；詹玮：《吴稚晖与国语运动》，台北：文史哲出版社，1992年。）不过，据吴稚晖学生杨恺龄所编吴氏年谱载：1912年5月，蔡元培赴北京就任教育总长，邀请吴稚晖担任进行国语注音字母工作。（杨恺龄撰编：《民国吴稚晖先生敬恒年谱》，台北：台湾商务印书馆，1981年，第43页。）蔡元培在清末留德期间，曾和吴敬恒互有通信往来，信中内容虽不曾提到语言文字改革的相关问题，但蔡元培对吴敬恒所主办的《新世纪》也有机会阅读和了解。（高平叔编：《蔡元培全集》第2卷，北京：中华书局，1984年，第110-112页。）而当事人王照则认为，蔡元培辞职南去之后，代理部长董鸿祎，毫无主见。将筹备之权，委诸专门教育司长无锡人杨曾诰，而吴稚晖与其同乡，实由吴氏控制指挥之。王照当时因与吴稚晖有隙，此观感明显带有较强的个人感情色彩。（《书摘录官话字母原书各篇后》（1930），王照、沈云龙主编：《近代中国史料丛刊》第27辑（265），台北：文海出版社，出版时间不详，第113-114页。）

母表示①。该会会员由部聘及各省行政长官选派，选派的会员需符合以下四种资格之一：精通音韵；深通小学；通一种或两种以上外国文字；深谙多种方言。与会各省代表共八十人。代表分别来自江苏十七人，浙江九人，直隶八人，湖南四人，福建四人，广东四人，湖北三人，四川三人，广西三人，山东两人，山西两人，河南两人，陕西两人，甘肃两人，安徽两人，江西两人，奉天两人，吉林两人，黑龙江两人，云南一人，贵州一人，新疆一人，蒙古一人，籍贯不明一人②。以上八十人中，延聘员约三十余人，部派员十余人，余则各省选派的代表，实到者不足八十人，其中江浙籍会员占到全体会员总数的1/4还多。

时清季官话字母创制者王照亦被部聘为会员，不过他对该会所聘代表颇有异议。他认为教部所召集之员，省籍不均，以江浙籍最多。而由教部于本部员司中指派的十余人，也只不过是吴稚晖的助威者③。1913年2月接到教部聘书后，王照由南京北上，途经天津访严修，得知此会以读书注音相号召，隶属专门司，而不是社会教育司，心有不满。如前文所述，王照等人大多将音字限用于通俗白话教育，而不是读书临文，且主张将京音作为标准，而不涉传统音韵学。该会以统一读音为名，必然与其初衷相违。在王照看来，该会宗旨规程各条"玄虚荒谬，不可殚述"④。正是因为与会代表带着不同的目的来参加读音统一会，这也导致该会"言其纷杂，而纷杂亦甚"，成为不同地域和不同派别的文人的角力场。

1913年2月15日，读音统一会正式开会，会前吴稚晖将其草定的《读音统一会进行程序》一册，印寄已聘各会员。吴稚晖指出，读音统一会根据国语统一——部分性质而定，此会预期的目的，是使读音、口音同时求统一。其方法是"将各有文字可凭之读音，讨论既定"，而后"藉读音之势

---

① 《教育部印行读音统一会章程及进行程序》（1912年12月），二档馆藏，北洋政府教育部档案，档案号：1057-92。

② 具体人员名单及所属省籍可参见黎锦熙：《民二读音统一大会始末记》，《国语周刊》第133期，1934年4月14日；文字改革出版社编：《1913年读音统一会资料汇编》，北京：文字改革出版社，1958年，第3-7页。）

③ 《书摘录官话字母原书各篇后》（1930），王照、沈云龙主编：《近代中国史料丛刊》第27辑（265），台北：文海出版社，出版时间不详，第115-116页。

④ 同上，第114页。

力，用以整齐随地变动，止有声响之可凭之口音"①。是日到会者共44人，有开会秩序单、议事规则、别单各一纸。会员照议事规则用记名投票法选举吴稚晖为议长（二十九票），王照为副议长（五票）。接下来第一步，照章审定国音；其审音办法，先依清李光地的《音韵阐微》各韵（合平上去，入声另列）的同音字，采取其较为常用者，名为《备审字类》，隔夜印发各会员，以便分省商定其应读之音，而用会中预备之"记音符号"注于其上；次日开会，推一审音代表交出所注之字单，由记音员逐音公较其多寡，而以最多数为会中审定之读音。审出之音，已得多数，如果会员认为未当者，当场若得六人以上赞同，各审音代表应即协议修正。可决否决，皆归各审音代表自较其多寡之数②。

开会之初，此"记音字母"即引起长时间的争持。吴稚晖在正式开议之日，即登台演说，标出读书注音，并将见溪等三十六字母及四等呼书于黑板，指出"这是我们中国人的老祖宗给我们留下的，我们应该遵守"，并主张将三十六字母中十三个浊音，加入新字母，同时争辩道："浊音字雄壮，为中国之元气。且言德文浊音字多，故德国强盛。吾国不强，因官话不用浊音之故。"并高唱一段弋阳腔，以证浊音的雄壮③。不过，王照对此不以为然。他登台指出，造字母原以拼白话为第一要义，并提出议案欲以"北音统一读音，字母去浊声，韵母废入声"④。王照后来说，吴稚晖当时怀有以苏音为国音的想法，"吴某亦非不解此意者，乃因阴怀以苏音为国音之主义，深忌'北京语为国语'之为多数人承认，不易攻破，于是痒为不知白话教育，用高压手段，假读古书定音之大题目，将国语问题抛开，既为读古书之用，斯必恪遵古人之说，将浊音加入，此案若定，传习久之，

①《读音统一会进行程序》（1913），罗家伦、黄季陆主编：《吴稚晖先生全集》（第5集），台北：中国国民党中央委员会党史史料编纂委员会出版，1967年，第103页。

②朱希祖撰：《癸丑日记》（1913年手稿本），李德龙、俞冰主编：《历代日记丛抄》（第168册），北京：学苑出版社，2006年，第273页；《审音代表决定之办法》，文字改革出版社编：《1913年读音统一会资料汇编》，北京：文字改革出版社，1958年，第52-53页。

③《书摘录官话字母原书各篇后》（1930），王照、沈云龙主编：《近代中国史料丛刊》第27辑（265），台北：文海出版社，出版时间不详，第117-118页。

④朱希祖撰：《癸丑日记》（1913年手稿本），李德龙、俞冰主编：《历代日记丛抄》（第168册），北京：学苑出版社，2006年，第294页。

则国语问题自然黜京话而归苏音矣"①。吴氏有将苏音提升为国音的想法，实是王照的误解。不过，双方在"京音"上分歧，恐怕还是由于语言观念的不同所致。

根据吴稚晖制定的读音统一会进行程序，此次会议的任务之一就是审定一切字音为法定国音。如何审定？逐字审定读音，每字就古今南北不齐的读音中，择取一音，以法定形式公定，名之曰国音。对于审音标准，吴氏指出，"既此会注重于读音，当以文字为讨论之目的物，文字读音之长短清浊，绝不能凭偏于方隅之口音，在一地而得其完全，故以地方为标准，颇多缺憾。既不能简单指定某城某邑之音，使负完全读音之责任，自应逐字审定"。因为"标准于地方，不惟长短清浊，惧失之偏；且每地皆有土俗鄙僻之音，有妨于正雅。若限地以取之，必有尽举鄙僻俗音，连带采用之误，是实为将来语文合一之缺点"②。按此标准，吴稚晖是反对直接以京音作为标准音的。他认为，既为统一读音，必然有得有失（如有人担心不合于古音），其定音的标准是选择通行力最大的一种，即近于官音者。吴稚晖认为北音虽占据读书字音的多数，但还有一些重要问题须加讨论，"如敛收其音，止于上声，不能退归于入声；或刚断有余，而木强不足矣。如音气常偏于清扬，或慷爽有余，而沉雄不足矣；是皆失民气刚柔之调合，决不能全无影响者也。且今日世界数大国之国语，律以等韵上之完全，虽各病其未能，而入声与浊音，要皆不缺，中国似不应独居例外。故增添主母，加倍其敛收之力，压抑为入声而惯习之；又增添辅母，充满其阴声之量，使界画为浊音而分明之，皆转变其近似者，特反手之劳耳"③。按照这一标准来修改北音，一方面，吴氏希望制造出更完美的国音；另一方面，也是照顾到当时的社会心理，因为北音居多数，"南人终将多弃其相习者，改学其不相习者"；而"北人为入声浊音之故，亦略略分受改习之困难，是亦为统一读音之大事，有分担义务之可言也"④。

---

①《书摘录官话字母原书各篇后》(1930)，王照、沈云龙主编：《近代中国史料丛刊》第27辑(265)，台北：文海出版社，出版时间不详，第126-127页。

②《读音统一会进行程序》(1913)，罗家伦、黄季陆主编：《吴稚晖先生全集》(第5集)，台北：中国国民党中央委员会党史史料编纂委员会，1967年，第104-105页。

③同上，第108页。

④同上。

东南江浙有不少会员支持吴氏将十三浊音加入新字母，而北方会员大多支持王照，致使各方连日争论激烈。后王照与王璞、马体乾、刘继善、卢戆章等人，邀集北十余省及川、滇、闽、粤各代表30余人另开会讨论对策，王照等人提出了一个新的方案。因为会中苏浙籍会员占据多数，王照主张择定国音，应以省为单位，无论每省有多少会员，只有一票表决权[①]。到再次开会时，王照等人即提出此案：

> 读音统一会原为统一全国语言之初步。欲统一读音，自应以向来全国所公认之官音为标准。各省所谓官音不无微异，大目的在趋向官音，以求语言统一，而收合群爱众之效。欲谋统一，不能不各有迁就之端，自应取决于多数，此一定公理。而多数者代表各地民族之多数，非现今到会议员之多数也。现今议员有以三四府议员之数过于十省者，今拟定每省无论员数多寡，止作为一表决权。譬如某省十五人有八人同意者，占本省之多数，即作为一表决权；与某省之仅有一人表决权相等；倘某省二人而意见相反者，作为无效。[②]

这一提案一经提出，即招致汪荣宝的极力反对："若每省一个表决权，从此中国古书都废了。"朱希祖与汪荣宝的观点颇相一致，他认为若以北音统一读音，字母去浊声，韵母废入声，则"一切书籍读法诗词歌曲等韵皆一扫而空，彼辈谬见，盖专为中小学校便利说法，不知中小学校毕业以后若欲浏览文学，必别读一种旧音韵，不可使一人所读文字前后变成两种，欲统一而反分离，荒谬绝伦矣"[③]。这一观点确实代表了不少江浙会员的意见。王照对此类观点颇为不屑，他反问道："难道是'苏浙以外无读书人？'"[④]并率北省会员向董鸿祎辞行，直言此次国音统一会乃是"江浙读音统一会，我等外省人阑入多日，甚为抱歉"[⑤]。董鸿祎极力抚慰王照

①《书摘录官话字母原书各篇后》(1930)，王照、沈云龙主编：《近代中国史料丛刊》第27辑(265)，台北：文海出版社，出版时间不详，第119–121页。

②《周明珂等二十三人关于表决方法的提案》，文字改革出版社编：《1913年读音统一会资料汇编》，北京：文字改革出版社，1958年，第35–36页。

③朱希祖撰：《癸丑日记》(1913年手稿本)，李德龙、俞冰主编：《历代日记丛抄》(第168册)，北京：学苑出版社，2006年，第294页。

④《书摘录官话字母原书各篇后》(1930)，王照、沈云龙主编：《近代中国史料丛刊》第27辑(265)，台北：文海出版社，出版时间不详，第121–122页。

⑤同上，第123页。

等人，同意开会表决，并担保一定通过。东南会员汪荣宝、朱希祖、马幼渔等人虽大加争持，但十三浊音字母，遂以每省一权打消。朱希祖对此举甚为失望，认为"此等办法不如不统一之为妙"①。

　　对于该会开会情形，鲁迅后来有非常生动的记述：民国初年，教育部要制定字母，他们俩（指王照和吴稚晖——引者注）都是会员，劳先生派了一位代表，王先生是亲到，为了入声存废问题，曾和吴稚晖先生大战，战得吴先生肚子一凸，棉裤也落了下来②。据其他参会者记述，当时每于开会讨论之际，会员之间互相辩诘，意见各异。主张古音者有之，主张今音者有之，主持尽废汉字而另造字母仿外人拼音者亦有之；聚讼纷纭，莫衷一是③。而对于音标采用何种形式，当时会议中关于字母制定的提案颇多，有偏旁派，有符号派，有罗马字母派。当时没有与会的钱玄同得知此议后，在日记中评价说，用简字及罗马字拼切字音，实为荒谬④。而朱希祖在其师章太炎由古文、籀、篆径省之形所创制的三十六个纽文（声母），二十二个韵文（韵母）中选出三十九个，作为标音符号，并写出议案，联络马幼渔、周豫才、许寿裳、钱稻孙、陈浚共同具名。议案大意是："反切音标须用简单之汉字，不用新造之简字，一也；读音须依最近韵书之有反切者，从其是，不从多数。少数所读合乎旧反切，虽少数亦从也，不合则虽多数不从也，二也；合则为正音统一全国，不合为闰音，亦须记于音表，以为各省比拟声音之用，并供古韵学家、博言学家参考之，三也；总之，一国不许有二种文字，如日本朝鲜，此其最要关键也。"⑤赞成这一议案者颇多，表决时到会会员45人，赞成者29人，得多数，通过议案，以整个独体汉字为反切音标，其余二十余家所造字母均无采用⑥。

---

　　①　朱希祖撰：《癸丑日记》（1913年手稿本），李德龙、俞冰主编：《历代日记丛抄》（第168册），北京：学苑出版社，2006年，第295页。

　　②　鲁迅：《且介亭杂文·门外文谈》，《鲁迅全集》第6卷，北京：人民文学出版社，2005年，第98页。

　　③　舒之鎏、周明珂所提：《论于本会读音统一会意见书》，文字改革出版社编：《1913年读音统一会资料汇编》，北京：文字改革出版社，1958年，第52页。

　　④　北京鲁迅博物馆编：《钱玄同日记》（影印本），福州：福建教育出版社，2002年，第1249页。

　　⑤　朱希祖撰：《癸丑日记》（1913年手稿本），李德龙、俞冰主编：《历代日记丛抄》（第168册），北京：学苑出版社，2006年，第301-302页。

　　⑥　同上，第303页。

但这个"记音符号"并不是全用章谱，作了斟酌修改：第一，章谱纯用篆文，此则改为"篆文楷写"。第二，楷写后，如这些字母笔画和通行楷书一样，则字母有与汉字形体相混之虞，便另换一个古字，例如"ㄅ"，章谱用"八"字，"ㄊ"，章谱原用"土"字，因为"八""土"与汉字相混，故换用"ㄅ"（古包字）"ㄊ"（古突字）。第三，浊音改用符号，故声母三十六省并为二十四；韵母标准北音，故韵母二十二省并为十五（介母在内）。因此，当时"记音字母"三十九个，只有十五个是完全采用章谱的，声母八：ㄍㄈㄉㄋㄏㄗㄘㄙ，韵母七：ㄧㄩ（原称介母）ㄛㄟㄞㄥㄢ①。（可参见图2）"记音符号"无复争持，3月17日，议定注音规则，四声（平上去入）照旧，托于本字或记于字母，并无限制②。

到会期末端，吴、王两氏因与会员之间的矛盾难以弥合，王照积劳痔发，均先后请辞，由王璞代理会长。其后，审定六千五百余字的读音，皆以"每省为一表决权"通过，但东南会员仍注浊音，多仿日本以双点记于字母之右上角，并照《音韵阐微》读法，四声并不移易③。此时因会期迫近，汉字定音和字母是否完全正确和适用，实已无暇顾及。

对于此次读音统一会所得结果，"南北两方皆非满意之情形"。读音统一会所定之读音虽以北音为主，但仍委屈保留浊声和入声，且标音符号，不用官话字母，这显然非王照等人所愿。而对东南会员而言，由于章氏门生朱希祖、马幼渔、周豫才、许寿裳、钱稻孙和陈浚等人的极力支持，章太炎所拟定的独体汉字被采用为音标，他们自认为这是成功阻止了王照等人欲借此会造作新字、蔑弃国文的妄举④。而保留入声和浊声，更是为南方人的读书音在"国音"中争得一席地位。还在会期中，章太炎虽远在长春，但他仍给朱希祖来信，赞扬其以读音统一会事入京，"果为吾道张目，不胜欣跃"⑤。但绳之章氏清季欲复《广韵》古音为正音，或者以江汉音

---

① 黎锦熙：《鲁迅与注音符号》，《师大月刊》第30期，1936年10月，第348页。
② 朱希祖撰：《癸丑日记》（1913年手稿本），李德龙、俞冰主编：《历代日记丛抄》（第168册），北京：学苑出版社，2006年，第311页。
③ 同上，第316页。
④ 同上，第308页。
⑤ 同上，第325页。

（武昌）为标准的理想，则此会所得又非其完全所想①。马裕藻当时也作文阐释和支持章太炎的主张，认为标准语"纽韵当依唐韵，方言宜准夏声。武昌、汉阳地处本部之中，方言当纯正夏声之域，则今日之标准语，固舍武昌汉阳无足当之者矣。其武昌汉阳方言有未备者，各处方音，多有可采，若广为收集，补其不足，以唐韵韵纽为则，如此则不戾于古，不违于今。既不限于偏方，复不囿于京邑。标准语之成立，当可豫期也。"②

杜亚泉会后评价这次读音统一会时说："当时开会情形，多以议政立法之普通集会方法为标准，稍不适于研究学术之性质。"③当时没有与会的钱玄同得知有人主张复古音，亦有人主张依照广韵统一读音，他在日记中记载说，读音"不复古以便于应用，不失为正当办法，自以第二说为最。"④至新文化运动时期，钱氏与吴稚晖讨论注音字母时又评价说，"注音字母之作，实欲定一种全国公有之国音，而其开会之结果，乃过偏于北音，此为玄同所未能满意者"⑤。由此可见，读音统一会所得结果盖难合学界南北众人之意。

1913年的读音统一会是中国近代语文改革史上一次非常重要的会议，对后来汉语的演变和发展有着深远的影响。此次读音统一会本想迁就南北和古今，造成一种混合的标准国音，但是拿政治的方法（采用多数表决法）来解决学术问题所制定出来的"国音"，终难得到普遍认同。当时参会者大多受民族主义思想的影响，并在章太炎几位门生的极力支持下，没有采用罗马字母，而用中国古代旧有的独体汉字作为注音符号来标注汉字读音，改变了传统的汉字反切法。这一注音符号的功用限定于标注汉字读音上，并没有成为汉字的替代物，这一思路在实践层面决定了近代汉字改革

---

① 在民初，章太炎认为统一语言还是应以江汉音为正，并旁采广东音。他在胡以鲁《国语学草创》一书的序言中说："迩者以统一语言有所发舒。古之正音存于域中者，洋洋乎其惟江汉大鄂之风，其侵谈闭口音宜取广东音补苴之，异时经纬水路之交凑于汉上语音，旁达天下为公。"（参见章炳麟：《国语学草创序》（1913年），胡以鲁编纂：《国语学草创》，上海：商务印书馆，1923年，第3-4页。）

② 马裕藻：《小学国语教授法商榷》，《东方杂志》第9卷第9期，1913年3月1日，第17页。

③ 伧父：《论国音字典》，《东方杂志》第13卷第5号，1916年5月10日，第1页。

④ 北京鲁迅博物馆编：《钱玄同日记》（影印本），福州：福建教育出版社，2002年，第1249页。

⑤ "通信"，《新青年》第4卷第3期，1918年3月，第260页。

的基本方向。

图2　注音符号表

（注音符号，旧为汉字注音的工具，台湾至今还用此符号来拼读汉字的读音。1913年由读音统一会制定，定名为"注音字母"。后又经过修正，1930年经南京国民政府改名为"注音符号"，也称国音字母，主要以北京语音为主。图片来源：黎锦熙：《国语运动史纲》，商务印书馆，1934年。）

三、北京话与标准国语

1913年的读音统一会本想迁就南北和古今，制定一种混合的标准国音，但各派知识分子之间的分歧难以弥合，最后只能用多数票表决字音。不过，以《音韵阐微》作蓝本制定出来的"国音"，终没有得到南北学人的普遍认同，并成为新文化运动时期国语标准问题争论的一个导火索。

1916年，上海的读者沈慎乃写信给《新青年》杂志，询问有关"官话"的问题。他在信中写道：谋教育的前进，必使语言一致，而提倡官话是为谋教育前进的先导。不过这位沈先生和一些教育友人却对哪些官话书籍可为依据，并不太清楚，所以特向这份积极传播新文化的杂志去信求教。陈独秀在给沈慎乃的答复中指出，国语统一为普通教育之要著，兹事体大，须待全国留心此事的人士精心讨论，始可集事。陈独秀对提倡"官话"，即北京话，并不以为然，因为"北京话，仍属方言，未能得各地方言语之大凡，强人肄习，过于削足适履，采为国语，其事不便"①。在介绍胡以鲁《国语学草创》一书时，《新青年》编辑认为胡氏所论，不同于迂腐高远难行之说，"尤非情钟势耀之流，专欲以北京方音为中华国语者，所可同年而语"②。而在介绍吴稚晖所写《读音统一会进行程序》时，《新青年》编辑认为吴稚晖以大致不离于普通所谓官音，不废"入声""浊音"二事作为定音标准，持论甚精。而吴氏反对以方言为"国语"的言论，更是深得《新青年》编辑的赞同，"此论尤是为一般主张废弃文言，专用北京'干吗''您好''对啦''可别'种种鄙俚方言，强全国以服从首都者，当头棒喝"③。针对不少人提出"现在的'标准国语'还没有定出来，你们各人用不三不四半文半俗的白话做文章，似乎不很大好"的批评言论，钱玄同反驳道："试问标准国语，请谁来定？难道我们便没有这个责任吗？""难道应该让那些专讲'干脆''反正''干么''您好''取灯儿''钱串子'，称不要用pie，称不用为pong的人，在共和时代还仗着他那'天子脚下地方'的臭牌子，说什么'日本以东京语为国语，德国以柏林语为国语，故我国当以北京语为国语'，借似是而非的语来抹煞一切，专用北京土话做国语吗？"这个标准国语，一定是要由"我们提倡白话的人实地研究'尝试'"，才能制定，我们正好借"这《新青年》杂志来做白话文章的试验场"④。

---

① "通信"，《新青年》第2卷第1号，1916年9月1日，第5页。

② "书报介绍"，《新青年》第3卷第3号，1917年5月1日，第1页。（胡以鲁，字仰曾，浙江省宁波人，曾留学日本，初于日本大学习法政，获法学士学位，后又就学日本帝国大学博言科，学语言学，回国后曾任教于北京大学，著有《国语学草创》。他认为制定标准语当以社会心理和方言的势力大小为取舍的两大准则，而北京官话未得到社会的普遍认同，因为"北京官话者，官吏用语，非公共语也。官与民隔，官话不及于民。言与文歧，官话又未尝著于书，有之亦极少且陋，非一般所认也。"且"地处北偏，交通机关向未发达，故北京官话势力实微。"就社会心理方面言，"所谓京片子者，殆惟直隶南满之一部，直隶方言间杂以满语者耳，软化、锐利、延长、卷舌音，京片子为尤著。且长而抑扬曲折，锐而头部共鸣，近于哀嘶，亦示文弱。据音声以观社会心理者之所不取也"。胡以鲁基本上接受了章太炎的观点，认为"然此比较求适宜而有势力者，其惟湖北方言乎。湖北之音，古夏声也，未尝直接北患之激变，常作南音之代表。"而交通上又为"吾国之中心，其发达正方兴而未艾，故以之导用于国中，似较京语为利便。"（参见胡以鲁编纂：《国语学草创》，上海：商务印书馆，1923年，第96-98页。）

③ "书报介绍"，《新青年》第3卷第3号，1917年5月1日，第4页。

④ 《致陈独秀》（1917年8月1日），沈永宝编：《钱玄同五四时期言论集》，上海：东方出版社，1998年，第30页。

从以上言论可以看出，《新青年》知识群体对专以"北京语"作为"国语"的做法大多持一种否定的态度，而主张"于言文一致之先，制作近语之文，以为过渡时代之用"①。陈独秀认为北京话"也不过是一种特别方言，哪能算是国语呢？"如果按照"言文一致"的原则来创造国语，就要多多夹入通行的文雅字眼，俗话中常用的文话，更是应当尽量采用。只有"文求近于语，语求近于文"，然后才做得到"文言一致"的地步②。钱玄同认为制定国语，应该折衷于白话文言之间，做成一种"言文一致"的合法语言③。而傅斯年则不大同意顾炎武、章太炎的复古音说。他认为统一音读，只论今世，不可与复古音混为一谈。在古人为正音，在今人为方音者，同样不能入国语。而制定标准国语，应采用各地语言，取决于多数，"宜避殊方所用之习语成辞"④。周作人则主张，建设现代的国语，须通过采纳古语、方言和新名词及语法的严密化，并对通用的普通语加以改造，以求符合现代的应用⑤。

自胡适和陈独秀倡导白话文学以后，质疑白话文的一方比较担心：如果按照"言文一致"的原则来支持白话文，似乎就应该按照各地俗话来书写，但这显然有悖于同文之旨。实际上，胡适对言文难以一致的问题早有注意。他在与友人的谈话中曾说道："言文本来不能一致的，试看世界上哪里有一国家，是能言文一致的么？……我始终未曾提言文一致四个字来同人讨论。我的主张，简单地说来，就是希望有国语的文学和那文学的国语。有国语做标准，不必去强求那不可能的言文一致了。"⑥当时新旧两派关于文白之争在雅俗文化观念上有着较大的冲突。不过，胡适对白话文学的大力倡导带来了语文雅俗价值观念的转变,使国语运动的价值困局得以消

①"书报介绍",《新青年》第3卷第3号,1917年5月1日,第2页。
②"通信",《新青年》第3卷第6期,1917年8月1日,第13页。
③钱玄同:《〈尝试集〉序》(1918年1月10日),《新青年》第4卷第2期,1918年2月15日,第136页。
④傅斯年:《文言合一草议》,《新青年》第4卷第2号,1918年2月15日,第188–189页。
⑤周作人:《国语改造的意见》,《东方杂志》第19卷第17号,1922年9月20日,第10-12页。
⑥《与胡适之博士谈话》,《时事新报·学灯》,1919年5月8日,转引自吴元康整理:《胡适史料补阙》,《民国档案》2006年第4期,第8页。

解。而"国语"的普遍性要求则支持了白话作为唯一的文学语言的地位①。那么，这个白话（国语）以何为标准呢？当时的国语会会员也在苦愁如何确定国语标准的问题，"蔡元培先生介绍北京国语研究会的一班学者和我们老北大的几个文学革命论者会谈"，"他们都是抱着'统一国语'的弘愿的，所以他们主张要先建立一种'国语标准'"。但胡适认为标准国语不是靠国音字母和国音字典定出来的，凡国语标准必须是"文学的国语"，国语的标准是伟大的文学家定出来的，决不是教育部的公文定得出来的②。

胡适在《建设的文学革命论》一文中详细阐述了他的国语观。他以意大利、英国、法国的文学与国语发达的互动关系为例，指出"若要造国语，先须造国语的文学，有了国语的文学，自然有国语"。胡适指出，时人所用的"标准白话"都是《水浒传》《西游记》《红楼梦》《儒林外史》等白话文学定下来的，"今日要想重新规定一种'标准国语'还须先造无数国语的《水浒传》《西游记》《儒林外史》《红楼梦》"，我们提倡"新文学的人，尽可不必问今日中国有无标准国语，我们尽可努力去做白话的文学，我们可尽量采用水浒……的白话，有不合今日用的，便不用它，有不够用的，便用今日的白话来补助，有不得不用文言的，便用文言来补助"③。胡适主要是从白话文学创作角度来谈国语的确立，从后来的历史效果来看，白话书面语的逐渐确立，的确得益于鲁迅、周作人等人的白话文学作品。

与此同时，当时各省教育界代表在1916年底发起组织中华民国国语研究会（会长为蔡元培），研究本国语言，选定标准，以备教育界采用。该会"征求会员书"明确指出，国语统一之义，在"各采其地之明白易晓近文可写者，定为标准，互相变化，择善而从，删其小异，趋于大同，初非指定一处之语言而强其它之语言服从之也"④。黎锦熙在《国语研究调查之进行计划书》一文中，亦指出中国语言不统一，在读音与词类的不统一。就统

---

① 袁红涛：《"白话"与"国语"：从国语运动认识文学革命》，《四川大学学报》（哲学社会科学版）2005年第1期。

② 胡适：《〈中国新文学大系·建设理论集〉导言》（1935年9月3日），刘梦溪主编：《中国现代学术经典·胡适卷》，石家庄：河北教育出版社，1996年，第684页。

③ 胡适：《建设的文学革命论》，《新青年》第4卷第4期，1918年4月15日，第293-294页。

④《中华民国国语研究会暂定简章》，《新青年》第3卷第1号，1917年3月1日，第1页。

一读音而言，他认为京音有偏缺，且杂土音，不能定为全国标准，而应以读音统一会所定注音字母为准，"参考旧音韵，并查南音之必不可缺者，就原定字母扩充之，俾成一种能概括众音之音标"①。如何确定词类标准呢？黎锦熙指出，整理词类，先就文籍，集成大观，旁及通行俗语，再进而调查各地方言。确定标准语的准则是"依调查总表，就各词类及成语中，选其流行较广及接近文言者，定为标准语"②。

综上所述，教育界与《新青年》知识群体对如何制定标准国语有着基本相同的认知，反对采用一地方言，特别是将京语作为标准语的做法。这一时期新文化派知识分子创制国语的总体构想是"采用京语有许多的不相宜，为中国全民族着想，与其用京语，不如用一种人造语。这人造语中的各分子，连最重要的读音一件事也包括在内，应当先期分别研究，务求所造成的语言，使全中国人民，能于接受"③。但是，这种调和南北、"全国人民都能接受"的国语能制造出来吗？

前述读音统一会闭幕后，会中照议决案辑有《国音汇编草》存案。此会共审定6500余字的音为法定国音，又为从国音中分离出来的39个音素制定字母。当时会议中关于字母制定的提案颇多，最后争论不完，终依据马裕藻、朱希祖等人的提议，正式通过审定字音的"记音字母"，即"简单汉字派"，采用笔划最简，而发音各与音素相似的古音，作表示这39个音素的符号。这39个用来拼切各字的"国音"符号，即成为注音字母。1918年吴敬恒、王璞和陈懋治将审定之字，改以《康熙字典》部首排列，始定名为《国音字典》，总共13700余字④。1918年11月23日，在国语派知识分子的推动下，教育部正式公布注音字母，令国人传习推行。1920年1月，北京政府教育部在当时全国教育联合会和国语统一筹备会的建议和函请下，

① 黎锦熙：《国语研究调查之进行计划书》，《教育杂志》第10卷第3号，1918年3月20日，第9页。

② 黎锦熙：《国语研究调查之进行计划书》（续），《教育杂志》第10卷4号，1918年4月，第13页。

③ 刘复：《国语运动略史提要》，《晨报副刊》1925年6月1日，第1版。

④ 这个国音仍是沿袭明清以来的牵合古今、南北的官话读书音，而不是当时活的北京语音。（《关于试办注音字母往来函件》(1915)，二档馆藏，北洋政府教育部档案，档案号：1057-571。）有关"老国音"语言学方面的分析可参见叶宝奎：《明清官话音系》，厦门：厦门大学出版社，2001年，第310-313页；叶宝奎：《民初国音的回顾与反思》，《厦门大学学报》（哲学社会科学版）2007年第5期。

以正式公文下令将国民学校"国文"改为"国语"①。

正当注音字母和语体文传播于社会的时候,南京高师英文科主任张士一因反对民初所制定的"国音"而引起了南北士人的京、国音之争。张士一指出,1913年教育部召集全国代表召开读音统一会,是用政治手腕的表决法来解决学术问题。读音统一会所定的音,"并没有经全体会员研究到底,现在还有会员绝对不承认的,并且当时不过根据前清钦定的《音韵阐微》这一本书定下来之后,又由会长一人随意更改一部分",这个"勉强的会音字典","怎么可以令它冒称《国音字典》,去定标准音呢?"②而其他地方也出现了"陈陈相因"的报告,在南方一些学校,教员对"国音"有不同意见,学生家长对"国音"也有质疑之声。某县的小学京音教员和国音教员相打,把劝学所的大菜台子推翻了。某县开了一个什么国语会,也是京国两音的教员相打,县指事出来作揖劝解。某乡的小孩子,兄弟两人在一个学校里,各人学了一种国音,回家温课,有几个字的音不一致,他们的家长就疑惑起来,去质问校长,校长只好说"都不错、都不错"!③五四之后,由这场京、国音之争附带引起了如何确立标准语的议题。而上海《时事新报》开辟"国语研究专号"十来次,在当时引起了很强烈的反响,所谓"国音派""京音派"之争由此产生。

对于如何统一国语,张士一认为有两种解决办法:第一种是改变各地方言的一部分,采用一种折中办法,把各地方言改变一部分,混合起来成一种统一语。这种办法,理论上看似很好,实际上还是不行,试问用什么标准去改变方言?有什么势力能强制各地改变有历史关系的一种方言?语言不能用政治手腕去改变,方言只有自然的变迁,决没有人造的变迁。方言不易变迁,一定不能取消的。那么国语如何可以统一呢?有人说等将来交通便利的时候,各地方的人较多接触以后,各地方言可以自然同化,产出一种公共语言。但谁也不能确定哪一时有这种公共语言的产生。在这种情况下,所以要先定一种标准语作为第二种公共语言。第二种办法是在各种方言之外,另学第二种公共语言。因为人们于方言以外另学一种或数种

①《小学国文科改授国语之部令》,《申报》1920年1月18日,第4版。
②朱麟公编:《国语问题讨论集》,上海:中国书局,1921年,第14页。
③黎锦熙:《国语中"八十分之一"的小问题》,《中华教育界》第10卷第8号,1921年2月20日,第2页。

外国语都可以，何况另学本国语呢？全国人统一学习这种标准语后，就可以解决方言交流障碍和不统一①。

在"国语统一"的路径上，刘复有着与张士一相同的观点。他也认为消灭一切方言，独存一种国语，这是件绝对做不到的事。语言或文法，各有它自然的生命，难以用人力在短时间改变。"我们并不能使无数种的方言，归合而成一种的国语；我们所能做的，我们所要做的，只是在无数种方言之上，造出一种超乎方言的国语来"②。尽管刘复并不赞成依一地方言——北京话——来制造国语，但他和张士一都主张在各地方言之上确定一种标准语作为国语，而不能消灭方言或者使各地方言归合而成一种国语。

张士一批评当时提倡国语国音的人，大半都不知道国语、国音在哪里。实际上，《国音字典》也不过是一部再版的清朝皇帝钦定的《音韵阐微》③。他指出，定标准语必须要抛开死书，指定一种说话的人才能真正地确定。其方法有两种：第一种是用混合语。这混合语或是现成的，或是特定去造成的；第二种是用现成的方言。

所谓现成的混合语，就是指普通官话，胡适可做这一观点的代表人物。胡适一贯的主张是，国语的标准决不是教育部定得出来的，也决不是少数研究国语的团体定得出来的，更不是在一个短时间内定得出来的。他指出，国语的发生，必是先有了一种通行较远、活文学最多的方言采用作国语的中坚分子。这个中坚方言被逐渐推行出去，随时吸收各地方言的贡献，同时逐渐变换各地的土话，这才是国语的成立。这个中坚分子即是从东三省到四川、云南、贵州，从长城到长江流域，最通行的一种大同小异的普通话。现在把这种已很通行且已产生文学的普通话认作为国语，推行出去，使他成为全国学校教科书的用语，使他成为全国报纸杂志的文字，

---

① 朱麟公编：《国语问题讨论集》，上海：中国书局，1921年，第1-2页。
② 刘复：《国语问题中的一个大争点》，《国语月刊》第1卷第4期，1922年5月20日，第1页。
③ 张士一：《国语统一问题》，《新教育》第3卷第4期，1920年，第435-436页。

使他成为现代和将来的文学用语，这是建立国语的唯一方法①。

张士一认为胡适所论的"国语"是指"言文一致的语体国文"，而不是"全国统一的口语"，胡适的意思是指"文字的标准，不必先定"，"文学的标准不必先定"，"语体国文的标准不必先定"，"用语体国文来做的文学不必先定标准"。而张士一所说的"国语标准"是"口语标准"。张士一举出证据说，胡适并不反对先定口语的标准。胡适虽不反对先定口语的标准，不过，他自始至终却是反对以京音作为国语标准的②。1922年7月，中华教育改进社第一次年会在济南召开，在7月3日下午的国语国文教学组会议中，张士一提出了《小学校教学标准口语案》，主张"教学上应该拿有教育的北京语作为口语标准"。胡适和张一麟都表示反对。胡适在日记中有这样的记载：这一议案成为"大会的一大争点，北京、上海的代表都有反对此议的，而南京的京音派主张甚力，不免有小冲突，我今天加入讨论，表示我反对京音标准的意见。"③

胡适虽反对京语，张士一的观点未必没有道理。不少人都以为混合语比较好，因为混合语好像是大家有分，至公无私，不偏不倚。其实，普通官话就是一种混合语，是"各省人到北京因为言语不通，就自然用一部分的北京语，一部分的本乡语，彼此谈话生出来的。……这普通官话总是随说的人的方言而不同的，实在他里头所用的音、词、语法种种是很不一律

---

① 胡适对国语标准的相关论述，可参见胡适：《国语标准与国语》（国语讲习所同学录序），《新教育》第3卷第1期，1920年。胡适：《国语文法的研究法》，《新青年》第9卷第3号，1921年7月1日。"普通话"一词，就笔者所见，较早出现在1906年朱文熊的《江苏新字母》自序中："余学普通话（各省通行之话），虽不甚悉，然余学此时所发之音，及余所闻各省人之发音，此字母均能拼之，无不肖者。"（朱文熊：《江苏新字母》，北京：文字改革出版社，1957年，"自序"第1页。）这里的"普通话"不是北京音，也不是各省方音，而是指各省通行的话。

② 这个证据是："今年胡君来南高暑期学校教课的时候，我曾经把我的标准语定义说给他，并且说明因为要教授一种统一的口语不得不先指定一种标准的缘故。然后问他以为怎样，他回答说：'从教授法上说来，我不能有什么批评你的地方。'可见得他是从文学上说而主张'文学上的语体国文不必先定标准'，并非主张'教育上的统一口语，不必先定标准'。他以后并且听到我讲到'普通话内容很不一致，不能完全懂得，不能做标准'的地方，就说'这个南腔北调的普通语，就是毛病没有标准，并且又从他自己的经验里头举了一种的确有时不能完全懂得的例'。"（参见朱麟公编：《国语问题讨论集》，上海：中国书局，1921年，第35-36页。）

③ 曹伯言整理：《胡适日记全编》（1919—1921），合肥：安徽教育出版社，2001年，第714页。

的"。胡适所谓的"大同小异的普通话"也是其中一种。但张士一认为这种普通官话所指的东西,是很含混的,实际上是很不一致的。所以不能拿普通官话做标准,因为他本身没有确定的客观标准,仍旧是没有标准。因为"现成的普通官话,是随各人的方言而异的。这个人说,我说的是普通官话;那个人也说,我说的也是普通官话。凡是把本乡话改变了一部分的人就都可以说他说的是普通官话,但是究竟说到怎样的才可以算他确是说普通官话,可以去做教员呢?这是极不容易定出来的。"[1]

至于特地去制造的混合语,也有不能定标准的地方。因为怎样去把方言来混合,是很不容易决定的。就如1913年的读音统一会本想造成一种混合的国音标准,"因此古音、今音、南音、北音,闹个不休,总没有一个满意的混合。以后闹得时候太久了,就勉强求一个结果。把一部旧韵书来做根据,用多数表决法,审定了几千个字音",所以,读音统一会是用"多数表决法定字音,是拿学问的问题用政治的方法来解决"[2]。

对于张士一的主张,国语统一筹备委员会的委员陆基却认为读音统一会所制定的"国音的范围很大,其中固然有一大部分包含京音,再有小一部分,包含着黄河流域最多数、最流行、占地最广的普通音"[3]。其时,国音派认为"国音"大部分由京音组成,还包括黄河流域占地范围最广的普通音(北音),对各方要求都有照顾和平衡,没有推翻重定的必要。不过,张士一一针见血地指出,尽管这个"国音"是包含许多字的音而合起来说的,不少人着眼于"普通"这个字眼,以为范围广,就容易学,但在这个北方大区域里头,是无法找到能完全说出这种混合"国音"的人。这个"普通国音"就成为最不普通的国音[4]。所以,死书是无法定出口语标准的。即使靠几本死书定出特定的混合语,但是没有一个人能完全将这种语言说得纯熟,而适当的国语师资也难以造就,影响国语的传习。张士一据此认为用一种活的方言去做标准语是一种比较合理的方法。

哪一种方言有这个资格来做标准语呢?张士一认为要满足以下标准:最接近于文字,用这种方言的书籍报纸最多,要研究这种方言的人最多,

① 张士一:《国语统一问题》,《新教育》第3卷第4期,1920年,第438—440页。
② 同上,第439、447页。
③ 朱麟公编:《国语问题讨论集》,上海:中国书局,1921年,第64—65页。
④ 同上,第44、64—65页。

要最容易靠自然的交通平均传播到各地方去，要教授方面的经验最丰富，要是各地方的人最认同的，要用在最讲究说话的地方等等方面，符合这些标准的只有北京语。拿北京语做标准语，剔除其中粗俗不堪的分子，以受过中等教育的北京本地人所说的话为标准。标准语确定后，就可以从标准语中去研究所用的音，然后依此音素定字母，编成音典。这才是客观的方法①。以上即为张士一确定国语的基本准则和方法。

以"受过中等教育的北京本地人所说的话"作为国语标准，提出质疑意见的不在少数。

第一，很多人认为，让四万万国人学习北京语是一种"专制行为"。而张氏认为统一国语，总带有一些人造的性质的，如果一点人为的性质都不存在，那么也就不必求国语统一了。统一国语，不免带有强制意味，但是方言是不能拿人造的变迁去强制的，所以他主张方言自然发展，而标准语也用一种自然的方言②。

第二，北京话与普通话的关系问题。陆基认为张氏所谓受过"中等教育的北京本地人的话"与各地人聚在京师，改变各自方言的一部分而成为"现行的普通话"是相同的概念。因为北京本地人的方言，本来很不普通，受过中等教育之后，他们与各地人聚在京师的结交日多，就把那北京的本地方言，改变了一部分，他所说的语言，就是现行的普通语，有文化也有新名词，已经不是纯粹的北京方言了③。但张士一指出，陆基虽承认普通话就是"各地人聚在京师改变各自方言的一部的结果"，但这个改变所得的结果是有许多种的；因为各地人自己的方言里头所改去的部分，和所采入的部分，都是各各不同，所以才有"苏州人的普通话""汉口人的普通话""福州人的普通话"。这恰恰可以说明，"北京本地人受过中等教育的所用的话"并不等于"普通话"。至于陆基所说的"他们与各地人聚在京师的交接日多，就把那北京的本地方言改变了一部分"，这是事实。因为一个地方和其他地方既有交流，那么他的方言，总会受别的方言的影响，绝对的纯粹方言是找不到的，但不能因为这个缘故，就认为"北京本地人受过中等

---

① 张士一：《国语统一问题》，《新教育》第3卷第4期，1920年，第440–443、447页。
② 朱麟公编：《国语问题讨论集》，上海：中国书局，1921年，第48页。
③ 同上，第62页。

教育的所用的话"同于那个杂凑的"普通话"①。按照张士一的解释，北京话本身有统一的标准，而普通话本身是不统一的，没有客观的标准。

第三，如何选择北京语中词类的问题。刘儒指出，北京话称"老鼠"为"耗子"，称"洋火"为"取灯儿"，像"耗子""取灯儿"这些名词，出了这个区域以外，就没有什么人懂得，又怎能强迫全国的人服从北京方言呢？②而张士一认为，从语言学上看来，无论哪一种语言里头的词，决不都是完全合理的。若是讲到标准语里头的词，处处要从字面上去推敲，那是寸步难行的了。这样去定标准语的词，恐怕一百年都定不起来的。最有实效的办法，只要这个词的确是在标准语里头通用的，那么就可以用的。若是同一的东西有几个叫法随时换用的，那么标准语里头，也可以随时换用这个叫法③。

第四，北京语本身不统一问题。刘复认为北京语本身也不统一，如在京话范围以内，自内庭以至天桥，言语有种种等级的不同，我们该取哪一种呢？④吴稚晖也指出，以北京为准，但是北京又以哪里为界呢？是以京畿为界呢？还是以京城为界呢？即以京城为界，那么南城（或称前门）和北城（或称后门）的音，也是不同，譬如北城有读"去"为"K"的。而中等学生的音，是否一样，又是一个问题，即使一样了，而同是一个人，这时和那时的音，也不免有些不同⑤。张士一显然对此问题也有所见，他认为无论用哪一种话去做标准，决不能办到一百分的全国一致的。从语言学上看来，世界上没有两个人讲的话是完全一致的。就是同一个人的话，也不能无论何时都完全一致。即使我们能够造出一种完全划一的混合语来，用同一的教师去教全国的人，所得的结果也不能完全一致的。标准语须要最近于完全一致，而又可以行得通的。受中等教育的北京本地人所说的话，虽不是完全一致，但是最近于一致，没有彼此听不懂的困难，并且可以用经济的方法去教授⑥。

① 朱麟公编：《国语问题讨论集》，上海：中国书局，1921年，第31-32页。
② 刘儒：《国语究竟是什么？》，《中华教育界》第10卷第8号，1921年2月20日，第2页。
③ 张士一：《国语统一问题》，《新教育》第3卷第4期，1920年，第446页。
④ 刘复：《国语问题中的一个大争点》，《国语月刊》第1卷第4期，1922年5月20日，第2页。
⑤《国音问题与国语的文学问题》，吴稚晖著、梁冰弦编：《吴稚晖学术论著》，上海：出版合作社，1927年，第66页。
⑥ 张士一：《国语统一问题》，《新教育》第3卷第4期，1920年，第444页。

第五，北京语本身发展变化的问题。刘复认为语言是活的，"我们现在采用京语为国语，就算什么阻碍都没有，到了若干年之后，京语的本身变动了，我们又该怎样？若是说，到处都用今日所推行的京语，而北京的语言，却不妨任其自由流动，则结果是北京一处，独屏于统一之外。若是说，到京语变了，别处也都跟着北京变，……这国语统一的事业，就永远没有完成的一天。若要连北京人的京语，也限制着不许变，在事实上又绝对的办不到，从这上面看，可见以京语为国语是根本的不可能。"①张士一对此问题持相反的态度，他认为"语言是活的，它的标准不可用死的东西来定的，……活语是要用活人来定的话。若是不用纯粹的方言，而用混合不齐的普通语做标准，那只好用死书来定了。但是若是指定一种说话的活人，用他们的方言，那么既没有包罗不全的毛病，又没有呆板不能运用的困难。……指定今日的北京有教育本地人的话做标准，隔了五十年、一百年之后，北京这种人的话虽是改变了，但是这个标准恰是并没有改变，因为仍旧只要照这种人的话去说好了，这是个活人标准，可以永久生存不死的"②。

张士一所讲的"标准语"指的是"口语标准"，采用活方言为标准，一方面，可以有较为客观和明确的标准，标准语本身首先要统一，而"普通话"本身是模糊、不确定的。正如黎锦熙所言"取法乎上，仅得其中，南人摹仿京腔，多只能学成一种蓝青官话，若是取法乎蓝青官话，那还成一种甚么腔调呢？"③另一方面，采用活方言（活人）为标准，而不是死书，这样比较容易造就国语师资。从学理角度而言，张士一的论点有其合理性，这一观点在当时引起了不少人的支持，并逐渐得到黎锦熙、钱玄同等国语派的认同。

1920年6月，在上海召开的第六届全国教育会联合会就响应他的主张，并通过了呈请教育部"请定北京音为国音并颁布国音字典案"。其理由即是"现在制定国语，欲齐天然之不齐，则非择定一种已有通行全国资格之方言，作为标准，以资仿效不可。若另造折衷读音，在理论上似合于多数地方之应用，实则支离破碎，无论何地，均为不便。现在国音字典草

---

① 刘复：《国语问题中一个大争点》，《国语月刊》第1卷第4期，1922年5月20日，第4页。

② 朱麟公编：《国语问题讨论集》，上海：中国书局，1921年，第15页。

③ 黎锦熙：《国语中"八十分之一"的小问题》，《中华教育界》第10卷第8号，1921年2月20日，第1页。

案，即坐此弊。至于各地方音，究以何种为宜，就理论及实际观察，均应首推北京音，为有通行全国资格①。这一决议案的意思是，理论上制造折衷读音，虽然可以照顾各方要求和心理，但实际上却行不通。

与此同时，这场"国音、京音"之争逼着老"国音"向着"精益求精"的路上走，而促成"事势上修订之必要"。1920年教育部颁布的《国音字典》，因顾及南北社会各方的心理，只将声母和韵母拼定字音，并没有指定何种方言可以作为口头上标准声调，连纸片上的四声点也没有点进去，但这显然导致语言教学上的不便。黎锦熙在《京音入声字谱》的序言中也反思说，国音自提倡以来，没有口头上的"准调子"，大家各用乡调读国音，闹成许多不南不北，亦南亦北的蓝青官话，这造成了许多混乱的情形，所以，认定一处方言中的声调为国语的标准是势之必然。北京语中的"四声"当然取得这种资格。1923年，黎锦晖在教育部国语统一筹备会第三次大会上，也呈请该会公布国音声调的标准。他认为如果要免除学者的怀疑，保持国语的信用，顺应社会的趋势，造就优美整齐统一的国语，就非规定京调做国音声调的标准不可。

钱玄同在这一转变中也起到了重要的推动作用。钱氏先前曾主张全国中应该有一种大同小异的语言，能够彼此共喻而已，而要统一"音调"（四声、五声、七声、八声、九声等）是绝对不可能的，而且也是没有必要的②。但到1923年以后，他渐渐放弃以前的主张，认为国音应该注意声调，"声调应该以北京底为标准，近来汪先生和黎劭西、黎锦晖、赵元任、周辨明、林玉堂诸先生都是这样主张，我现在也是这样主张"③。钱氏以"入声"问题为例，通过考察入声的历史变迁后指出，现在广东、福建还完全保存这种入声，但在元朝时北京音便消灭了入声，而明、清以来的"官音"，除极少数的区域以外，也都完全消灭了。所以现在的国音，不但采用北京的声调不应该有入声，就是采用"官音"的声调也不应该有入声。若就"近年来传播国语的实际状况"，"我要打开窗子说亮话，这五年以来传播的国语实在就是北京话"。那所谓"国音、国语以普通官音、普通官话为

---

①《第六届全国教育会联合大会议决案》（1920），邰爽秋等编选：《历届教育会议议决案汇编》，上海：教育编译馆，1936年，第12-13页。

②钱玄同：《汉字改造论》，《教育杂志》第14卷第3号，1922年3月20日，第4页。

③汪怡：《新著国语发音学》，上海：商务印书馆，1924年，第10页。

标准而不是北京音、北京话"这句话，不过是一句好看的门面语。所谓"普通官音"，便是"蓝青音"，这不但是"一种矫佛不自然的东西，而且它自身便是最不统一的。""从今以后学国音、国语的人们干干脆脆地学北京音，说北京话，乃是必然的趋势了。"①

　　1923 年，国语统一筹备会第五次大会组织成了国音字典增修委员会。1924 年 12 月 21 日，国语统一会筹备会讨论了国音字典增修问题，决定以北京语音为标准，但也酌古准今。1925 年 12 月 21 日，国音字典增修委员会议决推定王璞、赵元任、钱玄同、黎锦熙、汪怡、白镇瀛为起草委员会委员。1926 年 10 月 29 日，十二大册增修国音字典稿大致完成。按照相关体例，修成《增修国音字典》《国语同音字典》《国音常用字汇》三书，凡字音概以北京的读法为标准。1932 年国语统一筹备会在呈请教育部公布《国音常用字汇》函中提到，该会依据两大原则增修了国音字典，一则"标准地方，应予指定，免致语言教学，诸感困难"；二则"声调符号，应行加入，免致字音传习，竟涉朦胧"。这两个依据和原则都考虑到了语言教学上的问题。以北京方言为标准，是取现代音系，而非字字遵其土音，南北习惯，仍加斟酌②。1932 年 5 月教育部正式行文公布新编国音字典，从令文上正式确定了京音为国语标准音。

　　标准音取自北京音，那么，语词和文法自然也应以北京话为基础。正如钱玄同所言，国语应该用一种活语言——北京话做主干，"再把古语、方言、外国语等等自由加入"③。就学理而言，在"活人"与"死书"之间如何确定国语标准，国语派知识分子逐渐认同了张士一的主张，即采用一种活的方言作为基础，再通过吸收其他养分不断修正而完善之。至此，所谓标准"国语"，表面上虽说是力求普通的"普通话"，实际上已是"变相、改良的北平语"。

---

　　① 汪怡：《新著国语发音学》，上海：商务印书馆，1924 年，第 11-16 页。

　　②《附国语统一筹备会请教育部公布〈国音常用字汇〉函》（1932 年 4 月 28 日），乐嗣炳编：《国语学大纲》，上海：大众书局，1935 年，第 291-292。

　　③ 钱玄同：《序四》（1926 年 2 月 8 日），顾颉刚搜录：《吴歌甲集》，北京大学研究所国学门歌谣研究会出版，1926 年，第 7 页。

四、国语如何统一

第一次国共合作破裂以后，随着国共两党的阶级矛盾激化，革命斗争形势日趋严重。正是在这样的政治背景之下，推行汉字拉丁化运动，将近代汉字拼音化运动推向了一个高潮。1931年9月，在海参崴举行的第一次中国新文字代表大会决议通过的《中国新文字十三原则》中第九条明确指出，大会反对资产阶级的国语统一运动，不能以某一个地方的口音作为全国的标准音，主张将中国各地的口音分为五大类，即北方口音、广东口音、福建口音、江浙部分口音、湖南及江西部分口音，要使"这些地方口音各有不同的拼法来发展各地的文化"①。据倪海曙的统计，在当时拉丁化新文字运动中，各地推行过的方言拉丁化方案共有13种，分别是上海话、广州话、潮州话、厦门话、宁波话、四川话、苏州话、湖北话、无锡话、广西话、福州话、客家话、温州话②。国语运动和方言拉丁化运动是20世纪汉字拼音化运动史上两支影响较大的改革力量，但国语派和拉丁化派在语言统一的议题上，却有着不同的规划方案。

确立北京话作为标准国语，在社会层面推广注音符号和学习北京话的国语运动，不仅是南京国民政府推行注音识字，扫除文盲的需要，也是政府推动语言统一的重要手段③。从形式来看，国语标准是由官方语言规则和研究机构国语统一筹备会确立的，国语统一运动也是由南京国民政府来主导的。这些举措引起了拉丁化论者的不满和质疑，他们反对以"北京话"作为标准语的国语统一运动。

"国语"之名含有政治压制和阶级意涵。在1930年初的文艺大众化的讨论中，瞿秋白曾在倡导普罗文学的文章中称，南京国民政府教育部国语统一筹备委员会所定的"国语"是"官僚的所谓国语"④，这其中深含的批

---

①《中国新文字十三原则》(1931)，倪海曙编：《中国语文的新生——拉丁化中国字运动二十年论文集》，上海：时代书报出版社，1949年，第54-55页。

② 倪海曙：《中国拼音文字运动史简编》，上海：时代书报出版社，1948年，第142-143页。

③ 赵元任：《反对国语罗马字的十大疑问》(四)，《小学与社会》第1卷第47期，1935年，第15页。

④《大众文艺的问题》(1932年3月5日重写)，瞿秋白：《瞿秋白文集·文学编》(第3卷)，北京：人民文学出版社，1989年，第17页。

判意味不言而喻。他认为"国语"这一称呼本身就是模糊不清的，含有一种政治压制的意味。因为在一些多民族国家中，常常指定统治民族的语言为国语去同化少数民族，禁止别种民族使用自己的语言。所以，他只承认"国语"是"中国的普通话"的意思①。之光也认为，现在提倡的国语只不过是"流行在有闲阶层中的共同语言"②。应人指出，国语的本质是"一个国家内某一支配民族强迫其他少数民族使用而企图消灭其他民族语的语言，所以它有着浓厚的侵略主义的气息。"③这些论断从语言平等化和阶级性角度否定了国语，认为国语运动只不过是统治民族"内向殖民"的一种语言手段而已。

拉丁化论者反对以一个地方的话为标准，尤其是以北京话为标准。瞿秋白认为，一种方言要做全国普通话的基础，这种方言的所在地必须是经济政治文化的中心。但现在北京已经不是政治经济中心了，最近三十年来，新的研究上所用的学术语言，工商业经济中所用的语言，政治上社会交际上所用的语言大半都是发自"南方人"之口④。再加上不同阶层的人所说的北京话并不一样，外地人更无法学会所谓纯粹的北京话，所以，拿北京话做国语是行不通的⑤。聂绀弩认为，因为北京官话并不是北京的土话，而是"官场或上流社会层常用的话""它没有土的气息、汗的气息，有的是官的气息、封建气息，和大众所需要的话差得很远"。从语言学角度来看，"北平话至少在语音上是比较贫乏，并不精密的""如果语音多是一种进步的表象，北平话就不算是最进步的。我们有什么权力强迫那语音多的地方牺牲自己的精密复杂的语音呢?"⑥综合瞿秋白和聂绀弩的观点来看，拉丁化论者主是从方言所处城市的地位、语言的阶级性和语音的多少来判定北

①《鬼门关以外的战争》(1931年5月30日)，瞿秋白:《瞿秋白文集·文学编》(第3卷)，北京:人民文学出版社，1989年，第169页第1条注释。

②之光:《新文字入门》，北平:新文字研究会，1936年，第29页。

③应人:《读了〈我对于拉丁化的意见〉之后——答曾独醒君》，倪海曙编:《中国语文的新生——拉丁化中国字运动二十年论文集》，上海:时代书报出版社，1949年，第75页。

④《罗马字的中国文还是肉麻字中国文?》(1931年7月24日)，瞿秋白:《瞿秋白文集·文学编》(第3卷)，北京:人民文学出版社，1989年，第227-228页。

⑤《新中国的文字革命》(1932年)，瞿秋白:《瞿秋白文集·文学编》(第3卷)，北京:人民文学出版社，1989年，第298页。

⑥《怎样统一中国的语言》，聂绀弩:《聂绀弩全集》(第8卷)，武汉:武汉出版社，2004年，第313-314页。

京话是没有资格做标准语的。

　　如果说北京话没有资格做标准语，什么样的语言有资格成为标准语呢？在瞿秋白看来，正在大都市和现代化的工厂里形成中的"无产阶级的话"——普通话最有资格成为标准语。这种"普通话"不是"农民的原始的言语"，不是"绅士等级的言语"，不是"某一地方的土话"。普通话是避开各方言中偏僻的成分，吸收各地方言的优点而形成的一种言语，并且能够容易接受现代政治、技术、科学、艺术等概念。普通话的口音还没有完全统一，应该"以中立化为原则"，拿长江流域的中部口音作基础，但是，也不能拘泥着这个标准。具体地说来，应当把以前"国语"之中的一些不普通的北方口音除去，取消一些过于精细的分别，大致和国语统一筹备会审定的口音相同，也就是迁合古今南北的官话音。不过，瞿秋白也承认，普通话虽不是北京土话，但与北京官话有着密切的关系。相对于其他方言，因为北京话有最成熟的文艺作品和著作，所以，普通话采取北京话的文法、词语、语音要多一些[1]。

　　从瞿秋白对"普通话"的建构中可以看出，他将政治上的中立化、民主化原则应用到语言发展上来，希望创造出能"代表全国"的标准语。这种构想立意甚善，但也充满了理想化的色彩。这种普通话如何形成，何时能形成，是否便于应用，也未可知。实际上，左翼知识分子内部对于"普通话"的认知也有不同意见。茅盾就带着这个问题到上海的铁厂工人、印刷工人、纺织工人和码头工人中进行实地调查。他所得的结论是：五方杂处的大都市如上海的无产阶级的普通话是一种上海白做骨子的"南方话"，其原因是各省人流入上海工人社会是逐渐的，所以居于主体的上海本地话常居主位。按此推测，在一地的无产阶级有其"普通话"，而在全国却没有[2]。语言总有一定的地域性，以"中立化"原则来审视，当时并不存在能代表全国，综合各种方言优点而形成的"普通话"。

　　对于方言拉丁化派对于"国语"的质疑和批判，国语派的代表人物钱

<hr />

　　[1] 瞿秋白对"普通话"的阐述散见于多处，可参见相关文章《鬼门关以外的战争》《再论大众文艺答止敬》《新中国的文字革命》，瞿秋白：《瞿秋白文集·文学编》（第3卷），北京：人民文学出版社，1989年。

　　[2] 止敬（茅盾）：《问题中的大众文艺》，《文学月报》第2期，1932年7月10日，第55-56页。

玄同当时没有作出反应。据黎锦熙记述，早在1929年，列宁格勒大学和莫斯科大学曾派来两位教授想约见钱玄同、黎锦熙等人讨论中国文字改革问题。不过，当时他们拒绝见面，因为钱玄同认为外国人对于中国语言总有隔膜且主义不同。在钱玄同看来，拉丁化新文字是苏俄代中国制造的，乃是"醉翁之意不在酒"，他们"不肯在语文学理范围内来平心讨论的"①。虽不能说拉丁化新文字是苏俄代中国制造的，但钱玄同已经意识到，这一时期有关语文改革的争议已经深受政治意识形态的影响。所以，他的不回应并不是没有原因的。不过，钱玄同的沉默不代表国语论者已经接受和认同了拉丁化论者的批评。

作为南京国民政府教育部国语统一筹备委员会的委员，语言学家何容在该会会刊《国语周刊》上针对"官僚的所谓国语"的评判做出回应。从表面上看，国语是经"政府"提倡的，的确是有"官僚"的嫌疑，但何容显然不同意以此来评判"国语"就具有"官僚的"阶级性质。何容辩解道，北京话虽不是在"现代化的工厂里"产生出来的，却也不是在"官僚俱乐部里"产生出来的。比较来看，北京语系通行区域比其他语系都要广，如果拿一种活语言的音做标准的话，北京音就是一种合理的选择。以北京音作为标准音，北京语自然就成为标准语了。北京同其他大城市一样，也有无产阶级，因此认为其他地区，例如上海话是"革命的"，而北京话是"官僚的"，显然是没有道理的②。

何容接着指出，无产阶级当时并没有成形的"普通话"，就算"新兴阶级的先进分子领导一般劳动民众去创造"，创造出来的普通话仍然具有地域性。尽管交通便利有利于各族方言慢慢接近和融合，但是那不是短时间所能做到的事。如果要有国语——"中国的普通话"就不能不以某地的现有的活语言为标准。国语虽以北京话为标准，并不是要"强迫各省民众采用作国语"，正如同"无产阶级的普通话"产生出来之后也不必而且不能"强迫"各省民众采用作普通话一样。并且被瞿秋白斥为"官僚的人"，并不曾抹杀方言的价值③。若是国语经过政府提倡过，就是"官僚的"，更是

① 黎锦熙：《钱玄同先生参加"国语运动"的二十年小史》，《精诚半月刊》第10期，1939年7月1日，第11页。

② 何容：《什么叫做"官僚的所谓国语"？》，《国语周刊》第48期，1932年8月20日。

③ 何容：《再论"官僚的所谓国语"》，《国语周刊》第61期，1932年11月19日。

不合理。因为等到无产阶级成功之后，"中国普通话统一筹备委员会"设在上海，全国各工厂的特别党部去领导劳动民众创造"现在中国普通话"的时候，瞿秋白所提倡的"普通话"也就成了"官僚的"了①。何容和瞿秋白所居立场不同，双方对语言与阶级的关系有着根本不同的认识，因之对"国语"和"普通话"产生的合法性也就了不同的态度。

关于为何以北京话为标准国语的问题，黎锦熙曾在《全国国语运动大会宣言》中说得很清楚："这种公共的语言并不是人造的，乃是自然的语言中之一种，也不就把这几百年来小说戏曲所传播的官话视为满足，还得采用现代社会的一种方言，就是北京的方言。北京的方言就是标准的方言，就是中华民国公共的语言，就是用来统一全国的标准国语，这也是自然的趋势，用不着强迫的。因为交通上、文化上、学艺上、政治上，都是把北京地方作中枢，而标准的语言照例必和这几项事情有关系，然后内容能丰富，可以兼采八方荟萃的方言和外来语，可以加入成语和古词类，然后形式能完善，可以具有理论上精密的组织，可以添加艺术上优美的色彩。这仿佛是一种理想的语言，但北京的方言因环境和时代的关系，实已具有这种自然的趋势，所以采定北京语为国语，可算资格相当。"②黎锦熙主要依据北京的历史地位和北京话的影响范围来确立北京话的国语地位。

对比瞿秋白和黎锦熙对于"普通话"和"国语"的描述，其实双方对标准语的期许是非常相似的，既具现实感又充满理想化。不过，双方对国语（"普通话"）形成路径的看法显然不同。国语论者主张国语应先确立一个标准方言，再逐步充实和完善；拉丁化论者主张取代"国语"的普通话应是各地方言集合而成的语言，要充分体现语言发展的民主化原则（关于这点后文再详述）。拉丁化论者用"普通话"和"官僚的国语"的不同命名来区隔无产阶级和资产阶级使用的语言，这种主张深受苏联语言学家马

---

① 何容：《什么叫做"官僚的所谓国语"？》，《国语周刊》第48期，1932年8月20日。

② 黎锦熙：《全国国语运动大会宣言》（1926年1月1日），萧迪忧选：《汉字改革论文选》，山东省立民众教育馆编印，1935年，第74—75页。

尔提出的语言具有阶级性的理论的影响①。但何容的回应从某种程度上也说明，以阶级标准或者其他政治意识形态来论证某种语言存在的合法性，在逻辑上也是不成立的。

不过，拉丁化论者对国语的批评在一定程度上也影响到国语论者对"国语"的再认知。如前文所引，1948年，黎锦熙对最广义的"国语"概念有如下定义："以本国领土全境各种语文为范围，凡在境内的居民属于本国之籍的，与本国人侨居国外的，所操语言都算是国语"②。这里所说的国语包括了各地方言和少数民族的语文，这种"大国语"观明显是吸收了拉丁化论者的语言平等主义思想。

拉丁化论者不仅从根本上否定了以北京话作为"国语"的合法性，更为重要的是，有关标准语问题的争论反映的实质：国语论者和拉丁化论者在"语言如何统一"的路径上有着截然不同的认识。

其一，通过强制性措施推行注音符号和北京话，以图统一语言的做法不但无效且违背民主化原则。拉丁化论者并不是反对国语统一，而是反对以一个地方的话为标准，尤其是反对用北京话作为标准来统一语言，认为这是一种"北平话独裁"的国语统一方法③。天明指出，语言统一应该由语言的"物质环境所促使"，不能靠国语统一运动来提倡④。胡绳认为，"国语运动"想用北京话来统一全国，强迫各地人民都来使用，这违背了语言发展的"民主"的原则⑤。聂绀弩也指出，用行政手段来统一全国的国语统一

① 有关苏联语言学家马尔的语言学理论的介绍可参见郅友昌、赵国栋：《苏联语言学史上的马尔及其语言新学说》，《解放军外国语学院学报》2003年第3期；岑麒祥编著：《语言学史概要》，北京：世界图书出版公司，2011年，第353-354页。当时，不少左翼知识分子深受马尔语言学理论的影响。陈原曾回忆："30年代时我们这些青年人，'左'得可笑，都认为语言是社会的上层建筑，因此必定有阶级性"。不过，新中国成立初期，随着斯大林对马尔语言学理论的大加批判，中国语言学家对马尔的语言学理论又有了不同的看法，基本不提了。陈原后来反思说，不能说马尔的语言学理论一无是处，但语言具有阶级性是最大的错误。（参见陈原：《陈原语言学论著》（第3卷），沈阳：辽宁教育出版社，1998年，第880-881页。）

② 《黎锦熙所写"基本教育中国语教育的范围和特质"稿》（1948），二档馆藏，教育部档，档案号：5-12297。

③ 《我们对于推行新文字的意见》（1936年），陶行知：《陶行知全集》（第4卷），成都：四川教育出版社，2005年，第565页。

④ 天明：《国语能统一么？》，《新文字半月刊》第3-4期合刊，1935年10月5日，第3页。

⑤ 胡绳：《新文字的理论和实践》，上海：大众文化出版社，1936年，第23-25页。

运动，只不过是政治上"权术"，"忽视了大众的生活情态、也忽视了语言的社会生长性"①。焦风认为，现在人民急需的是方言土话，通过方言土语"进行日常生活，接受最基本的文化"。如果坚持统一，结果就会造成恶劣的后果，"不统一于国语，而是统一于无声"②。

其二，方言拉丁化不但不会破坏语言统一，反而有利于推动未来民族共同语的形成。拉丁化论者既然也认同语言统一是必要的，但又否定国语运动的可行性，那么语言如何才能统一呢？方言拉丁化能推动语言统一吗？

瞿秋白、聂绀弩等拉丁化论者所建构的未来民族共同语是"建筑在语言集体创造的民主主义原则上的，并不偏袒任何一地的土语，而同时又包涵着任何土语中应被摄取的成份的"语言③。在拉丁化论者看来，语言统一和民族共同语形成最理想的路径是：首先要通过方言拉丁化，一方面加紧大众的语言教育，提高大众的文化水平；另一方面将各地方言书面化，研究各种方言语音和文法，制造各种详细的方言语音文法对照表，创作方言著作和文艺作品，编制方言书报、课本，使得各地方言在口头接触以外，在书面上也能接触和沟通、交融相汇。其次，在社会经济和交通事业逐步发达的情况下，各地方言土语随着大众生活和文化水平的提高而逐步发展，"互相接触、摄取、渗透、融合"而逐渐趋于统一。这样的语言统一过程，使得方言能够"自然地"同时又在"人工促进下和合成为更高阶段的民族统一语"④。国语论者和拉丁化论者有着"语言统一"的共同目标，主要的分歧还是在于双方对语言统一的路径有不同的构想。拉丁化论者主张语言发展要体现平等化、民主化的原则，这种语言统一观深受列宁的民族理论和苏联语

---

① 《怎样统一中国的语言》，聂绀弩：《聂绀弩全集》（第8卷），武汉：武汉出版社，2004年，第311页。
② 焦风：《中国字拉丁化与国语的统一》，《新华日报》1938年4月15日，第4版。
③ 叶籁士：《拉丁化概论》，上海：天马书店，1935年，第35页。
④ 《怎样统一中国的语言》，聂绀弩：《聂绀弩全集》（第8卷），武汉：武汉出版社，2004年，第311页；倪海曙：《中国拼音文字概论》，上海：时代书报出版社，1948年，第37-38页。

言学家马尔提出的语言"从分歧到统一"发展理论的影响①。除此之外，国语运动招致拉丁化者的反对还有一个重要原因是"国语运动者想同时解决书面语之获得和统一标准语之建立这两个问题，结果便大大妨碍了文盲大众获得书面语这一个要求。"②中国地域方言差距甚大，将一地方言书面化，并将其作为标准语，这虽是统一的要求，但违背了言文一致的原则，加大了普及教育的难度。国语论者又是如何回应这些问题的呢？

黎锦熙在与拉丁化论者的争论中指出，国语派是"绝对离开'政治'的立场，只在技术的范围中说话"。其意即是反对拉丁化派站在政治的立场来批判国语运动。他指出，国语运动有两个方向，一个是"国语统一"，也就是确立标准语；另一个是"国语不统一"，国语派虽主张以北京话作为国语，但政府并未反对或禁绝方言发展，各地方言仍可以自由发展。主张国语统一，确立标准语，应付人们实际生活交流的需要。没有标准方言，新文字也无法制定出来。而主张国语不统一，利用方言教学，制定多种方言罗马字，整理和发展民间文学，这也是民众教育和发展地方文化的需要。国语的"统一"与"不统一"，表面上是矛盾冲突，而内在是交互影响的。对于拉丁化派提出"要等各种方言慢慢地融化而成统一的语言"的观点，黎锦熙反问道，"这一等要等到何时？对于现阶段的需要又怎样应付？"③黎氏显然认为确定一种标准方言为国语，是为社会之急需，也可以为将来民族语的发展提供导向。

追求"言文一致"的方言拼音与"国语统一"之间的冲突和矛盾，自清季切音字运动以来，就在知识界就激起了争论。针对有时人担心教授方言字谱，会致中国分裂，清末的语文改革家劳乃宣很早就提出"引南归北"的方法。先以方言字谱教授民众，最后再学习全国标准的简字，达致

---

① 列宁的民族理论和马尔的语言学理论对以瞿秋白为代表的拉丁化论者的语言观有着深刻的影响，相关研究可参见杨慧：《思想的行走——瞿秋白"文化革命"思想研究》，北京：商务印书馆，2012年，第43-104页。周有光在晚年曾反思说："提倡方言拉丁化，是因为瞿秋白在苏联受了影响，苏联是许多民族拉丁化，瞿秋白把中国的方言看成是民族语，他反对国语运动，提倡方言拉丁化，可是方言拉丁化在中国推不动。"（周有光：《晚年所思》，南京：江苏文艺出版社，2012年，第19页。）

② 焦风：《中国语文拉丁化运动之本质与意义》，倪海曙编：《中国语文的新生——拉丁化中国字运动二十年论文集》，上海：时代书报出版社，1949年，第74页。

③ 黎锦熙：《苏俄的"中国字拉丁化"与国定的"国语罗马字"之比较》（1936年1月21日），《文化与教育》第82期，1936年2月29日，第3-5页。

统一之途。这一方法显然得到黎锦熙等人的借鉴。黎锦熙认为劳氏的主张"实在不错"。"言文一致"（方言拼音）为的是普及国民教育，"国语统一"为的是便利国民的交流互通[1]。国语论者并不曾主张为了国语统一而牺牲民众的方言。就普及教育来看，1930年南京国民政府教育部就规定在民众读物中，文字右注国音，左注方言[2]。南京国民政府教育部国语推行委员会也主张推行注音符号以辅助识字为主要目的，而以统一国语为附属目的。1936年，国语推行委员会印刷了两万份苏州方音注音符号表以助民众识字运动[3]。为普及教育，国语推行委员会也曾制定过方言罗马字，其中有吴语罗马字、厦门罗马字、广州罗马字、潮州罗马字等等，只不过因拼音规则复杂没有推行开来[4]。

　　如果说，确立汉字读音的标准，规定国家公务人员、教师、电影和广播用语应用国语，受义务教育的学生需要学习国语等都算是强制性措施的话，那么，确如拉丁化论者所观察到的，南京国民政府在推行国语时，存在着强制性的一面。不过，拉丁化派如果只看到国语运动"统一"的一面，而不提国语运动"不统一"的一面，实难说是全面、客观地评价了国语派的国语统一思想。

　　拉丁化论者提出的语言"从分歧走向统一"的发展路径，体现出他们追求民主化、平等化的语言统一之路。这种语言观虽遵循了无产阶级的革命理论逻辑，但在具体的实施层面也存在诸多问题。在制定拼音文字时，拉丁化论者虽主张方言拉丁化，但其实也免不了要制定以山东话为标准的新文字，任何文字都必须有标准的写法。并且这种折衷南北的官话音也无法通行，只能制定严密的标准语[5]。拉丁化派设想"要等各种方言慢慢地融化而成统一的语言"，这种统一语是不是就一定能形成，何时能形成，这也是拉丁化论者无法预料的。如果没有统一的标准文字，用拉丁化新文字拼切方言或者土语，也会导致诸多问题。比如，"我们将来用什么文字代表我

---

① 黎锦熙：《国语运动史纲》，上海：商务印书馆，1934年，第29页。
②《国民政府改注音字母名称为'注音符号'并一体传习推行令》（1930年4月29日），二档馆藏，教育部档，档案号：5-12286。
③《教育部国语推行委员会会务报告》，二档馆藏，教育部档，档案号：5-12284。
④ 萧迪忱：《讨论"国语罗马字"与拉丁化新文字的比较实验问题——给朱启贤先生的一封公开信》，《政论半月刊》第1卷第5期，1938年3月5日，第13页。
⑤ 周辨明：《拉丁化呢？国语罗马字呢？》，厦门大学语言学系刊行，1936年，第6页。

们的国家？政府的命令、案卷，将来用什么文字书写？驻外大使或公使所递的国书，中外订立的条约，又将用什么文字书写？"①

平心而论，就国语统一和方言拉丁化方案的实际推行情况而论，两者各具优劣，选择其中哪一种方案恐怕都会有争议。在各方的争论之中，胡愈之折衷了这两种方案的做法，用以解决中国的普及教育和语言统一问题。胡愈之认为"目前中国人民大众正在进行民族解放斗争的阶段中，我们更需要有一种统一的民族语"②。他积极评价了近二十年来国语运动对中国语言统一做出的贡献，也基本认同新文字工作者将全国分成五至七种方音区制成新文字，推动统一民族语形成的做法。但胡愈之担忧的是，全国已经存在着十几种方言土语种新文字方案，如果每个地方都要用不同的方案去教育大众，就会造成很大的问题。方言拉丁化虽遵循了语言民主化、文字大众化的原则，便于大众学习，但如果仅仅推行方言拉丁化，大众就难以普遍使用新文字了，并且推行方言拉丁化方案"至少要使中国语言统一迟缓五十年至一百年"，但现时的语言统一运动已经不能再等待了。为解决这个矛盾和问题，胡愈之指出，应该制定全国统一的标准文字，与各音区的标准文字同时并用③。

胡愈之提出的双规制方案恐怕是时人想到的既能调和国语论者和拉丁化论者两方意见，又能完成普及教育和语言统一任务的最佳方案了。这一理念在拉丁化论者的语言规划思路中也有实际体现。在后来推行方言拉丁化方案时，拉丁化论者就主张以北方话作为区际语供过渡之用。

对于国语派和拉丁化派有关"国语统一"问题的争论，时人也有持平之论。朱启贤就认为，"关于国语与方言问题，国语运动者说拉丁化运动者有意破坏国家统一，拉丁化运动者说国语运动者不知道必须在经济关系上统一了，语文才能统一，语文的统一是不能勉强的。……其实呢？国语运动者并不是全不顾及统一的物质条件，并不是完全放弃方言不管，……党派问题与破坏统一问题，更是另外的政治问题，与此语文问题在理论方面

---

① 王了一：《汉字改革》，长沙：商务印书馆，1940年，第34页。
②《新文字运动的危机》（1936年），胡愈之：《胡愈之文集》（第3卷），北京：生活·读书·新知三联书店，1996年，第458页。
③ 同上，第461-463页。

关系不大，不应拿在一起谈。"①朱启贤清晰地认识到国语派和拉丁化派之间实际存在的矛盾和误解，但对当时语文问题和政治之间存在的纠葛关系却认识不足。

在近代启蒙和革命话语中，语文改革因国势衰微而起，政治因素对语文改革存在着实际影响。作为一种社会运动，近代汉字拼音化运动具有很明确的"智民救国"的政治诉求。民国以后，特别是南京国民政府将识字教育和语言统一纳入政权建设的系统工程中，试图为构建国家统一与政治认同奠定基础。方言拉丁化运动从语言观和推行方式都受到来自苏俄方面的政治意识形态和语言学理论的影响。

国语论者和拉丁化论者虽有着"语言统一"的共同理想，但他们所提出的国语统一方案和方言拉丁化方案在理论资源和实现路径等方面有着不小的分歧。1949年新中国成立前后，作为当年国语派的代表人物，黎锦熙在反思当年这场争论时就说，国语罗马字论者和拉丁化新文字论者关于汉字改革的争论主要集中于"一些拼写上的技术问题和推行上的程序问题"②。但这一微小分歧因受语言观、阶级意识和政治意识形态等因素的影响而变得复杂化。

---

① 朱启贤:《提出"国语罗马字与拉丁化新文字的比较实验"来》,《政论半月刊》第1卷第2期,1938年,第15页。

② 黎锦熙:《国语新文字论》(1949年10月在北京"中国文字改革协会"的讲话),黎泽渝、刘庆俄编:《黎锦熙文集》(下),哈尔滨:黑龙江教育出版社,2007年,第433页。

第三章　简化汉字改革及其社会纷争

"声音"和"语词"是创制国语的重要组成部分，而采用何种符号来书写国语同样是时人关注的焦点。在中西强弱的对比中，改革派知识分子将文字改革与民族国家的存亡相勾连,大多主张采取欧化的形式（拼音化），来达到再造新国民的价值诉求。不管是国语罗马字，抑或是方言拉丁化，其主张都是以拼音化文字取代汉字。但身处汉字欲废而不能废的境地，近代文字改革尚有简化汉字一途。这一改造之法，在改革者看来，虽为中庸之道，但更易于通行。尽管中国自有文字以来，有些汉字即可见繁体和简体之不同写法，但作为一场运动，即由学者进行大规模的整理和倡用，直至政府推行，却是起于近代。1935年前后，南京国民政府在知识界的支持与运动下，采择和颁布简体字表，承认其在书写体上的合法地位，并试图利用国家权力强制推行简体字。但简体字运动不仅仅关乎汉字形体的简单化，亦是文化和教育上的一项重要变革，时人因立场和认知的歧异，对于简体字在文化和教育上的功用聚讼不一，难下定论。在社会及政府内部各派的质疑和反对声中，南京国民政府最终停止简体字的推行。

一、减省笔画与反传统

随着晚清民族主义思潮的勃兴，诸多改革者认为国家赢弱，民智未开是其主因，而民众文化水平的低下，则由于知识的传播载体——汉字的繁难，不如拼音文字易学易识，为此应仿照西文拉丁字母或东文（假名），创制切音新字或拼音简字，以教底层民众。激进者甚或认为中文是中国输入

"文明"的障碍，主张用万国新语（世界语）替代汉语汉字，汉字改革思潮颇成大势。

中文不仅是社会交流的媒介和符号，更是民族文化的表征。章太炎对汉字拼音化和用万国新语来替代汉语的言论反对甚力①。在章氏看来，语言文字是构成民族和"国粹"的要素，废除本体性的中文，人何以为人，国何以为国（章太炎视野中的"国"显然不是清政府统治的国家）？他认为象形文字和拼音文字优劣互见，文字难易并不是教育普及和国家强盛与否的决定性因素②。不过，章太炎也承认初学者学习汉字有一定难度，并提出"辅汉文之深密，使易能易知者，则有术矣"。这个"术"是指改进汉字教学方法：识义方面，"若欲易于察识，则当略知小篆，稍见本原。初识字时，宜教以五百四十部首；若又简略，虽授《文字蒙求》可也"。记音方面，非废本字，只是改进传统切音之法，"尝定纽文三十六，韵文为二十二，皆取古文篆籀径省之形"，如是"上纽下韵，相切成音"。民初注音符号的制定即取意于此。而在形方面，"欲使速于疏写，则人人当兼知章草"，"当依《急就》正书，字各分区，无使联绵难断，而任情损益，补短裁长，……一切遮禁，字形有定，则无由展转纷岐，此非独便于今隶，视欧文亦愈径省"③。这里要注意的是，章太炎虽指出为求汉字便于书写，应学习章草写法，但此点与后人所提倡的简俗字，减省繁体汉字笔画的想法还有所不同。

---

① 有关清季"万国新语"思想论争的研究可参见罗志田：《清季围绕万国新语的思想论争》，《近代史研究》2001年第4期；彭春凌：《以"一返方言"抵抗"汉字统一"与"万国新语"——章太炎关于语言文字问题的论争（1906—1911）》，《近代史研究》2008年第2期。

② 章太炎：《驳中国用万国新语说》，《民报》第21号，第2-3页。

③ 以上引文均见章绛：《驳中国用万国新语说》，《民报》第21号，第11-20页。还在新文化运动的前几年，对于有人广刊传单，极力诋毁汉文，主张采用字母，胡适见此事，认为此问题重大，不能意气从事，应该从容细心研究。他曾作《如何可使吾国文言易于教授》一文（此文由赵元任在1915年夏在美国举行的东美学生年会上宣读），对汉字问题发表看法。胡适认为汉文所以不易普及，其故不在汉文，而在教学方法。他认为无论何种文字不能同时具有"传声"和"达意"的功用。字母文字，能传声，不能达意；象形会意文字，可达意，而不能传声；对于汉字不能传声，而达意又不甚明确的弊端，胡适所提出的补救之法是：当鼓励字源学（《说文》学）；当以古体今体并列教科书中；小学教册中新字须遵六书之法，先令蒙童习象形指事之字，徐及浅易会意、形声字；中学以上皆当习字源学，令其由兴趣而记忆字义，则其记忆也不劳而易能。（参见曹伯言整理：《胡适日记全编》（1915—1917），合肥：安徽教育出版社，2001年，第259-262页。）此时胡适的建议与章太炎的观点有相通之处，但与他后来赞同拼音文字的想法又有所不同。

章太炎曾在致钱玄同的信中说到他对《康熙字典》所定之字的看法："《康熙字典》值明世小学崩离之后，一二儒臣懵不知学，遂妄以俗体字头相次，若果上法《玉篇》，阅者亦非难识。且如人之作亻，水之作氵，形体已殊，犹共知为一字，岂于其它部首遂辨别不清乎？"[①]全文虽论及音韵和小学，但"反清"意蕴深寓其中。章氏认为随意减省笔画，反而使汉字部首形体更加紊乱，不易辨识，而他所主张的改进之法是部首结构的"法古"，结合其提倡为便于书写而学习章草之意来看，学习汉字亦可概括为"识繁写简"。

1909年，深得张元济和高梦旦赏识的陆费逵（时为《教育杂志》主编）在《教育杂志》上撰文提倡普通教育应该采用俗体字。他认为切音简字与旧有文字（汉字）相去甚远，恐一时不能通行。在这种情况下，最便利而又最易通行的办法，即是采用俗字体。此种字体笔画简单，与正体字不可同日而语，"如體作体，鐙作灯，歸作归，……易习易记。其便利一也。此种字体除公牍考试外，无不用之。贩夫走卒，且藉此读小说歌本焉。若采用于普通教育，事顺而易行"。学习俗体字既可"省学者之脑力，添识字之人数，即写字刻字亦较便也。"[②]确切地说，此文应是真正意义上提倡简俗字。但陆氏认为采用俗字非改良文字之正法，只是在简字（切音字）难于通行，字母文字难以创制的情形下，为略减一些正体字的繁重，"不得已"才有此提议。陆费逵此议提出后，即有读者来信质问，其同社诸君亦有人表示反对[③]。此议之后，相关言论很少见诸报端，关注者亦寥寥无几。

至新文化运动时期，儒教文化及其价值体系均遭到新文化派不同程度的批判，作为其载体的汉字也不例外。陈独秀、钱玄同、傅斯年等人大多主张废除汉字，改用拼音文字。在他们看来，只有废除汉字，不见其文，才能真正挣脱封建伦理的束缚[④]。与此同时，钱玄同提议应减省汉字笔画，"我以为拼音文字，不是旦暮之间就能够制造成功的，更不是粗心浮气的、乱七八糟把音一拼，就可以算完事的"，"所以这几年之内，只是拼音文字

---

① 马勇编：《章太炎书信集》，石家庄：河北人民出版社，2003年，第101页。
② 陆费逵：《普通教育当采用俗体字》，《教育杂志》第1卷第1期，1909年，第1页。
③ 陆费逵：《答沈君友卿论采用俗字》，《教育杂志》第1卷第3期，1909年，第1–3页。
④ 《中国今后之文字问题》，《新青年》第4卷第4期，1918年4月15日。

的制造时代，不是拼音文字的施行时代"。面对社会现实，钱玄同认为在拼音文字还未施行的时代，则对于汉字本身的改革又是必要的。"我是很高兴做这件事的。现在打定主意，从1920年1月起，来做一部书，选取普通常用的字约三千左右，凡笔画复杂的，都定他一个较简单的写法。"十画以内的字，"如其没有更简的写法，也可以不必改"。钱氏主张简体字应该采择固有的，应少新造。因为行用固有的简体字，可免去社会争执。他提出的具体方案包括采用古字、俗字、草书、古书上的同音假借字、流俗的同音假借字、新拟的同音假借字、新拟的减省笔画字等几大类①。至于推行简体字的步骤，钱氏认为国民学校的学生从进学校起就应认识简体字，而无须再学习旧字（即正体字）。学过正体字的学生，应把"习字"课的时间改认和改习新字。

1923年，国语统一筹备委员会特刊《国语月刊》（汉字改革号），主编钱玄同、黎锦熙邀来蔡元培、胡适、周作人、沈兼士等人作文鼓吹汉字改革②。他们大致提出了两种文字改革的途径：一种是创制国语罗马字，推行拼音文字；另一种是减省汉字笔画，提倡简俗字。赞同简体字一派稍嫌温和，大多认为罗马字拼音的实现有待时日，而在过渡时期，在保持汉字的原形之下，减省笔画是一项治标之法。胡适认为破体字的创造是小百姓一项惊人的革新事业，现在轮到学者文人来做审查和追认的功夫了，"这些破体的'新字'不是小百姓印曲本滩簧的专有品，乃是全国人的公共利器"，

---

① 以上引文均参见钱玄同：《减省汉字笔画的提议》，《新青年》第7卷第3期，1920年2月1日，第111-115页。

② 《国语月刊》汉字革命专刊号，由钱玄同和黎锦熙发起。钱玄同曾在给周作人的信中说："钱玄同和黎锦熙二人有一种'阴谋'，就是想借《国语月刊》来做一个'文字革命的宣传机关'。"钱氏逝世后，黎锦熙也回忆说："民国十一年，钱先生和我在西单牌楼一家小羊肉馆雨花春楼上，共同决定，开始放一大炮，在当时的国语月刊里大开'汉字改革号'"。（黎锦熙：《钱玄同先生参加"国语运动"的二十年小史》，《精诚半月刊》第10期，1939年7月1日，第10页。）从钱玄同致周作人的信函中也可窥见，其时能提出"革汉字的命"，钱氏心中不免有所顾忌，所以应该像支持白话文学一样，"必须有好几个鼎鼎大名的新人物说几句话，借以表明这不是不识字的人胡闹的事"，如此才能"站住脚"。但在新人物当中，如沈尹默、周作人、胡适、蔡元培、沈兼士等人在改革汉字方面的意见并不全然一致。（《致周作人》（1922年12月27日），钱玄同：《钱玄同文集·书信》第6卷，北京：中国人民大学出版社，2000年，第53-54页。）

"这虽不是彻底改革，但确然是很需要而应该有的一桩过渡的改革"①。而周作人则认为，虽然汉字简化对他们这些老辈是无用的，但应该为后来者考虑，"我们总算能够写无论几画的古雅的字了，但是这一点无聊的本领却是牺牲了不少的精力与时间——生命——所换来的；我们回顾自己现在学识的薄弱，便不能不怨恨这过去的无益的耗费"②。周作人在这里也强调了繁体汉字难学，耗费时间。

差不多同一时期，钱玄同就汉字简化问题，正式向国语统一筹备委员会第四次大会提出《减省现行汉字的笔画案》，并从文字变迁史的角度阐释了减省汉字笔画的理由。有人认为汉字是象形文字，不可随意减省笔画，损害古人造字的精意。钱玄同认为这一论断几乎是谬误。据他的研究，象形文字只占汉字全体的百分之一，会意字至多占汉字全体的百分之六，转注、假借、形声三类都以音为主，与象形区别甚大。而从字体形式变化来看，现行的楷书、行草、草书等等，即是隶书的变相，实际上只是一种毫无意义的麻烦符号，减省之后，造字的本意已不可复见。而从龟甲、钟鼎、说文以来，笔画多的字常常被人减省。殷周的古篆减为秦篆，秦篆减为汉隶，汉隶减为汉草，汉草减为晋唐之草。汉隶的体式变为楷书，楷书减为行书，宋元以来，又减省楷书，参取行草，变成一种简体。这都是最显著的减省笔画③。钱玄同对汉字形体由繁至简的变迁史的阐释，遂成为许

---

① 胡适：《卷头言》(1923年1月12日)，《国语月刊》(汉字改革号)第1卷第7期，1923年，第3页。胡适对汉字改革持比较稳健的态度，尽管他也主张采用拼音文字，但那是在"很远的将来"。黎锦熙曾回忆说，1922年7月在济南中华教育改进社第一次大会上，他提出"国民学校初年级应以注音字母代替汉字案"，胡适就对此案表示反对，认为黎氏此举是"唱高调"。(参见黎锦熙：《大众语文的工具——注音符号》，《国语周刊》第157期，1934年9月29日。)胡适在日记中也提及此事："我反对了黎锦熙的'国民学校初年级应以注音字母代汉字'一案，辩论甚烈，几乎伤了感情。后来此案根本修正了始能通过了。"(曹伯言整理：《胡适日记全编》(1919—1922)，合肥：安徽教育出版社，2001年，第717页。)胡适带病为《国语月刊》汉字改革号作序，当时似偏向支持简体字。

② 周作人：《汉字改革的我见》(1922)，《国语月刊》(汉字改革号)第1卷第7期，1923年，第73页。

③《减省现行汉字的笔画案》，《国语月刊》(汉字改革号)第1卷第7期，1923年，第161页。

多人支持简体字所援引的学理，并被比附为社会进化的一个例证①。陈望道在读过《国语月刊》（汉字改革号）以后，也认为汉字简化方案切实可行。他指出，废汉字采用拼音文字，虽是根本的改革，但一时有多个前提不易解决，如国语统一、同音词的改正、字形写定问题。而现时能实现的，就只有减省汉字笔画的方案，"对于这一项的主张，我是完全赞成的。我以为有些字是在我们笔下原来写的简字的，印时正不必另有什么正写的字；那原来不用简写字的，从新造了来写，在我们也并不觉得有何繁难。然而这么改了，儿童可就容易学得多了，便是我们自己以后写字，也就格外省力省时。"②

　　钱秉雄后来回忆说，"不要汉字"在新文化运动时期是不可能实现的，在这种情况下，其父钱玄同才提出简化汉字③。这当然符合那时的实情，但钱氏减省汉字笔画的想法，其来有自，新文化运动只不过为他向时人公开此议提供了较为适宜的社会氛围。1930年，钱玄同回忆他在日本师从章太炎治声音训诂之学时，读过《驳中国用万国新语说》一文后，深以为然，"我读了余杭先生这段文章，认定他这个主张是最切于实用的，是写汉字唯一的简便方法。从那时起，就时时留意章草法帖，颇想搜罗许多材

<hr />

　　① 一些现代文字学研究者认为，简化和繁化是汉字发展过程中的一对矛盾，在古文字发展阶段，简化和繁化的两种趋向互相交织，彼此消长。其原因是，作为表意文字，汉字使用者有两方面的要求：一是便于学习和书写，数量不能太多，形体不能过于繁杂；二是必须便于认识和区别；符号的含义要尽量单纯，形体之间避免混淆。前者使汉字具有简化的趋向，后者则使汉字具有繁化的趋向。古文字形体简化表现在：图绘性的减弱、笔画的减省、偏旁的归并；形体繁化表现在：笔画的增加、新部件的增加，如增加声符或者形符。但也有学者认为，虽然在汉字发展过程中，存在着字形繁化的现象，但汉字形体发展的总体规律是不断趋向简单化的。（参见刘翔等编著：《商周古文字读本》，北京：语文出版社，1989年；裘锡圭：《文字学概要》，北京：商务印书馆，2013年修订版。）社会的进化显然不是单一和线形的，与汉字形体趋向简单化一样，其笔画和结构的繁化现象，未尝不是文字变化的另一个特征。汉字形体有印刷体和书写体的区别，一味地追求简化，虽能给书写带来方便，但是否更易辨别和易识，更是时人所争论的一个焦点，详见后文。
　　② 陈望道：《汉字改革号》，复旦大学语言研究室编：《陈望道文集》（第3卷），上海：上海人民出版社，1981年，第123页。
　　③ 钱秉雄：《回忆父亲钱玄同》，全国政协文史资料委员会编：《中华文史资料文库·文化教育编》第17卷，北京：中国文史出版社，1996年，第284页。

料，写定其字体"①。由于外在政治环境和内在思想经验的变化②，正如周作人所言，从清末至新文化运动时期，钱玄同的思想经历了一个从极端复古到反传统的过程。在文字复古方面，他曾有过凡字必求本字，曾用小篆作文的失败经历，但种种失败的复古经验却蕴藏着钱氏后来"疑古"到反复古的根源，"从极右的写小篆起手，经过种种实验，终于归结到利用今隶，俗字简体"③。钱氏减省汉字书写体的想法虽受其师启发，但至新文化运动时期，他的反传统思想已至偏激，废除汉字尚不足惜，以简体代繁体，虽让步不少，但其对传统的认知和提倡简体字的意图已与清季章氏之意相去甚远④。

二、从别字之争到手头字的推行

1933年的高考结束之后，朱自清和刘半农对于考生国文试卷里出现文句不通和别字的现象都提出了批评，只是采用的方式并不相同。朱自清在《高中毕业生国文程度一斑》一文中指出，很多考生的作文大多不能言之有物，几乎每篇都有不通顺的句子和满眼的别字。像"莫之能也""亦不觉其以为苦也""嗅（臭）汗满流夹（浃）背""饱尝足了"等句不在少处。在他看的450本试卷中，"粗粗计算，有别字697个，重复的无数。其中因形声相近而误的308个，因声近而误的172个，不成形体或增减笔画的145个，因形近而误的59个。有些错得离奇，如'旗袍'作'妓袍'，'蚊子'

① 《〈章草考〉序》（1930年3月7日），钱玄同：《钱玄同文集·文字音韵·古史经学》（第4卷），北京：中国人民大学出版社，1999年，第49页。

② 有关晚清钱玄同反清复古的心态与政治语境可参看钱玄同的自述：《三十年来我对于满清的态度的变迁》，《语丝》第8期，1925年1月5日。

③ 周作人：《钱玄同的复古和反复古》，中国人民政治协商会议全国委员会文史资料委员会编：《文史资料选辑》（第94辑），北京：文史资料出版社，1984年，第101—102页。

④ 和钱玄同从"复古"到"反传统"的转变过程不同，吴稚晖经历了相反的思想变化态势。从清末视中文为"甘蔗渣""野蛮文字"，到民初"注音字母"制定以后，吴氏积极为其鼓吹，但同时他不断向外界阐明，注音符号只是"二百兆平民"注音识字和交流的工具，没有造字和代替汉字的功用，因为"我国文字优点极多，其缺点只少简易音注。"1930年，他提议应改"注音字母"为"注音符号"，以名副其实。到抗战末期，他对汉字拉丁化已颇有非议，又说道："国文、国音、国语与国歌、国旗等，同一为国家之统一要具"。（参见罗家伦、黄季陆主编：《吴稚晖先生全集》（第5集），第312、378页。）清末在《新世纪》上撰文鼓吹万国新语时，吴氏信奉的还是无政府主义，但因外部社会环境的激荡，这一思想渐变为民族主义的文化认同。钱、吴两例虽为个案，但这一思想变化在近代中国具有一定的代表性。

作'蛟子'；又如'吵闹'作'噪闹'，是将'吵'误作'噪'，又将'噪'误作'嗓'"①。朱自清在文中指出，学生作文，文句不通和别字增多是老师和学生双方面造成的结果。老师不认真负责，迎合学生；而学生读书不求甚解，趋新厌旧，麻痹大意。他认为，尽管"中国文字，诚然难学"，并且学校里功课繁多，现时学生并不像科举时代的学子只专攻一门手艺，但他仍然反对学生写别字，希望在语文教学方法不断改进的情况下，老师能督促学生多读多作，并随时纠正学生写别字的习惯，这样总会有效果的。刘复则拿学生写别字的例子，作自注打油诗："'民不**辽**生'缘国难，**殴**洲大战本应当。'倡明文化'何消说？'苦**脑**'真该加点糖。""先生犯了弥天罪，罚往西洋把学**流**；应是九流加一等，面筋熬尽一锅油。"②其诗自注不失嘲讽之意。

学生该写别字吗？老师可以嘲笑学生写别字吗？学生为什么会写别字？是学生的问题，还是汉字的问题？如何改正学生写别字的毛病？也许刘复在作打油诗的时候，大概不会想到他的诗随后会引起上海文坛一个不大不小的争论。

1933年10月，鲁迅在与施蛰存争论是否应该向青年学生介绍读《庄子》与《文选》时说到刘半农写打油诗嘲笑学生写别字的事情③。鲁迅认为刘复对学生所写别字的指摘，不能说不对，但还有磋商的余地。最重要的是，作为新文化运动的战士，到如今不但不为白话战斗，相反拿出古字来嘲笑后进的青年，实是不应该。可笑是在学生呢？还是在教授？鲁迅的意思一面是在为学生打抱不平；另一层还是在谈如何对待古典文化的问题（此点不申论）。其后曹聚仁就青年写别字问题，不但抗议教授不应该嘲笑学生，而主张学生写别字并没有什么罪过。他认为古人所谓六书，其中"转注""假借"二书，即为写别字、读别字的别解。古人可以写别字，今日青年为什么就不可以享受这样的权利？他认为中国文字，难于记忆，本身上应谋彻底的改革，而目前治标方法，惟有希望青年养成多读别字和多写别字的习惯；因为只有这样，在社会上已有根底的"简字"，才能被知识

---

① 佩弦：《高中毕业生国文程度一斑》，《独立评论》第65期，1933年8月27日，第11页。

② 半农：《自注自批桐花芝豆堂诗集》（一续），《论语半月刊》第26期，1933年10月1日，第95页。文中加黑体的字为别字。

③ 丰之余：《"感旧"以后》（下），《申报》1933年10月16日，自由谈。

分子所认识，而半从音半从形的新形声字，才有产生的可能①。在这里，曹聚仁由别字说到了汉字本身改革的问题。在《再张目一下——续谈别字》一文中，他申辩道：读别字写别字并不是一个偶然的现象，从古往今，各个阶层的人无不如此，但有人主张随时加以指正是无济于事的，应顺趋势以谋补救。因为写别字读别字，是有一定规则的。其中十之八九，有声音上的关系，或同子音，或同元音，如"别字"作"白字"，"别""白"双声。其余十之二三，则有字形上的关系，大抵从简化，如"豆腐"写作"豆付"，"牛一頭"写作"牛一豆"，"陰陽"写作"阤昜"，"毫釐"写作"毛厘"。顺着前一个趋势，可以把中国文字完全改造为新形声字；顺着后一个趋势，可以把中国文字完全改造为简字。社会的读别字、写别字，正是改造中国文字的先导②。

时人对曹聚仁提倡写别字读别字的主张，大多不以为然。因为文字的意义是由社会约定俗成的，各自为政地写别字、读别字，汉字的统一性局面势必会被打破③。但也有人从不同的立场支持别字。胡愈之就认为写别字是打倒方块字，改用拉丁化的一个步骤。因为汉字难学、难写，是其本身的两个特性决定的：一是每个方块字是独立的；二是方块字是从形态中表现意义，而不是从声音中表现意义。汉字本身的组织就和口头语组织相冲突。而"别字"是和本来的方块字声音相近而形态不同的字，写别字却只是认声音，而不认形态。凡是基于声音写成的字，都可通用。例如"三民主义"可以写作"三明朱一"，这样就可以打破"望文生义"的习惯。别字可以自由地写，通行的简笔字也可以采用。十几画以上的汉字完全不用，学习汉字的困难就减少了大半。别字写成习惯以后，每一个都能代表一个声音，并不能代表意义。到那时，取消方块字，改用拉丁化，自然不成问

---

① 曹聚仁：《谈"别字"》，《申报》1933年10月22日，自由谈。
② 曹聚仁：《再张目一下——续谈别字》，《申报》1933年10月28日，自由谈。
③ 陶徒然：《"原谅"和"张目"》，《申报》1933年10月25日，第17版；高植：《别字与简字》，《申报》1933年10月30日，自由谈；陈友琴：《中学以上学生应该写别字吗?》，《晨报–晨曦》（上海）1934年12月14日，第8版；胡怀琛：《从写别字到整理中国字》，《晨报–晨曦》（上海）1933年11月3日，第9版；胡怀琛：《从写别字到整理中国字》（续），《晨报–晨曦》（上海）1933年11月4日，第9版；了一：《文字的保守》，《独立评论》第143期，1935年3月25日。

题①。唐弢也基于声音中心主义，支持别字，"因为文字是代表或补充言语的不及的，那么，我们当然要求其迁就口语，使声口毕肖。只要'声口'能够'毕肖'，什么正字和别字，是尽可不管的"②。很显然，以上这两种建议只可算是理论上的"怪主义"，实际上并不可行。写别字读别字并不是改革中国语文的可行道路③。

　　在别字争论中，各自为政地写别字、读别字的主张虽为多数人所驳斥，但提倡简俗字却成为争论者的共识。汉字是重形体的，且比较繁杂，把形体写错是很容易的，有计划地把这些方块字改良得简单浅易不失为一种纠偏之法。高植虽不同意写别字、读别字，但他亦认为"简俗字倒可以提倡一下。简俗字固然在知识阶级中大都通行，即在商店及一般能看通俗小说的人也都认识许多，像'灯、灶、灵、龟、执、宝'等字可以说是雅俗通识的了。简俗字既用的识的人多，而且写来也省事方便"。而青年知道简俗字的也不在少数，"文字的演进我以为是要'简''便'，……但不是各自为政地写别字。至于提倡写简俗字，也要有相当的客观标准，就是要采取为大家通用已久的，或稍加改变造出新的而令人一看就认识的字"④。林语堂与高植的意见不谋而合，"高植先生一文，反对别字。而赞成俗字，最与鄙见相符"。林氏认为俗字、简笔字、省体字与别字稍有不同，简俗字已经在社会上通行的，其演化多为自然省便，其意多为众人共识，如"靈"作"灵"，"號"作"号"，"萬"作"万"等，但俗字中也有比正字繁冗的，所以提倡俗字、简字只是求汉字在一部分上的简易化而已⑤。

　　朱自清对胡愈之取消方块字，改用拉丁化的提议并不赞同。他认为拼音文字是否在认识上优于汉字，在教育心理学上尚无确证，而拼音文字在中国施行的可能性也太小，他主张改良汉字教学法。关于写字方面，"简体

---

　　① 此文尽用别字写成，以示提倡，但胡愈之这一论点却引起很多人的异议。胡愈之：《怎样打倒方块字？——提倡"写别字"和词儿连写》，《太白》（创刊号），1934年9月20日，第10–11页。

　　② 唐弢：《别字和正字》，《申报》1935年8月15日，自由谈。

　　③ 高明：《别字与文字》，《时事新报–青光》（上海）1934年11月14日；郑淑生：《关于写别字》，《太白》第1卷第4期，1934年11月5日。

　　④ 高植：《别字与简字》，《申报》1933年10月30日，自由谈。

　　⑤ 语堂：《我的话》，《论语半月刊》第29期，1933年11月16日，第216–217页。

字的施行，也可使汉字更容易写，即使不更容易识"①。

　　1930年代日本侵华步伐不断加快，国难日亟。在这个文化和政治的关系极为密切的年代，作为改造国民的重要工具——语言和文字——再度引起时人的诸多争论。从文白再起纷争到大众语的兴起，新文化运动以来的白话文改革为知识界的新旧势力所质疑和反思。保守派力倡保存文言，广东、湖南等地恢复读经。左翼新派势力主张欧体白话的大众化，激进者甚至在"言文一致"目标的驱使下，实践方言的拉丁化。在这一社会情势之中，"别字"这一小问题亦引起时人的大讨论。这场别字之争，从一开始讨论是否应该提倡写别字、读别字，再转换到汉字改革的问题上来，并加速了简俗字的提倡。1934年正在上海文坛"大众语"争论热烈之时，别字之争遂让众人注意到"大众语"的表述工具问题，推行"手头字"的倡议就是在这种环境中产生。"手头字推行会"由曹聚仁和陈望道等人发起，曹聚仁在给吴稚晖去信，寻求其支持简俗字时说道："最近，有几家书铺子，几种小杂志，想开始试用'简笔字'，另铸铜模，改排简笔字。"②其目的是："我们日常有许多便当的字，手头上大家都这么写，可是书本上并不这么印，识一个字须得认两种以上的形体，何等不便，现在我们主张把'手头字'用到印刷上去，省掉读书人记忆几种字体的麻烦，使得文字比较容易识、容易写，更能够普及到大众。"③

　　"手头字"受到上海、北京文化界和教育界二百多位人士的支持④。而参与手头字推行的团体亦有十四家之多，如小朋友社、小朋友画报社、太白社、文学社、中学生杂志社、中华教育界社、世界知识社、生活教育社、时事类编社、新中华杂志社、新生周刊社、现在杂志社、漫画生活、读书生活社等⑤。因印刷等原因，真正实行的只有《太白》等一两个刊物⑥。但这次舆论宣传联合南北学人，让简体字运动的社会效应在三十年代中期盛极一时。

---

① 佩弦：《论别字》，《独立评论》第139期，1935年2月24日，第17页。
②《谈简笔字》，《社会月报》第1卷第6期，1934年11月15日，第1页。
③《手头字之提倡》，《申报》1935年2月24日，第3版。
④ 鲁迅一向对汉字持比较悲观的态度，因之对提倡手头字并不热心，他认为别字病和方块字本身并存，方块字仍在，提倡手头字无事于补。(参见旅隼：《从"别字"说开去》，《芒种》第1卷第4期，1935年4月20日。)
⑤ 高福伸：《中国文字改造与教育问题》，《教育研究》第63期，1935年11月。
⑥ 徐永朴：《论汉字改造问题》，《新人周刊》第1卷第46期，1935年7月29日。

三、简繁两体的识读效率

在一些教育心理学家看来，不管是主张推行拼音文字，还是主张汉字简化，论者大多凭借文字学上的知识，或者主观上的臆测来下定论。拼音文字一定比汉字易识吗？汉字又是如何被人们所感知？汉字笔画的繁简和人们识读、默写汉字又有什么关系呢？对这些问题都需要有具体的科学实验和研究，方可找到合适的答案以及改革汉字的途径。由此，这些从教育心理学方面提供意见的文本，就不仅仅是一种学理探讨，同时也成为简体字运动的一部分，或多或少地影响了同一时期的汉字繁简之争。

时为中央大学心理学教授的艾伟指出，处今之世，与外界交流频繁，借鉴的东西也越来越多，以致在解决一些复杂问题时，改革者的主张亦莫衷一是，有关文字改革问题的争论即是其表现。他认为汉字艰深难识的原因约有三端：其一，"文字为文字，语言为语言，两者并行，鲜能互用"；其二，汉字初造之时，为数甚少，但后世援六书"转注""形声"之例新造字体，以致字体孳乳，数量增多，难于学习；第三，对文法不太注意。就这三点而言，白话文的推行，可以部分地解决文字与语言分离的问题。而第二点实为最大问题，须求解决之道。为此，"初学者观察汉字其反应如何？""字形之种类既多，其反应之方法有无异同？""汉字之不同者，在教科书中，应如何排列介绍，始便初学？""笔误之心理为何？"[①]这些问题都有研究的必要。

艾伟指出，影响识字难易的因素有36种之多，笔画繁简只是其中一种因素而已。通过研究，艾伟得出了如下结论：容易观察之字，其笔画在一与十之间；笔画自十一至十五之字"，有易观察者，亦有难者，视其字形之组织而定；设有一字，其笔画在十三或以上，为左右偏旁所成，若其任何偏旁之笔画数超过其他偏旁在十以上者（例如劉亂等字），此种组织之字形，观察非常困难；若一字之笔画在十数以上，而分作三、四部，由斜线、曲线所组织而成（例如疑殺等字），此种字之观察亦感困难；若一字之一部分类似其它字之一部分为视者曾经见过者，此字写出之时，容易错

① 艾伟：《汉字之心理研究》，《教育杂志》第20卷第4期，1928年4月20日，第3-4页。

误，且此种错误不易改正；字形合拢如田、口、日、目等字者，容易观察；字形由横直线组织而成，如罪、華等字者，若其笔画数在十五以下，观察亦易；字形对称，如開、罪等字者，其观察亦甚易。概括来说，学习者每观察一字，大都注重其全形，笔画较少者容易观察，笔画繁简对认识汉字有一定影响，但汉字的笔画组织是否复杂，对初学者观察力的影响更大。最后，艾伟根据他的研究指出，汉字缺点很多，不改似乎不可能，但是"中国社会的旧习惯太深，对于改革的接受颇显迟滞"，"轻而易举的还是行简体字罢"，而"假如我们行用简体字，其笔划数都在十以下，那么，许多困难都可以免掉了"①。

艾伟对于简体字改革提出了以下几种具体建议：就11画以上之1200常用字设法改简，其他似不必改，此中字如由横直线构成或其笔画相称者（除非在15画以上）亦不必改简；改简之时，似可参考下列原则：避免形状极其相似之简体字；多用横直线及相称之笔画，少用斜线及曲线之笔画；两偏旁之笔画数比率不宜相差过远；在可能范围内设法顾到六书条例或造字时之原意；形声字中藉偏旁而得声者应避免例外；少造形意毫无关联之简体字②。从艾伟的建议中我们可以看出，他所认为的汉字简化规则与那些不顾形义，极力将汉字"简单化""音符化"的主张有所不同。

艾伟的学生徐则敏也作文支持这一观点。他根据《中华大字典》的42239个字，查出汉字笔画分配的状况；根据陈鹤琴、敖弘德、王文新三人研究所得的2400个最常用字，查出汉字笔画分配的状况。在2400个常用字中，抽取价值最大的880个最常用字，查出笔画分配的状况。据其研究所得，常用字在全部汉字中，字形是比较容易观察，字的组织也是比较简单的，但仍有笔画繁杂的，而汉字的发展也体现出由繁变简的趋势。所以简体改进，应是汉字发展的必然要求③。

以上研究主要是从汉字的笔画和组织方面来看其对学习者的影响。据杨骏如研究，简体字在学习的记忆和留存上，是优于繁体字，其优越的程度

---

① 以上所引均见艾伟编：《初级教育心理学》，上海：商务印书馆，1933年，第177–178页。

② 艾伟：《汉字问题》，上海：中华书局，1949年，第154页。

③ 以上所引均参见徐则敏：《汉字笔画统计报告》，《中华教育界》第18卷第12期，1930年，第40–47页。

是1.01倍，把同样的实验实行一百次，儿童不必相同，简体字是几乎次次都胜过繁体字的，而繁体字很难有一次胜过简体字的。简体字在抄写上的速度胜于繁体字1.46倍。繁体字永无胜过简体字的机遇。简体字在抄写上正确度胜于繁体字，其优胜的程度是1.51倍。简体字在默写上儿童所能忆起的正确程度，优于繁体字，其优胜的程度是1.19倍，而繁体字也永无胜过简体字的机遇[①]。章荣的研究则显示，简字的书写速度较繁字可节省50%的时间。简字的书写确度，实验结果为6倍于繁字。简字的认识价值有其心理上的根据，实验结果为较繁字易识2.25倍[②]。从以上精确的实验结果来看，简体字不管在认识、记忆和书写速度方面都优于繁体字，这也是支持简体字的有力依据。

但也有研究者提出了不同意见，认为将汉字改为拼音字，或者形体简化实无必要，但需要改革教学方法。清华大学心理学系周先庚引用多位中西方学者的研究成果指出，人们学习汉字，与其笔画的分配大有关系；笔画分配的有意改变，在学写或默写的时候，大有影响。汉字的单位的多寡与各单位的分配，完全支配学习的快慢；但笔画的多寡并不能决定一字学习的难易；在学习的时候，笔画的多寡对于一字的形体，相比一字的声音更有影响力；一字笔画的多寡并不能增加或减少一字学习的难易，并不是因为笔画的多寡没有关系，而是别的因素影响更大[③]。周先庚希望提倡废除汉字的改革家能采纳心理学的研究，作为一部分的参考。

金陵大学心理学教授蔡乐生也道出，他的研究动机是"在应用心理学实验的技术，求得客观可靠地事实，来解决关于中国字效率的问题。老实说一句，我研究汉字目的是希望从实际方面增进中国文字工具上的效率"。他一方面研究笔画多寡与学习辨认字时难易的关系，一方面研究笔画多寡与学习默写时难易的关系。其试验结果是，笔画多寡与学习辨认字的难易无关，惟与学习默写字的难易大有关系。而这种关系并不成为正比例，而

---

① 杨骏如：《简体字在国语教学上效率的实验》，《江苏省小学教师半月刊》第13期，1936年。

② 章荣：《简字的价值及应用之实验研究》，《中华教育界》第23卷第1期，1935年；相同观点亦可见邹鸿操：《简字与原字书写速度之比较》，《南大教育》（创刊号），1935年。

③ 周先庚：《美人判断汉字位置之分析》，《测验》第2卷第1期，1934年，第56页。

乃是一种对数的关系[①]。周先庚和蔡乐生的观点与艾伟、徐则敏等人的研究结论其实是相似的，也即汉字笔画多寡对学习辨认汉字的难易有一定影响，但汉字笔画组织是否复杂是决定辨认汉字难易的更大因素。当然，汉字的繁简对默写是有决定性影响的，其效率对比非常明显。

也有学者通过实验得出，繁体字较简体字有易记易认之倾向，这一点实与艾伟、杨骏如、章荣等人的观点完全不同，如燕京大学教授周学章就通过实验研究得出以下结论：（1）繁字在临时记忆有占优的倾向；（2）繁字在较久记忆上，有较优越的趋向，据客观事实所示，其占优程度较临时记忆尤高；（3）繁字在默写上的正确程度亦较简字高，据客观事实所示，虽然其优越程度不及前二者之高，但繁字在默写上的正确程度比简字的机会少，比简字高或与他一样的机会多。他对此种现象作出的解释是，复杂的事物往往较简单的东西易于引起人的注意力，因为学时注意力较强，自然所留存于脑中的印象亦愈深，印象较深，重认时，也比较容易；再者，复杂的东西所包括的细目较简单的东西多，细目愈多，学习时心理方面所得到的感知亦多，该事物所留存于脑中的印象亦愈深，想起时亦自然较易[②]。周学章认为，我们虽不能十分肯定地说繁字是必优于简字，但繁字在学习效率上占优的把握很大，这是可以确信无疑的。既然主张改繁为简的动机是减少一般初学认字的人难认难记、难写的困难，以利民众教育普及，而客观事实所示，繁字并不比简字难认、难记、难写，则文字改革一举似属多事，徒费时间[③]。

对于汉字简繁两体的识读效率，因各方的研究动机与研究方法的不同，得出相似或相反的结论，实不可避免。显然，各方都有意将其研究所得服务于支持或反对汉字改革。而支持简体字的钱玄同和黎锦熙对简体字的功用又有何种看法？在制定简体字谱之前，钱玄同曾在致黎锦熙和汪怡信函中说道："采择简体字之唯一目的，系谋书写之时间经济，即黄梨洲所

---

① 蔡乐生：《为〈汉字的心理研究〉答周先庚先生》，《测验》第2卷第2期，1935年，第2-7页。

② 周学章：《繁简字体在学习效率上的实验》，《教育杂志》第26卷第1号，1936年；周学章、李爱德：《繁简字体在学习效率上之再试》，《教育杂志》第27期第5号，1937年。

③ 周学章、李爱德：《繁简字体在学习效率上之再试》，《教育杂志》第27期第5号，1937年5月，第90页。

谓'可省功夫一半'之意也。"①钱玄同把简体字的功用仅限在书写之便利，即提高书写的速度而已。黎锦熙也认为简体字的目的，"在便利书写，不在便利阅读和认识"。在民众教育上，简体字所起的作用实为有限，因为对于民众来说，写字究竟不如读书看报重要，在教育上简体字并不能促进民众读书看报的能力②。综合各方论者的意见和观点，汉字简繁两体的优劣是言人人殊，并无定论。如果说，仅以利于民众教育作为支持简体字的主要理由，这对反对者而言并没有足够的说服力。

四、寻求简体字的合法性

从清末以至20世纪30年代，简体字改革大多限于学者的提倡和研究，政府方面几无积极反应。陆费逵于1909年和1921年曾撰文提倡简俗字，据其回忆，他不仅因主张用减笔字和沈友卿打过一顿笔墨官司，俗体字不但没有通用，前清的学部和民国的教育部反要书坊严格的用正体字③。1923年，钱玄同提交的《减省汉字笔画案》在国语统一筹备委员会第四次大会通过以后，该会主席张一麐遂指定钱玄同、熊崇煦、黎锦熙、胡适、沈兼士、周作人等人组成汉字省体委员会，研究此事④。这可算是在学者的敦促之下，政府专管国语事项的附属机构第一次正面回应此事。但此后十余年，国语统一筹备委员会因政治变动，于1928年改组后，因改定国音标准，专门从事于编纂国音常用字汇及增修国音字典工作，对字体改简之事并无实际行动⑤。

这一时期企图敦促政府颁行简体字也是不大可行之事。1928年，极力支持注音符号的国民党元老吴稚晖在给简体字提倡者陈光垚的回信中说："先生要请颁行么？这恐怕目前是没有做得到的机会。你想一副注音字母，当道还只是貌合神离的应酬颁布。至于白话文只有目前浙江省政府有一个命令，把公文改了。大学院里肯主张一下么？所以先生的主张，若送到官

①《与黎锦熙汪怡论采选简体字书》，《国语周刊》第176期，1935年2月9日。
②黎锦熙：《简体字论》，《国语周刊》第246期，1936年6月20日。
③陆费逵：《教育文存》，上海：中华书局，1922年，第48页。
④黎锦熙：《国语运动史纲》，上海：商务印书馆，1934年，第36页。
⑤《本会为审核陈光垚的简字偏旁表复教育部文》，《国语周刊》第171期，1935年1月5日。

里去，无非空赞几句，说目前情形不能颁布，只好自由流行再讲，一定得如此结果。故回首白话文的历史，也是如此，官厅尽管踌躇，学界只管乱做。到如今，虽公文尚不曾公布，而势力已致文言八九分失败了，所以简字也只能如此办法。"①社会上研究和提倡简体字的学者渐多，对政府自有很大影响，有的学者已将简体字相关资料，递交给当时的教育部长王世杰。1934年，吴稚晖在与曹聚仁讨论手头字的信函中就提及此事，"半年前，教育当局王雪艇（世杰）先生还拿一种简体字给我看，他也颇想有官中审定的意思。可是我因为没有研究这件事，觉得他给我看的简笔字，同陈光垚、卓定谋各位先生所做的，不知谁是适当？我一时不敢下断语，所以没有怂恿他取哪一种来颁行"②。陈光垚也曾将《简字运动设计书提要》及《简字偏旁表》上呈蒋介石③。而蒋本人因民众教育问题对简体字似较关心，1935年王世杰在呈行政院《推行简体字办法提案》中提道："去岁蒋委员长鉴于匪区教育实施之重要与困难，亦曾嘱托本部记议简字之实施"④。

而作为国语统一筹备委员会成员的驻京学者，如刘复、黎锦熙、钱玄同等人对推行简体字虽无实际行动，但也一直关注此事，这可从他们与陈光垚讨论简体字的来往信函中看出。在1927年至1931年期间，陈光垚曾向钱玄同、刘复、周作人、吴稚晖、胡适、黎锦熙、钱子实、王小航、王云五、胡怀琛、郑振铎、蔡元培等人去函求教简体字问题，并呼吁推行简体字⑤。1930年刘复和李家瑞主编《宋元以来俗字谱》一书，在该书序言中，刘复说道："近十余年来，颇有人提倡写简笔字，如陈大齐、钱玄同、陆费逵诸先生，都做过文章，胡怀琛、陈光垚两先生，都做过单行的小册子。我以为汉字在没有能找到极好的方法改为拼音制之前，写简笔字实在

①《吴稚晖先生来函》（1928年5月2日），陈光垚：《简字论集续集》，出版地不详：启明学社，1933年，第147页。

②《谈简笔字》（1934年10月27日），《社会月报》第1卷第6期，1934年11月15日，第2页。

③《本会为审核陈光垚的简字偏旁表复教育部文》，《国语周刊》第171期，1935年1月5日。

④《推行简体字办法，王部长提案原文》，《中央日报》1935年6月5日，第4版。

⑤《读〈简字表〉随笔》（1934年1月18日），高平叔编：《蔡元培全集》（第6卷），北京：中华书局，1988年。

是一种必不可少的过渡方法。"①显然，刘复也是极力支持简体字的。1930年钱玄同为卓定谋的《章草考》一书作序时谈到章草实为采择简体字的一个重要来源。

如前文所示，1934年上海文坛掀起大众语论战，而在文字方面，由此前的别字之争发展到提倡手头字运动。据黎锦熙回忆说，这一运动对钱玄同有很大的促进作用，"钱先生认为这是可以提倡的，只感到不可用'手头字'这个名称，仍旧要叫'简体字'"。当时钱玄同尚在病假中，但仍"发愤动手收集，以'述而不作'为主，想编成一部《简体字谱》"②。同时钱氏也在国语统一筹备委员会第29次常务委员会上提出《搜采固有而较适用的"简体字"案》，议决通过③。此时教育部方面也因蒋介石"托教育部计议推行简体字一事，教部觉得这桩事情，关系很大，不愿草率行事，特将这问题交付国语筹备委员会切实审议"④。在这种情况下，简体字的择选和推行才正式提上日程，进入政府决策层面。

简体字主要由钱玄同负责采定，其采定原则依"述而不作"之例，采选已有者，向所未有者，不复创制。有关简体字采择条例，钱玄同在致黎锦熙与汪怡的信函中已有详细论述。这些简体字的采选原则，依钱玄同自己所言，"所采之材料，草书最多，俗体次之，行书又次之，古字最少"⑤。钱玄同所定简体字谱初稿于1935年6月中旬完成，递交到教育部之后，教育部遂召集黎锦熙、汪怡、潘尊行（编译馆）、赵元任（中央研究

---

① 刘复、李家瑞编：《宋元以来俗字谱》，国立中央研究院历史语言研究所单刊，1930年，第4页。

② 黎锦熙：《钱玄同先生参加"国语运动"的二十年小史》（续），《精诚半月刊》第11期，1939年7月1日，第10页。

③《民国二十三年一月七日国语统一筹备委员会第二十九次常务委员会的议决案》，《国语周刊》第123期，1934年2月8日。

④ 雷震：《简体字在识字运动上之意义》（上），《申报》1935年9月17日，第7版。这一时期，关注文字改革的人士较多，一些民间人士将改革汉字方法案上呈国民政府，如提倡草书、创制拼音符号等，这些意见书由国民政府转发教育部，再由教育部交给国语统一筹备委员会进行审查和研究。（参见《关于文字改革问题》，二档馆藏，南京国民政府档案，档案号：1-2328-16J-2358；《浙江张秋画等关于文字改革的建议与办法》，二档馆藏，南京国民政府档案，档案号：1-6856-16J-2713。）

⑤ 钱玄同：《与黎锦熙汪怡论采选简体字书》（1935年1月22日），《国语周刊》第176期，1935年2月9日；钱玄同：《论简体字致黎锦熙汪怡书》（1935年6月27日），《国语周刊》第204期，1935年8月24日。

院）、张炯（社会司长），钟灵秀（社会司科长）、吴研因（普通司科长）、顾良杰等商议选定，自6月20日至22日讨论选用2340余字中认为最适当且便于铸铜模者，计1200余字，最后由教育部长、次长及部中其他有关系各司处商讨圈定324字，于1935年8月21日先行公布，是为《第一批简体字表》[1]，并颁布各省市教育行政机关推行简体字办法[2]。

南京国民政府教育部决定自1936年7月1日起强制推行简体字，凡新编小学课本，短期小学课本及民众学校课本，不用部颁简体字者，不予审定；新编或重印之儿童读物，不用部颁简体字者，各校不得采用[3]。这样强制推行，足见教育部推行简体字的决心，但正是这个试图利用国家权力强制推行简体字的办法，激起了时人的非议和争论（详见后述）。随后在简体字表颁布不到半年的时间，国民党中央政治会议又议决暂停推行简体字[4]。尽管书业方面，曾以印刷理由，呈请政府变通简体字推行办法，因为新购多数大小不同的简体字铜模，需费甚巨，给书商带来很大的压力[5]。但国民党停止推行简体字的主要原因，应是国民党内以戴季陶和何健为代表的保守派的反对所致。

据时人在史志中记载：对于中国的方块字，戴先生很重视。有一天，陈光垚先生将一本《简体字》，交一位同事送给吴稚晖，稚老当时对我们说："光垚先生是位很能干的人。关于推行简体字，他曾经呈请过中央。但

①《教部今日开会讨论简体字表及推行事宜》，《申报》1935年6月20日，第13版；《教部审查会通过简字四百余》，《申报》1935年6月21日，第13版；《教部继续审查简字》，《申报》1935年6月22日，第13版；《简体字表续审完竣》，《申报》1935年6月23日，第14版；《教部令发简体字表》，《申报》1935年9月20日，第13版。

②《教部推行简体字办法》，《申报》1935年8月25日，第4版。

③《各省市教育行政机关推行部颁简体字办法》，《教育部国语推行委员会有关注音符号的文书》，二档馆藏，教育部档，档案号：5-12300。

④《中央政治会议停止推行简体字》，《申报》1936年1月27日，第4版。

⑤《简体字推行计划变更》，《中央日报》1936年1月26日，第4版；黎正甫：《简体字之推行与阻力》，《公教学校》第2卷第5期，1936年2月1日，第8页。印刷和出版业对文化和教育有着重要的影响力，书坊和出版商常因顾及商业利润，对政府的文化或教育举措置之不理或敷衍了事。黎锦熙就认为注音符号推广了二十年，对社会影响甚小，一个重要的原因就是各省市书坊和印刷业，无人自愿出钱改铸注音符号铜模印刷书报，没有培养起注音符号的用场和环境，所以他不得不呈请政府出钱，让书商铸造注音汉字铜模。（参见黎锦熙编：《注音汉字》，上海：商务印书馆，1936年，第1-4页。）

是季陶先生同何健先生大不以为然，总裁才决定缓慢推行。"①南京国民政府教育部于1935年8月颁布第一批简体字表之后，何健即提出推行简体字的六项弊害，电请教育部加以斟酌。这六种弊端分别是：学子有二重识字之苦，有害于书贾及寒士，暗蚀国民经济，失文字真义，自毁国粹，不关教育大体②。

曾经历过简体字事件的林尹（时为钱玄同的学生）事后也回忆说："教育部把第一批简字一公布，就引起轩然大波，全国各地既纷纷责难，而考试院长戴季陶先生，尤为愤慨，大加反对。戴先生反对的原因，是注意到后果问题。他说：以国家力量推行简俗字，这是自己摧残根本，其害比亡国尤甚。他并且举出总理对于文字教育，视为民族生命的最大要素，……他当时有两封信给朱家骅、王世杰两位先生，而要求当时的教育部长王世杰先生收回第一批简字的命令。"③与戴季陶私交甚厚，时为国民党中央监察委员会委员的王子壮在其日记中也记述了戴季陶反对简体字一事：

> 简字系教育部根据流行之简笔字，加以确定，去年呈准政治会议备案后，改由国民政府明令颁行者。前于六中全会及最近一中全会，戴先生均有议案，主张取消前令。后以全会中意见纷歧，未得结果，即交常会。戴先生最痛心者，以为此事系上海无聊文人（林语堂办《论语》即用简字）之欲牟利，故勾结教育部中人而作此无聊举动。日本人学一汉字，同时以正楷、草书、行书三体而加以认识，我国人……仅识正楷，尚嫌麻烦，必须用简字，千秋万世，定当认国民政府为罪人，无论如何不能不加以纠正。此事于十五日政治会议，经戴

---

① 沈云龙主编：《近代中国史料丛刊》第98辑(0977)，台北：文海出版社，出版日期不详，第29页。

② 何健：《对于教育部推行简体字表之意见》，《国光杂志》第11期，1935年11月16日，第45—48页。

③ 林尹：《我体验到的变革中国文字问题与简体字在中国文字学上的问题》，《中国文字论集》（上册），台北：中国文字学会，1955年，第245页。

提出卒得取消前令。①

　　林尹和王子壮的记述大致不差。戴季陶确实在致王世杰和朱家骅的信中强烈谴责了上海一批文人在杂志上推行简体字的行为，认为此举是"于无事中找事做"，"置应做者于不顾，专欲寻求终南捷径"。他认为教育部印行简体字和国民党中央政治会议通过推行简体字的议案，实与孙中山视文字为民族生命要素，重视文字教育的思想相违背。那么，戴季陶反对简体字的真实理由到底是什么？他认为国民如想写字美观、简便、迅速，自有行草写法（前提要统一行草写法）。政府大可不必利用国家权力推行简体字，致使"将来中国文字，转由困难者而入于纠纷，使在校读书几年之学生，愈无读书能力，而固有之文化，愈不可复，新兴之文化，愈加薄弱也"。在戴季陶看来，简体（俗）字在中国来源已久，使用甚广，这是教育不普及的结果，是国家文化上的缺点。但推行简体字"等于亡国而上之"，是自损国本的行为②。

　　南京政府教育部出台简体字的相关政策，实为当时知识界和政府之间互动作用下的结果。但它能否真正行之于社会，却取决于政治力量之间的博弈。与前引上海文坛推行"手头字"的宣言对照来看，前者眼中的"便民"之举在戴氏看来却是"害国"，两者所据立场显然有所歧异③。而体味王子壮日记中的只言片语，在政府内部，各派对简字问题的意见殊有不同，显然有激烈的争持过程。但如果仅以"革命""先进"，抑或是"反动""保守"这样的语词来定性此举，无助于后人更加深入地了解这一时期因文字改革所折射出来的复杂的世人心态。

---

　　①《王子壮日记》(1936年1月10日)(手稿本)第3册，台北："中央研究院"近代史研究所编印，2001年，第11页。王世杰在日记中也回忆说，当年教育部拟定的简体字案经戴季陶反对而没有施行。王世杰：《王世杰日记》(手稿本)(第8册)，1969年4月10日，台北："中央研究院"近代史研究所，1990年，第94页。
　　②《致朱、王部长书》(1935年9月29日)、《致教育部王部长书》(1935年10月3日)，陈天锡编：《戴季陶先生文存》(卷二)，台北：中国国民党中央委员会党史资料委员会，1959年，第573-574页。
　　③对日本文化深有了解的戴季陶执掌国民政府考试院以后，为建立起独立的考试和铨叙制度，管理上甚为严格，但其思想渐趋保守，重视国文和儒家礼仪，如考卷试题中有误字，典试委员长即被罚俸一个月，遑论认同简体字。(肖如平：《国民政府考试院研究》，北京：社会科学文献出版社，2008年，第73-82页；黎洁华、虞伟：《戴季陶传》，广州：广东人民出版社，2003年，第231-249页。)

五、简体字颁行前后的社会争议

在南京国民政府教育部颁行简体字的前后，对于这种国家行为，时人因各自的立场和文字观的不同，对简体字的推行各有不同的反应。支持者拍手叫好，认为这是在中国社会黑暗圈子中，偶尔闪现出的一二线的光明[1]；是"一件和平的合理的措施，一件近年以来值得全国人民称许的教育最高当局的政绩"[2]，"大以为我们的国家这下子可可有望了"[3]。

南北报章舆论对简体字的支持，所持理由大多是突出简体字对民众教育的重要性[4]，抑或宣传简体字有增进行政效率的功用[5]。不过，反对者则认为教育部"过去对义教民教的推行，都只徒见计划，没有积极实施的毅力，如今硬要说'中国文字复杂，为普及义教民教最大阻力之一，岂不冤枉透了吗？'"[6]香港、太原等地存文会[7]——亦以"摧残文化""动摇国本""斯文将丧"为由，四处宣传。这一观点道出了当时拉丁化者支持简体字的重要立足点。如署名"之光"的作者就主张，"简体字不过是将一些难写的字，改得容易写一点而已，它没有促进拼音字的功效。所以它在文字革命中的地位是很低的。所谓'简'，不过是写起来简便一点儿罢了。在读音与记忆上是和原字是一样的"。这种评价首先表达了对简体字的不满，不过，他进一步指出简体字"反面的作用是破坏汉字。简体字确可扰乱汉字的堂皇典雅，破坏汉字的古色古香。同时，使汉字更失去衍意的作用，使

---

①《半月读报记》，《芒种》第1卷第9、10期，1935年8月20日，第359页。

②鲁儒林：《论采用部颁简体字的必要》，《一师半月刊》第39期，1935年，第3页。

③张文正：《由汉字史观论到简体字的推行》，《细流》第7期，1936年6月20日，第6页。

④孙伏园：《简笔字的意义和用途》，《文化月刊》第15期，1935年4月；雷震：《简体字在识字运动上之意义》，《申报》1935年9月17-18日，第7版。

⑤张定华：《简体字与行政效率》，《行政效率》第3卷第5期，1935年11月15日。

⑥刘叔明：《教育部推行简体字之我见》，《砥柱》第5卷第12期，1935年11月5日，第5页。

⑦"存文会"，其意即是保存文言和汉字。1935年三四月间，上海"存文会"首有胡朴安、江亢虎、潘公展等60余人发起成立，其后香港、太原等地也有"存文会"成立，互通声气。改革汉字已成为当时文化界的主流话语，如此"守旧"举动，显然不合时宜，时人曾讥讽道，不如改"存文会"为"存结绳会"。(参见《学术界组织存文会》，《申报》1935年3月1日，第5版；《存文会到存结绳会》，《现代》第6卷第4期，1935年5月1日，第9页。)

它完全变成音符，看不出什么形意，打破'六书'的观念"，"因为我们不要马上抛弃汉字，所以用简体字来便利书写；因为我们要废除汉字，所以要用简体字来破坏汉字"①。以简体字来破坏繁体汉字，这点与黎锦熙等人的观点稍有不同，实与胡愈之的想法相似。

但中间也有如葛定华之人，从较为客观的角度分析了简繁两体优劣所在，他认为"简体字已为社会通俗所行用，禁止固不必，而强制推行，亦未见充分理由"②。

在反对派看来，推行简体字并不一定能解决民众教育的问题，反而其缺点和推行所带来后果却不可不先有所预见。有人认为部颁三百余简体字在体例方面存在不少问题，施行之后，会导致字体行用方面的紊乱。如南京徐宝璜就认为"'豐'字改作'丰'，'艷'字改为'艳'，试问四川酆都县是否亦改作邦都县，如改，势恐所不能，如不改，同一繁也，改甲不改乙，于理似不可通。'權'字改作'权'，'鷄'字改作'鸡'，是以'又'代替'雚''奚'也，试问灌漢溪三字，是否均改作'汉'。按'廿'只可代替'二十'，今简字表以'廿'代替'念'字，试问'紀念周'是否改为'紀廿周'？"③对于此种偏旁类推法，钱玄同在采择简体字时早已注意，他说道："惟俗体字与行草有最不相同之一点，即其偏旁太少，而且多半是改变偏旁，故不可类推之而用为新的配合。如'禮'作'礼'，而'醴澧'不可作'氵乚，酉乚'，'難'作'难'，'歡'作'欢'，'雞'作'鸡'，而'漢灌溪'均不可作'汉'，'雞'不可亦作'难'，即此便可证明俗体字之改变偏旁者不可类推之而用为新的配合。"④钱氏是专业学者，对此有着清醒认识，但普通民众对此有所误解，未必能免。

张经认为部颁简体字表的效用，只是规定一字多种写法中某种写法，"即如'豐'字有正楷，有行书，有草书，有篆法，有隶法及简写之丰，此字表规定，'丰'为今文简写。'艷'字可写作'艳'，则规定'艳'字为

---

① 之光：《简体字在文字运动中的地位》，《新文字半月刊》第3、4期合刊，1935年10月5日，第5—6页。

② 葛定华：《简体字应否强制推行》（下），《中央日报》1935年12月13日，第4版。

③《教部颁布简字后施行上困难丛生》，《朝报》（南京）1935年10月2日，第1张第4版。

④《与黎锦熙汪怡论采选简体字书》，《国语周刊》第176期，1935年2月9日，第1版。

简体，'酆'字无'邦'字写法，则不加创造。惟其所列之简字均为通原常有之字，故即其简法有一部相同，亦不致误解，即如'鸡''难''权'等字，因社会已行用日久，已固定其简法，故人决不致误。此种字体社会既已用惯，识字人均能辨别，若必问其何以如此则可，而如彼则不可，似亦无理由可解。在正楷字之字典中如此例亦有不少[①]。文字的使用讲求约定俗成，既为社会所惯用，自不易导致使用者混淆，此点提示简体字本身体例所存在问题，但这并不能成为反对简体字的根本理由。

简体字表颁行之后，湖南省主席何健即发电教育部，请以中国固有文化为重，收回成命[②]。这点理由比较笼统，颁行简体字和固有文化之兴亡有何关系？太原存文会在《请愿教部祈勿强制推行简体字》一案中呼吁道："如此强制推行简体字，不啻逐渐消灭本体字，将来中等以上各校学生，若完全不用本体字，概除教科通俗文字外，一切读物皆感困难，必至搁置。"[③]香港存文会给教育部的电文也阐发相同顾虑："今无端而强行简体字，是使儿童根本已无读经之可能，是无形中实行废经耳，应请饬下教育部，立将强行简体字之议取消，以免摧残文化，动摇国本，幸甚幸甚。"[④]吴心恒也认为中国典籍，汗牛充栋，"欲一一印成简体字，事实上决不可能"，而推行简体字以后四五十年，"我辈读旧有文字一旦消灭净尽，势必无人能读"，即便能读，"亦如不懂日文者而读日文仅识得一小部分，其余尚须从简体字典中求其意义，则旧文字之书籍，其不成为废物，其有不积薪而焚之者乎？即曰不焚，我知必视为古物而藏之高阁矣，趋势如此，宁不可惧"。[⑤]

在反对简体字者看来，强制推行简体字后，必以取正体字而代之，对读中国古书一层自不免隔膜，这势必会间接影响旧有文化的保存。但这些问题在简体字支持者看来自有法补救。杜子劲以为，简体字只是一小部分的文字问题，为数只有三百，而且都是"固有"的字，对于整个中国固有文化没有什么利害的关系。而且读古书终究只是特殊的学业，早就不是一

---

① 张经：《论简体字》（续），《朝报》（南京）1935年10月9日，第3张第9版。
② 《教部推行简体字》，《中央日报》1935年10月25日，第4版。
③ 《太原存文会反对简体字》，《晨报》（北平）1935年11月1日，第5版。
④ 《香港存文会对简体字表质疑》，《中央日报》1935年12月9日，第4版。
⑤ 吴心恒：《论简体字》，《新亚细亚月刊》第10卷第4期，1935年，第117—118页。

件容易的事，即使字体不改简，也需要懂得中国文字学、古代文法等，才能去读古书，字体改简不改简，与读古书没有大关系①。张经则认为，将来简体字定式完全流行以后，则无论小学生、中学生、大学生只要识写简体字，即足以应用，"吾人所牢记在心者，即简体字完全通行以后，正体、楷字即成古字，一切古写之书籍，均可用今文翻译，非研究文字学者，即可不问古写如何。不然，吾人所不识之古字甚多，何能研读古书，知三代以前之事？诗书易经春秋左传与先秦诸子著书之时，仅有篆籀古文，并无楷书，今日并不以不识篆籀古文即不能读六经诸子"。②

当走出科举之世，读古书并不需人人为之，不少人主张正体字应与文言文一样要被送进博物馆③，把正体字留给专业学者研究即可，即使平常人要读古书，将繁体翻印成简体，足以方便。而当时教育部社会教育司科长顾良杰对此问题的回应则是，在校学生可分为两类，一类是不求深造者，这类学生只需学习简体字，就可以在社会上立足和生存。即使不识正体字，也毫无妨碍，所以此类学生本无读古书的必要。如有深造者，虽已习简体字，但同时也可兼习正体字。按照部定推行简体字办法，在学生教科书中是另附有生字简繁两体对照表的④。这一办法，自让深造者不至于废学本体字，以影响研读古书。但兼习繁简两体，这是不是又影响到学习效率呢？

徐宝璟在简体字颁布以后，即上书王世杰陈其疑虑："部令小学生必教以简字，不知是否与原有正楷字兼教并读，抑废原有正楷以代简字？倘属于前者，是使小学生读两种字体，多耗脑力，是求简便更繁矣。"⑤从顾

---

① 杜子劲:《简体字的纵横论述》,《山东民众教育月刊》第7卷第3期,1936年,第75-77页。

② 张经:《讨论简体字》,《朝报》(南京)1935年10月5日,第1张第4版。

③ 美国学者列文森曾对儒教文化及其传统的现代命运有一个非常形象化的比喻——"博物馆的历史收藏物",它已是历史遗存而失去了现代的作用。这一评价是否恰当尚有不少学者提出商榷。在近代文字改革方面,复古言行并不多见,但将汉字送进"博物馆"的言论却是屡见不鲜的主张。(参见[美]列文森著、郑大华等译:《儒教中国及其现代命运》,北京:中国社会科学出版社,2000年。)

④ 顾良杰:《吾人对于简体字字表应有的认识》,中华民国史事纪要编辑委员会编:《中华民国史事纪要》(初稿)(1935年7月至8月份),台北:中华民国史料研究中心,1990年,第358页。

⑤《教部颁布简字后施行上困难丛生》,《朝报》(南京)1935年10月2日,第1张第4版。

良杰的回应中，我们可以看出，南京国民政府教育部在当时并无以简体字代正体字之意，这出于几个方面的考虑：其一，正体字不废，是便于有的学生以后继续深造，研读古书；其二，正如黎锦熙所说，简体字是写字的主要教材，但"同时也不能不认识那个繁体字，因为普通印刷物上和一切文字的环境上，要把那些繁体字都改成简体字，实在是事势上办不到的。就像南京兴中门的'兴'字和下关的'关'字，城门上、街道上，都是繁体字，假如儿童和民众认识了简体字表里头的'兴'字和'关'字，那他又怎么办呢？"所以简体字的提倡，"为的是容易写，更通行，可不要误会以为简体字会把一切繁体字都取而代之的"①。不过，张经也指出，所有的改革都有一个过程，如果着眼未来，简体字完全通行以后，社会上的繁体字即会自动改为简体字，"今若有人用蝌蚪文写一市招，而反骂人不识，则人岂不笑其大惊小怪！"②兼习简繁两体，实为过渡时期，因求简便而不得不经历之繁冗程序，这是事实问题。但如黎锦熙所说，将繁体全改用简体，当时是不可能做到的。即使可行，不能读古书和文化断裂之论又会起而反对，这也是简体字颁行后遇到的两难窘境。

如前节所示，钱玄同采择简体字是依据"述而不作"的原则，其中采用了包括社会已经存有的简俗字。但在民间社会，不同地域、不同职业，如商人所用的简字，工人所用的简字，学者所用的简字，同样是一个简字，而实质上大有分别。如闽广以"什"为"雜"，苏浙以"叶"为"葉"，而他省则否；药业以"姜"为"薑"，"丨"为"分"，"刄"为"兩"。工商界账册所用简字，不过是一个私人的符号而已，这些字如果脱离了一定范围，则其原义，不为一般人所知，有的字形更是时人为求简便，故意讹错得来。如果各种简体字，将因地方及职业不同，各依其原来习惯，自由使用，将至此地不识彼地之字，破坏字体的统一性。所以教育部在简体字的选择上，"一地方或一业所用者，概不采用"③。依据一般性的原则来采择简体字，不至于汉字字体和字义的纷乱，但这有可能会导致部颁简体字并不一定是日常各业所需。所以当时河南大学历史系教授葛定

---

① 黎锦熙：《简体字论》，《国语周刊》第246期，1936年6月20日。
② 张经：《讨论简体字》，《朝报》（南京）1935年10月5日，第1张第4版。
③《钱玄同致王部长函》（1935年4月17日），《国语周刊》第191期，1935年5月25日。

华即说，社会各地、各业通行简字是一事，而"部颁简字又为一事，如不问部颁简字内容，是否与社会日常所需者相应，而即以前一事为后一事强制推行之理由，未免张冠李戴矣"①。学过正体字的读书人对一般性的简俗字可以无师自通，但这不是因为简体字容易学，而是因为先能识字（繁体）的缘故。但如果让一般民众来学习一些他们并不熟悉的简体字（因为部颁简体字虽具有一般性，但不可能是各行各业的人都认识，还是要从头学起），实与认识正书的困难不会有多大的区别。

简体字虽在书写上比较方便，但认识字义和字音方面和繁体字一样困难，并没有优势。反而繁体字在表现汉字的形义声方面优于简体字，这对增进汉字学习上的连带识读效能不无益处。正如葛定华所说，"我国文字，有形义声之关系，今之楷书，虽不易辨识古代之原始象形，小学生亦不教以假借、转注、会意、指事、形声，而各字之从属关系，仍可于楷书中识之，如權、勸、觀，从雚；環、還、儇，从睘；遠、園，从袁；變、鸞、灤，从䜌；禮、醴、體，从豊，皆可从其类而知其音。今简字省作又、作亦、作不，已不见其同从一声，而'体礼'尤乖其类，初学者，更难知其同从一声。""吾想教部如颁行其已经审定之二千三百余字，则此种形义声上关系，多不可见，将使识读上之联带记忆，或认识作用，大为减少，则部颁简字，原欲便利平民识字者，岂非反增识字之困难乎？"②

六书构造体例是中国文字所具有的特质，这点人所共知。但主张汉字拼音化者却片面地强调文字的符号性，认为简体字的推行本来就是离开了六书着想的，文字只是符号而已，"我们只须认得若干符号，知道某一个符号代表一个意义，就行了。符号越简便越好，六书什么根本就不用管"③。尽管如杜子劲所说："识读汉字要想从其类而知其音，早已成了很危险的事，因为它早已'乖其类'了，而且'乖'了好多次，实不止一二字。"即是同从一类，也不能定其读音。推行简体字本来目的是为求易，汉字因六书原则而较为易识，这是不刊之论，而简体字却故意打破这种原则，只能强为记忆，亦不是去简求繁吗？

---

① 葛定华：《简体字应否强制推行》（下），《中央日报》1935年12月13日，第4版。
② 同上。
③ 秉：《文字几种改革》，《申报》1935年6月9日，第1版。

汉字以形声字居多，随着时代的推移，有些汉字的声韵和形体已有了很大的变化，藉类识声或见形会意非一般人所能知晓，且容易出错，这也是汉字在许多人看来繁难的地方，但笔画的一味减省同样不能带来汉字的音形义认识上的简单化，汉字的易识、易知，根本上应谋教学方法的改进（如在汉字的读音方面，注音符号已经改进了传统的直音、读若、反切方法），特别是汉字六书构造法和基本部首的学习。正如靖尘所言，中国文字，极有系统，笔画多的正体字，虽然不易辨别，但儿童初入学校读书，都是由浅及深，由简而繁，未有出入学校，即令其识读僻字。等到学生识字稍多，连类而及，虽笔画稍繁，亦能分析而知，不感其难①。

现代印刷技术的发展，也可能会让简体字的便写优势不再是优势。葛定华在简体字的行用方面也批评道：简体字终有行草和楷书之异，并不能省习行楷两体（也就是书写体和印刷体的区别）。行草用于俗就稿件，正楷用于正式文书。在正式文书中，改正体为简体，对于阅读者，并无难易之分。而现代印刷术发达，字画繁简，对印刷速率并无影响，所以简体字对于文书转播效力，未必能增加。而简体笔画之减省，终究不如行草方便书写，所以印刷术和行草的使用足以补救正体字繁重之弊，在这种情况下，简体字的强制推行就成了多余之举②。

简体字表颁行以后，面对时人的反对和质疑，作为简体字的采择者，钱玄同并没有出面辩驳。1935年9月23日，当钱玄同看到《申报》登载何健反对简体字的消息后，他在日记中写道："阅申报，知何健反对简字，简字本无甚价值，此324文尤觉太陋，真有些莫须有。"③如果说日记中所揭示的才是钱玄同内心真正的想法，这一观点并不让人觉得意外。实际上，在钱玄同的眼中，真正有价值的恐怕还是拼音文字，简体字不过是一种过渡方法而已。

＊　　　＊　　　＊

改革者将民众识字问题视为国民文化素质低下和国家赢弱的重要原

---

① 靖尘：《论教育部推行简体字》，《国光杂志》第11期，1935年11月16日，第39页。
② 葛定华：《简体字应否强制推行》（上），《中央日报》1935年12月12日，第4版。
③ 北京鲁迅博物馆编：《钱玄同日记》（影印本），福州：福建教育出版社，2002年，第5820页。"324"即是当时南京政府教育部颁布的第一批324个简体字。

因，并不断寻求改良之道。除废除汉字，推行拼音文字这种极端的提议之外，改革方法约有四端：改变传统的汉字切音法，推行注音字母，直标字音；改文言为白话；依据不同的教育对象，限制汉字字数；利用国家和社会力量强迫民众识字。除文言改白话引起社会新旧两派激烈纷争以外，后两种措施因与汉字本身并无直接关系，很少引起时人的争论（但也有不同意见）。注音符号在推行之初，因有取代汉字之嫌，亦遭受不少学者的质疑和反对，但最后它也只是作为一种拼音工具而被推行，对繁体汉字本身亦无实际影响。相比较而言，对繁体汉字有实质改造的即是减省笔画，这无疑会引起时人极大的关注。在钱玄同看来，简体字虽只便书写，功用甚小，但他却格外注重此事。他在致朋友的信中提道，颁行简体字此事"关系民族复兴前途者甚巨"，以致他在病中忙累万分，闹到筋疲力尽①。不过，就当时的社会教育而言，简体字能否从根本上解决民众教育上的诸多问题，还为时人所质疑。何健就指出，义务教育和民众教育未能普及，与实施简体字并无关系，而在于"能否广筹经费，多设学校"，"如果经费充裕，学校增多，一般民众与儿童，都有读书机会，则民众教育与义务教育，自然可以普及"。否则，经费短绌，不能多设学校，"徒然厉行简字，教育仍决难普及"②。从这一点来看，汉字在近代背负了一些本不该它承担的责任。

从另一个角度来看，近代简体字运动远不只是一场汉字形体上的简化运动，它亦体现出近代部分知识分子的文化观念和主体意识所发生的转向。中国传统士人在汉字的文化观念方面向来存有雅俗之辨③。自宋元以来，楷书或行书被平民减省笔画而写成的字，被读书人称作"俗体"字（不是"雅体"）、"破体"字（不是"全体"）、"小写"字（不是"大写"），这些不断变化的名称颇能反映出一部分读书人好古恶俗的文字

---

① 《致郑裕孚》（1935年6月15日），《钱玄同文集·书信》（第6卷），北京：中国人民大学出版社，2000年，第223页。

② 何健：《对于教育部推行简体字表之意见》，《国光杂志》第11期，1935年11月16日，第45页。

③ 许慎《说文解字》中即有"或体"概念，也有人指出说文的"或体"只是"一字殊形"之意，并没有强分正俗。但自说文以后，很多学者已经分辨字体的正俗问题。（参见尚思：《论汉字的俗体》，《学思》第3卷第10期，1943年5月31日。）

观①。在这一文字观念的形塑下，时至近代，不少读书人自认为俗字不"古"，为伧夫市贾所创，存在于极无聊的小说和小歌本之中，无理由，无来历，不登大雅之堂，因之，在心理上不喜欢俗字②。而钱玄同则认为时人所认同的正体字不过是前清《康熙字典》和《字学举隅》所规定，便于科举制度的统制，其中不古不今之字不在少数，"若从字源上说，它是实在俗体之尤者，什么'正体'简直是胡说八道！"③在一些改革派知识分子看来，简体字运动目的就是要使民间"俗体字""破体字"能登大雅之堂，使之与"正体字"有同等的合法地位。以故，采用简俗字不仅仅是汉字形体的简单化，其背后的象征性意义更为宏大。正如孙伏园所说，简体字呼声日高，这是辛亥革命二十年以来，社会尊卑、雅俗名分的铲除和平等观念的兑现④。有论者指出，20世纪30年代中国较为年轻一代知识分子的主体意识正在发生重大变化，已开始摒弃传统士大夫的优越感，从自我欣赏走向大众崇拜⑤。简俗字为改革派所重视，认为它是打破这种雅/俗、精英/平民二元文化格局的重要工具，而新兴知识分子主体意识逐渐趋向"大众化"，同时与阶级革命意识相合流，更是对后世影响深远。

---

① 黎锦熙：《简体字论》，《国语周刊》第246期，1936年6月20日。
② 张世禄：《汉字的简化运动》，《学识》第2卷第8期，1948年4月1日，第12页。
③ 钱玄同：《几句老说》，《国语周刊》第174期，1935年1月26日。
④ 孙伏园：《简笔字的意义和用途》，《文化月刊》第15期，1935年，第1—2页。
⑤ 黄岭峻：《从大众语运动看30年代中国知识分子的主体意识》，《近代史研究》1994年第6期。

第四章　20世纪三四十年代有关汉字存废问题的争论

南京国民政府时期，特别是"九一八"事变之后，汉字拉丁化运动将中国近代语文改革推向了一个高潮。废除汉字的呼声再次甚嚣尘上，推行拉丁化新文字在当时亦成为声势浩大的社会运动。20世纪30年代以后"打倒汉字"思潮和国民党复古倒退的读经政策有关，同时也是反思白话文学革命和提倡大众语的产物。由于立场的不同和诸多因素的影响，不仅简体字运动引起了人们的质疑，废除汉字论在抗战年代更是激起了社会各界人士的强烈反对。20世纪三四十年代的汉字存废之争可算是对近代汉字拼音化论进行了一次整体性反思。

一、汉字与教育普及

从晚清切音字运动到抗战时期的汉字拉丁化运动，中国近代语文改革一个共同的诉求就是改革汉字。激进者甚至主张要废除汉字，推行拼音文字。改革者主张废汉字，倡用拼音文字，其理由有多种，除汉字难懂、难识，不便于民众教育和启蒙以外，在社会进化论的形塑之下，一些激进分子将汉字视为野蛮符号，认为汉字是输入西方"文明"的障碍。清季无政府主义者吴稚晖在与章太炎争论"万国新语"时就在《新世纪》上撰文指出此点。至新文化运动时期，吴稚晖对汉字的批判言论大多为钱玄同所继承和发展①。汉字拉丁化论者批判汉字的相关言论与此前的废除汉字论亦有

---

① 关于吴稚晖和钱玄同批判汉字，主张改用拼音文字的理由，可参见钱玄同：《汉字革命》，《国语月刊》（汉字改革号）第1卷第7期，1923年，第5–22页；詹玮：《吴稚晖与国语运动》，台北：文史哲出版社，1992年，第108–123页。

诸多相同之处。

其一，相比较拼音文字，汉字在音形义方面，难识、难记、难写，阻碍了知识的普及和国民文化素质的提高，不利于国家建设。汉字为什么难学呢？陈鹤琴认为，汉字中大部分都是形声字，象形字、指事字和会意字的数量很少，许多象形字已经无法辨识原来的形状，汉字已失去表意的作用，只是一种工具符号。如果不是专门研究者，普通人难以懂得每个汉字的来源和发展。汉字与口语的分离，言文不一致，这些都加重了汉字学习的难度。而普通民众并没有足够多的时间和经济去学习汉字，不能用它来作为"获得知识技能以及沟通思想感情的媒介"。拥有众多文盲的国家在现代世界是难以立足的，为了扫除文盲和教育人民，这就需要一种简易的拼音文字①。

其二，汉字不利于吸收科学知识和引进西方先进文化。拉丁化论者指出，"今天的中国已经是世界的中国"，"今后的世界也将是不能脱离中国影响的世界"。在这样一个新的世界形势之下，中国需要一种国际化的文字记号来沟通世界，"使中国多量吸收世界的文化，也使世界充分了解中国的文化"②。在这一时期，时人讨论更多是中国如何更好地吸收世界的文化。但现代先进知识和科技的发展对于中文书写来说是一个巨大挑战。拉丁化论者认为，要学习和引进西方先进文化和科学知识，就要尽量吸收外来语，但汉字不是拼音文字，不便于吸收外来词语。如果直接引用外来语，大多数国人并不能理解。科学上的专业名词、外国的人名地名需要音译，但汉字读音不统一，同音字非常多，只会造成译名纷繁复杂。不管是意译还是音译，汉字的原有意义与其本身已经没有多大的联系，容易令人望文生义，不能准确表达外文意思，这就加重了理解和记忆的困难。

其三，汉字在应用方面与科学技术又有隔膜，如编目、分类、检字、

①《汉字拉丁化》(1938)，陈鹤琴：《陈鹤琴全集》(第6卷)，南京：江苏教育出版社，2008年，第119-122页。相似观点可参见叶籁士：《拉丁化概论》，上海：天马书店，1935年，第8-9页；《我们对于推行新文字的意见》(1936)，陶行知：《陶行知全集》(第4卷)，成都：四川教育出版社，2005年，第565页。

②《拉丁化中国字运动新纲领草案》(1939)，朱萍、龙升芳主编：《陈望道全集》(第1卷)，杭州：浙江大学出版社，2011年，第175页。

打电报、打字等方面都不如拼音文字方便、省钱、省力，妨碍文化进步①。

在批判汉字的言论中，认为汉字阻碍民众教育是废除汉字一个最有力且能博得时人支持的理由。但汉字是中国教育普及的主要障碍吗？袁炳南认为，就普及教育而言，我国文盲众多，是因为没有实施"强迫教育"，并不是因为汉字难学，而是没有良好的教学方法，与汉字本身没有关系②。如果说文盲与汉字无关，这又有过于为汉字推脱责任了。王力认为汉字应该改革，但汉字不是造成文盲的主犯，最多也只是个"从犯"罪名③。那么，造成文盲的主因又有哪些呢？吴俊升指出，中国教育难以普及，在于政府人力和财力投入不够，并不在于汉字的繁难④。金发认为，中国文盲众多，"根本是没有机会读书，原因是救饿无暇，并不是因为文字难，读不识"⑤。非斯也指出，"中国诚然文盲太多，但这是中国社会衰败，教育落后的结果"⑥。

综合反对者的相关论点可以得出这样的结论，汉字并不是教育难以普及的主要原因，教育不能普及是经济、政治和教育制度等因素共同造成的结果。从经济方面来看，普及教育还需要有良好的师资和物质基础，但封建势力的压迫及百年来列强的经济侵略，国内连年战争，天灾、人祸、苛政苛税使得农村破产，农民子弟无余力来读书。从政治方面来看，民国以后，军阀混战，南京国民政府虽想普及教育，但力不从心。从教育思想和教育制度来看，陈腐的教育制度和教育思想亦降低和限制了人们思想⑦。所以说，文字是否简易，只是影响教育的一个因素。社会制度得不到改善，学校不能普及，不管是汉字还是拼音文字都难以解决文盲问题。正如俄国、土耳其虽实行拼音文字，但教育仍未普及，这点可以证明文字的繁难

---

① 相似观点可参见之光：《新文字入门》，北平：新文字研究会，1936年，第3-4页；朱公泽：《从文字的演进说到中文拉丁化》，《崇实季刊》第21期，1936年，第40页；《中国文字底命运》（1940），许地山：《国粹与国学》，上海：商务印书馆，1947年，第132-133页；《中国语文改革问题》（1941），曹伯韩：《通俗文化与语文》，重庆：读书出版社，1946年，第98-99页。

② 袁炳南：《汉字拉丁化论》，《教与学》第5卷第8期，1940年，第12页。

③ 王了一：《汉字改革》，长沙：商务印书馆，1940年，第11页。

④ 吴俊升：《从教育观点论汉字的存废》，《独立评论》第212号，1936年8月2日，第14页。

⑤ 金发：《我怀疑汉字的改革方法》，《独立评论》第217号，1936年9月6日，第13页。

⑥ 非斯：《试论所谓拉丁化运动》，《民族生命》第8期，1938年，第5页。

⑦ 唐耀先：《论汉字与汉字拉丁化》，《学生之友》第2-3期合刊，1940年，第222页。

并不是教育不能普及的主要原因。其实，当时提倡汉字拉丁化的人也很清楚，解决文盲真正有效的办法是"变革社会制度"，但变革社会制度谈何容易，提倡汉字拉丁化就成为一个退而求其次的办法了①。汉字的劣势是在与西方强势文化和拼音文字的比较之下凸显出来的，很多问题的确值得重视和反思。但废除汉字，推行拼音文字真是势之必然，不得不为之吗？关于汉字改革的种种问题须经过客观研究，不应贸然废除汉字，推行拼音文字。

二、汉字与拼音文字的难易比较

按照废除汉字论的逻辑，汉字难学，中国的识字教育难以普及，民众文化水平低下，以致国家弱小落后，受人欺凌。拼音文字易学，欧美各国才能教育普及，国家强大。总之，这一论断的理论前提就是汉字比拼音文字难学，即汉字形和音必须强记，不像拼音文字形和音的统一，声入心通，容易学习。学习汉字与学习拼音文字的难度真有那么大差距吗？

汉字和拼音文字的学习难易问题不仅仅是文字学的问题，同时也是心理学的问题。清华大学心理学教授周先庚通过实验研究得出，汉字的优点就在于完整性，"每字有每字的个性，每字的构造组织都像一个小小的建筑物，有平衡，有对称，有和谐"。因为这些特点，汉字之间的辨识就非常有标准，不容易模糊。而西洋文字"每字是多个大同小异的字母所组成，而又横列成一平线，字与字间的个性、完整性，或'格式道'就少得多"。如果我们设法改善汉字教学法，汉字本身特殊完整的"格式道"，是可以帮助记忆的一个最好条件，至少比西洋文字在这方面有其特长②。

吴俊升也指出，汉字中形声字较多，一般是形音相应。汉字在意义的认识方面比拼音文字更有优势。拼音文字见形知音，但不能识义。尽管由于字形的变迁，很多汉字已难以识别原来的意义，但汉字中仍然有很多形声字、指事字、会意字可以见形识义。所以，如果教法得当，汉字也可以

---

① 茅盾：《文艺大众化的讨论及其他》，《新文学史料》第2期，1982年，第6页。
② 周先庚：《美人判断汉字位置之分析》，《测验》第2卷第1期，1934年6月15日，第44—45页。

易学①。改进汉字教学方法,能否使学习汉字变得更容易一些呢?主张汉字改革的人显然不赞同这点。曹伯韩就认为,即使通过改进汉字教学方法,比如教会学生分析汉字构造,也就是学会汉字形成的六书规律,也不能使汉字容易学习。因为专家都很难弄清楚汉字的古形、古音、古义,何况一般小学生呢?用识偏旁的方法来认识汉字也是靠不住的,因为汉字以540个部首为单位,但这些部首数量多,构造没有一定规律,再加上汉字的古代形音义已经发生变化,所以,这几种方法都不能补救汉字难认的缺点②。汉字虽有不少缺点,但这仍不能说明拼音文字一定易学。

很多人以为拼音文字识读的优势在于言文一致,但实际上,没有一种文字的拼法和读法是完全一致的,拼音文字的字形、字音变化不同步的现象也时有发生,如英、法、德文中就有很多字的形音并不对应。这些形音不对应的拼音文字也很难教学。英法德等国的小学国语教学中,读音和拼法都需要占用很长的时间③。朱自清也认为,拼音文字也有缺点,如拼音文字的字形因为历史关系并不常常跟着音变,外国学生也常常弄错拼法,这就和中国学生写错别字一样④。其实,拼音文字的文法也有一定难度,即使是一个外国人学习拼音文字,想要学到文字通顺,文法不错,也得需要好几年之久。很多人误以为一般人懂得一些拼音规则就能很快识字和作文,这只是一种主观想象而已。

黎锦熙的"个人体验"是一个很有意思的例子。作为国语运动的先锋,黎锦熙从1922年开始用注音符号写日记,1927年开始用国语罗马字来写日记。经过亲身试验,他得出的结论是,写完全形式的国语罗马字的速度要比写楷体的汉字快一些,但看国语罗马字写的文章比看汉字的书"时间至少加两倍"。他也曾于最短时间内先后试写不标调符的注音字母和拼法上不分声调的拉丁化新文字,它们比汉字写得更快,但读则更慢。以前写

---

① 吴俊升:《从教育观点论汉字的存废》,《独立评论》第212号,1936年8月2日,第14页。

②《中国语文改革问题》(1941),曹伯韩:《通俗文化与语文》,重庆:读书出版社,1946年,第97—98页。

③ 吴俊升:《从教育观点论汉字的存废》,《独立评论》第212号,1936年8月2日,第14页。

④《文字改革问题》(1940年6月16日),朱乔森编:《朱自清全集》(第8卷),南京:江苏教育出版社,1993年,第426页。

的词语，后来再读的时候要从句子的上下文猜想出意义。所以，阅读用注音字母和拉丁化新文字写的日记比用汉字写的日记，用时"有时多到十倍"。不少人都认为汉字最大的缺点是渐渐脱离了语言，但黎锦熙也承认，汉字这一缺点也是它最大的优点。汉字因为逐渐脱离了语言，"它的形体不跟着语言的声音演变，所以在时间上得到相当的永久性"[1]。

如果这些研究结论、观点和个人体验有一定科学性的话，那么，拼音文字和汉字的识读效率与人们所设想的并不一致。可以说，拼音文字和汉字在识读方面是各有优劣。从这个角度来看，仅以难易与否来决定汉字的存与废是不合理的。拼音文字是不是一定比汉字易学暂没有定论，即使是汉字难学，拼音文字易学，也不能由此就可以废除汉字。如果这个逻辑成立的话，那是不是应该废除机器工业，保存手工业呢？

除了汉字与拼音文字的学习难易度不同之外，拉丁化论者还从文化优劣角度来评判拼音文字和汉字的价值，认为汉字代表的是落后的封建文化，拼音文字代表的是世界先进文化。东、西方国家的强弱差距恰为这种论断提供了现实基础。但从哲学和语言学角度来看汉字是不是没有拼音文字有价值，这更是难以定论的[2]。如前文所述，当时不少人将国力强弱归之于是否推行拼音文字，只不过是将对欧美强国的想象投之于文字上而已。

三、废除汉字与文化传承

汉字是中华民族的"文化特产"，是中国文化的载体，也是民族文化不可分割的一部分。如果从历史文化角度来看，废除汉字所带来的影响是难以估量的。早在新文化运动时期，孙中山就针对废除汉字的言论严加驳斥，认为汉字"决不当废"。他指出，汉字在中华文化的形成和国家的统一、壮大的过程中发挥了居功至伟的作用。汉字是思想传授的中介，也是我们了解中国历史和文化的中介，废除汉字，我们又如何能"得古代思想

---

① 黎锦熙：《国语新文字论》(1949 年 10 月在北京"中国文字改革协会"的讲话)，黎泽渝、刘庆俄编：《黎锦熙文集》(下)，哈尔滨：黑龙江教育出版社，2007 年，第437—438 页。
② 了一：《汉字改革的理论与实际》，《独立评论》第 205 号，1936 年 6 月 14 日，第6—7页。

而研究之"，"思所以利用之"？[①]这一观点具有一定代表性。汉字的优点在于尚形，变化较少，虽受限于传声但能达意。拼音文字主音不主形，随语音变化而变化。如果废除汉字，改用拉丁字母，后人就难以读懂从古至今的汉文书籍，了解中国固有文化。即使是现在用拉丁化新文字写就的书籍，由于语言的变化，数百年后也难以全懂（黎锦熙的例子就凸显出这个问题）。所以，废除汉字之后，新文化一时难以创造和形成，而旧有文化又无从寄托和传承，民族思想和国家观念只会日益淡薄。从这个角度而言，推行拼音文字无异于自绝中国文化。正如沈有乾所言，中国文化虽不是只有依靠汉字才能保存和流传，但废弃汉字肯定会破坏"文字史的连续性"，引起"中国文化史上的裂缝"[②]。

废除汉字，推行拼音文字会自毁中国文化吗？拉丁化论者显然认为这些观点不过是夸大其词，危言耸听罢了。邓渭华认为，文字只不过是语言的书写工具，最能代表民族文化是民族语言，而不是文字。用拉丁字母来拼写汉语，而不是废除汉语。只要汉语存在，民族文化和精神就不至于丧失。用新文字拼写汉语，易写易认，教育容易普及，推动了一般文化的发展，牺牲汉字是一种"极廉的代价"[③]。田仲济也从工具论角度指出，文字和保存国粹和保存民族精神没有什么关系，因为文字是传达语言的工具，不是神圣不可侵犯的东西。工具不适用，就应该更换。这就如古代祖宗给我们留下来的马车和大轿，到现代社会不适用了，就被汽车和飞机代替[④]。大多数拉丁化论者主要从文化的工具论角度来评价汉字的功用，认为不改变文化内容，变革记录语言的外在符号形式，对文化本质并没有实际影响。

也有一些拉丁化论者常以欧洲特别是土耳其的文字改革为例，来说明文字改革的可行性及其对本国文化并没有颠覆性的影响。路耶认为，欧洲国家废除希腊文、拉丁文改用现行的文字，"他们文化的系统曾因为文字的

①《建国方略》(1917年至1919年)，《孙中山全集》(第6卷)，北京：中华书局，2011年，第180–183页。

②沈有乾：《汉字的将来》，《教育杂志》第5期，1937年，第94页。

③邓渭华：《汉字存废问题》，《中华教育界》第24卷第5期，1936年，第1页。

④田仲济：《关于新文字》，《田仲济文集》(第1卷)，南京：江苏文艺出版社，2007年，第83页。

改换而致失了端绪吗?"所以,"将来我们一旦用过别种文字,固有的文化可以全盘转移过来是无疑的。"①欧洲国家现行的文字与希腊文、拉丁文的渊源和联系,非汉字与拼音文字可比。中、土两国历史文化有异,土耳其的文字改革与中国文字改革也不具可比性。土耳其地域不大,语言统一相对容易,在改用罗马字母之前用的是阿拉伯文字,两者都属于拼音文字系统。由阿拉伯文字改为拉丁字母,对土耳其的历史和文化影响相对较小。中国地域广阔,各地方言分歧,旧有文化典籍都是依靠汉字记录。中国如改用拼音文字,其负面影响可能超过它给我们带来的正面价值。所以,土耳其的文字改革并不能作为我们废弃汉字的依据和借口。胡适、王云五、张世禄、袁炳南等人对这一点都有所论及②。国民党中央宣传部也曾以此点为由发文禁绝拉丁化新文字③。

拉丁化论者认为,改用拼音文字,中国固有文化可以全盘转移过来,这种主张充满了理论的想象力,无视现实困难和问题。尽管利用拼音文字也可以宣扬中国文化,但对于中国人自己来说,通过拼音文字来学习自己的文化,不免有很大隔膜,还有很多现实问题难以处理。如推行拼音文字,旧有的汉字书籍如何处理呢? 这实际上牵涉到汉字改革和文化传承的问题,这是当时很多人比较关心的一个重要问题。赵元任的意见是,旧文学中有价值的部分要做成白话文进行新文字翻译。有一些文化糟粕,"丢了也不可惜"。有专门学者研究旧文学史、旧体诗和汉字就可以了④。很多人以为废除汉字就抛弃了中国文化,因为拼音文字随时随地改变,结果会令人数典忘祖,后人不能读先人之书。针对这些担忧,许地山觉得汉字改为拼音文字,没有什么"舍不得"或"害怕"的。因为文字只是语言的工具并不是内容本身。一般人不能且不必尽读古书,有价值的古书,自然有人

① 路耶:《讨论拉丁化文字的一封信》,《勷大旬刊》第1卷第20期,1936年,第3页。
②《王云五访问土耳其观感》,万仁元、方庆秋主编:《中华民国史史料长编(民国三十三年)》,南京:南京大学出版社,1993年,第762-763页;周作人、胡适:《国语与汉字(讨论)》,《独立评论》第207号,1936年6月28日,第5-6页;袁炳南:《汉字拉丁化论》,《教与学》第5卷第8期,1940年,第12-13页。
③《中国字的拉丁化运动应注意之点》,《江西省政府公报》第1026期,1938年。
④ 赵元任:《反对国语罗马字的十大疑问》,《小学与社会》第1卷第46期,1935年,第15页。

整理翻译出来①。曹伯韩建议分类处理翻译问题。史料类的书籍可以由专家去整理和研究，普通一般人不必读的不需要译成拉丁化新文字。古代著名作品一类的书籍，可以用新文字翻译或注释之，如注释的话，还可以采用罗马字给文言注音。普通应用书籍，有价值的译成新文字，其他的可以由新文字书籍加以代替②。

这种翻译方法是否可行？ 1947 年 9 月，联合国教育科学文化组织在南京召集远东区基本教育研究会议。会中讨论了基本教育与语文教学问题，涉及主题就有中国应否废弃汉字专用罗马化的拼音文字。朱经农此次会议上就指出，"把古书一齐翻译成罗马化的文字，那是极端困难的事，一时决难办到。迁延数十年之后，必定弄到中国人把固有文化完全忘却了"③。瑞典汉学家高本汉也认为这种翻译方法并没有可行性。汉字与拼音文字有着根本差异，中国的文化典籍一经译成音标文字，就变为难以理解，因为这里面有同音词等问题。另外，中国的文书卷帙繁多，首先要能全部分辨出有价值的典籍，即使这些有价值的典籍能翻译成拼音文字，所花费的人力和物力也是难以估算的。看到中国的汉字拉丁化运动，高本汉不免为中国文化感到担忧。他认为，废弃汉字，推行拉丁化的改革对于中国人而言，其益处仅在于"中国的学童将因此减省了一二年的苦工"，但是为了省去这一点时间成本，"中国人因为要采用字母的文字，就不得不废弃了中国四千年来的文学，又因此而废弃了中国全部文化的骨干"④。这样的结果显然得不偿失。

不过，也有一些支持拉丁化新文字的人的态度较为温和。他们承认汉字统一了中国广大地域和人民，创造和发展了中国文化，只不过汉字不容易学习。不识字的人可以学习拉丁化新文字，但汉字也不必废除，而应该加以改进和保存。焦风指出，推行拼音文字并非禁绝汉字，人们仍可以去

①《中国文字底命运》（1940），许地山：《国粹与国学》，上海：商务印书馆，1947 年，第 133-134 页。

②《中国语文改革问题》（1941），曹伯韩：《通俗文化与语文》，重庆：读书出版社，1946 年，第 103 页。

③ 朱经农：《参加远东区基本教育研究会议后所发生的几点感想》，《教育杂志》第 32 卷第 5 号，1947 年，第 2 页。

④ 高本汉著、张世禄译：《中国语与中国文》，上海：商务印书馆，1933 年，第 48-49 页。

学习汉字。拼音文字的主要对象是大多数的文盲，并非专家学者①。陈鹤琴就认为，文盲学会拉丁化新文字后，可以接着学习汉字，书籍报刊可以用并行方式或者独立方式印刷②。这样既可以有利于扫除文盲，也不至于伤害到中国文化的传承。郭沫若对完全否定汉字的极端观点也有批评。他认为，提倡拉丁化新文字的人应该改变一下对汉字的看法，不能一味对汉字加以谩骂，必须承认汉字的历史地位和价值，汉字是一种民族的创造，凝集了不少的先人心血。新文字推行之后，汉字也要保存，中国文化的精粹处今后还要得到两重的保障，有旧文字的原封，还有新文字的改装③。从社会影响来看，这场汉字存废之争并没有改变当时汉字拼音化改革的方向，但一定程度影响到后来的汉字改革思路。改革者不再宣传废除汉字的激进主张，而将推行拼音文字与保存汉字并提。但是，这种既想推行拉丁化新文字，又要保存汉字的调和做法，看似两全其美，事实上鱼和熊掌不可兼得。

四、汉字与阶级

20世纪三四十年代，随着国内外政治形势的变化，对汉字的批判有了一个新的转向，有不少知识分子开始批判汉字改革。瞿秋白就认为，汉字"仿佛一个精致的金丝笼，四五万个字，就是四五万个金丝笼，这可以范围住维持住学阀"④。文字的垄断，"就造成智识的垄断，维持着绅商阶级的愚民政策"⑤。鲁迅也批判说，"汉字和大众，是势不两立的"⑥，"方块汉

---

① 焦风：《论取缔拉丁化新文字问题》（1938年3月11日），《进展》第2期，1938年，第15页。

② 陈鹤琴：《论拉丁化中国文字》，《教育杂志》第29卷第1期，1939年，第12页。

③《今日新文字运动所应取的路向》（本文于1941年6月30日写于重庆，是为香港新文字学会成立两周年所作），郭沫若著作编辑出版委员会编：《郭沫若全集·文学编》第19卷，北京：人民文学出版社，1992年，第290页。

④《学阀万岁》（1931年6月10日），瞿秋白：《瞿秋白文集·文学编》（第3卷），北京：人民文学出版社，1989年，第199页。

⑤《新中国的文字革命》（此文写于1932年，未发表），瞿秋白：《瞿秋白文集·文学编》（第3卷），北京：人民文学出版社，1989年，第281页。

⑥《答曹聚仁先生信》（1934年8月2日），鲁迅：《鲁迅全集》（第6卷），北京：人民文学出版社，2005年，第78页。

字真是愚民政策的利器"①,"文字是特权者的东西"②。这些观点虽没有明确指出汉字具有阶级性,但已经将汉字在大众与特权者之间作了区分。聂绀弩、吴玉章则明确提出了汉字具有阶级性的论断。聂绀弩认为,到目前为止,人类社会都是阶级社会,它的所有产物都含有阶级性,包括哲学、科学、艺术、文学,语言文字都是这样的③。吴玉章亦认为,文字是文化的工具,同其他社会上层建筑一样,在有阶级的社会里,是"当时社会阶级的反映",特别是"统治阶级意识的反映",也是统治阶级愚弄劳苦群众的工具④。

革命知识分子在这一时期已将文字改革与阶级革命联系起来思考,提出了文字属于上层建筑,具有阶级性的主张。从理论渊源上来看,列宁的"文化革命"思想和苏联语言学家马尔提出的语言具有阶级性的理论对拉丁化论者的文字改革思想产生了较大的影响⑤。值得注意的是,毛泽东在延安时期也很支持拉丁化新文字,他曾为陕甘宁边区新文字协会创办的《新文字报》题词,对新文字教育加以支持和鼓励。但没有确切证据表明,毛泽东在这一时期也支持废除汉字和文字具有阶级性的主张。毛泽东主要从革命文化大众化的角度指出语言文字有改革的必要。他曾在陕甘宁边区文化协会第一次代表大会的报告中指出,为了实现革命文化的大众化,推动革命文化的发展,让革命文化成为群众的革命斗争武器,"文字必须在一定条件下加以改革,言语必须接近民众"⑥。

在抗战结束之初,社会各界向国民党政府要和平、要民主的呼声日益增强。在这种政治语境之下,也有知识分子应时强调了汉字改革与民主政

①《关于新文字》(1934年12月9日),鲁迅:《鲁迅全集》(第6卷),北京:人民文学出版社,2005年,第165页。

②《门外文谈》(1934年8—9月),鲁迅:《鲁迅全集》(第6卷),北京:人民文学出版社,2005年,第94页。

③《从白话文到新文字》(1936年),聂绀弩:《聂绀弩全集》(第8卷),武汉:武汉出版社,2004年,第41页。

④ 吴玉章:《新文字与新文化运动》(1940年3月),甘肃省社会科学院历史研究所编:《陕甘宁革命根据地史料选辑》(第4辑),兰州:甘肃人民出版社,1985年,第209-210页。

⑤ 杨慧:《思想的行走——瞿秋白"文化革命"思想研究》,北京:商务印书馆,2012年,第56-57页。

⑥ 毛泽东:《新民主主义的政治与新民主主义的文化》(1940年1月15日),《中国文化》创刊号,1940年2月15日,第24页。

治的关联。曹伯韩就指出，民主政治需要普及教育，大众文化水平的高低影响到民主运动的成效。但汉字不利于普及教育，影响民主政治的开展①。耘舜也认为，汉字难学难记，使得民众耳聋、嘴哑、眼瞎。民主思想的传播仅局限于少数知识分子中间，大多数人民被汉字抛弃于无知之中，受统治者欺骗和宰割，不可能产生民治的思想。拼音文字才是中国民主政治建设的保障②。吕叔湘更进一步强调了文字的社会性质，汉字加文言配合封建社会加官僚政治，拼音字加语体文配合工业化社会加民主政治。他将社会进化论应用到文字改革上来，认为汉字拉丁化是社会发展的必然，"中国正在从前一种社会往后一种社会转变，这是不可避免的，也是于民族生存有利的一种转变"③。

　　运用文字具有阶级性的理论来论证汉字改革的必然性配合了阶级革命的需要，起到了一定的政治宣传的作用，但这一论断与马克思主义基本原理是相违背的。如果从语言文字自身的特性来看，文字本身是没有阶级性的。诚如拉丁化论者所言，文字是记录语言和传达思想的工具。同一种文字，统治阶级和非统治阶级都可以用；同一种文字也可以表达不同阶级的思想和内容④。汉字并不一定随社会阶级性质的变化而变化（比如由封建社会到资本主义社会），而更多地受到它所适应的语言特性来决定的。张世禄就指出，综合中国语的各种性质和现象来观察，汉字之所以保持至今而未曾演变为标音文字的，正是因为"受了文字所代表语言本身性质的影响而来，也可以说汉字的不能改革，正是由于适合中国语上单音缀的和孤立的

　　①《民主与语文改革》，曹伯韩：《通俗文化与语文》，重庆：读书出版社，1946年，第114-117页。
　　②耘舜：《民主政治与拼音文字》，倪海曙编：《中国语文的新生——拉丁化中国字运动二十年论文集》，上海：时代书报出版社，1949年，第413-414页。
　　③吕叔湘：《汉字和拼音字的比较》(1946)，《吕叔湘文集·语文散论》，北京：商务印书馆，1992年，第116页。
　　④张涤非：《土语拉丁化批判》，出版地不详：抗战出版社，1938年，第7-8页；佛云：《中国文字拉丁化纠谬》，《胜利》第81号，1940年6月1日，第1-2页。

两种特性使然"①。语言文字本身虽无阶级性可言，但不能否认的是，作为一种社会运动，汉字拉丁化运动是具有政治意涵的，它是抗日救亡运动的组成部分。从阶级立场来反对汉字，支持推行拉丁化新文字，这就使得语文改革进一步政治化。

＊   ＊   ＊

20世纪三四十年代汉字拉丁化运动既继承了晚清以来历次文字改革的思想，又受到十月革命后苏联拉丁化扫盲运动的启发以及列宁的文化革命思想和马尔的语言学理论的影响。在抗日救亡和阶级革命这样大的历史背景之下，社会各界赋予了汉字改革多重的政治意义、历史责任和文化想象。因当时汉字改革受政治影响较大，有些主张难免过激。实际上，在左翼知识分子中间，也并不是所有人都主张废除汉字。如夏衍就反对废除汉字，用拉丁化新文字代替汉字。囿于当时的环境，夏衍没有公开表达自己的意见，但他"心头的疑虑一直没有解开"。他反对的理由和本文所揭示的一些反对意见基本相同，即废除了汉字，难以处理渺如烟海的文化古籍；汉字不一定难学，拼音文字也不一定易学②。

身在庐山，难免看不清事物的全貌。放宽历史视野，才能知古鉴今。改革开放以后，对于汉字拉丁化运动，茅盾曾反思说："当时我们都有点急躁，把废除汉字看得太简单了。而且有的观点也太偏激。事情只有经过实践，然后能认识得更清楚。现在离一九三四年已四十七年，中国已发生天翻地覆的变化，当年鲁迅所期望的'政治之力的帮助'已成为现实。然而三十年代大家认为是'特权阶级愚弄大众的工具'，是大众识字、有文化的唯一障碍的方块字，现在我们都仍旧使用它来让大众识字、学文化，而且已有三十年之久。拉丁化方案也仍然处于试验阶段。因为这牵扯到要使十

---

① 张世禄：《汉字拉丁化批判》，《文化先锋》第6卷25期，1947年，第5页。现代文字学家裘锡圭认为，在2000多年的时间内，尽管汉字在形体和结构上发生了重大变化，但汉字作为"意音文字"的本质没有改变。汉字中形声字占据压倒优势的多数，所使用的意符从形符为主转变为义符为主，记号字、半记号字逐渐增多。因为汉字使用意符、音符和记号三种字符，结构复杂，不易记忆。但在意符、音符的文字里，"尤其是在汉字这种记录单音节语素占优势的语言的文字里，这是最适用的一种文字结构"。只有这样的文字结构的演变，才能控制汉字的数量，且能保证记录语言的明确性。（裘锡圭：《文字学概要》，北京：商务印书馆，2013年修订版，第34、39-40页。）裘锡圭的观点进一步佐证了张世禄的主张。

② 夏衍：《懒寻旧梦录》（增补本），北京：生活·读书·新知三联书店，2000年，第150页。

亿人民重新学习一种记录语言的工具的复杂问题，何况到今为止的浩如烟海的典籍、历史、哲学、文学等，都是用方块字写成的，倘要改用拉丁化，这些典籍等是译成拉丁文字呢，还是不译?译与不译两者都有实际困难。"①茅盾的反思大概可以从另一面说明了当年反对者的言论具有诸多合理性和历史预见性。

---

① 茅盾:《文艺大众化的讨论及其他》,《新文学史料》第2期,1982年,第11页。

第五章　精英、政府与民国初期的国语运动

　　1920年1月，北京政府教育部在当时第五届全国教育联合会和国语统一筹备会的建议和函请下，以正式公文下令将国民学校"国文"改为"国语"：

> 查吾国以文言纷歧，影响所及，学校教育固感受进步迟滞之痛苦，即人事社会亦欠具统一精神之利器。若不急使言文一致，欲图文化之发展，其道无由。本部年来对于筹备统一国语一事，既积极进行，现在全国教育界舆论趋向，又咸以国民学校国文科宜改国语为言，体察情形，提倡国语教育，实难再缓。兹定本年秋季起，凡国民学校一二年级，改国文为语体文，以期收言文一致之效。[①]

　　同年3月，该部又依据此令规定了国民学校国文教科书的通用期限：凡照旧制编辑的国民学校国文教科书，"其供第一、第二两学年用者，一律作废；第三学年用书，秋季始业者，准用至民国十年夏间为止；春季始业者，准用至民国十年冬季为止；第四学年用书，秋季始业者，准用之民国十一年夏季为止；春季始业者，准用至民国十一年冬季为止；至于修身、算术、唱歌等科所有学生用书，其文体自应与国语科之程度相应。凡照旧制编辑之修生教科书，其第一学年全用图画者，暂准通用；第二学年所用文体与国语科程度不合者，应即作废；第三、第四两学年用书，均照国文教科书例分期作废。算术教科书在未改编以前，准就现行之本，于教授时将例题说明等修改为语体文，一律用至民国十一年冬季为止。唱歌教本均

---

　　①《小学国文科改授国语之部令》，《申报》1920年1月18日，第4版。

应一律参改语体文"①。

　　清末教科书的审定尚采用并行的"国定制"与"审定制"，民国以来，完全用"审定制"，即由民间自由编辑，送请教育部审定，合用的就在政府公报上公布，过时的就要通知修改。不经审定，不准发行，学校也不得采用。按照以上教科书的审定和通用原则，文言体教科书须逐年作废，语体教科书渐渐普用。小学"国文"的废除和"国语"科的设置，促使白话文以"国语"的合法身份进入国民-教育知识生产体系。这一对后世有着深远影响的教育革新政策，是如何走上历史舞台的？知识分子又通过哪些途径将这一政策推行至学校和社会，一般民众面对千年的文言教育传统被打破，又会有何种反应？本章拟从政府、精英和社会三者互动关系的角度，对国语运动中白话文改革在教育和社会层面如何运作的问题作一探究。

一、"国语"进入国民学校

　　清季朝野已有人在积极提倡白话文报刊、切音字和国语统一。1911年清政府学部中央教育会议议决统一国语办法，准备设立国语调查总会，选择雅正通行之语词、语法、音韵，编纂国语课本②。但这一政策未来得及施行，清政府即被推翻。民国新建，刚上任的教育总长蔡元培召集全国临时教育会议，他在临时教育会议的致词中特别提到，在教育部四十余种的预备议案中，其中有一大问题是国语统一问题。对于有人提出初等小学宜教国语，不宜教国文的主张，蔡氏认为既要教国语，非先统一国语不可，但中国语言各地不同，确定"国语"未为易事，须有公平的解决办法③。此时，对于国语标准仍无法确定，教育部决定先制定音标，统一读音，作为应急之需④。1913年读音统一会闭幕，会中审定六千余字的读音，照议决案辑有《国音汇编草》一本交部存案，而会上虽有一条"请教育部将初小

---

　　①《教育部令国民学校文体教科书分期作废》，《申报》1920年3月16日，第6版。
　　②《学部中央教育会议议决统一国语办法案》(1911年)，《清末文字改革文集》，北京：文字改革出版社，1958年，第143页。
　　③《全国临时教育会议开会词》(1912年7月10日)，高平叔编：《蔡元培全集》第2卷，北京：中华书局，1984年，第264–265页。
　　④《教育部公布读音统一会章程令》(1912年12月2日)，《中华民国史档案资料汇编》第三辑(教育)，南京：江苏古籍出版社，1991年，第767–768页。

国文科改作国语"的议决案，但在当时无人问津。

民国二年、三年的社会保守风气还未有多大改观。据黎锦熙的回忆，当时教育部设处编纂国定小学教科书，主编者熊崇煦、陈润霖、李步青和他本人，每主张国文宜改为国语，听到此说的人都只是微笑，不做行动。后来他们只把小学教科书第一册勉强用些言文接近的句子，第二册将"的""么""这""那"等字附在课后，以与课文中"之""乎""彼""此"对照，但最后这些改动还是被删去了①。后来成为反传统斗士的钱玄同，当时亦对"国语"持不屑的态度。1913年他来到北京，先在北京高等师范学校和附属中学教国文，后在北京大学任教时，看见胡以鲁教授"国语学"时不禁批评道："'国语'成什么名词？'国语学'算什么功课？"②知识精英即有如此心理，也可想见一般民众对白话文字的观感。

1916年，袁世凯驾崩于新华宫，帝制覆灭。经过这一次旧势力复辟事件，"教育部里有几个人们，深有感于这样的民智实在太赶不上这样的国体了，于是想凭借最高教育行政机关的权力，在教育上谋几项重要的改革，想来想去，大家觉得最紧迫而又最普遍的根本问题，还是文字问题，便相约各人做文章来极力鼓吹文字的改革，主张'言文一致'和'国语统一'"③。当时作文鼓吹的有陈懋治、陆基、董瑞椿、吴兴让、朱文熊、彭清鹏、王懋祖、黎锦熙等人，结果各省来信赞成这一倡议的共二百余人，于是由蔡元培主持，每省派数人代表于该年八月发起组织中华民国国语研究会。蔡元培在"国语研究会立案呈"中阐明设立此会的缘由："教育不普及"和"语言不统一"实为中国今日大患，今日欲图教育普及，必自改良教科书始；欲改良教科书，"必自改革今日教科书之文体，而专用寻常语言入文始"④。以白话为文，则不可不有一定标准。该会即是研究本国语，选定标准，以备教育界采用⑤。国语研究会发起人分别来自直隶、山东、江苏、安徽、江西、湖北、湖南、四川、浙江、福建、广东、贵州、奉天、

① 黎锦熙：《国语运动史纲》，上海：商务印书馆，1934年，第107-108页。
② 黎锦熙：《钱玄同先生参加"国语运动"的二十年小史》，《精诚半月刊》第10期，1939年7月1日，第7页。
③ 黎锦熙：《国语运动史纲》，上海：商务印书馆，1934年，第66页。
④ 蔡元培：《国语研究会立案呈》（1917年3月27日），中国蔡元培研究会编：《蔡元培全集》第3卷，北京：中华书局，1988年，第48页。
⑤ 《国语研究会讨论进行》，《新青年》第3卷第1号，1917年3月1日。

吉林各省，其中以江苏省为最多，有三十余人[①]。这些会员皆为学界和政界支持国语的重要人物，推送蔡元培为会长，张一麐为副会长，陈懋治、黎锦熙、陆基为干事[②]。

在地方教育界，俞子夷等人在苏州省立第一师范附属小学私自用白话文自编油印教材，教授初小低年级生。时苏州人张一麐为教育总长，也主张用白话文教授小学生，曾写一封长信给苏州教育界，要求苏州教育界向一师附小学习。但苏州教育界并没有响应张一麐的号召。不过一师附小却得到鼓舞，后来连中年级也有用白话文教学的。一师附小的学生大多是贫寒子弟，也有部分家长对用白话教材持反对态度，但这所学校允许他们让子女转学到别的学校。1916年1月，中华书局开始出版《新式国文教科书》，在由沈颐等人编写的新式国文教科书末尾，开始附有四课白话文[③]。北京政府教育部对这套教科书的细微改革赞赏有加："查该书最新颖处，在每册后各附四课，其附课系用官话演成，间有与本册各课相对者。将来学校忝设国语，此可为其先导，开通风气，于教育前途殊有裨益。"[④]可以说，南北教育界、出版界在改革白话文教材上不约而同地达成呼应之势。

不过各地情形也不尽相同，这时除了江苏几个特别的小学校教语体文外，其他学校"把语体文都认为奇怪的东西，乡村的小学，连听都没有听到"[⑤]。这时的白话文在教科书中也还只是点缀，正如吴研因所说，以白话文作为附课，是"为了适应需要"，"鉴于南北双方在提倡用白话文教儿童"，但他们"又怕全国不能通行，所以仍以文言为本，附以白话文应景"[⑥]。时至1919年，江苏省教育会因该省各师范学校附属小学对改用白话文的意见不见统一，所以通信各校询问相关情况。当时一师附小的答复颇能反映一部分学校对改用白话文的担忧，"本校毅然决然用白话文教学

---

① 国语研究会发起人的具体名录可参见《中华民国国语研究会征求会员书》，《新青年》第3卷第1期，1917年3月1日，第2页。

②《中华民国国语研究会暂定简章》（1919年1月9日），《国语月刊》第1卷第1期，1922年2月20日，第1页。

③ 钱炳寰编：《中华书局大事纪要》（1912—1954），北京：中华书局，2002年，第24页。

④ "广告"，《中华教育界》第5卷第1期，1916年1月25日。

⑤ 黎邵西讲、正厂记：《国语教育的三步》，《国语月刊》第1卷第6期，1922年7月20日，第1页。

⑥ 吴研因：《旧中国的小学语文教材》，中国人民政治协商会议全国委员会文史资料委员会编：《文史资料选辑》（第40辑总第140辑），北京：中国文史出版社，2000年，第221页。

生，常有一种'后不见来者'的恐慌。在苏州地方，苏音离官音太远，人家更不敢试用，即有试用的，也是支支节节，不是完全根本改革，所以又常怀一种'吾道太孤'的鬼胎"①。

教育部里虽有一些人支持改国文为国语，作了许多文章从事鼓吹，但这些人并没有真正改变对白话文的认知，仍旧有精英、平民等级之分。黎锦熙就回忆说：这些先生们自己做的文章，"都还脱不了绅士架子，总觉得'之乎者也'不能不用，而'的么哪呢'究竟不是我们用的，而是他们——高小以下的学生们和粗识文字的平民们用的，充其量也不过是我们对他们于必要时用的，而不是我们自己用的。不但是做文章，就是平常朋友间通信，除开有时援引几句语录，摹仿讲学的口吻外，也从来没有用过一句白话。"②但随后而来的新文化运动对知识分子产生了极大的冲击。

1917年1月，远在美国留学的胡适在《新青年》上发表了《文学改良刍议》，随后陈独秀作《文学革命论》一文援以支持，白话文学被冠以中国文学"正宗"之地位，废文言、倡白话也因此成为"文学革命"的重要目标。这一时期提倡白话的行动和清季白话文运动在形式和价值观方面都存在着显著的差异，周作人就点出了其中的不同：新文化运动时期的白话文，是"话怎么说便怎么写"，清季却是由"八股翻白话"；态度和取向也不同，"现在我们作文的态度是一元的，就是无论对什么人，做什么事，无论是著书或随便写一张字条儿，一律都用白话"，而"以前的态度则是二元的，不是凡文字都用白话，只是为一般没有学识的平民和工人才写白话的"，即古文是为"老爷"用的，白话是为"听差"用的③。清末白话文改革存在着"我们""他们"之间的二元区隔，这极大地阻碍白话文的推行。新文化派知识分子对这一点有着清醒的认识，胡适反思说：教育工具"是彻上彻下，贯通整个社会的。小孩子学一种文字，是为他们长大时用的；他们若知道社会的'上等人'全瞧不起那种文字，全不用那种文字来著书

---

① 黄炎培：《小学校用白话文的研究》，《新教育》第2卷第1期，1919年9月，第63页。
② 黎锦熙：《国语运动史纲》，上海：商务印书馆，1934年，第68页。
③ 周作人讲校、邓恭三记录：《中国新文学的源流》，北平：人文书店，1932年，第98-100页。

立说。也不用那种文字来求功名富贵，他们决不肯去学"①。新文化派知识分子将白话定为全体"国民"所用，这是他们在总结清末白话文运动的教训之后，有意施行的语言运动策略，而这一点亦从社会层面增强了教育部里"先生们"提倡白话文的信心。

这年胡适在归国途中，阅见第3卷第1号《新青年》上所登载的"中华民国国语研究会暂定简章"和"中华民国国语研究会征求会员书"以后，得知国内已有提倡白话文的同道，欣喜之情溢于言表，他在致陈独秀的信函中说道："又读国语研究会会章及征收会员启，知国中明达之士皆知文言之当废，而白话之不可免。此真足令海外羁人喜极欲为发起诸公起舞者也"②。随后，胡适向国语会寄去加入该会的明信片。1917年底，北京国语会收到会员来信中第一封用白话写的明信片，这对会员有不小的触动。黎锦熙曾回忆了当时的情形，"绅士们用白话彼此通信，现在算是很平常的一件事"，"在那时却要算天来大的怪事了，仿佛现在旧官僚忽然看见中央政府下了一道白话命令，嘴里就不说什么，总觉得'于我心有戚戚焉'"。可自从这一张明信片的暗示，"我们才觉得提倡言文一致，非'以身作则'不可，于是在京会员中，五六十岁的老头儿和二三十岁的青年，才立志用功练习作白话文"，从"唐宋禅宗和宋明儒家的语录，清明各大家的白话长篇小说，以及近年来各种通俗讲演稿和白话文告之中，搜求好文章来作模范"③。与此同时，《新青年》编辑内部也差不多经历一个同样的过程。其时《新青年》杂志虽极力提倡"文学革命"，但讨论这一问题的论文和通信等，都还没有以身作则的用白话文，到1918年《新青年》第四卷时，才将新式标点符号与直行的汉文并用，完全用白话做文章④。

在人事关系方面，由于蔡元培同时兼任北京大学校长和国语会会长，这一双重身份便利陈氏在其中穿针引线，自然起到声气互通的效果。国语会会员和北京大学的陈独秀、胡适、钱玄同、刘复、沈尹默等人实行联

---

① 胡适：《〈中国新文学大系·建设理论集〉导言》(1935年9月3日)，刘梦溪主编：《中国现代学术经典·胡适卷》，石家庄：河北教育出版社，1996年，第674页。

②《寄陈独秀》(1917年5月10日)，耿云志、欧阳哲生编：《胡适书信集》(1907—1933)（上)，北京：北京大学出版社，1996年，第94页。

③ 黎锦熙：《国语运动史纲》，上海：商务印书馆，1934年，第68-69页。

④ 同上，第70页。

合，"国语统一"和"言文一致"两大潮流也因此合二为一。"文学革命"为国语运动提供了较为系统的理论支持。正如有论者所言，白话文学革命打破了雅/俗对立的语言价值观念，使国语运动的价值困境得以消解①。

另一方面，国语运动也为"文学革命"提供了教育行政力和社会运动方面的支持。自《新青年》提出文学革命和伦理革命之后，反对者不少，其中尤以"林蔡之争"影响为大。而当时依附于皖系军阀的安福系政客集团对教育部也不大满意，面对这种情形，国语会会员和教育部有关系的人，认为国语运动要打算和不良的政府奋斗，这种运动应该属于民间的团体，而不可与行政机关稍有关系，于是1919年3月份"急急"把"国语统一筹备会"组织成立②。不过，这些知识分子原本想脱离教育部另立民间团体从事国语改革，但这个由新派知识分子所组成的国语统一筹备会却意外成为教育部的附属机关，专办关于国语教育行政方面的事情。这一出乎意料的转变到后来却成为一件好事。

国语统一筹备会的主要会员大都是先前国语会的成员，会员包括由部指派者黎锦熙、陈懋治、沈颐、李步青、陆基、朱文熊等41人，由直辖学校（北京大学）推选者钱玄同、胡适、刘复、周作人、马裕藻等35人，由该会陆续延聘赵元任、汪怡、蔡元培等先后共计38人。照章由部指定会长张一麐、副会长袁希涛、吴敬恒③。按照1919年公布的规程，国语统一筹备会以筹备国语统一事项及推行方法为宗旨，其筹备事项分为四大类：音韵类包括国音字典的校核订正，各种注音书报的审核，方音调查；辞典类包括国语辞典材料的搜集调查，国语辞典的编辑和审核；语法类包括语法材料的搜集调查，语法的编辑及审核；语体书报类包括语体书报的调查和审核，各种语体书报的编辑④。国语统一筹备会成立之后，行政方面的事件，便完全由该会来主持，而国语会的会员便自由致力于"双潮合一"社会宣传运动。1918年国语会员仅为1500余人，1919年会员便增加到9800

---

① 袁红涛：《"白话"与"国语"：从国语运动认识文学革命》，《四川大学学报》（哲学社会科学版）2005年第1期。

② 黎锦熙：《国语运动史纲》，上海：商务印书馆，1934年，第71-72页。

③ 黎锦熙：《教育部国语统一筹备委员会最近六年纪略》（1928—1934），《国语周刊》第138期，1934年5月19日。

④《教育部公布国语统一筹备会规程令》（1918年12月28日），《中华民国史档案资料汇编》第三辑（教育），南京：江苏古籍出版社，1991年，第773-774页。

余人。1920年，会员增至12000余人[1]。这也可见国语运动的社会影响力越来越大。

　　1918年4月，盛兆熊来信和胡适谈到白话文字改革和推行的程序问题。他认为照理论上讲，白话文字改革应该从小学校里做起，但从实际着想，还是应该从最高级的学校里（即大学）开始改革。如果从小学校里开始，因为高等小学的毕业生，虽有一半要去谋生，但另一半还是要升入中学。而中学里的国文先生，"大半是那前清的老秀才老翰林"，他们所要求的是要"有酸气的学生"。小学校里改授白话，自然难以得到中学校先生们的支持。中学校和小学校处于同样的处境。中等学校的学生，有一半也有升入中等学校以上的学校，中等以上学校的"入学试验"和中等学校的"入学试验"相同，"要想升学，就要准备酸气，要准备酸气，不得不于招收学生时预先设法了"。所以依据他的意见，白话文改革的起点，"当在大学，大学里招考的时候，倘然说一律要做白话文字，那么中等学校里自然要注重白话文字了"，"小学校里又因为中等学校有革新的动机，也就可以放胆进行了"[2]。不过，胡适却不赞成这种意见，他认为大学里改革白话文，"不是立刻就可做到的，也决不是几个人用强制手段所能规定的"。若必须从学校教育一方面着想，"似乎还该从低年级学校做起，进行的办法在于一律用国语编纂中小学校的教科书"[3]。

　　1919年1月，时为小学国文教员的潘公展致信《新青年》杂志，说到他对于文学革新的观点尤为赞成，并且他也想来实行《新青年》所倡导的主张，不过在实行之前，觉得有很多困难，因为"一般老古董和半新半旧的人的阻力，教科书的不能应用，教授时间的限制，学生家庭的迷信"，这种种因素都可能成为推行白话教科书的障碍。钱玄同在回信中指出，改良小学国文教科书，是为当务之急，改古文为今语，一方面固然靠着新文学家创作许多"国语文学"；一方面也要靠小学校改用"国语教科书"。要是

---

　　① 黎锦熙：《国语运动史纲》，上海：商务印书馆，1934年，第70—73页。
　　② 盛兆熊：《论文学改革的进行程序》，《新青年》第4卷第5号，1918年5月15日，第484—486页。
　　③ 盛兆熊：《论文学改革的进行程序》，《新青年》第4卷第5号，1918年5月15日，第487页。

小学校学生人人都会说国语，那么国语普及，绝非难事①。显然，新文化派逐渐将国民学校当作推广国语的首要阵地。

图3 国语统一筹备会会员留影

（图片来源：《教育杂志》第15卷第11号封面插图，1923年11月20日。）

　　1919年4月21日，教育部为筹备国语统一事宜，召集第一次国语筹备会，到会的除吴敬恒之外，其余都是在京的会员。在此次大会上，北京大学的朱希祖、马裕藻、钱玄同、周作人、刘复、胡适六位教授，共提出三件重要议案，其中一件议案是《国语统一进行方法的议案》。该议案提出，"统一国语，应当从国民学校和高等小学入手"。既然要从小学校入手，"就应当把小学校所用的各种课本看作传布国语的大本营"。其中国文一项，尤为重要。"如今打算把'国文读本'改作'国语读本'"，"国民学校全用国语不杂文言，高等小学酌加文言，仍以国语为主体"。除国语一科以外，别种科目的课本，"也该一致改用国语编辑"②。同年10月，在山西太原举行的第五届全国教育会联合会，会中也提出将《推行国语以期言文一致案》呈送教育部。该案认为我国方言杂出，文语纷歧，且组成规则从未归纳，应用范围亦不确定，遂致教授无方，传布文化，无通行利器，阻碍教育普及。该会所拟具的解决办法是：全国师范学校一律添设国语科，

---

①《关于新文学的三件要事》，《新青年》第6卷第6号，1919年11月1日，第638-639页。

②《国语统一进行方法的议案》，《北京大学月刊》第1卷第4号，1919年4月，第150-151页。

并依据国音字典传授注音字母。国民学校国文教科书应即改用国语，高等小学国语教科书应言文互用[1]。这两件有关"国语"的议案都被呈送给北京政府教育部。

其实，如前章所述，吕思勉在清末就已提倡全国初等小学要改教通俗文以利教育普及。陈懋治也于1916年在《中华教育界》发表《国民学校改设国语科意见书》一文[2]，较正式地提出改小学国文科为国语科的主张，但那时此种观点还难以得到时人的支持和呼应。随着支持者逐渐增加，新文化派知识分子开始有条件将国语教科书改革方案付诸实践了。

就社会方面而论，自1917年文学革命以至五四运动时期，白话文渐渐盛行，文艺界的创作和翻译类的固定期刊增多，如《小说月报》《文学周刊》《创造》等，创作的小说如《呐喊》《隔膜》等，诗如《尝试集》《女神》等，戏剧如《阔人的孝道》等；翻译的如短篇小说集《点滴》《易卜生集》《少奶奶的扇子》等[3]。特别是五四运动给文艺、社会思想方面带来巨大影响，由于这场政治运动的推动，各地"《每周评论》式的白话小报，突然发生至四百余种之多"[4]。北京、上海成为白话文书刊发行的中心，据当时的记者观察：北京出版界，若就日刊、周刊而论，纯用白话文体，约有二十余种，文话杂用者，亦不下五六种，如《新青年》《新潮》《少年中国》《新生活》《新社会》《医事》《平民》《新中国》《国民杂志》《教育》《大日》等。在各省，"河南则有《心声》，在山东则有《曙光》，在浙江则有《新浙潮》《教育潮》等，在香港则有《香江晨报》，声应气求势力日广矣"。在高校方面，胡适在北大哲学科编制白话文体《中国哲学史》，为中国讲义界开一新纪元。北京高师亦增添《国语文学》，私立中国大学及高等女子师范均有胡氏所授哲学，天津学界颇感此种思潮，学校有选胡氏文为教材的必要。武昌高师和广东高师两校亦极力主张新文学[5]。在山西，由于

①《第五届全国教育会联合会大会议决案》(1919)，郜爽秋等合选：《历届教育会议议决案汇编》，上海：教育编译馆，1936年，第19—20页。

②陈懋治：《国民学校改设国语科意见书》，《中华教育界》第5卷第8期，1916年8月。

③黎锦熙：《国语教育小史》，《京师学务公报》第1卷第2号，1925年7月1日，第49页。

④黎锦熙：《国语运动史纲》，上海：商务印书馆，1934年，第72页。

⑤《白话文在北京社会之势力》，《申报》1919年11月16日，第5版。

阎锡山的支持，使得山西成为推行注音字母和白话文最有成绩的省份①。1919年秋季，浙江省第一师范学校校长经亨颐决定将该校和附小的国语科教授一律改用白话，同时采用注音字母，教师夏丏尊、陈望道、刘大白、李次九自己动手编国语丛书，如《新式标点用法》《国语法》等②。对于此种情形，时人不禁感叹，白话文势力的扩张大有席卷全国之势。白话文的社会影响力与日俱增显然有助于教育部加快白话文教科书的改革。

与此同时，北京政府教育部主要职能部门都为国语统一筹备会成员所控制，"那时普通教育司司长是张继煦，就是统一会的总干事，主管师范教育的第一科科长是张邦华，主管小学教育的第三科科长是钱家治，都是统一会的会员。修改法令是要经由参事室和秘书处的，那时三参事汤中、蒋维乔、邓萃英和秘书陈任中，也都是统一会的会员"③。同年，胡适在向陈独秀和安徽省教育界推荐张继煦时就评价说，"教厅改任普通司长张继煦，此人很好，本年国语实施令，他的力量大，当能任皖事"④。这也可见，国民学校改"国文"为"国语"这种"断然急进的改革"能取得成功，同时需有教育行政权力的保障。

1921年，胡适在商务印书馆开办的国语讲习所的讲演中说道："就把国语来讲，政府一纸空文，可以抵得上私人几十年的鼓吹。凡私人做不到的事，一定要靠政府来做"。一方面，"政府是很有力的工具"，另一方面"还要私人和团体来提倡扶助"⑤。这一点暗示了"国语"能进入国民学校，是政府和知识精英双方"运动"下的结果。白话文在国民教育—知识生产体系获得合法身份，一方面给白话文运动提供了文化再生产的制度保障；另一方面，它也开启了近代文言教育逐渐被边缘化的大门。尽管随后文白之争贯穿整个民国，读经运动亦是潮起潮落，但这都无法改变这一历史趋势了。

---

① 有关阎锡山与山西的注音字母和白话文推广情况，可参见申国昌：《守本与开新：阎锡山与山西教育》，济南：山东教育出版社，2008年，第405—420页。

② 张彬主编：《浙江教育史》，杭州：浙江教育出版社，2006年，第445页。

③ 黎锦熙：《国语运动史纲》，上海：商务印书馆，1934年，第114页。

④ 《致陈独秀电》，耿云志、欧阳哲生编：《胡适书信集》（1907—1933）（上），北京：北京大学出版社，1996年，第306页。

⑤ 胡适：《国语运动的历史》，《教育杂志》第13卷第11期，1921年11月20日，第8页。

二、各地国语教育团体

教育部下令小学"国文"改"国语"之后，各地教育团体纷纷成立，为训练人才和推行国语做准备。早在1915年，王璞会同读音统一会其他会员在北京设立了"注音字母传习所"，不过这一传习所的影响大多限于北京本地，对其他地方影响不大。1918年，教育部开始通令北京、武昌、奉天、南京、广东、成都、陕西七个国立高等师范学校附设国语讲习所，传习注音字母和国音，以养成各省的国语教员[①]。1920年以后，北京政府教育部国语统一筹备会开始举办国语讲习所，随后三年间，共开办四次国语讲习所，学员或由在京考取，或由各省考选派送，全国22个省区都派有学员，毕业者约有440人[②]。这些学员各回本省后，都成为当地学校推行白话文和注音字母重要的师资力量。

在中央政府行政命令的督促和地方知识分子的主动组织下，各省教育厅、各县劝学所、教育会以及各师范学校开始举办各类国语讲习所（会）。吉林省教育部门要求各县组织假期国语讲习会，每届寒暑假，由县知事召集所属小学教员及县视学、教员、学务委员等入会学习，对于未曾通晓国语而故意规避者，予以停薪或停职惩戒处分；举行其他各种假期讲习会，会期在一个月以上，都要将国语列为必修科目，讲习期满，成绩在60分以上者，由讲习会发给证明书。各校单独或联合组设国语教学研究会，就得旧有小学教员研究会附带研究，每届三个月[③]。1923年9月，吉林省立第一中学校郭乃岑、吉林省立模范小学校杜泽人和吉林毓文中学校何霭人联合有志研究国语的学人共同成立吉林国语函授学社，研究的内容包括国文练习、文言译为语体、语体译为文言等，新体诗、练习新标点等[④]。黑龙江教育厅在省城设立一处国语讲习所，并调令省城各小学教员和各县劝学所长、县视学等，入所学习，两月卒业，由省视学宋炳镇充当所长。1921年

---

① "大事记"，《教育杂志》第10卷第7号，1918年7月20日，第50-52页；《教育部国语教育进行的概况》，《国语月刊》第1卷第6期，1922年7月20日，第77页。

② 黎锦熙：《国语运动史纲》，上海：商务印书馆，1934年，第124-125页；温锡田：《北平的国语教育》，《北平市市立师范学校季刊》（创刊号），1933年11月8日，第49页。

③ 《吉林省促进国语办法》，《国语月刊》第1卷第12期，1923年1月20日，第3页。

④ 《吉林国语函授学社成立》，《国语月刊》第2卷第1期，1924年2月20日，第1页。

10月10日，黑龙江省城开办第二届国语讲习所，附设于黑龙江省立第一师范附属小学校第一部，卒业期限两个月，讲习科目包括注音字母发音学、实用国语文法，学员有五十名。1922年春季，黑龙江省视学又组织暑假国语讲习会，凡省城各小学教职员，无论男女，均得入会听讲[1]。山西铭贤学校组织了国语练习会，该会以练习国语，交换知识，培养自治人才为宗旨，主要由铭贤初级中学以上全体学员组织成立[2]。直隶大城王口镇模范国民学校学生成立了国语新闻社，提倡白话文[3]。

在湖南，"第一届由北京回来的国语讲习生都很热心传播，什么'研究会'，什么'讲习所'，无论城乡，遍地皆是，官厅也很负提倡责任"。后来，国语运动有所退潮，湖南省教育会又于1922年组织成立了湖南中华国语研究会，举办国语教员养成所，专门造就国语师资[4]。1920年8月，长沙县教育会借自治女校及第一女子师范学校开办国语讲习所，每期两周[5]。1923年7月10日，湖北汉阳设立国语讲习所，养成国语教员人才，讲授的课程有：国语概论、国音、国语会话、国语发音学、国语文、国语文法、国语书法、正音、音韵学、国语留声机、国语教学法等[6]。在江西国语界，1921年由该省教育会发起组织国语传习所，龙铨孙为所长，并聘请上海国语专修学校李维岳先生前来讲授主要科目。该省国语传习所初次招生，学额限定在60名，实际报名者竟达120余人。该所在九江开办了第2期，学者达50余人，"我们已经毕业的同学们，多半往各处提倡国语去了，我们屡次接到他们关于传播国语的来信，都说有很好的成绩。"[7]江苏省教育会于1918年初就为推行国语举办过国语补习会。1920年3月起，续办注音字母传习所，至5月21日，共举办四期，总共传习人数47县，41校，共176人，旁听者百余人[8]。该省教育厅也在南京举办了国语讲习所，通令各县选

① 《国语界消息》，《国语月刊》第1卷第12期，1923年1月20日，第3页。
② 《铭贤国语练习会简章》，《铭贤校刊》第2卷第2期，1925年12月30日，第8页。
③ 《国语新闻社成立》，《国语月刊》第1卷第3期，1922年4月20日。
④ 盛先茂：《湖南国语的状况》，《国语月刊》第1卷第4期，1922年5月20日，第1-3页。
⑤ 杨道正主编：《长沙教育志》，长沙：长沙教育志编纂委员会，1992年，第234页。
⑥ 《汉阳国语讲习所成立记》，《国语月刊》第2卷第1期，1924年2月20日，第2页。
⑦ "国语界消息"，《国语月刊》第1卷第2期，1922年3月20日，第2-3页；"国语界消息"，《国语月刊》第1卷第5期，1922年6月20日，第2-3页。
⑧ 《设立国语补习会及注音字母传习所》（1918），朱有瓛等编：《中国近代教育史资料汇编·教育行政机构及教育团体》，上海：上海教育出版社，1993年，第299页。

送学员听讲，不收学费，川旅费由各县酌给①。同时，该厅举办省视学国语讲习会，训练县视学、通俗教育馆主任或讲演员学习国语②。

上海地区是江苏乃至全国国语运动的中心，与国语有关的各种类型的组织和团体纷纷成立。1920年后，上海青年会的注音字母社、知学会的注音字母讲习社相继成立。上海县劝学所成立了小学教员国语讲习所③。上海各路商会总联合会在本会内开课劝商界人士研习注音字母④。钱中麟、许上鑫等人在上海新闸新康里设立国语传习所，该所教职员又发起通俗义务夜校，凡工商各界和年长失学子弟，都可随时报名，书籍、用品都由该所提供⑤。奉贤县教育会组织暑假国语讲习所，"出席者达百余人，旁听24人，并有松江、柘林乡加入旁听者，课程每日五点钟，两星期完毕。"⑥宝山县也于暑期内举办国语讲习会⑦。吴县劝学所教育会利用暑假，组设国语讲习所，由演讲员程惜麟担任国语发音学及苏州闰音，杨云长担任国语文法，张福保担任注音字母，金轩人担任国语会话，陆衣言担任国语教授法，男女听讲员，计有230余人⑧。而在崇明，县知事林绍荣遵令举办吏员国语讲习所，行政司法警所及劝学所各书记一律到所听讲，为以后文告、批令改用白话做准备⑨。

浙江杭州教育会附设国语讲习所，分日夜两班，报到教职员达40人，范寿民、凌独见担任讲员⑩。张鹏年在浙江新昌城中南明学校设立国语传习所⑪。浙江义乌县教育局于1921年7月在稠城绣湖小学办国语传习所，召集小学教师百余人，学习注音字母，推行国语。据刘文革回忆，当时他还在南京高等师范读书，暑假回乡，就在传习所当教师，随后几年该所一直续

---

① 《省垣举办国语讲习所》，《申报》1920年8月8日,第3版。
② 《扬州国语讲习会成立》，《申报》1920年12月14日,第5版。
③ 乐嗣炳：《上海国语运动的经过》，《国语月刊》第1卷第9期,1920年10月20日,第3-9页。
④ 《商界总会劝学注音字母》，《申报》1920年3月27日,第6版。
⑤ 《上海国语传习所》，《国语月刊》第1卷第8期,1922年9月20日。
⑥ 《奉贤国语讲习会开讲》，《申报》1920年7月22日,第4版。
⑦ 《宝山县国语讲习会业已开会》，《申报》1920年7月7日,第3版。
⑧ 《苏州国语讲习会现状》，《申报》1920年8月19日,第4版。
⑨ 《崇明：县署讲白话》，《申报》1921年5月25日,第4版。
⑩ 《杭州国语讲习所开学》，《国语月刊》第1卷第3期,1922年4月20日,第2页。
⑪ 《浙江新昌拟设国音传习所》，《国语报》第5期,1926年7月11日,第3页。

办多期，在当地有一定影响①。浙江吴兴劝学所长汪尔骧在劝学所特设国语讲习所，延请刚从北京国语所卒业的宁波师范生嵇瑾为该所教习，凡各校教职员及中学校毕业各生，均得入所听讲，以两星期为限②。浙江"嘉兴县海盐于本月十五日举办国语讲习所，在县旧学宫明伦堂举办国语讲习会，讲演纯熟，娓娓动听，听讲人员，颇有兴趣，第一日约70余人，嗣后逐渐增至百余人。"③福建省举办了女子国语讲习所、女子国语讲习会，教会也注重国语④。

图4 南通注音字母传习所第一届学员毕业摄影

(图片来源:《教育杂志》第11卷第5期,1921年11月20日插图)

远在西南部的贵阳在1920年冬季，由省署设立国语讲习所，毕业了2期，共计200余人。接着贵阳县教育会又设立了国语讲习会和女子国语讲习所，各县男女教员都能受到国语教育⑤。云南昆明也曾举办国语讲习所。1925年王国靖和希圣小学校长潘于和就曾在昆明国语讲习所学习，返回后即组织全县小学教员70余人培训，学习注音字母⑥。西北兰州各道属县师

---

① 刘文革:《二十世纪前期义乌教育概况的回忆》,政协义乌县委员会秘书处编:《义乌文史资料》第1辑,编者印,1984年,第18页。

②《湖州组织国语讲演所》,《申报》1920年8月7日,第5版;

③《嘉兴海盐举办国语讲习会》,《申报》1920年8月25日,第5版。

④ 秉林来:《福建的国语界》,《国语月刊》第1卷第9期,1922年10月20日。

⑤《贵阳的国语教育状况》,《国语月刊》第1卷第8期,1922年9月20日,第4页。

⑥ 玉溪市地方志编纂委员会编:《玉溪市志》,北京:中华书局,1993年,第958页。

范学校也都添设国语①。

综上所述，各地设立的国语教育和推广团体主要分为两类：一类是由官厅附设，这一类组织显然是遵从了上级行政部门的功令和要求而成立的；另一类是由受新文化运动影响的地方知识分子自发组织的。这些国语传习组织主要培养和训练国民学校的国语教员，为地方国语运动造势。如前文所述，在教育部附设的国语会中，会员以江浙籍为最多，这自然影响到本地的社会风气。江浙两省成立的国语组织最多，成为国语运动的中心。一些边远的省份如云南、贵州等地推行国语也颇为积极。

不过，其中有不少地方因经费支拙和人员变动，国语推广组织的设立形同虚设，有时人就对江西的国语教育状况批评道："没有教本，油印讲义不明了"，环境太坏，"寝室、讲堂、自习室皆是污秽且黑暗的教室"；各教育局"并无提倡国语的诚意，乃是迫于厅令，恐与位置有关，不得已的举动，故只要有'国语讲习'的招牌出示，可以对付厅令，事情已过就不闻不问了；而来学国语的人，"也不尽是有诚意而来的，他们一方面是迫于法令"，一方面是学习一个月毕业，"光光门第"②。盛先茂观察到，湖南的国语运动看起来颇为热烈，"小学教师们来学的，异常踊跃，就是那些已落齿不关风的老先生，他也拼命的去学习"。不过，这实在是因为"初改国语，不学注音字母，便就不能去当教员，有这种生活问题含在中间，所以不由他不热心学习"③。这些观感反映了各地国语教育和推广的实际情形。

三、中华书局与商务印书馆

深处内忧外患的历史境遇中，不少知识分子都怀有相同的梦想，企图通过各种改革来救国救民。张元济和陆费逵等人就深受教育救国思潮的影响，分别创办了中国近代最为著名的两家出版机构——商务印书馆和中华书局。张元济在被夏瑞芳招入商务印书馆时，就与夏氏约定，"吾辈当以扶

---

① 《兰州各道属师范学校添授国语》，《国语月刊》第1卷第2期，1922年3月20日，第1页。

② 《谈江西的国语教育》，《国语周刊》第27期，1925年12月13日，第7—8页；河南省也因经费没有着落，国语统一会未能得到切实办理。（参见《河南教育公报》第4年第15期，1926年12月1日，第2页。）

③ 盛先茂：《湖南国语的状况》，《国语月刊》第1卷第4期，1922年5月20日，第1—2页。

助教育为己任"①。创办中华书局的陆费逵这时也对教育倾注更多的关注，他曾说道："我们希望国家社会进步，不能不希望教育进步；希望教育进步，不能不希望书业进步。书业虽然是较小的行业，但是与国家社会的关系，却比任何行业大些。"②对教育和出版界人士而言，尽管出版业背后不乏商业利润的追求，但以出版业促进教育的发达则是其最初的出发点③。上海作为近代出版业的中心，全国中小学校的读物大多在此地编辑印行，中华书局和商务印书馆又为其中的实力机构④。当时的国语派知识分子早已注意此点，特别在上海设立中华民国国语研究会的支部，加强国语界、教育界和出版界的联合，这一举措推动了国语运动的历史进程。

胡适曾用"一个支配几千万儿童的知识思想的机关"⑤一语来评价商务印书馆，可谓至当。而这其中，教科书又在影响儿童知识思想方面发挥了至关重要的作用。清季小学国文教科书主要由商务印刷馆编印，1903年商务印书馆开始编印《最新教科书》，1905年出版《最新国文教科书》（共10册），编印教科书成为商务印书馆重要的出版项目。在北京政府教育部改国文为国语之前，商务印书馆是"真能得风气之先"，对此早已筹备，于1919年就先行出版了由庄适编纂、黎锦熙等人校订的《新体国语教科书》（共8册），这是商务印书馆同时也是近代中国第一部语体文教科书，分春秋季两种。其时，注音字母已由教育部颁布，所以每个生字旁均注字母，以范正读音，并用新式标点，取材比较适合儿童心理。是年，商务印书馆同时出版了《国音字典》和《国音学生字汇》，开始推广注音字母⑥。1921年，吴研因进入商务印书馆，编辑《新学制国语教科书》，初小八册，高小

---

① 张元济：《东方图书馆概况·缘起》，《商务印书馆九十五年（1897—1992）：我和商务印书馆》，北京：商务印书馆，1992年，第21页。

② 陆费逵：《〈书业商会二十周年纪念册〉序》（1924年9月1日），吕达主编：《陆费逵教育论著选》，北京：人民教育出版社，2000年，第337页。

③ 汪家熔：《陆费逵人品和创办中华书局动机考辨》，《中国编辑》2006年第1期。

④ 学界关于商务印书馆和中华书局的研究较多，代表性的著作可参见戴仁著、李桐实译：《上海商务印书馆：1897—1949》，北京：商务印书馆，2000年；周其厚：《中华书局与近代文化》，北京：中华书局，2007年。

⑤ 胡适之：《高梦旦先生小传》（1936），《商务印书馆九十年（1897—1987）：我和商务印书馆》，北京：商务印书馆，1987年，第51页。

⑥ 庄俞：《谈谈我馆编辑教科书的变迁》，《同行月刊》第2卷第7期，1943年7月25日，第3页；陈江主编：《商务印书馆大事记》，北京：商务印书馆，1987年，第45页。

四册，1924年完全出版。这套《新学制国语教科书》影响较大，至南京国民政府初期还在使用①。笔者据《商务印书馆图书目录》不完全统计，在1920年至1949年间，商务印书馆出版小学国语类图书约有46种，国语及国文教学类、国音、注音符号类（包括图书、教具）共82种②。

　　再看中华书局的崛起。1911年秋，武昌起义后，陆费逵"预料革命必定成功，教科书应有大的改革"，于是他同戴克敦、陈寅、沈颐等在家秘密编辑合乎共和体制的教科书，预作准备③。1912年中华书局成立之后，开始发行由陆费逵和沈颐编纂的《中华小学教科书》，商务印书馆和中华书局在出版教科书方面逐渐成为竞争对手④。1919年以后，陆费逵不甘落后，为了跟商务印书馆竞争，曾到北京拜访黎锦熙，恰巧黎锦熙的弟弟黎锦晖编订完一部国语教科书，陆费逵遂将这部书稿带回上海印刷，定名为《新教育教科书国语课本》，呈部审定。1920年1月，"新教材教科书"国民学校用国语读本一至八册，开始陆续出版。全书用语体文编写，尤注意语法、品词两项，按语法系统编排，第1册前段专教注音字母。编订者有王璞、黎锦熙、陆费逵、沈颐、黎锦晖等人。这套教科书发行之后，京师公立国民学校一二年级全体改授国语者143班，采用中华书局出版者131班，可见影响之大。5月，"新教育教科书"开始出版，国民学校用者，全用语体文编写，有修身、国语课本、国语读本、算术4种32册；高小用者，语文互用，有修身、国文、国语课本、算术、历史、地理、理科、英文等8种45册，国语课本有注音字母，至1922年出齐，编者有朱文叔、陆衣言等⑤。这年出版的国语方面的书还有朱文叔的《国语文类选》，选辑当代胡

　　① 吴研因：《旧中国的小学语文教材》，中国人民政治协商会议全国委员会文史资料委员会编：《文史资料选辑》（第40辑总第140辑），北京：中国文史出版社，2000年，第212页。
　　② 这一统计数字，已不仅局限于20世纪20年代商务印书馆所发行的有关国语类图书的数量，具体图书名称可参见《商务印书馆图书目录（1897—1949）》，北京：商务印书馆，1981年，第85-86、109-110页。
　　③ 钱炳寰编：《中华书局大事纪要》（1912—1954），北京：中华书局，2002年，第2页。
　　④ 吴研因：《旧中国的小学语文教材》，中国人民政治协商会议全国委员会文史资料委员会编：《文史资料选辑》（第40辑总第140辑），北京：中国文史出版社，2000年，第209-210页。
　　⑤ 黎锦晖：《我和明月社》，全国政协文史资料委员会编：《中华文史资料文库·文化教育编》（第15卷），北京：中国文史出版社，1996年，第433页；钱炳寰编：《中华书局大事纪要》（1912—1954），北京：中华书局，2002年，第49页。

适、蔡元培、陈独秀、李大钊、沈兼士、陶行知、任泓隽、周建人等60多家名文。黎锦晖的《国语易解》，董文的《国音实习法》，易作霖的《国语读本》，陆衣言的《注音字母教授法》《国音拼音盘》，李直的《语体文法》等书也陆续出版①。

　　1921年5月，黎锦晖进入中华书局编辑所，成立国语部，与陆衣言、马国英、蒋镜芙等人编辑国音、国语书籍，陆续出版国语讲义、国音国语教科书及参考书等四五十种，字典和词典十余种，拼音练习和积木牌等多种，如王璞的《国语会话》、陆衣言的《新教育国语会话》《国音常识会话》、陆费逵的《国音教本》、黎锦熙的《国语讲坛》以及《国语新字典》《注音新辞林》，孙樾的《注音国语字典》、陆衣言的《国音小字典》等②。时适国语研究会设分会于上海，会员中有提倡儿童文学者，因此各种儿童文学风气逐渐兴盛。见此情形，中华书局遂将国语部改为国语文学部，黎锦晖任部长，引进不少青年当编辑，如吴翰云、王人路、吕伯攸、陈醉云等，这使中华书局很快出版了一批《儿童文学丛书》，包括小说、故事、笑话、儿歌等。1922年4月中华书局的《小朋友》创刊，该周刊出版一千多期，成为当时全国定期刊物的冠军。同一时期，中华书局还出版了适用幼儿的《小弟弟》《小妹妹》两种旬刊和常识画册，征集好几百万首儿歌，编印《歌谣》（8册）③。由于儿童文学的高涨，小学国语教科书大量采入与儿童生活比较接近的物话、寓言、笑话、自然故事、生活故事、传说历史故事、儿童民歌等等，例如商务印书馆的新学制教科书、中华书局的新教材新教育教科书，世界书局的新学制教科书，都增加了课文的文学趣味性④。

　　出版儿童文学和国语类图书让中华书局成为国语运动中出版业的佼佼者。据相关资料统计，在1919年至1933年间，国语教科书（以国民学校为主）的出版主要由商务印书馆、中华书局、世界书局三家控制，而中华书

---

　　① 钱炳寰编:《中华书局大事纪要》(1912—1954),北京:中华书局,2002年,第51页。
　　② 同上,第53、56页。
　　③ 同上,第56页。
　　④ 吴研因:《清末以来我国小学教科书概观》(一),《同行月刊》第4卷第1期,1936年1月25日,第4页。

局和商务印书馆又几乎平分秋色地占据了国语教科书的主要出版市场①。受国语运动和新文化运动的推动，这些新式的小学国语教科书从内容到形式都与过去的国文教科书有了很大的不同。

　　首先是白话文的增多。清末和1917年以前的小学教科书，都是用文言编辑的，如商务印书馆"最新教科书"的文言，虽然比蒙学读本、蒙学课本②的文言要简明了一些，但是要儿童完全了解，仍是非常困难。1920年小学"国语"科设置以后，小学教科书如商务的新法教科书，中华书局的小学教科书，都是完全用白话编辑。不过，文言教科书并没有完全绝迹，如1924年商务印书馆出版了用文言编辑的新撰教科书，以供仍用文言各校采用③。但由于教育行政部门的严厉禁止，小学教学白话已是不可逆转的趋势④。另外，国语读本从单字起进而为从整段的故事起。1920年以前的国文教科书，第1册开头大多以"天地日月""人尺刀弓"等许多不成语句的单字为主，儿童读起这些单字，枯燥无味，生不出兴趣，后来改成"大狗叫小狗跳"或者"来，来，来，来看"。这样的语句，虽然不是故事，但也具体不少。后又改成从图画故事起，在故事图中夹些成句的文字，例如小红上学图，便有"小红上学"一句给儿童读，一个小孩看羊骑狗图，便有"啊！真好玩"的完全句子给儿童读。另外，国语教材的编排由无组织进而改进为有组织，插图从单色进而增加了复色或彩色数量，形式也变得更为

----

　　①《第一次中国教育年鉴》(第五册)，台北：传记文学出版社，1971年影印版，第1816-1824页。

　　② 有关清季《蒙学课本》的研究可参见夏晓红：《〈蒙学课本〉中的旧学新知》，《清华大学学报》(哲学社会科学版)2009年第4期。

　　③ 庄俞：《谈谈我馆编辑教科书的变迁》(1943)，《商务印书馆九十年(1897—1987)：我和商务印书馆》，北京：商务印书馆，1987年，第71页。

　　④ 1927年南京国民政府大学院成立后，对小学文言教科书的管制力度加强。在1928年举行的全国教育会议上，全国国语教育促进会就向大学院递呈《请严令禁止全国各小学校采用文言文教科书并各书坊发行小学校文言文教科书》一案，大学院照办。1930年，南京国民政府教育部恢复后，又严令上海各书局销毁文言教科图版，不得再发行文言文教科图书。(参见《全国教育会议报告》(1928年5月)，沈云龙主编：《近代中国史料丛刊续编》(第43辑)(429)，出版日期不详，第348页；《大学院提倡语体文之通令》，《申报》1928年7月29日，第1版；《编辑初中教科书办法除国文一科得兼用文言文，其余各科一律须用语体文》，《中央日报》1930年2月19日，第3张第4版；《教部严令销毁文言教科图版》，《申报》1930年6月22日，第1版。)

生动，这些都成为新式国语课本的新特点[①]。

其次，教育目的趋向政治化。社会政治深切地影响和决定着教科书的内容编排，正如吴研因所言，"一切人为的东西是不能没有思想性，不能不打上阶级烙印，不能不标明政治上是为谁服务的"。清末的《蒙学课本》有所谓"德育"，《最新国文》有所谓"修身""政治"。那时的小学教科书，很注重修身忠君、爱国等的材料。民国以后中华书局的"中华教科书"，商务印书馆的"共和国"教科书，"尊孔崇道还是有的"，不过也加上了些"共和""民主""宪法"等字样。到袁世凯称帝时，商务的"实用"，中华的"新式"等教科书，"连'共和''民主'也不敢提了"[②]。第一次世界大战结束时，国内军阀屡次内战，社会以倡导和平为目的。但1920年以后的小学教科书，却"几乎成了无目的，无宗旨的世界通用读本，很缺少民族精神和国家精神的表现"。1927年以后，革命空前弥漫全国，小学教科书例如商务印书馆的新时代，中华书局的新中华，世界书局的新主义等，都充满了国民革命歌和三民主义的教材，孙中山开始进入小学国语教科书[③]。小学教科书对社会的影响力是怎么估计都不为过，如商务印书馆1921年春季国语教科书的每册销量都有"二三百万之巨"[④]，可见影响之大。

新文化运动时期儿童文学的提倡，主要受新文学革命的影响，由周作人等人发起，这种理念本质上是要改变传统的儿童教育观，"以前的人对于儿童多不能正当理解，不是将他当作缩小的成人，拿'圣经贤传'尽量的灌下去"，就是"将他看作不完全的小人，说小孩懂得什么，一笔抹杀，不去理他"。儿童的文学观所主张的是以儿童的主体为本位，按着儿童原有的

---

① 吴研因：《清末以来我国小学教科书概观》（三），《同行月刊》第4卷第3期，1936年3月25日，第2-3页。

② 吴研因：《旧中国的小学语文教材》，中国人民政治协商会议全国委员会文史资料委员会编：《文史资料选辑》（第40辑总第140辑），北京：中国文史出版社，2000年，第209-213页。

③ 吴研因：《清末以来我国小学教科书概观》（二），《同行月刊》第4卷第2期，1936年2月25日，第7页；骆宝本：《我国历年初级国语读本演变的迹象及今后的改进》，《浙江教育行政周刊》第6卷第19期，1935年1月5日，第5-10页。有关民国时期孙中山符号在课本中的传播情况，可参见陈蕴茜：《崇拜与记忆：孙中山符号的建构与传播》，南京：南京大学出版社，2009年，第367-381页。

④《上海商务印书馆国语讲习所开学纪要》，《教育杂志》第13卷第6号，1921年6月20日，第7页。

心理和习性，来供给他合适的"食料"，重塑"新国民"[①]。

商务印书馆和中华书局不仅出版国语类图书，还制作国语教具，推进国语运动。中华书局的"国语留声机片"要早于商务印书馆，中华书局于1920年就委托百代公司在巴黎制作。同年8月，教育部派王璞来沪发音，制成六片十二面。同年9月，黎锦熙来沪审查，12月初出样片，并出版留声机片课本及说明，向各劝学所、各学校出售[②]。1922年，商务印书馆延请赵元任灌制8张国语留声机片[③]。中华书局和商务印书馆灌制的国语留声机片促进了近代国语推广方式的现代化，不仅保证了国语读音的准确性，而且也节省了一部分教师资源和提高了教学效率。

商务印书馆和中华书局除了出版国语类图书和制作国语教具以外，还积极举办国语讲习所和承办国语学校，培养大量国语教学人才。1921年5月1日，上海商务印书馆因为各地分馆受当地学校委托聘请教员，特在宝山路尚公学校设立国语讲习所，分师范班和暑期专修班，学员七十余人，大多数来自广东、福建、浙江等地。课程有发音学原理、注音字母、会话、国语文法、国语教学法、言语学、音韵沿革、白话文等，由杜若虚、刘经成等担任教授。另外，商务印书馆附设的函授学社也开设国语科，便利小学教员，中等学校有志研究国语者也可入社学习[④]。其后，这个国语讲习所师范班有六十余人毕业，暑假班学员有五百余人参加过学习卒业[⑤]。1921年，教育部国语统一筹备会发起创办"国语专修学校"，由中华书局承办，其讲义归中华书局印发，且每年贴费一千二百元。发起人认为统一国语和教国语，应从养成人才入手，所以开办国语专修学校，并由沈思

---

① 周作人：《儿童的文学》，《新青年》第8卷第4号，1920年12月1日，第1页。有关国语教科书中儿童文学问题的研究，可参见刘进才《语言运动与中国现代文学》（中华书局，2007年）第四章的具体分析。

② 《统一国语之新法》，《申报》1920年8月25日，第6版；《纪中华书局制造国音留声机片》，《申报》1920年8月31日，第4版；《劝学所定购国音留声机片》，《申报》1920年11月28日，第2版；钱炳寰编：《中华书局大事纪要》（1912—1954），北京：中华书局，2002年，第50页。

③ 陈江主编：《商务印书馆大事记》，北京：商务印书馆，1987年，第51页。

④ 《上海商务印书馆国语讲习所开学纪要》《上海商务印书馆附设国语讲习所简章》《上海商务印书馆附设函授学社国语科简章》，《教育杂志》第13卷第6号，1921年6月20日，第8—9页。

⑤ 《商务印书馆欢迎国语讲习所听讲员》，《申报》1921年8月1日，第1版；《国语讲习所演讲纪》，《申报》1921年8月21日，第6版。

孚、黎锦熙、李宗邺、李廷翰、王璞、顾树森、陆费逵为校董。由教育部派定江仁纶来沪任校长兼主任教员，不久由黎锦晖、蒋镜英先后继任，聘请黎锦晖、陆衣言、易作霖、沈问梅等分任教授，办有专修科、讲习科、星期及寒暑假讲习科等，并附有小学，兼为中华书局小学教科书试验地。1925年中华书局董事会决议停办该校，后由蒋镜英等接办①。

其间，上海国语专修学校组织国语宣传团推动国语运动。黎锦晖、蒋深元率领第一队赴苏州、无锡、常州、镇江、南京、芜湖等吴、皖一带宣传小学改用国语的好处。另由黎维岳、乐嗣炳、李纽仁率领第二队赴松江、嘉善、嘉兴、绍兴、宁波、镇海、定海等地；郭后觉、马国英、马陋芬组成第三国语宣传队到海门、南通、如皋、扬州、崇明等地，并沿路散发国语说明书（内有国音国语的新趋势、小学国语教学上的商榷、国语游艺以及教育部最近关于国语的命令、学者文章、各地官厅公文等）②。商务印书馆也不甘落后，1924年1月，由吴稚晖、黄炎培、张世鎏、庄俞等人发起，商务印书馆承办上海国语师范学校。该校以专修国语，造成师资为宗旨，聘吴稚晖为校长。该校分普通科、高等研究科，并开办短期讲习科、补习科，平民学校等③。中华书局主办的"国语专修学校"和商务印书馆主办的"国语师范学校"，在几年之内，培养国语教员在千余人以上，这一成绩也不禁让时人感叹，"以国语运动为发财事业的书店方面的努力，其功也不可埋没"④。

四、全国国语运动大会与国语教育促进会

1924年，段祺瑞以"临时执政"之名兼任总统与总理之职，成立临时执政政府，章士钊被委以司法部长，次年4月，章士钊兼任教育总长。在

① 钱炳寰编：《中华书局大事纪要》(1912—1954)，北京：中华书局，2002年，第52页。
② 黎锦晖：《我和明月社》，全国政协文史资料委员会编：《中华文史资料文库·文化教育编》(第15卷)，北京：中国文史出版社，1996年，第433页；《宣传国语旅行团之新讯》，《申报》1923年1月20日，第3版；《国语宣传团到通》，《申报》1923年2月3日，第5版；《扬州欢迎国语宣传团》，《申报》1923年2月9日，第5版；《国语宣传团出发》，《国语月刊》第1卷第11期，1923年，第2页。
③《上海国语师范学校之创设》，《申报》1924年1月4日，第2版。
④ 乐嗣炳：《十年来的国语运动》，《世界杂志》第2卷第2期，1931年8月10日，第11页。

此期间，章氏利用《甲寅》周刊反对新文学运动，他认为"文者孕育理道"，以传于后，而"自白话文兴，立言无范"，以致文化濒临破产，"中国人且失其所以为中国人而不自知"①。章士钊因此对白话文提出质疑，并重新提倡小学读经②。各地如吉林、山东等省军阀政府曾明确提出反对学校教授白话文。有些官厅和社会民众也表现出对国语的怀疑和反对态度，国语派知识分子对此有着不小的担忧。蒋镜芙就对官厅的复古行为批评道："教育当道，对于某种事项，不究实际的是非，但称一己的好恶"，国语教育，"当初不是由官厅认为重要，明令施行的吗？如今呢，当道的更换了，虽未取消前令，而以冷淡置之"。官厅方面既没有诚意提倡，切实推行，学校、社会也就视其无足轻重了③。齐铁恨也认为政治系统没有稳定，政治能力就不能得到很好的实施，这就导致"有固执己见的人，一朝权在手，便把令来行"，不说"不取白话"，便说"提倡读经"，"这么居高临下的当风一呼，得千百人成之不足，一二人破坏有余"④。

官厅在国语推行中的作用是非常重要的。1920年政府提倡国语，引起了很多人的注意，学者的鼓吹，书报的提倡，大有"一日千里"之势！但到了今日"寂然无声，国语界的情势，似乎有畏缩不前之象"⑤。陆衣言也阐发相同的忧虑：近一年来，国语的曙光渐弱，而"文言雾"反弥漫全国，"以致颇有大开特别倒快车，复其故辙的现象"。要是国语的曙光，真的无形消减了，在行政机关，不过政令不行；在提倡者，不过枉费心力，一事无成，但是"全国大多数的平民和儿童，在那'文言雾'里讨生活，未免太苦"⑥。面对"文言雾"的扩大，国语派知识分子显然不能仅仅限于文字上的批评，关键是采取行动挽救局势。

---

① 孤桐：《文俚平议》，《甲寅周刊》第1卷第13号，1925年9月5日，第7页。

②《教部之两会议：讨论国语读经问题》，《申报》1925年11月5日，第3版；《教部图书审查会开会纪：教章主张中学教科书禁用白话》，《申报》1925年11月24日，第1版。

③ 蒋镜芙：《怎样使国语大放光明》，《全国国语运动大会会刊》第1期，1925年11月30日，第15页。

④ 铁恨：《群众示威的运动》，《全国国语运动大会会刊》第1期，1925年11月30日，第20页。

⑤ 胡庶华：《全国国语运动大会会刊序言》，《全国国语运动大会会刊》第1期，1925年11月30日，第1页。

⑥ 陆衣言：《全国国语运动大会缘起》，《全国国语运动大会会刊》第1期，1925年11月30日，第1页。

　　国语派知识分子显然无法控制地方官厅的反常举动，只有从社会运动层面着手，来阻止文言复兴的进程，改变国语的社会处境。通过社会运动的形式来宣传国语，这种方法大概借鉴了美国"国语（英语）运动周"的做法。1920年"天一"就在《教育杂志》上撰文提倡创设"国语周"，并介绍美国的"国语运动周"。何谓"国语周"？就是一年当中，"规定某一星期大家来做关于国语的种种运动"。这个国语运动周创始于美国，其目的是要普及纯粹雅正的英语，以及国语（英语）统一①。1915年9月，美国国语运动周第一届大会开设于纽约市布尔克林高等学校，后美国各州都设有此会。其实行方法包括：分送本会之广告（述国语运动周之旨趣），市中广告牌之设备及口头广告，开国语运动周大会；在大会中研究发音及发表法，施行各种之实验；讨论朗读语言之研究；各方面赴会人之集会；"演剧、行列、运动会及各种之游戏。美国的运动周会最初以改良国语（英语）练习话法为目的，后渐及国语（英语）教授法的改良，国语（英语）普及等。而在改良国语（英语）方法中，又有国语（英语）纯化运动，即整理鄙俗不雅顺的词语，不合语法的英语，并研究如何培养英语教师忠爱国家的精神②。

　　有人认为，统一语言是极不容易的事情，而有些人对于国语统一问题，非常冷淡。各学校施行"国语运动周"，对社会宣传国语，不失为一种很好的方法。对这种国语运动会，国语派精英也寄予很高的期望，因为社会上还有不少人对于学校里施行国语教育，不免有许多怀疑，所以"我们推行国语会的同志们，开了这个国语运动大会，把国语的如何重要表演出来，给诸位亲眼看一看，诸位胸中如有怀疑的，一定可以消失净尽了。"如果没有怀疑，就要希望"诸位先不要把你们可爱的子弟，送进不实行国语的学校里去读书"③。而举办全国性的国语运动大会，并不仅是集合各地的代表，在一个地方开会运动，而是由全国各省区、各道县、各市乡、各村镇的国语同志，邀集各本地各界的同志们，联络起来，在全国国语运动大

　　① 天一：《创设"国语周"》，《教育杂志》第12卷第8号，1920年8月20日，第1页。
　　② 天一：《美国之国语运动周》，《教育杂志》第12卷第8号，1920年8月20日，第1—2页。
　　③ 蒋镜芙：《上海国语运动大会纪略》，《全国国语运动大会会刊》第1期，1925年11月30日，第4页。

会的会期内，办一个轰轰烈烈的、空前绝后的国语运动大会，使"本地的男女同胞，都知道国语的好处，信仰国语"①。

1925年春天，身兼江苏省国语推行委员会委员和中华民国国语研究会会员双重身份的陆衣言就奔走南北，联合同志，向中华民国国语研究会建议举办全国国语运动大会。会中同人，大多赞成，但因时局不稳，没有及时实行。1925年夏天，中华教育改进会在太原召开第四届年会，陆氏于8月18日在该会国语教学分组会议中又提议在年会会期内，举办山西国语运动大会。经会员详细讨论和筹备后，由中华教育改进会社、山西国语筹备统一会、中华国语研究会在太原合办了一届国语运动大会，会分国语研究会、国语展览会、国语游艺会三种，国语展览会免费向民众开放三天，任人参观。国语演讲游艺会包括名人演讲、国语、游艺、歌曲、跳舞、丝竹等节目，在当地引起了很大影响。会后，在陆衣言的建议和组织下，9月5—8日，中华民国国语研究会在北京试办国语运动大会；9月18—19日，江苏教育会国语推行委员会又在上海试办国语运动大会，都取得不小的成绩②。有这三地开办国语运动会的经验作为借鉴，中华民国国语研究会决定在上海设立全国国语运动大会总筹备处，以上海为中心，使该运动传达全国，并请定蔡元培、张一麐、吴稚晖为会长，胡适、赵元任、刘复、黎锦熙、钱玄同等人为会董③。

上海全国国语运动大会总筹备处于1925年10月25日开成立大会，并议定从1926年1月1日至1月31日止，为全国各地举行国语运动大会的会期。该会总务部要求全国各大书坊，在国语运动期间内，举行国语书报五折大廉价一个月，当时商务印书馆、中华书局、文明书局已函复照办。该处刊印全国国语运动大会会刊一册，详载本会的缘起和办法，以及国语游艺、国语论文等，分送会员及全国各学校团体等。由总筹备处印备各式招

---

① 陆衣言：《全国国语运动大会的办法》，《全国国语运动大会会刊》第1期，1925年11月30日，第2页。

② 《北京国语运动大会纪要》《上海国语运动大会纪略》，《全国国语运动大会会刊》第1期，1925年11月30日，第33-35页；《北京国语运动大会纪》，《申报》1925年9月12日，第1版；《国语运动大会昨开筹备会》，《申报》1925年9月16日，第6版；《国语运动大会今日开幕》，《申报》1925年9月18日，第2版；《附设各会报告》，江苏省教育会辑：《江苏省教育会年鉴》第11期，江苏省教育会出版，1925年，第22-25页。

③ 参见《全国国语运动大会筹备之进行》，《申报》1925年10月22日，第6版。

贴、传单等，供各地筹备会廉价购用，并由交际部函约各地国语同志，在本地组织全国国语运动大会总筹备会，在会期内各地同时举行国语运动。由总筹备处商请全国各日报，在全国国语运动大会会期内，输出国语特刊，时有上海《新闻报》《申报》《时事新报》《时报》《商报》都应允刊印①。该处并组织国语宣传团，游行全国重要各地，其宣传路线经过：上海、昆山、苏州、无锡、常州、丹阳、镇江、扬州、南京、蚌埠、徐州、济南、德州、天津；天津、秦皇岛、山海关、奉天、长春、吉林、哈尔滨；天津、北京、张家口；北京、正定、石家庄、太原；石家庄、郑州、开封；郑州、汉口、汉阳、武昌、岳阳、长沙；武昌、九江、南昌；九江、芜湖；上海、杭州、嘉兴、嘉善、松江；上海、宁波、温州、福州、厦门、汕头、潮州、广州；宣传方法有演讲会、游艺会、展览会等②。

陆衣言拟定了全国国语运动大会的程序和方法：第一，组织筹备会：各地不论区域大小，同志多少，会前由发起人组织一个筹备会，定名"全国国语运动大会'某处'筹备会"，商办本地国语运动的办法，以及进行的程序等；第二，国语运动办法：陆衣言认为国语运动的办法很多，应就本地实际情形，多想新奇炫目的运动法，"拼命去运动"，以便容易感动群众，使全国群众，得到一个极深刻的、不可磨灭的影响③。首先，应在全国国语运动时期内，办一个最小的国语运动会，具体程序也具有一定的仪式感：

上午开会时对国旗行敬礼，唱国歌，致辞时报告本会筹备经过情形，唱全国国语运动大会会歌，演说、唱国音字母歌，欢呼中华民国万岁、中华国语万岁，散会；下午"会前的准备"：（1）选定本地适中的空场，作为游行队的集合场；（2）将本地分作若干区，并规定各区的游行路线；（3）每区各配游行会员一队，每队队员，以十人至数十人为度；（4）各队备一队旗，队员各备一有宣传国语文字的小旗。开会的顺序：（1）游行队伍在规定时间内聚集于集合场；（2）行升旗礼；（3）演说；（4）欢呼；（5）放鞭炮若干响；（6）各队照规定的路线，分区出发，周游各区全境，

①《全国国语运动大会总筹备处会议录》（一），《全国国语运动大会会刊》第1期，1925年11月30日，第1页。

②《筹备全国国语运动会之两集会》，《申报》1925年11月26日，第5版。

③陆衣言：《全国国语运动大会的办法》，《全国国语运动大会会刊》第1期，1925年11月30日，第2-6页。

各自散会。游行时的行动：（1）分发国语传单；（2）唱全国国语运动大会会歌；（3）唱国音字母歌；（4）高呼各种国语口号。

晚间：在本地相当的会场举行国语演讲游艺大会，演说可请若干人，分插于各节目中，以免缺乏兴趣；国音字母翻译汉字；用字母写成一句短语，让来宾译出汉字，译得对的，送一件相当的物品，以娱乐来宾。唱国音字母歌、国音字母拼字游戏、国语手语、国语唱歌、国语音语、国语文艺表演、国语旗语、国语戏剧、国语灯语、方音歌曲（用方音唱各地山歌、渔歌等等，表示各地方音的复杂）、国语电报、方言比赛（预定几个词或几句短语，请本地的客民，照各本地的方言说出，各不相同，十分有趣，末用国语说出，完全相同）、别种游艺、散会①。

1926年1月1日，上海全国国语运动大会总筹备处与上宝筹备会举行国语运动大会开幕式，由会长袁观澜任主席，到会观礼者一千余人。经过如下：（1）开会；（2）第二师范国乐班奏乐；（3）全体对国旗行礼；（4）全体唱国歌；（5）会长袁观澜致开会辞；（6）尚公小学、国专附小唱会歌各一遍；（7）陆衣言报告全国国语运动大会总筹备处筹备情形，以及大会开幕后的运动步骤。次由杨聘渔报告上宝筹备会经过情形，以及区运动办法；（8）万竹南校唱国音字母歌；（9）沈信卿、陈兆瑛、杜若虚演说；（10）欢呼中华民国万岁、中华国语万岁、万岁、万岁万万岁；（11）二师国乐班奏乐；（12）马俊如、马陌芬笛语；（13）主席致词；（14）散会。

下午二时举行汽车游行，汽车由商务印书馆、中华书局供给，汽车上有游行股主干许竞公等，游行汽车装饰有各种宣传国语的文字，如：国语普及，言文一致；大家努力，传播国语；有统一的国语，才有统一的国家，等等。从省教育会出发，经肇嘉璐经过上海城后，又环城一周，经法租界和公共租界，回至西藏路总筹备处散会②。而与此同时，北京、长沙、南京、南昌、吉林、香港、潮州、汕头、上海、宝山、芜湖、苏州、高邮、镇江、厦门、福清、湘乡、汝城、句容、六合、溧水、江西、蚌埠、孝仪镇、萧县、靖江、绍兴、台山、鼓浪屿、荣城、上虞等一百余处，先

---

① 陆衣言：《举行国语运动会之方法》，《申报》1925年12月18日，第1版。
② 《全国国语运动大会开幕盛况：上宝》，《申报》1926年1月3日，第3版。

后筹备各本地筹备会，积极准备本地的国语运动[1]。

在各地举办的国语运动大会中，湖南省的国语运动办得较有声色。湖南国语运动大会于1926年1月9日举行。开幕式地点位于长沙，省教育会前场，该地搭台一座，高七、八尺，宽达丈六，上盖明瓦，并围以木板，其正面之上，缀以花圈，每阁内有一字，组成"湘南国语运动大会"等字，两旁木柱之上，贴一对联，左为"统一方言、勿再唱南腔北调"，右是"推行国语，无须乎咬文嚼字"；周围墙壁，满帖讥讽提倡文言，劝导推行国语之种种图画。进教育会二门，有树木牌十余块，上书国语书名，及欢迎至国语陈列室参观等字。国语陈列室设于图书馆内，由商务、中华两书局主办，各该局所陈列国语书籍，计约120余种。

上午十时，各来宾，约二万余人。致辞式完毕以后，游艺开始举行，有表演笑林、双簧、京调、口技、方言、国技、唱歌、新剧、跳舞等18项，多含有推行国语之意义，其中尤以该筹备会职员所演新剧为佳，至其陆续登台，演讲国语之重要，废止文言之理由，希望群众起而一致进行，打倒国粹者，有张锦云、周方等十余人。至下午六时，天已将黑，各游行队伍，亦相继整理队伍。参加游行学校和团体有：小学有求智、昭武、修业、育群等三十余校。女学有女师、民本、周南、崇实等十余校；各团体有商会、教育会、平民教育促进会、义务教育促进会等十余处，中学衡湘等十余校，人数共约万余人。各校学生，则一律高唱全国国语运动大会所印发的国语歌，同时大喊"提倡国语""普及教育"等类口号。各街巷观看之人，人游人还，拥挤不开，全城男女，皆被骚动，此种盛况，为近年来所未有[2]。

全国国语运动大会会歌

第一歌：咱们的国家，地方广极啦！人口多极啦！我说我的话，你说你的话，他说他的话，这怎么能够表情达意，亲爱如一家！喂！大家提倡国语话！改成语言统一的大中华啊！我说的话，你也听得懂

---

①《教育消息：全国国语运动大会近日开幕》，《申报》1926年1月1日，第1版。
②《全国国语运动开幕后昨讯》，《申报》1926年1月10日，第4版。

啊；你说的话，他也听得懂啊；他说得话，我也听得懂啊；大家说得话，大家都听得懂。中国的人懂得中国人的说话，这本是应该的呀！四万万同胞哇！咱们既都是中国人，为什么不懂本国的话？

第二歌：咱们的民族，开化早得很，历史长得很，我作我的文，你作你的文，他作他的文，这怎么能够普及教育人人有学问？喂！大家提倡国语文，养成言文一致的新国民！我作的文，你也看得懂；你作的文，他也看得懂；他作的文，我也看得懂；大家作的文，大家都看得懂，现代的人，使用现代人的文字，这也是应该的呀！四万万同胞哇！咱们既都是现代的人，为什么还用古代的文？中华国语万岁！①

对于此次由上海而发动的全国国语运动大会，黎锦熙评价其是"在南方已渐入混乱时代，北方已入混乱而兼黑暗的时代"，这个国语运动大会经全国各都市及日本南洋各埠华侨的国语界同时努力举行，"同唱了这个聊以自慰且自勉的歌"②。黎锦熙的语气虽有点悲观，但这次国语运动大会所开启的大规模"运动式"国语推广方式无疑壮大了国语派知识分子的声势，国语运动的理念对社会民众也产生了一定的影响。

全国国语运动大会结束之后，国语派知识分子认为应该成立组织作为推行国语的常设机关。于是，全国国语运动大会总筹备处干事陆衣言又邀集国语同志于1926年2月在上海西藏路平乐里九十八号，开始筹备成立全国国语教育促进会事宜③。该会筹备处分设总务、征求、宣传三股，筹备处设征求队一百队，分各省进行，征求会员。会员分个人和机关两种：个人会员来自直隶、奉天、吉林、黑龙江、山西、山东、陕西、江苏、安徽、河南、湖北、湖南、浙江、江西、福建、广东、广西、四川、云南等处，二千余人；机关会员，来自各省教育厅、中等学校、师范学校、教育局、教育会、学术团体等三十余人④。

1926年9月1日，全国国语教育促进会在上海西藏路宁波同乡开成立大会。大会通过全国国语教育促进会简章，规定该会以研究国语学术，调

---

① 《全国国语运动大会会歌》，《全国国语运动大会会刊》第1期，1925年11月30日，第7-8页。

② 黎锦熙：《国语运动史纲》，上海：商务印书馆，1934年，第153-155页。

③ 《全国国语教育促进会之筹备》，《申报》1926年2月7日，第1版。

④ 《全国国语教育促进会概况》，《国语月报》第9期，1927年9月1日。

查国语教育实况，力谋国语进行为宗旨，会务包括：调查方言；研究标准国语；培养国语人才；调查各地国语教育实际状况；根据实际问题，研究解决方法；编行国语书报；促成国语统一，言文一致，以期教育普及①。

该会会员网络了政学两界的重要精英，如吴敬恒、张一麐、蔡元培、胡适、黎锦熙、钱玄同等人。该会先在十七处设立驻地干事，以帮助各地成立该会，包括驻京干事、驻吉干事、驻奉干事、驻黑干事、驻苏干事、驻浙干事、驻皖干事、驻汉干事、驻湘干事、驻粤干事、驻滇干事、驻婆罗洲干事、驻星干事②。各地会员在上海全国国语教育促进会的影响下，联络同道，纷纷成立国语教育促进会，作为本地推行国语的机关，如汉口、芜湖、绍兴、泉州、新昌、萧县等地就率先成立了国语教育促进会③。其他如广东、福建、湖南、云南、广西、安徽、江西、山西、山东、直隶、河南、新加坡、婆罗洲等处，正在组织筹备④。

全国国语教育促进会于1926年9月1日在上海正式成立以后，1930年为协助政府促进全国国语教育起见，迁移到南京怀清桥，但仍在上海西藏路平乐里设立办事处。在此期间，国语教育促进会联合民众，监督政府，消灭反对国语的行动，议定每年1月1日为全国国语运动纪念日，并做了大量的国语宣传工作：（1）全国国语运动纪念会，4次⑤；（2）该会成立纪念会，4次；（3）国语宣传会每年每季开1次，共20次；（4）国语游艺会，5次；（5）国语游园会，2次；（6）国语汽车游行会，3次；（7）国语演讲会，8次；（8）国语读物展览会，3次⑥；（9）国语成绩展览会自办1次，与南京特别市政府教育局、上海市特别市教育局各合办一次，共3次；

①《全国国语教育促进会昨日成立》，《申报》1926年9月2日，第2版。

② 参见《全国国语教育促进会概况》，《国语月报》第9期，1927年9月1日，第1—6页；《全国语教促进会之正副会长》，《申报》1926年9月29日，第2版；《全国国语教育促进会干事会纪》，《申报》1926年12月12日，第5版。

③《国语团体消息》，《国语报》第2期，1926年6月11日，第5页；《国语团体消息》《国语报》第5期，1926年7月11日，第3页；《国语团体消息》《国语报》第6期，1926年7月21日，第3页；《国语团体消息》《国语报》第8期，1926年9月1日，第3页。

④《全国国语教促进会即将开成立大会》，《申报》1926年8月27日，第4版。

⑤《全国国语运动纪念会纪》，《国语月报》第2期，1927年2月，第16—19页；《国语运动三周年纪念志盛》，《申报》1929年1月4日，第4版。

⑥《国语读物展览会》，《中央日报》1928年2月20日，第7版；《全国国语教育促进会拟订国语流动展览会办法》，《中央日报》1930年1月7日，第4版。

（10）国语演说竞进会，1次①；（11）国语正音会，2次②；（12）无线电话播音，25次③；（13）国语宣传团，第一次游行长江各地；第二次游行闽广一带；第三次游行南洋各埠，共3次；（14）1930年4月，该会与教育部国语统一筹备委员会在上海合办全国国语宣传周，包括开幕式、国语演讲会、正音会、国语讨论会、国语游艺会、国语展览会和闭幕会④。

在推行方面，国语教育促进会成立专科学校培养国语师资，利用各种传习会和国语流动学校推动国语的社会传播。国语教育促进会曾将中国分为四大国语学区，计划在每一学区中设立国语模范学校一所。东区：以上海为中心，东部各省及日本华侨等属之；南区：以广州为中心，南部各省及南洋华侨等属之；西区：以武昌为中心，西部各省及西藏等处属之；北区：以北京为中心，北部各省区及蒙青等属之。由于条件缺乏，成立的只有上海国语模范学校。

1927年7月1日第一国语模范学校在上海正式开办，校董会五人，由蔡子民、赵元任、胡适、刘半农、吴稚晖组成；校长由吴稚晖担任，副校长由陆衣言担任，教务主任由马国英和曾可光担任。第一届暑期国语专修科于1927年7月11日上课，有志学习国语的民众都可报名入学，课程包括国语概论、国音、国语罗马字、国语话、国语法、国语文、国语教学等⑤。这期共有学员380余人，毕业后以供各地急用，广为传授国语⑥。至该校停办期间，共举办过2届高级国语师范班、3届初级国语师范班、2届高级注音符号班；3届初级注音符号班；1届星期国语班；3届暑期国语专修班；2届暑期国语师范班等。

1929年，国语教育促进会与南京特别市教育局合办南京国语流动学校，开国语讲习科，一个月结束。后又与上海特别市教育局合办上海国语

---

①《筹备全国国语演说竞进会》，《中央日报》1928年4月18日，第4版。

②《本会附设正音会报告书》，《国语月报》第2期，1927年2月，第15页。

③《无线电国语运动》，《中央日报》1928年3月12日，第7版；《推行国语：用无线电传音，办暑期国语后》，《中央日报》1928年6月17日，第8版；《电传国语今日开幕：学员以闽粤人为多》，《中央日报》1928年7月18日，第6版。

④《附全国国语教育促进会概况》（1930），《第一次中国教育年鉴》（第二册），台北：传记文学出版社，1971年影印版，第923页。

⑤参见《国语模范学校》《第一届暑期国语专科纪要》，《国语月报》第9期，1927年9月1日。

⑥《国语运动三周年纪念志盛》，《申报》1929年1月4日，第4版。

流动学校，先开星期国语班，16个星期结束；后又合办国语讲习所，三个月结束。1931年夏季，第一国语模范学校因经济支拙，无法维持，暂行停顿，改设国语传习会，继续推行国语。这年因社会各界的需要，该会又在上海开办国语传习会，分面授、函授两部，面授部开过暑期初、高级注音符号班各一级，一个月结束；函授部编辑讲义，利用留声机片学习国语①。

全国国语教育促进会作为民间最大的宣传、推广国语的团体，以上海为中心，与各地精英实现联合，与北京教育部国语统一筹备委员会南北呼应，分工合作，积极推行国语。从全国国语教育促进会和教育部国语统一筹备委员会的组成会员来看，很多人都是兼任，如吴敬恒、张一麐、蔡元培、胡适、赵元任、黎锦熙、钱玄同、刘复、汪怡等人②。国语派精英希望通过成立各种组织和团体，从多方面来影响政府和社会。全国国语教育促进会主要从宣传和推广角度来影响社会；国语统一筹备委员会主要是从学术研究的角度为政府制定国语规划和教育政策提供专业方面的指导和建议。南京国民政府教育部、内政部的国语推行政策不少都出自该会。1930年，国语教育促进会迁移到南京以后，继续影响着中央政府③。

五、国语教育与社会反应

在国语运动中，学校无疑是凸现各方势力相互竞争的重要场域。新文化派将国民学校看作是传播国语，塑造新国民的重要阵地，而反对白话文的地方精英，则将学校视之为延续传统文化的场所，并积极为古文争取教育空间。学校虽小，但它却成为民初新旧势力纠葛与争持的公共空间。

小学"国语"科的设置，虽经北京政府教育部明令施行，但民初全国政治中心涣散，各地军阀拥兵自重，国语教育政策的施行与否，随地方当权者的意志而定，朝令往往夕改。1923年秋季，作为张作霖奉系军阀的重

---

① 《附全国国语教育促进会概况》(1930)，《第一次中国教育年鉴》(第二册)，台北：传记文学出版社，1971年影印版，第924页。

② 参见黎锦熙：《教育部国语统一筹备委员会最近六年纪略》(1928—1934)，《国语周刊》第138期，1934年5月19日。

③ 参见《全国国语会六周年纪念纪》，《申报》1932年9月5日，第2版；《教部通令推行国语办法》，《申报》1933年3月21日，第1版；《国语运动十周年纪念今日举行》，《申报》1935年1月1日，第3版。)

要成员，曾任职奉天省财政厅厅长、东北省官银号督办、东北大学校长的王永江出任奉天省省长后，即训令该省教育厅令各中等学校及高小二年以上，一律添授《论语》《孟子》。1924年，又训令各县，"因各书局编印之教科各书，不适用于东省，业由教育厅组织编审处，另行编订"，"限期奉令各县及直辖学校，一律改用"，如再有采用"从前白话课本者"，"定惟教育厅长并主管校长是问"①。在奉省当局看来，在这个新学迭兴的时代，如童子军、新字母、语体文、中小学用军鼓军号等，名目愈出而愈奇，耗材误学，盲从者猎新忘旧，"并祖国立国教之大本，亦抛弃之，摔裂之，而不加顾惜"。要改变这种倾向，"迅将以上所指各端，概行停止"，并将论孟分编，认真考察，务使明白教授，以资养正②。这一明显违反"新潮流"的教育通令，遂激起当地和北京国语派的反对，如钱玄同等人就撰文明辨白话和文言的不同功用以及注音字母的益处③。

1927年，吉林省教育厅亦发出《修正吉林省小学校国文科整顿办法》，要求各小学从本年秋季开学一律改教文言课本。8月，吉林省教育会将第二届教育联合会作出"文言文不适用于小学，小学仍用国语为宜"的提议呈送省长公署，省长公署以"文言文简而能赅，古书记载概用文言，只习语体文将无人能读文言文"为由驳回，并再次转饬所属小学校停授语体文，改教文言文。直至东北易帜之后，吉林省教育厅才遵从教育部训令，改教语体文④。

1925年，张宗昌独掌山东军政大权后，时任教育厅厅长的王次笏呈请省署，主张将该省各校教科书，一律改用文言。他认为教授语体文，不过是为统一国语，而山东语音，与国语尚无隔阂。且各校语体文教科书绝少善本，若任其辗转传习，"诚恐因辞害意，中国文化日益废坠，势非通令各

---

①《各省教育界杂讯》,《申报》1924年5月9日,第1版;《令禁用白话课本》,《盛京时报》1924年5月16日,第4版。

②《奉省长反对新潮流之通令》,《申报》1924年5月29日,第1版。

③ 怀音:《奉教育诤言》,《盛京时报》1924年5月7日,第1版;《东省之反对国语运动》,《国语周刊》第24期,1925年11月29日,第7-8页;钱玄同:《吉林的反国语运动》《再谈吉林的反国语运动》,《钱玄同文集·汉字改革与国语运动》(第3卷),北京:中国人民大学出版社,1999年。

④ 吉林省地方志编纂委员会编纂:《吉林省志·教育志》(第37卷),长春:吉林人民出版社,1992年,第81页。

校一律改用文言，不足以端正学风"。山东省长公署按着此呈，通令各校及各道县学校一律改用文言教科书①。1926年3月，时为济南省立第一师范教员兼附小主任的王祝晨，一直在该校倡导男女同校、采用白话文、推行国语，就被张宗昌以"拥护过激，宣传赤化""白话即赤化"等罪名撤销其职务②。山东省沂水县立职业学校也因为没有遵照张宗昌要求全省小学加读经课的命令，引起守旧派的不满，而被停办③。1926年，孙传芳主导下的浙闽苏皖联军总司令部依据无锡杨钟钰、曹启文等人呈请，训令教育部门禁止男女同学，郑重读经，国文禁用白话④。

东北和山东依靠着强大的地方权势，在教育政令上明确提出反对国语白话文，压制其传播空间，获得不少旧派人士的支持。但江浙是国语运动的中心省份，孙传芳的命令显然无法撼动国语白话文的地位。而自帝制覆灭以后，后科举时代的教育制度已无需依靠文辞来取士，这点的确如胡适所料，一两个私人的政治势力虽可以阻碍白话文的推行，但这一障碍，终究不能使白话文达到"烟消灰灭"的地步⑤。

1920年，北京政府教育部下达训令改小学校国文为国语科之后，各地都有教育人员向上级报告国语教育的情况。上海崇明朱有成在报告本地的国语推行情况时说："国民学校第一学年第一学期的读本，纯是国音练习，乡人看了这种书，认定是外国书（乡人说是洋书）。他们对于外国有一种天然憎恶心，所以他们看了外国书似的书，极端的不赞成"；而"国语的语调和语音，大都根据北京话，语调不同，还没有多大的关系，语音不同，是个极大的难题，……这是乡人脑筋中最反对的。"⑥乡人甚至都把国语书当

---

①《反动势力下之鲁教育》，《民国日报》（上海）1926年4月11日，第3版；《鲁教育界的耻辱》，《民国日报》（上海）1926年4月11日，第4版。

② 张兴廉、谢丙玲：《王祝晨先生年谱》，中国人民政治协商会议山东省德州市委员会文史资料研究委员会编：《德州文史》第2辑，编者印，1984年，第100页；王恒：《王祝晨传》，政协齐河县文史资料委员会编：《齐河文史资料》（第4辑），编者印，1996年，第40-41页。

③ 张之栋：《沂水县立职业学校停办原因》，中国人民政治协商会议山东省沂水县委员会文史资料工作委员会编：《沂水县文史资料》（第10辑），编者印，1999年。

④《关于男女同学注重国文等之公函》，《申报》1926年8月27日，第4版。

⑤ 胡适：《〈中国新文学·大系·建设理论集〉导言》（1935年9月3日），刘梦溪主编：《中国现代学术经典·胡适卷》，石家庄：河北教育出版社，1996年，第677页。

⑥ 朱有成：《乡村地方推行国语的难处和救济的方法》，《国语月刊》第1卷第8期，1922年9月20日，第4页。

成外国书，可见隔膜之大。

苏松方言与国语相去甚远，苏松人对国语也大不认同，再加上民国之初北方兵杂居其间，品质良莠不齐，因人观言，"莠者不免为本地人士之轻视，因之连带及于'湾江子'，又误国语为'湾江子'，即以轻视国语。更不知道所以推行之故，于是有反对者焉"①。这种情况不但存在于乡村之中，松城和上海也屡有所见。欧阳润在报告民初湖南隆中国语推行情况时更是不胜愤慨："隆中号称黑暗，学校不过九十所；说起文明，而对于国语一科，不惟不甚发展，且或加以诽谤哪！我们当表白意见的时候，若去掉方言，他们必笑我们是'敲竹脑壳'②。甘肃省为西北官话区域，大部分县份方言均与国音大同小异，邻近省垣县份因受驻防旗人的影响，语言与国音更形接近。但一般人丑于积习以讲官话为耻，除旗籍人外多不愿讲国语，甚至旗籍的青年人亦改讲方言方音，这种心理对该省国语师资的训练有着很大的负面影响③。

由于方言习惯的束缚，这不但加深和影响了民众学习国语的难度和心理，而且在交流比较闭塞的地方社会环境中，也不能营造出学习国语的良好环境。儿童在学校里学了国音回到家里之后，有的家庭往往认为国音不对，立即改教儿童土音，或有儿童不能记忆的读音，家庭亦去改教他土音，等到儿童到学校来复诵，他的读音已经又变成了土音④。在周遭都是方言文化的环境下，儿童所学没有地方可用，国语教学效果甚微，时人就有如此抱怨，"今使一出校门，而入于耳者，仍尽是娓娓之乡谈，则每周数小时之教课，果能奏若干之效果也？"⑤

方言可以分为社会方言和地域方言⑥。从语言学角度来看，不同的方

---

① 乐嗣炳：《江苏省教育会所征集国语进行困难问题的意见》，《国语月刊》第1卷第10期，1922年11月20日，第9页。

② 欧阳润：《湖南宝庆隆中的国语状况》，《国语月刊》第1卷第8期，1922年9月20日，第2页。

③《宁夏省国语师资训练报告》，《注音识字教育实施纲领草案及训练工作报告等文书》，二档馆藏，教育部档，档案号：5-12289。

④ 朱宝庄：《宝山县立甲种师范讲习所附属小学校国音国语教学实况》，《中华教育界》第10卷第8期，1921年，第3-4页。

⑤ 罗重民：《国民之统一与国语之统一》，《学艺》第2号，1917年，第7页。

⑥ 周振鹤、游汝杰著：《方言与中国文化》（第2版），上海：上海人民出版社，2006年，第4页。

言共同体之间存在着不同的方言习惯和文化观。这种习惯和文化观在每一个人童年时代就已开始养成，并促使语言共同体通过乡土观念来恪守着他们从内部发展起来的传统，因此具有一定的保守性①。由于受政治、文化因素的影响，这种方言文化观在很大程度上表现出来的是一种中心/边缘、中央/地方、上层/下层、雅/俗、外/内、新/旧之分的文化观念。而方言的习得是一个长期的社会化过程，形成的方言习惯是不易变更的。正如蒋梦麟所说，"方音土语之所以成为方音土语，是有它历史上的关系，地理上的关系，绝不是一时偶然的"②。由于受地域文化观和方言习惯的影响，在推行国语的过程中，地方民众对他们不甚熟悉的"国语"产生了一定的认同危机。

除了方言习惯影响了普通民众对国语的观感和认同之外，有些民众认为那些"弟弟妹妹""小猫小狗"的白话课本没有学问，只有"学而时习之，不亦乐乎"才算是学问③。季羡林当年就曾遭遇到这样的情形。他回忆说，当年他从私塾转到济南一师附小，由于王祝晨在该校推广国语，课本中有一课是举世皆知的"阿拉伯的骆驼"。他的叔父看到教科书后，大为惊诧，高呼："骆驼怎么能说话呢？荒唐！荒唐！转学！转学！"于是，季羡林不得不从一师附小转到新育小学④。而一些持保守思想的学究，同样对新学制和课本内容持反对态度，一般科举时代出身的守旧派认为"国语是一种卑鄙的小说调，那有什么价值；国文是我国的国粹，决不能废除的"⑤。有人把学生学习"注音字母"，念"ㄅㄆㄇㄈ"说成是放"洋气"⑥。在风气较为闭塞的新疆，会使用注音符号的人寥寥无几。一些学究由于用惯了《康熙字典》的"反切"，对新字典的注音符号一窍不通，因而咒骂其为"邪恶"。但对于他们的孙辈很快学会注音字母，查阅字典，却又赞叹不已，有诗为证："当今怪事难度量，孙儿倒比爷爷强；谭老先生倡

① 费迪南·索绪尔著、裴文译:《普通语言学教程》，南京:江苏教育出版社，2001年，第236页。
② 蒋梦麟:《推行注音符号的目的》，《湖北教育厅公报》第5期，1930年，第4页。
③ 韶华:《谈天说地》，北京:群众出版社，1995年，第174-175页。
④ 季羡林:《相期以茶:季羡林散文集》，北京:中国言实出版社，2006年，第446页。
⑤ 朱有成:《乡村地方推行国语的难处和救济的方法》，《国语月刊》第1卷第8期，1922年9月20日，第4页。
⑥ 张世亨:《清城镇小学堂琐记》，中国人民政治协商会议山西省盂县委员会文史资料研究委员会编印:《盂县文史资料》（第1辑），1986年，第140页。

新事，'波泼墨佛'胜寒窗"①。

对反对白话文的知识分子而言，他们争论更多的是传统文化的保存问题。而民初文言和白话在社会通行上所呈现出来的新旧杂成的局面②，让一般民众担心的却是白话文的社会应用问题，不少民众从实用主义角度排斥国语文。在边远地区，民众对白话文的认知可谓极小。五四运动前，除了江苏几个特别的小学校教授语体文，以外的"把语体文都认为是奇怪的东西，乡村的小学连听都没有听到"③。1920年后，即使国语科按着教育功令得到设置，但有的学校学生上课的人数是一天比一天少。崇明的国语教员朱有成在报告中提道：我在那种地方（崇明），曾经办过一个小学校，学生的数目，在没有改用国语的时候有80名。自1920年春改用国语后，学生的数目减去5/10，减去5/10的学生，3/10转到私塾，2/10停学在家，在校的5/10的学生，真肯读国语的不过1/10，再有那4/10的学生，都因为距离私塾太远，或附近没有私塾的缘故，勉强读着罢了④。上海金山张堰鹿里学校于1920年照部令改授国语，三年后，该校学生较1920年减去1/3的人数⑤。而在文化教育比较发达的苏州，教育部下令改受语体文之后，据张一麐回乡观察，"我苏区立各校已经改用语体文的，固属甚多，因循未改的，也颇不少"；时常有人担忧，"你们在京言京，固然如是，我们素来不出门，乡里来往，儿童学了国音国语，有什么用处？反不如学了国文，还可以靠此谋生。"⑥

学生不肯学习国语，家长在其中起了至关重要的作用。而普通民众大多从实用主义的生活认知角度来判断国语教育的价值，反对子女学习国

---

① 昝玉林：《一位爱国老教师逸事》，中国人民政治协商会议乌鲁木齐委员会文史资料研究委员会编印：《乌鲁木齐文史资料》（第9辑），1985年，第125-126页。

② 关于清末民初白话和文言的社会地位的转移可参见林志宏：《情感和社会的互动：清末民初文言与白话地位的转变》，复旦大学、香港珠海书院亚洲研究中心：《现代化与国际化过程中的中国社会变迁》，2004年。

③ 黎邵西讲、正厂记：《国语教育的三步》，《国语月刊》第1卷第6期，1922年7月20日，第1页。

④ 朱有成：《乡村地方推行国语的难处和救济的方法》，《国语月刊》第1卷第8期，1922年9月20日，第4页。

⑤ 乐嗣炳：《江苏省教育会所征集国语进行困难问题的意见》，《国语月刊》第1卷第10期，1922年11月20日，第8页。

⑥《张一麐等致吴县劝学所所长潘振霄公函稿》，《中华教育界》第10卷第8号，1921年2月20日，第1页。

语。乡人认为他们培养子弟"到学校里读书，本来没有远大的希望，不过要他子弟能够认识帐簿上的字，能够写借约和期票，就是他们的宗旨。现在学校里授的'甚么''我呢''他呀''貌儿''狗子'，他们当然不欢迎"。而一般塾师则深谙民众心理，拿《大学》《中庸》和契据等项来教授学生，颇得民众欢迎"[①]。有人怀疑说，"现在社会上，国文比国语的用处广些，如公文、信札、报纸、书籍等，使用国语的到底是少数，那么，高小毕业之后，便要在社会上活动，若是不会国文，岂不是妨害它们谋生之路吗?"[②]

没有了学生，教员不敢贸然改授国语。所以，城里和乡下教师对国语的认同也是有区别的，"我们吴县城区的老师，在民国九年的秋季里，都是竭力的向国语问题上进行。有的每星期加两三个小时的国语课程了"；有的是一部分改了土音的语体文了，最少数的就是完全改为国语。"乡里的教员，究竟为什么不肯进行呢?"[③]乡村教员不想改授国语，除了学校教务长的反对以外，最大的担心还是来自学生家长的压力和自身饭碗的问题[④]。针对社会和有些家属以国语一科不切实用为由反对子女学习国语的情形，有些学校不得不请巡回演讲员"再四劝导，然言者忄享忄享，听者邈邈"，无丝毫效果。同时在"敝校每逢开学之前数日，由鄙人等择有学龄童者，挨门劝导并说明国语科之通用便利最易明了"。虽然他们"持理充足解释透彻"，但结果却是"家属一意胶执，多方辩驳甚则诽谤讪笑，无所不至，我辈几无置啄地"，而"间有一二家况较佳，知识较高，其对于子女之求学思想稍切又靡不反对国语，而宁至失学者比比皆是"[⑤]。有些家长虽同意其子女

① 朱有成:《乡村地方推行国语的难处和救济的方法》,《国语月刊》第1卷第8期,1922年9月20日,第4页。

② 王家鳌:《高等小学的国文应该快改国语》,《国语月刊》第1卷第3期,1922年4月20日,第9页。

③ 王家鳌:《浒关第二小学校"国语进行"上的大略报告和第二年所发现的两个困难问题》,《国语月刊》第1卷第5期,1922年6月20日,第1页。

④ 对这个问题的担心在一些国语教育报告里都有涉及,参见盛先茂:《湖南国语的状况》,《国语月刊》,第1卷第2期,1922年。

⑤ 乐嗣炳:《江苏省教育会所征集国语进行困难问题的意见》,《国语月刊》第1卷第10期,1922年11月20日,第8页。

在学校学习白话文，但放学回去之后，则另请私塾先生补习国文①。这种情形颇能反映出普通民众的矛盾心理。

1922年，吴研因在上海商务印书馆编辑《新学制国语教科书》，并身兼商务印书馆尚公学校校长，吴氏料想该校用白话文教学，应该不会发生问题。但反对的家长，仍不乏其人。一次，就有一位女家长到尚公来找吴氏。这位家长一坐下就问道："你知道王儒堂（北洋政府外交部长王正廷）的儿子为什么不来尚公上学吗？"吴研因答曰："不知道"。她说："你们要学生读白话文，家长都反对。我今天来，也是为了这个问题；你们为什么一定要学生读白话文呢？"吴氏说道："读白话文有什么不好？学生一读就明白，不像文言那么难懂。"她说："白话文不见得能通行。校长先生，你有儿女在小学吗？你儿女是不是也读白话文呢？"吴氏又回答说："我的女儿正在苏州一师附小读书，读的确实是白话文。"那位女家长愤愤道："这是误自己儿女，也是误人子弟。""如果你们不改用文言，我的儿女只好退学了。"②正是民众的非议和反对，让支持国语的一方不免忧心忡忡。吴研因当时就是因为怕白话文通行不了，所以花钱请各报馆记者到"老丰斋"吃饭，想请记者们把报纸的社评和新闻也充分地改用白话文，为推行白话文构造更好的社会环境。可是除了《民国日报》的邵力子，当日其它报馆记者赴宴的人极少③。

公文和报纸用语的白话化，一直是国语派精英极力倡导的改革，他们深知只有整个社会通用白话文字，学校教授白话，才能有更坚实的基础。这一倡议，报界和政府方面响应者一开始虽不多，但渐有改善④。

不少学校迫于社会的压力，见一般学生家属，间有不满之意，遂有改用文言的倡议。如浙江慈溪私立普迪小学总董秦润卿就向第三中山大学，

① 黄炎培：《小学校白话文教授的讨论》，《新教育》第2卷第4期，1919年12月，第496页。

② 吴研因：《旧中国的小学语文教材》，中国人民政治协商会议全国委员会文史资料委员会编：《文史资料选辑》（第40辑总第140辑），北京：中国文史出版社，2000年，第224页。

③ 同上，第225页。

④ 参见《江苏省教育会推行国语委员会给各报馆的一封信》（题名为引者添加），《教育杂志》第15卷第3号，1923年3月20日；胡适：《公文应该改用白话》（1922）、《报纸文字应该完全用白话》（1934），姜义华主编：《胡适学术文集》（语言文字研究），北京：中华书局，1998年。

呈请改用文言。他认为，贫民教育，应为贫民子弟兼顾毕业后的出路，"近来商界、应用书札等项，尚系袭用文言，若专授白话文，恐于学生出谋职业，不无妨碍"①。但因为格于功令和县视学的积极提倡，小学国语存废问题显然又让很多学校处于两难的境地②。一些小学教师认为穷孩子读书不容易，而白话文里的字太少太浅，不够念，为迎合民众心理，私下都教授四书五经。当教育局派来"督学"检查教学时，学生就把白话课本摆在课桌上，而将私塾课本藏好。有时候，督学检查时，私塾课本没有地方藏放，学生只好把书装进裤裆里③。这些"老鼠见猫"式的尴尬行为颇能反映一部分学生和教师的矛盾心理。但也有学校就明目张胆地打出广告，以"专教古书"为招贴，吸引民众④。上海的商务印书馆、中华书局和世界书局见文言教科书仍有一定的社会市场，亦不惜违背教育部功令，私下出售文言图书⑤。针对此种现象，吴研因就批评道，很多学校并不是真心反对白话文，"因为有一部分人（家长等）不赞成白话文，他们就落得用文言文以广招徕，这是野鸡学校的行为，很不正当的"⑥。

而当时在江苏省立第三师范附属小学发生的"焚书"事件，更凸显出民初国语运动中社会新旧冲突的复杂面相。在五四以前，时为江苏省立第三师范附属小学校长的顾倬（述之）和国文教师钱基博、薛公侠等皆反对白话文，但薛天汉、魏冰心等人又极力支持，两派一直相争不下。北京政府教育部颁布国文改国语令后，顾倬等人仍然反对白话文。1925年末，江、浙、皖三省师范附属小学联合会在无锡三师附小开会，吴研因以江苏省一师附小主事的身份提议小学一律废教文言，该案获得通过。后继续开

①《第三中大注重白话文之批示》，《申报》1924年1月30日，第1版。

②《松江：小学国语存废问题》，《申报》1924年2月10日，第2版；《松江：会议国语教科问题》，《申报》1924年2月11日，第4版；《本埠：市校采用语体文尚待研究》，《申报》1928年1月18日，第2版。

③ 铁瑛：《保定二师求学纪实》，陈更新、耿彦君主编：《师范群英光耀中华》（第8卷），西安：陕西人民教育出版社，1993年，第91页；韶华：《我所受的小学教育》，第175页。

④《四面八方的反对白话声》（1924），茅盾：《茅盾全集·散文五集》（第15卷），北京：人民文学出版社，1987年，第149页。

⑤《呈一件为呈报调查各书坊发行小学文言教科书情形祈鉴核由》，《抄录公报刊载有关注音符号方面的令文汇册》，南京国民政府教育部国语推行委员会及中国大辞典编纂处全宗档案，二档馆藏，案卷号：614-103；《三中大重申禁止古话文令》，《申报》1928年2月7日，第4版。

⑥ 吴研因：《小学校用白话文去惑》（三），《申报》1922年3月21日，第3版。

会时，南京高等师范属小学主任俞子夷又动议，来一个焚毁小学文言教科书的表示，于是搜集了三师附小图书馆的200余本小学生文言和半文言半白话的教科书，在操场上举行焚书仪式，并且摄了影。见此情形，顾悼约集反对白话文的侯鸿鉴（保三）、陶达三、钱基博等人，用县教育会和劝学所的名义，请附小联合会的主事们赴宴，在宴会上指责俞子夷等人焚毁文言教科书之非。宴会开始，县教育会会长首先就指出文言决不可废，小学必须读文言。同时，又请县长杨天骥（千里）发言，杨天骥更是批评附小联合会的焚书之举有"焚书坑儒"的嫌疑。不过，俞子夷代"国家"立言，他在焚烧初级小学文言教科书的宣言书中就直言，文言教科书犹如缠足，"要知道缠足是惨事，缠脑筋缠思想是更惨的事"，国家已经明令禁止和不予审查文言文的教科书，"我们此次焚烧初级文言文的教科书，可算是尊重国家法令，并且为国家宣传法令的宗旨呢？"[1]在中国文化传统中，文字不仅是知识的来源，同时亦是权力、身份地位的象征，此次代表"国家"一方所发动的"焚书"仪式，有着重大的象征性意义。

＊　　　＊　　　＊

1920年北京政府教育部将"国文"改为"国语"，在白话文改革的决策人胡适看来，"这个命令是几十年来第一件大事，他的影响和结果，我们现在很难预先计算，但我们可以说：这一道命令把中国教育的革新至少提早了二十年"[2]。以胡适、黎锦熙为代表的新文化派和国语派知识分子，一方面依靠着教育行政力量的关系网络，将国语引进国民教育-知识生产体系，逐渐确立起合法地位；另一方面支持国语教育的知识精英由分散走向联合，通过在各地建立国语教育团体，控制教科图书的出版和发行，开展大规模的社会宣传等方式逐渐影响民众对国语的认知，确立起国语的社会地位。但在近代中国社会转型时期，这种改革将会呈现什么样的态势，却是他们当时"很难预先计算"的。对于民国初年的国语运动，当时的英籍资深报人William

---

① 吴研因：《旧中国的小学语文教材》，中国人民政治协商会议全国委员会文史资料委员会编：《文史资料选辑》（第40辑总第140辑），北京：中国文史出版社，2000年，第223-224页；《江浙皖三省师范附小联合会纪要》，《教育杂志》第18卷第1号，1926年1月20日，第1页。

② 胡适：《国语标准和国语》，《新教育》第3卷第1期，1921年，第2页。

Sheldon Ridge（1875—1946，中文名李治）曾有这样描述：

> 作为一个新运动，开始时往往都是很顺利的，各省报纸，特别是南方的报纸，都非常积极地使用国语，但近来他们好像露出了厌倦情绪，把国语丢开，甚至在新闻栏里又玩弄起古文来了。不过这没有什么关系，第一次浪潮虽已过去，但第二次更强的浪潮正在来临。不仅报纸杂志使用国语，就连教科书和各种程度的读物都将使用国语，国立学校和教会学校都用国语，特别是在北方这种情况更为普遍。附带说一下，南方有一种奇怪现象，虽然南方在政治方面比较进步，但在语言方面却比较保守，当然这是因为他们自己不讲国语，而且顽强地保持自己的方言，他们认为推广国语是借以平衡国家权力的一种政治手段。不用说各地的传教士是非常赞成推行国语的，因为国语书写方便，印刷简化。我们说"各地"，其实必须说明南方对推行国语的呼声较低于其它各地，投入的力量也比其它各地小。但是推行国语运动为教会提供了一个使福音能广泛传播的工具，比以前更有效。……只有一种反对使用国语的意见，它不仅反对用国语代替方言，而且也反对在官方文件中使用国语，因为文言比国语简炼得多，事实上用古文印刷的书较为易读，而且篇幅比用国语印刷要少1/4到1/3，所以一些参考书籍及一些有关文化知识的材料仍是使用文言文印刷。除此之外，尽管南方表示迟疑，国语的推广仍然能够成功。[1]

李治的观察大致不差，民初国语运动在地域乃至群体认同方面都有着不小的差异。尽管国语运动遭受到来自不同方面的阻力，但他对国语运动的未来依然持乐观的态度。不过，问题远比他想象的要复杂得多。正如时人所言，各种新旧势力对儿童究竟应该利用什么文字来抒发情意，递传国家文化的问题远没有解决，文言白话之争贯穿整个民国。而这种争执反映在学校教育上，往往是白话和文言兼教，"弄得小学生无所适从，教育没有什么效果"[2]，这也是国语向社会推广之后所遭遇到的时代困境。

---

① 李治：《中国语言区域和语言的发展》，中华续行委办会调查特委会：《中华归主·中国基督教事业统计》（第1卷）（1901—1920），北京：中国社会科学出版社，1985年，第24-25页。

② 古楳编：《现代中国及其教育》（下），《民国丛书》第四编（42），上海：上海书店，1992年影印版，第406页。

第六章 国语运动与闽粤地方社会

现代语言学者将汉语大致分为七种方言，即官话、吴语、赣语、客家话、湘语、闽语、粤语。在这七种方言中，北方官话可以粗略看成是古汉语数千年来在广大的北方地区发展的结果，其余六大方言是由于历史上北方居民的不断南迁而与当地土语逐步交汇而形成的结果①。其中，闽语使用人口主要分布于福建、广东东部和海南岛及雷州半岛一部分，台湾大部分地区、浙南等一小部分地区。粤语使用人口分布于广东大部分地区、广西东南部、港澳及海外。闽粤方言与北方方言不但在语音上差异较大，其他诸如词类和语法亦有不同②。民间常常以"天不怕，地不怕，就怕广东人学官话"这种流传甚久的俗语来形容闽粤方言与官话的不同。

众所周知，秦始皇曾利用政治权力统一文字，为中国政治的统一奠定了重要的文化基础。而至清朝雍正年间，清政府开始意识到语言隔阂（特别闽粤方言）在政府统治和社会管理方面所存在的弊端。雍正六年八月的上谕称：

> 内阁官员有涖民之责，其语言必使人人共晓，然后可以通达民情，而办理无误。是以古者六书之制，必使谐声会意，娴习语音，所以成遵道之风，著同文之治也。朕每引见大小臣工，凡陈奏履历之时，唯有福建、广东两省之人，仍系乡音，不可通晓。夫伊等以见登仕籍之人，经赴部演礼之后，其敷奏对扬，尚有不可通晓之语，则赴

---

① 现代语言学家对中国境内汉语方言有着更为细致的分类，这里只是举其大要。参见周振鹤、游汝杰：《方言与中国文化》（第2版），上海：上海人民出版社，2006年，第6-7页。

② 郭后觉编：《闽粤语与国语对照集》，上海：儿童书局，1938年。

任他省，又安能于宣读训喻，审断词讼，皆历历清楚，使小民共知而共解乎？官民上下，语言不通，必致吏胥从中代为传述，于是添饰假借，百弊丛生，而事理之贻误者多矣。且此两省之人，其语言既皆不可通晓，不但伊等历任他省，不能深悉下民之情，即伊等身为编氓，亦必不能明白官长之意，是上下之情，扞格不通，其为不便实甚。①

为消除方言隔膜给政治和社会管理方面带来的不便，雍正曾下令闽粤传习官话，"福建、广东两省督抚，转饬所属各府、州、县有司及教官，遍为传示。多方教导，务期语言明白，使人通晓，不得仍前习为乡音"②。这也是明清以来官方利用行政手段推行官话，统一语言的先例。据相关研究，清朝这场官话推行运动第一阶段自雍正六年至十三年（1928—1735），是运动的高潮期，主要任务是创设机构。闽省前后共建约120余所正音书馆、书院，广东全省设立有一千所以上的社学、学馆作为教习官音的机构。这一时期正音事业迅速的发展，主要得力于政府强制执行不习官话，停其科考，断其入官之路的政策。再加上雍正十二年（1734）选派浙江、江西等地懂官话的举贡充任额外教职，以专教官音。第二阶段自乾隆元年至九年（1736—1744），这一阶段大致沿袭旧策，乾隆元年规定，延期之后，仍不会官音，则"师生皆停考试，以示明罚"。又将地方行政长官官职升降与教官主持正音的成绩联系起来，这也可见清政府推行官话的决心。实际上，在福建"通晓官话者寥寥无几，是福建土音，屡经设法教正，而外省人员处一传众咻之地，实难成功"。随后，清廷不得不以"从容之化"为由，取消限期达标的规定，这也使得正音政策逐渐成为具文。第三阶段自乾隆十年至乾隆末年结束（1745—1795）。1774年，乾隆对福建学政汪新重振正音教育的奏折做出批示，这个批文已暗示清廷实质上已渐渐放弃这一正音政策："查五方乡音不同，在有志向上者，学习官音无待有司之督责；若乡曲愚民，狃于所习，虽从前屡经设法，而一传众咻，仍属有名无实。且士子岁科两试，正以等第之高下，定其学业之优劣，如文艺优长，断无音韵聱牙之理。若不论文艺，而以官音之能否分别等第，既无以示考

①《世宗宪皇帝实录》（一）卷七十二，《清实录》（第7册），北京：中华书局，1985年影印本，第1074页。

②同上。

校之公。"显然，乾隆意识到统一语言并非易事，并从根本上否定了先前制定的不习官话，停其科考的政策①。

与清代的官话推行有所不同，近代语言统一运动的兴起，实与这一时期民族主义思潮的勃兴密切相关。闽粤地区的语言问题是近代国语运动的一个重要指向，亦被纳入语言统一的历史进程中。

一、闽粤两省推广国语的动力和途径

第一阶段：1918年，北京政府教育部通令当时全国七大高等师范学校附设国语讲习所，为培养国语师资做准备。这七大高等师范学校分别是北高、武昌高师、沈阳高师、南高、广东高师、成都高师、陕西高师。其中，广东高等师范学校附设的国语讲习所所选送的学员主要来自广东、广西和福建三省。

1918年，广东高等师范学校准备于暑期开办国语讲习所，但当时各学校没有选送学员到所，所以并未开办②。1920年1月，北京政府教育部改小学"国文"为"国语"，培养学校国语教员，刻不容缓。1920年4月，教育部开办国语讲习所，通电各省教育厅、南洋各领事选送学员到京学习。不过，粤省教育界对推行国语颇有迟疑，无人来京学习。粤籍士人赖季允、徐式文二人就对此批评道："吾粤独付阙如，如他省则奋勉进行，吾粤则迟疑观望"。他们认为造成这种状况的原因是主政者，"暴戾恣睢，所以置教育要事于脑后"③。

在1920年至1922年间，北京政府教育部共举办过四次国语讲习所，其中广东籍学员有八人，福建籍学员有四十人，福建籍学员是广东籍学员的五倍。在十个省份中，河北籍、江苏籍、福建籍学员人数分列前三，广

---

① 有关清政府在闽粤推行官话的相关研究,可参见陈谷嘉、邓洪波主编:《中国书院制度研究》,杭州:浙江教育出版社,1997年,第525—548页。
② 《有关各校选送学员参加国语讲习所事》(1918年7月16日),《广东高等师范学校附设广东省立国语传习所的文书材料》(1920—1922),广东省档案馆藏,档案号:33-1-4;《呈为附设国语讲习所夜班恳请核示备案》(1920年2月12日),《广东高等师范学校附设广东省立国语传习所的文书材料》(1920—1922),广东省档案馆藏,档案号:33-1-4。
③ 《呈一件请在粤垣开办国语讲习所由》,《广东高等师范学校附设广东省立国语传习所的文书材料》(1920—1922),广东省档案馆藏,档案号:33-1-4。

东籍学员人数虽不是最少，但排名比较靠后，这也说明广东教育界一开始对此事并不太重视（详情参见表1）。

表1　北京国语讲习所毕业学员人数（籍贯）统计表（1920—1933）

次数 人数 省份	第1次国语 讲习所	第2次国语 讲习所	第3次国语 讲习所	第4次国语 讲习所
福建	8	9	11	12
辽宁	无	20	1	1
甘肃	4	2	无	无
贵州	无	9	1	3
广东	无	1	4	3
广西	3	无	无	无
江苏	50	15	6	4
浙江	4	12	6	4
河北	16	19	40	14

（资料来源：《前国语讲习所毕业学员人数的分省统计》，《国语周刊》第253期，1936年8月8日；《前国语讲习所毕业学员人数的分省统计（续）》，《国语周刊》第254期，1936年8月15日。）

1920年初，改行国语已成定局，广东省高等师范学校此时依令再次附设国语讲习所，并呈请时任广东省长的张锦芳核示备案。广东省立第一届国语传习所招收学员一百余名，所长由广东高师校长金曾澄兼任，学员由各地主管机关在现任各学校教职员及主管教育机关职员、高等师范或初级师范毕业生中选送。课程分国音、会话、国语、发音学、注音字母、文法、国音沿革、教授法、读文九种[①]。该所讲师戴宗杰（原名"戴仲杰"）曾编制《广州语拼音一览表》《汉语变迁小史》《广州音与标准音的比较》《国语活用会话》作为讲义教材。广东省国语讲习所从1920年初举办，共举办了8年，该省各中小学的语文教师受过半年国语学习的人数达1200人[②]。

广州市教育局见"国民学校教员，谙习国语者无多"，从1923年4月1

[①]《广东高等师范学校附设广东省国语传习所的文书材料》（1920—1922），广东省档案馆藏，档案号：33-1-4。

[②] 戴宗杰：《我推行普通话的回忆》，李齐念主编：《广州文史资料存稿选编》第6辑（文化教育类），北京：中国文史出版社，2008年，第89-90页。

日起，亦在广州市立师范学校内，附设国语讲习所，规定4个月毕业。市内小学教员，除曾在省立国语传习所毕业者外，余概令赴校练习。至1927年该所已开办至第3期，常年教育经费约为3300元。据相关统计数据显示，截至1935年底，广州市国语传习所共办14届，毕业学员约有907人，他们都成为广州市校推行国语的主要骨干①。

曾在北京国语传习所学习过的戴宗杰见广东历年参加国语学习的人数日多，为了团结和联合这批人员以便组织力量广泛推行国语，特和广州国语传习所结业学生陈朗秋、梁日如等，发起组织广东国语同志会，所有省办的和市办的国语传习所届/结业生均为当然会员。戴宗杰为该会会长，下设若干干事管理会务。并规定，凡属会员与会员之间相谈，必须一律用国语，违者罚款五个铜元，作为聚餐费用。这些热心国语的同道者为广东推行国语提供了便利条件。

陈独秀在广州主持教育期间，对国语教育也大加支持。陈炯明主政广州初期，邀请当时在上海的陈独秀到广东担任广东教育委员会委员长一职，改革广东地方教育。在此之前，北京大学广东籍毕业生谭平山、陈公博、谭植棠、陈达材等人也回到广州。陈独秀在清末创办《安徽俗话报》时，对国语教育就甚为重视，曾强调语言改革和民众启蒙教育之间的重要关联②。他认为小孩子不懂得深文奥义，"只有把古及事体，和些人情物理，用本国通用的俗话编成课本，给他们读，等他们知识渐渐的开了，再读有文理的书"。并且中国地方大得很，"若一处人说一处的话，本国人见而不懂本国人的话，便和见了外国人一样，那里还有同国亲爱的意思呢，所以必定要有国语教育，全国人才能够说一样的话"③。北京政府教育部颁布注音字母以后，他对注音字母也是支持有加："如注音字母能实际施行，

① 广州市市政厅编印：《广州市市政报告汇刊》(1923)，1924年，第404-407页；广州市政厅编印：《广州市市政汇刊》，1928年，第7页；李宗黄：《模范之广州市》，上海：商务印书馆，1929年，第171、177页；广州市政府编印：《广州市政府三年来施政报告书》，1935年，第229页。

② 有关陈独秀文字改革思想的研究，可参见王爱云：《陈独秀与文字改革》，《安徽史学》2012年第4期。

③ 三爱：《国语教育》，《安徽俗话报》第3期，光绪三十年四月初一，第19页。

必能远驾罗马字母，官话字母以上，而吾国文字与言语不难统一之日。"①

陈独秀到广州之后，联合同志，除创办《广东群报》，开办宣传员养成所从事新文化运动和马克思主义宣传外，在1920年11月至12月间成立了"注音字母教导团"。陈独秀指定张毅汉为主任，教导团设总教导员兼编审一人，副指导员二人，助手若干，注音字母教导团的学员有一百多人，多为广州在职的中小学教师。每日由教职员带着助手，拿着"字母灯牌"，分赴广州市繁华地点讲解，宣传注音字母。1921年夏天，省教育委员会向省长发出《呈请省长通令各县市提倡注音并准在公共建筑物上张贴注音字母及说明书》的公文，同时又向孙科市长发出《咨请广州市市长特饬所属各国民学校遵照省长通令对于国语及注音字母认真讲习文》，要求"市教育局分饬所属公私各国民学校一体遵照"②。

1926年1月1日至31日，上海全国国语教育促进会联合各地会员同时发动全国国语运动大会，反对文言复辟，向社会民众宣传国语，广东省也积极响应这一行动。1926年1月初，广东教育界国语同志会就假借桂香庙广州市小学职教员联合会组织广东国语运动筹备会③。1月17日，广东国语运动筹备会召集各团体各学校代表开会，举定伍朝枢、陈公博、陈其瑗、马洪焕、吴铁城、伍大光等为该会会长，并于23日举行国语运动大巡行④。1月23日，广州《民国日报》刊出国语运动大会特刊，刊发《全国国语运动大会广东运动会宣言》，该宣言指出，"同志们提倡国语，便是继续努力革命的工作，革命才能够成功"。国语会会员邹汉明也撰文呼吁，国语运动是国民革命以及宣传三民主义的重要工具，"我以为国民党如果想全国的学生、农人、工人、商人、军人都完全明白本党的党义"，"必一定先要做一番国语的工夫，使全国人都懂国语"。只有这样，才有使全国人明白、

---

①《陈独秀之国语谈》，《国民新报》1920年2月13日，张影辉、孔祥征编：《五四运动在武汉》（史料选辑），武汉：湖北人民出版社，1981年，第282页。

②梁复然：《广东党的组织成立前后的一些情况》，李涛编：《亲历者忆：建党风云》，北京：中央文献出版社，2001年，第336页；陈觉全：《广州市推行普通话（国语、官话）史略》，《岭南文史》1996年第1期。

③《广东教育界之国语运动》，《广州民国日报》1926年1月5日，第10版。

④《国语运动定期大巡行》，《广州民国日报》1926年1月18日，第10版。

研究、信仰、宣传本党主义的希望①。这一呼吁表明，国语推广者开始将国语运动与国民党意识形态宣传结合起来。正如有研究者所论，国民革命与国语运动的结合，反映了广州国民政府"民众化、革命化"的教育方针，更表明了国民政府希望通过开展国语运动来促进国民革命②。

广东国语运动大会包括国语运动大巡行、展览会、游艺会。该会租赁四辆汽车，汽车上悬挂白布幅，上书国语运动标语。巡行路径经过教育路、惠福路、丰宁路、太平路、西濠口、海珠前、天字码头、永汉南路、万福路、文德路、城隍庙路、财政厅、广仁路、越华路、吉祥路、第一公园、维新路，沿途给市民散布传单，并燃放串炮③。国语图书展览会在广州市立小学教职员联合会内举行，主要是对民众讲解推广普通话的方案、意义和作用。展览会的图书有《广州语拼音一览表》《广东省汉语分布图》《中国汉语分布图》《汉字拼音一览表》《国语运动纲目》以及所有推行国语的书报图片，并设有专人从旁指导、解释、说明。同时，设在广州市的商务印书馆和中华书局均廉价出售各种国语图书，商务印书馆经理高讲和中华书局分店经理李振辰捐款一百元作为运动会费用。游艺会有文化新剧社表演白话剧，纯以国语表演，口音正确，语词烂熟，剧情优美，吸引不少民众。还有年仅八九岁的小学生，用国语演讲，极为有趣，颇得全场众宾赞许。是日国语运动大会来宾足有三千余人，广州市教育局长吴大光也到场支持，足见一时轰动④。

1920年代的广东国语运动，在上级教育行政部门的督促下，主要依靠当地的知识分子自发组织和推行，同时也得到一些国民党政要的支持，但这一时期国语教育在广东地方影响不大。正如时人张海鳌所观察到的，广州市大部分小学无论上国语还是其他功课，都是用土音教授。上国语科的，有的用国语念一遍，叫学生也跟着念，但多半都不准确。造成这样的结果，一是当地欠缺国语师资，二是广东人的方言习惯难以在短时间内改

---

① 《全国国语运动大会广东运动会宣言》，《广州民国日报》1926年1月23日，第4版；邹汉明：《国民革命和国语运动》，《广州民国日报》1926年1月23日，第4版。

② 喻忠恩：《政治话语与语言教育：20世纪20年代后期的广东国语运动》，《井冈山大学学报》（社会科学版）2010年第5期。

③ 《今日举行国语运动》，《广州民国日报》1926年1月23日，第10版。

④ 《国语运动大会开会之情形》，《广州民国日报》1926年2月2日，第11版。

变①。

民国初年，福建省地方政局一直因军阀角力而立足未稳，从彭寿松、李厚基、王永泉、孙传芳、周荫人到1926年国民党军队入闽，教育行政也随之变更。1928年福建省政府重新改组，教育专家程时奎负责改进福建教育，国语教育才渐有起色②。据1928年福建省教育视察报告来看，是时各地小学多用方言授课了，但也有少数学校如闽清县公立文泉中学、莆田县私立华星女子中学都能积极倡用国语，学生成绩颇佳③。各校鲜用国语教学，有一定的原因。因为教师本身国语就不好，讲起来很不习惯。学生家庭对于国语亦不了解，多采取反对的态度。但该省教育当局还是励行国语教育，"吾闽地势多山，因天然之阻隔，有复杂之语言，励行国语，以求统一，至为必要。各县中小学，多用方言教授，此后应行改换；中学方面，应纯用国语"。但小学方面则有变通，"高级可全用国语，初级读音可用国语，解析字句，则可兼用方言"④。

另外，也有一些国语推行者利用个体力量组织一些短期国语训练班和国语传习所来训练一些学员。如国语推行委员会委员乔仲敏曾在厦门会同鼓浪屿教育会组织国语讲习所专教各小学教员国音国语，自己印发讲义和片子，厦门方面的学员有四十至五十人，鼓浪屿方面也有二十至三十人⑤。

第二阶段：1930年前后，国民党中央通令全国推广注音符号。随着国民党定都南京后，这一强制性的国语政策与其集权化的政权建设相配合，并由此得到国家权力的大力支持。由于文盲成为民众启蒙和政权建设的巨大障碍，国民党将识字教育作为政府下层工作纲领的首要任务，并在全国范围内发动了识字运动。但汉字繁难，学习费时。1930年4月21日，时为国语统一筹备委员会主席的吴敬恒，在国民党中央第88次常委会上提议改

---

① 张海鳌：《广州市小学调查报告》，《教育研究》第4期，1928年5月，第8-9页。
② 欧元怀：《关于改进福建教育之我见》，傅无闷编辑：《新福建》，星洲日报四周年纪念刊，1933年。
③ 林炯：《永泰、连江等县视察报告》，《督学视察报告》（第1种），福建省教育厅印，1929年，第12、25页。
④ 叶松坡：《视察后零感》，《督学视察报告》（第1种），福建省教育厅印，1929年，第16页。
⑤《厦门特委乔仲敏函》（1930年），《函聘各地特为及各地特为进行国语宣传情形的文件》，二档馆藏，国语档，案卷号：614-106。

"注音字母"名称为"注音符号"，以助识字运动。他认为注音字母，或注字音，或注语音，足当注音而已，不合造字，音为"字母"，徒滋歧误，所以应改称为"注音符号"，并议决三项推行办法："令行各级党部，使党部人员一体采用，以增宣传党义上的便利；知照国民政府令行各机关人员，应一律熟记，藉以为周察失学民众疾痛之助；饬教育部令行各级教育机关、师生皆应传习协力，以助民众补习教育容易进行。"①7月23日，南京国民政府教育部公布各省市推行注音符号办法25条，通令各省市机关、团体、学校、工厂、商店等，向内部人员及附近民众传习注音符号。各省市县各级党部及各行政机关，应下令强迫全体工作人员，于一定时期内，学习注音符号，如果确有特别事故，可向本机关声请延期，经核准后，可发给延期证。但在有效期间，至多不过四个月，逾期再不学习者，以失责或溺职议处②。

当时不少教育家认为注音符号既可帮助民众识字，又可统一语言，一举两得，故而积极推行，党政机关亦将推广注音符号作为一项政治任务来看待。注音符号因中央政府推行识字运动而盛极一时，其影响不局限在一地。各省市组织注音符号推行委员会并将其规程和组织大纲呈报教育部的有：浙江、察哈尔、陕西、云南、黑龙江、山东、福建、江苏、湖北、江西、贵州、热河、广东、河南、河北、汉口、上海、青岛、北平、天津等省市；呈报核准施行方案，或呈报实行传习的有：湖北、河南、福建、广东、安徽、江西、热河、山西、察哈尔、南京、青岛、汉口等省市③。

广东省教育厅接到中央奉令后，依照部颁规程于1930年8月21日组织成立广东省注音符号推行委员会，聘定戴宗杰、刘畅九、靳为梁、徐乙垣、赵宝如、赵雅庭，委派黄佐、邹炽昌、陈良烈九人为该会委员。该会第一次委员会议定，于9月15日至21日举行宣传周，请党政名流演讲，以

---

①《改定注音字母名称为注音符号及推行办法案》，罗家伦、黄季陆主编：《吴稚晖先生全集》（第5卷），台北：中国国民党中央委员会党史史料编纂委员会出版，1967年，第312—315页。

②《教育部公布各省市推行注音符号办法二十五条》（1930年7月23日），《注音识字教育纲领草案及训练工作报告等文书》，二档馆藏，教育部档，档案号：5-12289。

③高福伸：《中国文字改造与教育问题》，《教育研究》第63期，1935年11月，第31页。

唤起民众注意①。在广东省举办的注音符号宣传周内，主要侧重向学生和民众宣传注音符号的功用。首先是言语宣传：各中等以上学校或高级小学校，每日由各校自行组织演讲队，在繁盛地点巡回演讲。每日下午六时至七时，分请注音符号推行委员会在广州市播音台演讲，讲者有程天固、陆幼刚、金湘帆、陈良烈、戴宗杰、刘畅九等。讲题分别有"注音符号之推行与振兴中华民族之关系""推行注音符号与普及教育""注音符号与教育之关系""推行注音符号与实现三民主义"等等。其次是文字宣传：发表宣言，除刊登各日报外，并印刷数万份交由演讲队，在繁盛地点发给民众；订定标语，除刊登各日报外，并在各电影、戏院影放及张贴于繁盛地点；印刷注音符号传单，加以说明及推行注音符号的口号，计二十万份，交由各校演讲队在繁华地点散发，又函送省会公安局饬警察挨户派送，以资认识②。注音符号宣传周之后，广东省教育厅长金曾澄认为推行注音符号，关系教育前途，又组织注音符号传习所，通饬各县派员来省入所学习，毕业期满后，再回县设所训练县民，该所于1930年11月11日开学③。

在推行注音符号方面，福建省大体遵从同样的方式。闽省教育厅亦于同一时期成立注音符号推行委员会，并订立注音符号宣传周办法：第一日在省党部大礼堂举行宣传大会；第二日、第三日为学校宣传日，由省指委会宣传部教育厅指派人员分赴各学校演讲；第四至六日为民众宣传日，由教育厅令各学校指定教职员、学生在街市重要地点演讲。宣传周期间，在《福建教育周刊》《民国日报》副刊刊出专号，发布宣传标语、传单等。同时，设立教育厅注音符号练习班，训练教育厅职员，先后毕业者34人；设立各民众学校教职员注音符号练习班办法，训练民众学校教职员，毕业者21人；设立福建省会各机关公务人员注音符号练习班，训练各机关公务人员，毕业者114人；成立福建省注音符号传习处，分甲乙两班，甲班供省

---

① 《广东省注音符号推行委员会组织章程》，《教育部国语推行委员会及所属单位组织条例及委员名单》，教育部档，二档馆藏，档案号：5-12283；《本省注音符号推行委员会成立》，《广东教育行政周刊》第60期，1930年8月24日，第51页；《粤省推行注音符号》，《中央日报》1930年9月10日，第3张第4版；《粤省扩大注音符号宣传》，《中央日报》1930年9月21日，第3张第4版。

② 《呈报宣传注音符号经过情形》，《广东省政府公报》第144期，1931年2月20日，第96页。

③ 《粤教厅组设注音符号养成所》，《中央日报》1930年10月6日，第3张第4版。

会人员学习，毕业者164人，乙班供各县人员学习，毕业者85人。后该处移交福建省立民众教育馆办理，内分讲习、塾师、民众三班，全体学生230余人。至1931年底，福建省已设立注音符号委员会的县份，有长乐等39个县；已推行宣传周者，有龙溪等8县；已设传习机关者，有南靖等21个县。至1934年，注音符号传习处陆续开办七届讲习班，养成注符师资、国语教员等多人。福建省注音符号的推广工作，颇见成效，得到了南京国民政府教育部的嘉奖①。但因中日战事的影响，这一时期注音符号的推行渐无声息。

第三阶段 1936年"两广事变"后，在南京国民政府教育部的督促下，广东全省又再次掀起国语推广热潮。1936年9月，"两广事变"平息后，南京中央势力进驻广东。时为教育部长的王世杰在考察完广东教育后，对粤省小学国语教育颇为不满，他认为粤语小学亟应注意国语②。随后教育部发出通告，指出"广东全省大中小教职员学生，尚多使用方言，对于国语教育之推行，远不及其它省份，影响甚大"，为督促该省推行国语教育，特制定五条办法：（1）督促该省各级学校教员一律用国语教学（视察员对于各级学校及其教员是否应用国语教学，应作报告，列入各学校考成）；（2）师范学校中学和小学现任国文教员如不能用国语教授，应由厅限期令其学习，期满予以检定，其能以国语教授者，得免除学习，逐予以证明书；（3）于各重要适中地点之学校设立国语传习所，令各级学校不能用国语教授之教员，分期学习；（4）师范学校会考科目，自1937年度起，加入国语口语及注音符号科目；（5）1938年度起，凡小学教员的检定，应列入国语口语及注音符号科目③。这一规定将国语和注音符号加入学生考试和教员的检定科目中，足见中央政府教育部门的重视。

实际上，国民政府加大对国语教育的执行力度，不仅仅体现在教育上。1932年，电影检查委员会从上海搬到南京之后，就联合教育部、内政

① 以上数据引见福建省教育厅秘书处编：《福建现行教育法规汇编》，福建省教育厅教育周刊发行部，1932年，第167—190页；《闽教厅拟订实施义务方案》，《中央日报》1931年4月5日，第3张第4版；《粤省推行注音符号成绩》，《中央日报》1931年12月30日，第5版；《注音符号传习处最近概况》，《福建民众教育季刊》第1卷第2号，1934年，第370页。

②《吴鼎昌王世杰返京》，《中央日报》1936年9月27日，第1张第4版。

③《教部督促粤省推行国语教育》，《申报》1936年12月1日，第9版。

部对国内的方言声片，严加取缔。在当时的语境下，有人认为粤语片是侵害国语统一运动的影片，因为它表现了"广东人特别嗜好和桑梓观念之深，他们往往对于一张粤语对白片，会以多倍以上的欢迎热忱来接受它，于是粤语对白片在华南大走红运"①。在代表国家权力的"电检会"看来，方言片是地方保守文化的重要表现，于国家政治统一实为不利，"电影为宣传之利器，凡方言影片，足以侵害统一国语运动者，即应禁演"。在这种观念主导下，一部有蝴蝶、梁寒珍合演的粤语片《美德夫人》，电检会即以妨碍国语统一，予以禁演②。

这一电影政策事后并没有得到切实执行，粤语影片仍风行一时。电检会认为这是"华南一带过去政令未能统一"，"影商方面迎合当地观众，唯利是图"所造成的结果。正如时人所观察到的，国语电影"为中央数年来已定国策，当此国家统一之工作努力猛进之际，决不能因地方区域特殊情形而改变已定之国策，此广东电影检查之不能不统一办理，而粤语方言影片之不能不加禁止"③。当时明星公司拍摄的《麦夫人》一片，初用粤语对白，内政部电影检查委员会仅准该片在广州公映，后经该公司将粤语对白改成国语之后，才得扩大放映④。

1936年底，两广统一以后，电影检查委员会再次重申前令，"今幸统一完成，百务更张，电影为社会教育利器，本会职责所在，不容坐视，自应加以整饬，华南各片商过去已经摄制之粤语影片，本应全行禁绝，以符法令。"⑤禁止方言电影不仅仅单指粤语电影，电检会规定，国产有声影片，须一律采用国语对白，以资统一，"凡国产各电影制片公司，嗣后不得再行摄制方言有声影片，否则一经查出，定予没收，决不宽贷"⑥。但从粤

①平凡：《电检会取缔不良电影,方言声片和歌舞影片的厄运》,《电声》第3卷第38期,1934年,第744页。

②《电影检查会取缔歌舞及方言声片》,《内政消息》第2号,1934年,第117页。

③《电检会订定整理华南影业办法,摄制方言声片严重处罚,粤语影片重加检查得暂放映,国产影片运粤今后关税豁免》,《电声》第6卷第2期,1937年,159页。

④《中央电影检查委员会公函第83号》,《中央电影检查委员会公报》第3卷第10期,1936年10月,第8—9页。

⑤《中央电影检查委员会通告第81号》,《中央电影检查委员会公报》第3卷第12期,1936年12月,第8—9页。

⑥《中央电影检查委员会通告第79号》,《中央电影检查委员会公报》第3卷第12期,1936年12月,第8页。

语电影发展情况来看，这一方言电影禁演政策并没有得到广东地方的积极回应。方言电影是否妨碍国语统一，有无存在的必要，时人还有不同的意见，华南电影协会理事赵树燊就认为在不违反国语统一原则之下，粤语影片实有暂时保存的必要①。

　　除拍摄方言电影这一违反国民党中央政策的事例之外，陈济棠在广东推行读经政策，显然又与南京国民政府教育部政策相悖，再加上该省国语教育松懈，不能令中央政府满意也是不争的事实。时在广东勷勤大学任教的林砺儒就对这一时期广东的国语教育批评道："我们国内有方言的地方，不只广东一省。如福建全省方言与国语完全不同，浙江之处州、温州，江苏之上海、苏州，广西之东南部，他们的方言都和国语相差很远。然而他们的中学生大都懂国语，比广州学生胜得多，中国四大方言区——闽、粤、吴、瓯——现在那三区的国语教育都很进步，有了成绩，独有广东落后，这还不是教育界之羞么？就广东省境内说，东区潮梅一带，国语教育也较广州和西区、南路远胜，这还不是小学教师应任其咎么？国语不统一是我们国家的奇耻大辱，本省国语教育无成绩是教育界之耻，这一点'耻不若人'的勇气都没有，还配说是革命策源地的教育！"②

　　教育部利用行政命令督促粤省推行国语，改组后的广东省政府不得不积极遵行和配合，并很快订定推行国语教育办法多条，呈报教育部。此办法对小学方面、中等以上学校方面和民众教育方面的国语推行都作了详细规定③。如在广州、惠阳、曲江、高要、茂名、琼山等处，各设国语传习所一所，并令委员靳为荣、王学潜、黄涣福、梁赞燊、余兆田、白学初分任广州、高腰、惠阳、茂名、曲江等处设立的国语传习所所长，招收县市局公务人员、各校员生及一般民众练习国语④。萧仪昌、张为刚分别被广东省

①《中央电影检查委员会公函第109号》，《中央电影检查委员会公报》第3卷第12期，1936年12月，第5页。

②林砺儒：《国语比赛之后》（1934年5月28日），北京师范大学校史研究室编：《林砺儒文集》（下编），广州：广东教育出版社，1994年，第658页。

③《教部核定粤省推行国语教育办法》，《申报》1937年3月13日，第2版。

④《广东省立第一国语传习所招学员》，《私立岭南大学校报周刊》第9卷第17期，1937年5月15日，第248页；许崇清：《一年来广东教育概况》，《广东教育厅月报》第1条第1卷，1938年1月31日，第8页；《广东省各县市局设立国语传习所办法》，《广东教育厅月报》第1卷第6期，1938年6月30日，第10页；《广东省教育厅训令社字第277号：令饬各县筹设国语传习所》，《广东省政府公报》第357期，1937年，第80页。

教育厅委派到信宜县和廉江县筹办国语传习所。萧仪昌所在的信宜县国语传习所曾有两班学员毕业，张为纲在廉江县举办的讲习所主要以该县县属各中小学校长及国语教师为对象，曾有一期学员学习一个月后始行结业①。

不过，这次广东国语推广热潮，所取得的成效也是微乎其微。正如后来的研究者所言，这次国语运动表面上是一次语言教育的运动，实质是广东当局为适应新的政治形势需要，向中央表明忠诚而开展的一次政治运动②。

相比较而言，福建省的国语教育在20世纪30年代逐渐获得成效。十九路军总指挥蒋光鼐任福建省政府主席期内（1932年12月至1933年11月），该省行政较独立，据曾担任过闽省教育厅长的郑贞文回忆，他回闽主管教育时，认为闽省教育机关分布极不平衡，派别滋生，加之省内方言复杂，因语系不同而亦增生了各种派别，其志愿便是要使一般学生能讲普通话，所以下决心励行国语教育。当时教育厅对于闽省教育行政有充分的职权，对于郑贞文提出的教育措施，蒋光鼐总是给予支持。在蒋氏主闽的十一个月内，增筹并稳定教育经费，加强国语教育和健康教育，其办法有：加强师范学校注音字母的学习，以培养出发音正确的师资；自幼儿教育始，认字读书一律用国语教学；除初级小学准于教课时暂用方言说明外，高级小学以上，师生间必须全用国语对话，不得混用方言；督学或视导员视察学校时，应特别注意教师的教学用语，如发现仍用方言，须即严加告诫，以资提倡③。从20世纪30年代起，为推行国语，福建省广播电台应时开辟国语节目讲座，向全省大众播音教学普通话。日本侵华，福州沦陷后，省广播电台内迁永安，未能续办国语讲座④。

1934年陈仪入闽，有评论对于陈仪主政闽省的政绩，赞誉有加。在陈仪主闽以前，福建"封建势力，据地自雄，政令不出省门，派系重于一切，倾轧抗拒，积重难返，益以闽省语言复杂，交通梗塞，回天须力，挽

①《萧仪昌呈陈部长之信件》（1938年11月26日）、《呈为呈报最近推行国语教育工作情形事》（1939年7月10日），二档馆藏，教育部档，案卷号：5-12305。
②喻忠恩：《"两广事变"后的广东国语运动》，《开放时代》2009年第4期。
③郑贞文：《在福建教育厅任职的回忆》，中国人民政治协商会议福建省委员会文史资料研究委员会编印：《福建文史资料》第12辑，1985年，第3-8页。
④陈海亮：《福建推广普通话的启蒙者——周应杰事略》，中国人民政治协商会议福建省福鼎市委员会文史委员会编印：《福鼎文史资料》（第14辑），1996年，第131-133页。

正至艰"①。陈氏接事后，"安辑地方，统一行政，建立人事制度，训练干部人才，健全基层政治"②。陈仪任福建省主席期间，是国民党统治权力在闽省最为集中的时期。福建省政府在政治上建立了民、教、财、建四厅合署办公的统一制度，集中省府的权力，削弱各地方势力，并将各县的权力置于省府控制之下；建立福建省独有的人事制度，通过县政人员训练所和警保人员训练所来稳固各县的人事安排③。这一集权化的政治体制也反映在国语教育中。陈仪就曾两次发布政府训令，督促公务员和教职员使用国语。

　　1938年2月24日训令之一：普及国语，为本省推行政令，促进教育的必要条件，全省公务人员及教职员，人人应负普及国语的责任，以后无论公共讲演，以及私人谈话，均应避免本地土话，尽力用国语，以为一般民众表率。

　　1940年6月29日训令之二：语言为沟通思想，集中意志之利器，普及国语，实为推行政令之要图，是以公务人员尤应以身作则，尽力倡导，为民众表率。前经通令遵行在案，及查近来各县区公务人员仍有各杂方言，致启疆域观念，影响行政效率，殊非浅鲜。亟应重申前令，应予纠正，嗣后全省公务人员尽力避免方言，倡用国语，促进普及，藉收划一整齐之效。④

　　1941年9月，陈仪离职，刘建绪继任闽省主席。刘氏大体继承了陈仪的施政策略，加强训政，推行自治，巩固基层。社会教育上，注意提倡国语。并通过"福建省地方行政干部训练团"竭力推行国语，不许公务人员之间有小组织，化除学员的地域观念⑤。在地方，如福建省党部永安县党部

　　① 马兆奎：《闽政抒感》，张志智编：《福建中央日报评论集》（1941年4月—1942年4月），本社论委员会印行，1942年，第33-34页。
　　②《治闽方针——三十年九月九日对中央社记者谈话》，福建省政府秘书处编译室编：《刘主席言论集》，福建省政府印，1942年，第1页。
　　③ 高垲：《陈仪的福建省人事制度》，中国人民政治协商会议福建省委员会文史资料研究委员会编印：《福建文史资料》第9辑，1985年，第77-78页。
　　④《公务员及教职员应负普及国语责任讲演及谈话应用国语卷》，福建省档案馆藏，档案号：1-1-426；《福建省银行关于公务人员应力避方言倡用国语的函》（1940年7月），福建省档案馆藏，档案号：24-2-192。
　　⑤ 王原一：《一年来的干部训练》，福建省政府秘书处编译室印：《闽政一年》，1942年，第52页。

亦积极推行国语运动，禁用方言①。

第四阶段：抗日战争胜利后，罗卓英任广东省主席，为配合战后重建的工作，"在应付治安粮食及其它复原建设各要政之余"，对振兴教育，亦不遗余力，将国语教育作为施政四大原则之一，并承教育部指示，通令广东省各级学校应切实推行国语，计划在三年内即普遍用国语教授与会话②。此后，广东省政府拨出专门款项，办理国语教育③。

广东政府对国语教育的重视，一方面，教育复员工作遵照着中央既定的政策。教育部督学来粤视导，对于广东省教育复员情形，颇感满意，不过，对"那些比较差一些的地方，教育也明白指示出来，要我们改进"。1947年4月21日，教育部就根据督学呈送的广东省各级教育视察报告，令饬广东"全省各级学校应改用国语教学"④。

另一方面，广东地方当局对外界批评"广东没有文化"的论调也有所注意，时任教育厅长的姚宝猷反思说："罗主席给我们说过，外省人士曾公开批评我们，说我们广东是没有文化的。外省人士这种批评，显与事实有所出入。我们当然不甘接受，不过我们的文化教育要是没有很多的弱点，人家断不敢随便说出这种批评的话来"。为改变这一缺点，广东人学国语，亦应此迫切起来，因为"我们广东人的聪明才力是不下于外省人的，但因为语言隔阂的关系，和外省人做起事来，往往要吃很大的亏。就是做学问，讲应酬，也感到十分不方便。所以我们对于国语，应该多多注意，多多学习，期在三五年后，能够普通推行"⑤。从广东省政府角度来看，推行国语确有实际措施：

（1）广东省注音符号推行委员会就加强了工作，督促中山、高明、汕头、昌江等39个县市相继成立注音符号推行委员会。

---

① 《呈请准予通令所属推行国语运动禁用方言由》（1944年4月26日），《国民党福建省党部永安县党部国语运动筹委推行国语禁用方言》，福建省档案馆藏，档案号：82-6-361。

② 黄洪才：《关于国语运动》，《青年周刊》第5期，1945年，第5页。

③ 《广东省政府第十届委员会第九十次会议记录》（1947年2月14日），广东省档案馆编：《民国时期广东省政府档案史料选编 第十届省政府会议录》，广州：广东省档案馆，1988年，第314-315、324页。

④ 《奉教部令核饬改进本省各级教育电仰遵照由》（1947年4月21日），《教育部省教育厅关于大学法专科学校学生训练、注册、考试、学籍、待遇、证书等办法规定的训令及中央研究院院士选举规程》，广东省档案馆，档案号：5(2)-62。

⑤ 姚宝猷：《新认识与新期望》，《广东教育》第2卷第5期，1947年11月1日，第1-4页。

（2）规定本省各级机关公务员接洽公事时须一律说国语，公众集会时须一律用国语，中等以上学校授课时一律用国语，各级小学授课时以国语为原则[①]。

（3）举办国语师资登记，选出成绩最优良者分派各校教授，中等学校国语师资考试科目有作文、注音、译音、国语教学法、国语文法、发音学、国语罗马字、口试等九种。国民学校国语师资考作文、注音、译音、国语教学法、口试等五种；其中分派到的学校有广稚中学、省立女子师范、黄埔中正学校、执信中学、勤勤师范学校、省立广州职业中学、仲恺农工职业学校等校等[②]。

（4）举办国语师资训练，由广东教育厅会同省训练团，举办国语教育人员训练班，由一、二、三、四、七行政区各县调训。举办国语教师训练班的县市，如汕头市举行一期，结业学员36人；广州市举办一班，结业学员62人[③]。

（5）分令各机关团体普设国语讲习班，据报开班者有卫生处、地政局及汕头、白沙、琼崖、南海、琼山、海丰等20余县市，广州大学、惠州师范、省立广州女师等30余校[④]。

（6）举办国语运动周，活动项目包括展览：国语运动史料、国语教材、注音符号图表、语文教具、历代字体碑帖、注音民众读物、边疆特殊语文；表演：国语话剧比赛、国语朗读比赛、国语辩论比赛、国语讲述比赛；宣传：发表文告、编印特刊、出版壁报、张贴标语漫画、演讲广播、游行（唱注音字母歌）[⑤]；各县市据报办理者，有南雄、曲江、兴宁、吴川、汕头等18县市，省立梅州农业、雷州师范等12校；在广州市中央广播

---

① 《广东省普遍推行国语运动办法》，《教育部省教育厅关于大学法专科学校学生训练、注册、考试、学籍、待遇、证书等办法规定的训令及中央研究院院士选举规程》，广东省档案馆藏，档案号：5(2)-62。

② 《教厅选派国语师资分赴各校》《广东教育》第2卷第1期，1947年2月16日，第33页；《国语教育人员检验检定，合格人员业经公布》，《广东教育》第3卷第1期，1948年6月15日，第26页。

③ 广东省政府新闻处编印：《广东省政府工作报告》，1947年，第88页。

④ 《广东省政府工作报告》，第88页；《广州市政府教育局主办国语讲习班简章》，《广州教育》（创刊号），1946年12月15日，第36页。

⑤ 《广东省三十六年度各省市举办国语运动周活动要点》，《民众、社会、妇女教育及开展国语运动办法》，广东省档案馆藏，档案号：2(2)-87。

电台广播国语演讲。

（7）推行学校国语教学，通令各中等学校自1946年度下学期起，应采用国语教学，设立研究会，并加授国语课程[①]。从以上规定和措施可以看出，广东省政府制定的推行国语的措施颇为全面，但这一时期因时局动荡，国语教育的各项规定也形同具文，该省国语运动亦是无疾而终。

二、语言政治与国语教育

在闽粤两省国语教育和运动中，学校无疑是最为重要的公共传播空间。福州实验小学幼稚园的课程设置向我们展示了民国时期国语的教育从幼儿时期即已开始，采用的是一种寓教于乐的方式。在该园研究工作和出版刊物方面，注音符号和国语教材都是其中重要的内容[②]。在初等教育阶段，国语课程更成为诸多课程中的重点科目。小学教员的检定，亦必须接受以下科目考试，包括公民（党义）、国语（包括文字、口语及注音符号）、算术、自然、卫生、历史、地理、教育概论、小学各科课程标准、小学教材及教学法等科[③]。国民学校国语课程的设置时间也是全部科目中最多的，凸现了教育部门对国语教育的重视。国语课程不仅仅是文字阅读、写作和语言的训练，同时，国语教育中所蕴含的意识形态凸显出政府对国民思想的规训。比如在抗战年代，国语教材就充满了能激励民族精神和爱国情绪以及增强抗战意志的故事、诗歌、剧本等内容。闽粤若干学校都有类似的课程设置。只是在实际的教育过程中，教员能否真正做到运用国语教授颇成问题。石遇瑞就在考察汕头的十个小学校（包括市立五小学校、广旅二小学校、私立三小学校等）时发现，各校教授，低年级用国语诵读课本，用土语讲解；高年级有用国语讲授，亦有用土语[④]。其原因是"多数学校的儿童，都是以为教员用粤语教授他就舒服"，用本地方言来讲授，学生在理解课文上更容易一点。教员考虑到这一点，常常满足学生要求，用方

---

① 《为加紧推行国语教育令仰切实办理由》，《教育厅关于中学英语课程标准及推行国语教育的训令》，广东省档案馆，档案号：5-2-23。

② 王逸民：《几个省立幼稚园实验概况的调查》，《福建教育》第2卷第6期，1936年6月，第72页。

③ 福建省教育厅编印：《福建省五年来初等教育》（闽政丛刊），1939年，第19页。

④ 石遇瑞：《赴汕参观小学校纪略》，《二师月刊》第14期，1932年1月15日，第113页。

言读解①。

除了国语课的设置和教员用国语讲授各科外，学校中亦有教员和学生共同组织研究和宣传国语的团体。不少学校为便于教员和学生研究国音和国语，成立国音研究会、国语研究会。广东大埔县安上公学为促进国语，统一读音起见，设立国语研究会，每日早晨6点至7点为研究时间。广东大学附属小学见全国各地均视国语一科为重要学科，"本校自当不能独具也"，亦集合同志组设国音研究会。广州协和女子师范学校亦注重国语一科，组织国语研究会，加入会员者共有32人②。在福建，集美男小、中学校、师范学校都成立了国音研究会。厦门大学由教授和学生组设成立"前驱国语社"，研习中国的语言和文字③。

1929年，在校长钟荣光的支持下，私立岭南大学组织成立"国语联谊会"。该会宗旨是"制造岭南说国语的风气，提倡中国一家亲的精神"，凡岭南大学、中学华侨各校员生及教职员家属均可加入学习。"国语联谊会"的主要工作有：组织国语交际会、国语演说比赛会；每周延请教员用国语演讲；开设国语传习班；招待新到外省同学排演国语剧，纯用国语的郊外旅行等等。特别是在国语运动周中，该会利用多种方式来宣传国语。如在朝会的演讲，大学的朝会由李应林、张焯堃，陈受颐、陈文驻、谢扶雅诸先生各担任一天，用国语演讲；该会在校内还遍贴种种提倡国语的标语，如"国语是统一中国的工具""语言统一须由学生做起""国语是最美丽最普遍的言语""中国人应当说中国话""大学教授应以国语代粤语"，等等。该会还编排国语剧，筹备两个多月，剧本根据易卜生的名著《大匠》改编，由陈受颐先生介绍，导演是张蹑峰先生，国语顾问张濯泉先生。经

① 王严斧：《谈谈小学校各科应用国音教授的管见》，《教育生活》（创刊号），1934年12月1日，第12页。

② 饶聘伊：《安上公学公内容概况》，《大埔县教育会季刊》第2期，1922年9月3日，第60页；《附小成立国音研究会》，《国立广东大学周刊》第31期，1925年11月16日，第2页；"校闻"，《协和女师期刊》第1卷第1期，1928年4月，第62页。

③ "中学校消息"，《集美周刊》第15卷第2期，1934年3月19日，第12页；"师范学校消息"，《集美周刊》第15卷第3期，1934年3月26日，第7页；"男小学校消息"，《集美周刊》第15卷第4、5期合刊，1934年4月8日，第28页；"前驱国语社"，《厦大周刊》第2卷第1期，1947年2月20日，第18页。

过六个星期的练习，导演及剧员都异常努力表演和宣传①。

1930年11月，岭南大学还开始组织注音符号传习所，限全校教职员均须学习注音符号。大学学术部主办国语研究会，每逢星期二、四晚上7时30分至8时为国语教授时间，同时每一个星期有一次国语自由谈话会。1936年，私立岭南大学为提倡国语，增加学校效能起见，由钟荣光等人发起，组成教职员国语促进会，钟氏本人亲自担任会长，积极推行②。这些研习和宣传国语的团体组织，不具有强迫性质，为推广国语运动起到了很好的推动作用。

学校里常举行各种形式的国语演说、演讲、辩论竞赛会，这不仅是一种言语能力和身形动作的训练，同时，这种言语–身体的规训本质上更是希望"小朋友们如有充分的练习，将来掉三寸之舌，便可解决一切繁难，再济以充实的学问，优越的技能，健全的精神……站在主人翁的立场，谋国家的进展，尽可处置裕如"③。显然，举办形如国语演讲竞赛会这类"语言"活动，所要达到的目的不仅仅是要训练未来国民的口头演说和宣传技术，"促进民族团结的力量"和"培养民权运用的工具"，同时还要通过开展不同类型的演讲会来让学生学会如何在党国体制下正确地去思考个人、社会与国家的关系。如时事演说竞赛的目的是"促进学生努力研讨时人及关心抗战建国之进展"；党义演讲竞赛的目的是"引起大家的兴趣来研究党义，发展演说天才，造成党国的好国民"④。从闽粤地区若干学校的国

①《岭南大学国语联谊会简章》《国语联谊会职员表》《国语联谊会本学期进行计划大纲》，《私立岭南大学校报周刊》第1卷第3期，1929年3月2日，第30页；《国语联谊会征求会员》，《私立岭南大学校报周刊》第1卷第34期，1929年11月2日，第300页；《国语运动周及国语剧》，《私立岭南大学校报周刊》第1卷第13期，1929年5月11日，第119页；《又组设国语讲习班》，《私立岭南大学校报周刊》第3卷第24、25期合刊，1931年12月1日，第464页。

②《注音符号传习所分班讲授》，《私立岭南大学校报周刊》第2卷第27期，1930年12月16日，第329页；"国语研究会成立"，《私立岭南大学校报周刊》第8卷第14期，1936年3月30日，第150页；"岭南大学教职员国语促进会成立"，《私立岭南大学校报周刊》第9卷第5期，1936年11月15日，第60页。

③陈有纲：《为什么要举行国语演说竞赛会》，《福建教育》第2卷第8期，1936年8月10日，第85-86页。

④《福建省各中等学校举行时事演说竞赛须知》，《福建教育通讯》第2卷第13、14期合刊，1938年10月，第121页；《指委师长讲演录》，《集美周刊》第225期，1929年12月9日，第3页。

语演说（讲演）活动所展示的演讲主题和内容来看，大多数讲题都是由学校训育处或举办者命定，且与"三民主义""国家""民族""国民党"这样宏大的政治论题相关，这样多次重复的演练无疑会有力地让学生将这些观念不断内化，从而被规训为国家和政府想要的"好国民"。

举一个具体的例证来看，这一小小的演讲竞赛会是如何被附着上政治意识形态的。1929年秋季开学伊始，福建集美商业学校根据全体教职员会议的决议，为增强学生对党义的认识和研究党义的兴趣，培养发展演说的天才，特于11月26日举行该校第一次党义演讲竞赛会。竞赛会题目由党义教师命定六组，由演讲员任择一题，拟定演讲大纲，送呈党义教师审阅，经核定后，方可从事练习。在开会前，该校函请同安县指委会于开会时派员出席指导，并敦请女中训育主任范季华、中学训育主任郁翼民、党义教师高笑亭、陈兆俊，及国语教员王理臣等为评判员，评判标准是：思想（40%）、条理（15%）、国语（15%）、音调（15%）、姿势（15%），同时分函各校校长及教职员等莅临指教。演讲会举行之时，学校指令该校全体学生务须一律出席，无故不到者作旷课论。11月26日上午九时，党义演讲会在集美中学大礼堂正式开会，会场由事务科布置一新，悬柱高挂"遵奉遗教实行三民主义""普及国语唤起全国民众""努力三民主义教育""实地练习民权初步""革命要读书、读书要革命"等等标语。演讲员有七位同学，分别是杨汉声、陈乃宁、邱福吉、蔡龙标、施亨仪、陈忠敬、王庆云，讲题有"权能区分的民主制""三民主义的时代背景""怎样打倒帝国主义""三民主义与中国及世界的将来""民族主义与世界主义"。这几位同学虽属初次练习，但态度从容，语词尚清楚。80分钟后，演讲竞赛会结束，邱福吉、蔡龙标、陈乃宁分获一、二、三名，并得到学校的奖励①。从以上描述中可以看出，演讲者如何去"演讲"，演说什么内容，身形动作如何表现，都受到严格的控制和引导，甚至于会场空间的布置、演讲内容的安排都要体现党国的"在场"，让演讲者和听讲者都深受影响。这也是国语教育中所反映的语言政治的一个面相。

闽粤地区学校推行国语，主要是以自由的提倡为主，但其中也不乏强

---

① 《商业学校第一次党义演讲竞赛会经过报告》《集美商业学校党义演讲会规程》，《集美周刊》第225期，1929年12月9日，第2-6页。

制性的措施。如福建政和城厢学校为切实推行国语起见，规定凡在学校范围以内不论是否在上课，或接洽公务或私人谈话，教职员绝对说国语，如讲土话一次，在本月份每次罚国币一分，在本月份以后则按月加倍处罚，由各教职员互相检举，报告值日员登记，月终由总务课在各该员薪俸下扣抵此项罚金①。集美中学学生自治会风纪股为实行学生自治，组织风纪巡查团开展励行国语，消灭俚语运动。风纪巡查团逐日轮值维持全校风纪，同学中有不守校规扰乱秩序的行为，由值日风纪员直接予以劝告。学生自治会风纪股对于国语运动推行甚力，禁止同学或师生间以方言对话与引用俚语，并规定，凡说出方言或俚语，经同学检举报告，风纪员登记二次者，须恭写国父遗嘱一遍，以促注意②。福建省教育厅甚至通饬各县市政府通令所属各中心国民学校须在教室内悬挂木牌，上书"奉教育厅令教学应用国语"的字样，以提醒师生随时注意③。广东勤勤大学规定星期六为国语日，是日各班学生均须用国语谈话④。从笔者所见的材料来看，福建地区学校实行强制性的措施较广东地区为多，这一点亦恰好反映了福建和广东地方教育部门对国语推广态度的细微差别。

三、保守和落后的革命策源地

1935年初，胡适因接受香港大学的名誉博士学位，生平第一次游历中国南方，他在香港住了五天，在广州住了两天半，在广西住了十四天。作为白话文运动的代表人物，胡适的到来注定要给政治上处于半独立状态的广东带来一丝不平静。

1935年1月4日，胡适到达香港大学。这里中文教育的低落引起了胡适的担忧，他认为港大文科的中文教育完全掌握在几个旧式科第文人的手

①《政和城厢学校切实推行国语》，《福建教育通讯》第5卷第21期，1940年6月12日，第308页。

②《学生自治会风纪股开始工作》，《集美周刊》第29卷第1、2期合刊，1941年3月30日，第13页；《自治会风纪股推行国语运动》，《集美周刊》第29卷第7、8期合刊，1941年5月11日，第7页。

③《兹规定各小学自下学期起应一律于教室中悬挂奉令教学应用国语木牌希查明照转饬遵照由》（1947年元月），《推行国语卷》，福建省档案馆，档案号：2-10-12686。

④广东省立勤勤大学教务处编印：《广东省勤勤大学概览》，1937年，第25页。

里，与内地的学术思想隔膜甚深。内地中文教学已经发生了很大的变动，特别是五四运动以后的白话文教育改革，而港大则还完全处在变动的大潮流之外。据陈君葆日记记载，当时香港大学对胡适的文学革命有两派意见，大派是鄙薄他的白话文学，如区大典、罗憩棠、李凤坡等人都对胡适的白话文学论颇有非议。李凤坡就认为"若果承认了白话可以替代文言，将来或许会喧宾夺主，文言反而失了地位，如此一来国学便无由去维持了"。区大典持差不多的观点，"一旦承认了白话文，则文理的经史不啻自绝了地位"。还有一小派是推崇白话文学的见解①。

不过，让胡适欣慰的是，港大当局渐渐意识到改革中国文字教学的必要，并到北方访问考察，亦请广东学者陈受颐和容肇祖研究港大的中文教学问题②。在与巢坤霖和罗仁伯（华文学校的视学）的交谈中，胡适渐了解到香港的教育问题，不仅是港大的中文教学问题，香港的中小学中文教学问题更是一个亟待改革和救济的问题。香港是一个受英国政治统治和商业支配的社会，居住的人口绝大多数是中国人，家长们都希望子弟能早学英文，进入工商界谋职，同时又都希望子弟能多学一点中国文字，但"广东人的守旧风气又使他们迷恋中国古文，不可彻底改用国语课本"，这也导致了在绝大多数的学校里，文言课本还是很占势力。

胡适的观察大致不差，国语运动此时在香港的势力可以说是微乎其微的。时人徐宗科曾在香港推行国语多年，他在给黎锦熙的信函中曾这样描述1930年以前国语在香港的境遇："在民二十年前的香港，国语的声浪是很微弱的，并没有人在香港方面设过宣传国语的机关，也没什么国语学校。各学校里，也没有国语这一科，间或有一两个学校添加，这也不过是挂挂幌子。又查香港大学投考的章程上，可是又有国语这一科，但是由今年起，又把它取消了。在民二十年前香港的学生，若想找一个学习的地方，是很难得的。不过在那时候，只有一两位在清朝做过官的人，靠着间接的介绍来招些学生来学官话，为便利他们投考。可是香港大学的国语科，并没有什么严格的考试，根本是很马虎的。还有香港工商二界的人

---

① 陈君葆著、谢荣滚主编：《陈君葆日记全集》（卷一），香港：商务印书馆，2004年，第133、135、144—145页。

② 胡适：《南游杂忆》，上海：国民出版社，1935年，第15—16页。

士，很多不知道国语是什么东西。令人最可笑的，就是把国语错认为上海语。又有人说：'在说话的时候，把语言说得歪点儿就行了，这是用不着费劲请人家教的。'又有香港较大的商店的伙计里，总有一两个能说英语的，到商店里去买东西的人们，也是舍粤语说英语。中国人对中国人不说中国话，还真是一件怪事。"①在属于粤语区的香港，当地人说粤语，有无国语并没有多大影响。香港此时仍是英国的殖民地，港英政府自无义务提倡中国国语，国语在香港的传布，全赖私立华文学校和民间人士的自由提倡。国语在香港没有社会地位，提倡的人过于缺乏也是一个重要原因。

作为香港华文学校的视学，罗仁伯亦不甚赞同国语②。他的顾虑是：白话不是广东人的口语，广东儿童学白话未必比学文言更容易，也未必比学文言更有用。这不仅是他一个人的担心，也是代表了不少广东人的见解。国民党人朱执信曾以思想家的身份参加过新文化运动，他虽竭力主张白话文是传达意志的新武器，不过，他平时仍旧没有放弃用文言来书写。时人杨庶堪曾写信向他请教白话文与文言的优劣问题。朱执信回信说，他非常赞成白话文体，不过还没有实行。因为他未学普通话，口操粤语，这对作白话文有很大的限制，"所以主用白话为文，以其渐进自然也。所以自不多用白话为文，以少日惟操粤语，其以普通语为文之不自然，犹之文言，抑又过之，故常不乐为。"③一些教育学家如庄泽宣根据教育经验指出，若要有效的推行语体文，推行国语是一个先决条件，"照作者在非国语的方言区内提倡语体文的经验，深深感到比之国语区难得多，甚且有时比古文还难，一个不会说国语的人，要他写流利的语体文是一件极不容易的事"④。庄泽宣这里所说的非国语区，指的是他从事教育的粤语区。

胡适并不认同这一观点，他认为"国语"本是一种活的方言，因为流行最广，又已有文学作品做材料，所以最容易教学，学了也最有用。广东话虽也是一种活的方言，但流行不广，且产生的文学材料太少，所以不适

---

① "通信"（1936年8月24日），《国语周刊》第258期，1936年9月12日。
② 曹伯言整理：《胡适日记全编》（1931—1937）（第6册），合肥：安徽教育出版社，2001年，第436页。
③ 《致杨庶堪函》（1920年3月），广东省哲学社会科学研究所历史研究室编：《朱执信集》（增订本）（下册），北京：中华书局，2013年，第683页。
④ 庄泽宣：《关于国语教育的几个问题》，《南大教育》复刊第2期，1948年5月15日，第18页。

宜用作教学语言。广东人虽不说国语，但他们看白话小学，究竟比读古文更容易。另外，"广东话"不能解决华南一带语言教学问题，因为华南的语言太复杂了，广东话之外，还有客话、潮州话等，因为华南的语言太复杂，所以用国语作统一的语言比在华北、华中更需要。国语比古文丰富，从国语入手，把一种活文字弄通顺了，有志学古文的人将来读古书也比较容易。胡适在重复着他一贯的论点，至于香港的中文教育界能否听其劝说，却不是他能控制的。

胡适在香港共演讲五次，三次用英文，两次用国语。他感觉到在香港用国语演讲，不是一件容易的事。1935年1月6日，胡适在香港华侨教育会向两百多华文学校的教员演说了半个小时，他的语速很慢，几乎字字句句清楚无误，在场的勉强能听懂官话，所以没有翻成广东话。第二天，各华字报登载会场的笔记，胡适读了《大光报》的一篇记录，觉得文章主旨大致不差，这让胡适觉得这时候香港的中小学教员听国语的程度并不是很坏，因为这在十年前不可能会达到这种程度。胡适对香港的教育是赞赏有加，但对广东政府颇有非议。他说，中国办教育已经三十年了，却没有一个地方能够做到普及的、义务的、强迫的教育。香港是一个办学的好地方，是东亚唯一能够办普及的、义务的、强迫的教育的地方；广东是革命的策源地，但文化上是落后的，……中原的文化许多都变了，而在广东尚留着，应该把香港做成南方的文化中心①。

不少学者指出，广东遗承的是中原文化，比如广东音。经过历史上北方民族的多次南移，如东晋永嘉之乱和宋高宗南迁，闽粤方言多保存古语古音，颇合中原音韵。如入声系古音，去声后出，南方方言保存收 p、t、k 之音，北方已失。又如侵谈之 m 音亦见于闽粤语。古无轻唇音，即无 f 音，福建及客话仍保留 p 音，如"飞"作"杯"，"房"作"旁"，"负"作"倍"②。胡适的话当然是有所指的。就在胡适来香港的前几个月，身为国民党西南执行部和国民政府西南政务委员会常委的陈济棠，刚刚在西南政

---

① 曹伯言整理：《胡适日记全编》(1931—1937)(第6册)，合肥：安徽教育出版社，2001年，第435页。

② 林语堂：《闽粤方言之来源》，《国立中山大学语言历史学研究所周刊方言专号》第8集，第85-87期合刊，1929年6月26日；林同鈇：《福州城语言之起源及其递变》，《福建文化》2卷11期，1933年9月。

务委员会上提议将经书编入课本，令各级学校将其作为主要科目①。对于这一遵经崇文，轻视白话文的政策，胡适在演讲中亦予以批评："现在广东很多人反对用语体文，主张用古文；不但古文，而且还提倡读经书，我真不懂。因为广州是革命策源地，为什么别的地方已经风起云涌了，而革命策源地的广东尚且守旧如此。"②胡适的这一论调让他在广东遭遇到政府当局和部分文人的声讨。

1935年1月9日，胡适坐船到达广州，一上岸，其广州老朋友就托人送来一封信提醒胡适此次来粤，必须谨慎。胡适和同船来广州的岭南大学教务长陈荣捷，还有接船的中山大学文学院院长吴康、教授朱谦之、地方法院院长陈达材，他们都不知道广东当局对他的态度。胡适入住新亚酒店之后，看过当地报道，才得知西南政务会议开会，有人提起他在香港华侨教育会演说公然反对广东读经政策。后吴康又送来一封信，此信是中山大学校长邹鲁告知胡适，因广州党部对他在港言论极为不满，故取消在中大的公开演讲，"拟劝先生今日快车离省"，以免发生纠纷。胡适并没有听从吴、邹两人的善意劝告，而是直面广东当局。在陈达材的陪同下，胡适见过时任广东省政府主席兼财政厅长的旧交林云陔。林云陔属于胡汉民、古应芬一派，因陈济棠在政治上与胡、古亦有特殊关系，陈与林之间的共事关系较为融洽③。胡适就在林的安排下与陈济棠碰面。

与大公报的记者胡政之对陈济棠的感受不同④，胡适觉得他对陈氏的广东官话差不多可以全懂。而陈济棠是一个"自谋自断，决非他人所得而左右"⑤的人，胡、陈二人关于"读经"的对话，显然是异见并陈，互不相让。陈济棠的谈话开门见山："读经是我主张的，祀孔是我主张的，拜关岳

---

①《拟以经书编入课本以端士习而固国本敬候公决施行事》，《广州市政府市政公报》第479号，1934年10月20日，第28—29页。

② 胡适：《南游杂忆》，上海：国民出版社，1935年，第28—29页。

③ 李洁之：《陈济棠主粤始末》，广州市政协文史资料研究委员会编：《南天岁月——陈济棠主粤时期见闻实录》（广州文史资料第37辑），广州：广东人民出版社，1987年。

④ 著名记者、政论家胡政之在其《粤桂旅游日录》一文中提到他南游考察时初见陈济棠的情形，觉其"语艰涩不易解，盖陈以粤人迄在粤省治军，未尝服务他省，故官话颇非所习也。"（参见政之：《粤桂旅游日录》（上），《国闻周报》第12卷第7期，1935年2月25日，第3页。）

⑤ 政之：《粤桂旅游日录》（上），《国闻周报》第12卷第7期，1935年2月25日，第3页。

也是我主张的，我有我的理由。"陈济棠向胡适阐述他的两大政纲，第一是生产建设，第二是做人。他认为生产建设可以尽量用外国机器、外国科学，甚至于不妨用外国工程师。但"做人"必须有"本"，这个"本"必须要到本国古文化里去求。陈氏批评现存的中国教育，"都是亡国的教育"，中国人能学到的科学，都是皮毛，都没有"本"，所以学不到人家的科学精神，更谈不上创造。

陈济棠当时在广东提倡读经有一定的社会背景。自1931年陈济棠主政广东地方政权以后，在政党军各方面广布党羽加强其统治地位，但1932年后，广东省内社会日渐动荡不安，大、中城市工人不时发生罢工，学生参加各种爱国运动和择师运动，举行罢课、请愿、示威游行等等，这些事件都不断影响着陈氏的思想①。陈济棠后来回忆说，"自福建事变后，余深感世道人心业已崩溃，乃决心重整道德以挽颓风，于是，在政务委员会提出通过尊孔案，恢复祀孔，提倡读经"②。陈济棠将"民德日漓，学风益堕"与教育部废经的教育政策相勾连，为其推行读经政策赋予合法性。胡适信奉实验主义，崇尚科学，并不同意陈氏的观点。他认为生产要用科学知识，做人也要用科学知识，这是"一本"之学。胡适本不反对研读经典文化，但"国故"应经过科学的整理，才有读懂的可能③。所以他反对一班不懂得古书的人们假借经典来做复古的运动。胡适和陈济棠针锋相对的对话，表面上是有关文言和白话的争论，其实质上还是文化观的分歧。

从总司令部出来之后，胡适回到新亚酒店。这时，中山大学文学院院长吴康派人又送来一封信，该信仍旧是提醒胡适在广州的不妙处境："鄙意留省以勿演讲为妙，党部方面空气不佳，发生纠纷，反为不妙。邹先生云：昨为党部高级人员包围，渠无法解释。故中大演讲只好布告作罢。渠云，个人极推重先生，故前布告学生停课出席听先生演讲。惟事已至此，只好向先

---

① 参见许崇清：《我审查〈孝经新诂〉经过》，广州市政协文史资料研究委员会编：《南天岁月——陈济棠主粤时期见闻实录》(广州文史资料第37辑)，广州：广东人民出版社，1987年，第340-344页；李洁之：《陈济棠提倡读经的经过》，《李洁之文存》(下)，广东省兴宁县政协文史委员会印，1990年第1-8页。

② 陈济棠：《陈济棠自传稿》，台北：传记文学出版社，1974年，第53页。

③ 胡适对读经的评价，可参见胡适：《我们今日还不配读经》，《独立评论》第146期，1935年4月14日；胡适：《读经评议》，《独立评论》第231期，1937年4月25日。

生道歉，并劝先生离省，冀免发生纠纷。"①同时，邹鲁为免胡适蒙"反对读经"的罪名而与广州政府当局交恶，特在中山大学发出一张布告：

> ……现阅香港华字日报，胡适此次南来接受香港大学博士学位之后，在港华侨教育会所发表之言论，竟谓香港最高教育当局，也想改进中国的文化。又谓各位应该把它做成南方的文化中心。复谓广东自古为中国的殖民地等语。此等言论，在中国国家立场言之，胡适为认人做父；在广东人民地位言之，胡适竟以吾粤为生番蛮族。实失学者态度，应即停止其在本校演讲。②

胡适估计邹鲁在布告中不提他在香港反对陈济棠读经的言论，而有意误解其"广东为中国的殖民地"之意，并将其罪名变成"认人作父"和"以吾粤为生番蛮族"两项，是为了转移广州当局的视线，保护自己。但明白其中真义者，恐怕也只有胡适本人了。不过，胡适在广州不受欢迎，一方面是由于他批评陈济棠的读经政策，惹得当局的不满；另一方面，不少广东地方读书人对中山大学那个出于"善意误解"的布告信以为真，纷纷以此作为驱逐胡适的借口。1935年1月11日下午，胡适乘西南航空公司"长庚"号飞机离开广州，前往广西。胡适离开后不久，广州各报纸登载了中山大学中国文学系教授古直和钟应梅的"真电"，全文如下：

> 广州分送西南政务委员会、陈总司令、林主席、省党部、林宪兵司令、何公安局勋鉴：昔颜介庾信，北陷虏廷，尚有乡关之重。今胡适南履故土，反发盗憎之论，在道德为无耻，在法律为乱贼矣，又况指广东为殖民，置公等于何地；虽立正典刑，如孔子之诛少正卯可也，何乃令其逍遥法外，造谣惑众，为侵掠主义张目哉？今闻尚未出境，请即电令截回，经付执宪，庶几乱臣贼子，稍知警悚矣，否则老口北返，将笑广东为无人也。③

提倡白话文学革命的胡适来到陈济棠主政的广东，其尴尬处境一定程度上反映了白话文在广东社会的接受程度。从这一事件中亦可了解到，国

---

① 胡适：《南游杂忆》，上海：国民出版社，1935年，第43-44页。
② 同上，第48页。
③ 同上，第58-59页。

语在广东的推行难有成效，实有两大内在原因：一方面，南北方言差距甚大，这使得广东人学习国语的难度增大，影响了民众对国语的认同感；另一方面，由于广东地方一部分士人对白话文存有认同危机，陈济棠的文化保守主义显然可作代表。同时，又因陈氏主政下的广东与中央蒋系势力的疏离关系，他所推行读经活动虽与中央教育政策相悖，但却得到部分士人的支持，这对当时的国语教育有着不小的负面影响。

四、粤语文字、文艺大众化与广东文化

胡适对广东文化守旧性的批评，更多是以白话文/文言对应着新/旧的二元视角为标准，而另有一部分知识人一方面共享着胡适的逻辑，批判"古典主义"在广东的复兴；另一方面，则同时拒斥国语白话文，因为在他们看来，由于粤语和国语的隔膜，对广东人而言，嘴里不说国语，写的却是白话文，这实际上与"言文一致"的原则相违背。而采用这蹩脚和混杂的白话文不但不利于大众文艺的普及，同时亦禁锢了广东地方文化的发展。在白话文和文言文的夹缝中，有人就提出利用粤语文字书写来促进文艺的大众化，从而复兴广东地方文化。

1920年初，国语运动刚刚在广东兴起不久，提倡土话似乎不大合时宜。当时广东的《新学生》刊载了《对于肇庆西江星期报用广东土话做文章的意见》一文，该文就对用广东土语来写文章的做法表示质疑："有一点我是抱极大的怀疑，就是不用国语做文章，而用广东土语做文章。……若果各省的人照这个样做法，福建也用土语做文章，云南也用土话做文章，各省都是如此，就把白话文字的意思弄糟了。……我以为国语体的文字很易识晓，稍受教育的人便看得明白。我也是广东人，看嘅嗻咯咪等字，反觉得非常累赘，不如看国语的通顺。"①

朱执信不同意这一观点，并对其进行了批驳。他分享着新文化派的理论逻辑，支持用白话来做文字，因为白话对现代人而言是活的，而文言是死文字。不过，对广东一般人而言，比较文言、国语、土话这三项，真正

① 朱执信：《广东土话文》（1920年4月），《朱执信集》（增订本）（下册），北京：中华书局，2013年，第757页。

活的文字还是广东土话，"文话是中风麻痹的，国语是还没有活的，真正活的还是土话"，"广东人做文字，给广东人看，只有用广东土语，才能适合艺术上应用上的要求"。因为有方言的隔膜，如果让广东人勉强去做国语白话文，在"艺术上就失了自然的好处，在应用上就失了明白的好处"。朱执信认为，像在广州或上海这些有一种土话能够独立的地方，民众要想会讲国语，总是要经过认字求解的阶段，并且"他了解国语的力量，也和了解文言的力量相差不远（除去用典故古训不算）"。而如果勉强这些人做国语文，看国语文，那也和勉强做文言，看文言一样，这也导致"做的也是嘴里的活土语，变做纸上的麻痹国语。看的也是把眼睛里的麻痹国语，翻做心里的活土语"。所以，以地方开发为主的出版物，宣传新文化，都应该用土话，只有这样才能够真正自然，和语言统一这个远大的目标比起来，提倡土语是目前最为迫切的需要①。朱执信的观点实际上指出了近代国语运动所倡导的"言文一致"和"国语统一"两大目标内在的困境和矛盾，而这一点也是后来不少人共同批判的焦点。

欧阳山，原名杨凤岐，原籍湖北荆州人，曾就学于广东高等师范附属师范初中班。1925年，他在广州积极参加省港大罢工和北伐军活动。1926年肄业于广东中山大学。1927年，在鲁迅的支持鼓励下，他和赵慕鸿等十几个文学青年组织了"南中国文学会"，探讨文学与革命的关系等问题。大革命失败后，欧阳山离开广州来到上海。这期间因为受到上海文坛"普罗文学"争论的影响，开始接受马克思主义文学启蒙运动的思想，其创作的作品题材和风格都逐渐发生变化，思想渐倾向于无产阶级革命事业。1931年底欧阳山重返广州，开展无产阶级文学活动。他跟龚明等人发起并组织了"中国普罗作家同盟"，但对外公开的组织名称是"广州文学会"，出版《广州文艺》（周刊）。欧阳山利用《广州文艺》首次提出粤语文艺运动的口号，并连续发表多篇粤语文艺作品②。

---

① 以上引文均参见朱执信：《广东土话文》（1920年4月），《朱执信集》（增订本）（下册），北京：中华书局，2013年，第757-762页。

② 有关欧阳山介绍，笔者参考了田海蓝：《欧阳山评传》，北京：中国文史出版社，2008年；林炳铨整理：《欧阳山传略》，福建师范大学中文系现代文学教研室编印：《中国当代文学研究资料·欧阳山专集》，1979年。

还在酝酿提出"粤语文艺"的口号时，欧阳山就在给时为《民国日报》副刊主编厉厂樵的信中详细谈到他此举的目的。欧阳山指出，与内地各大城市相比较，广州地方文化落后很多。他非常不解，为什么广东人对做买卖、吃东西，打架、嫖赌、做什么运动都是很讲究、聪明的，但一讲到"新文学"，广东人就失去兴趣，好像没有这种需要。广东也不是没有创造力，但对于用普通国语写出来的新文学，只有欣赏的能力，而没有创造的能力。欧阳山的批评引起不少广东人的愤愤不平。1926年，"南中国文学会"曾出版过一种《广州文学》，在当时看来，还颇有些成绩。因为那个时候，能够用国语写出通顺的文章，已经算可以了，写出文学作品则更是很少看到。不过，除了所谓"外江佬"以外，广东人写论文、小说和诗，全是用文言、官话、土话的三夹语。1931年，欧阳山从上海回到广州，"看见广州还流行着三夹语，也看见文学方面，就停在六年前那种状态里。不客气地说，所有的广东人里面，能够自信用纯正国语写得出文学作品的，有五十个人没有？自然，不必管作品在艺术上的评价了"①。有不少人曾问欧阳山，"我想写小说，意思有了，可是总写不出来，怎么办呢？"欧阳山告诉他们这是因为他们的概念还没有完全确定，观察没有经过剪裁，思想没有经过整理，情感没有经过训练的缘故。但这些朋友并不认同欧阳山的答复，因为用广州话把故事讲出来，一样的朴素和动人，只是他们没有办法将它用国语写出来而已。后来，随着思考的不断深入，欧阳山渐渐改变此前的主张："我承认这主要是工具使用的问题，说广东人没有创造文学的能力应该改正为不会使用工具。"②所以他提出"粤语文学"这个问题来供广州文学界讨论。

在《广州文艺》创刊号上，欧阳山正式提议"用广州话开始创作各种文艺作品"，并请"广州作者全体动员"来讨论一切有关"文艺大众化"的问题③。龚明、赵慕鸿等也发表文章，阐述"提议'粤语文艺运动'的

---

① 《关于〈广州文艺〉的通讯》(1932年9月)，《欧阳山文集》(第10卷)，广州：花城出版社，1988年，第3990页。

② 同上，第3990—3991页。

③ 转引自吴锡河：《欧阳山》，徐乃翔主编：《中国现代作家评传》(第3卷)，济南：山东教育出版社，1986年，第147页。

动机，是因为广东一般民众对于国语文艺不能鉴尝，不能创作"，"使新文艺有效地大众化"，就必须"先将形式表现的文字和粤语成为言文一致"。赵慕鸿亦倡导为使文学在广东大众化，就要提倡"粤语文学"①。1937年，欧阳山又在其《失败的失败者》一书的代序中指出，"五年之前我曾经用去整整一年的工夫从事文艺大众化的运动，我的对象是三千多万人的广东民众"②。当然，这一"粤语文学"口号及文艺大众化的提出，深受当时左翼文化运动的影响，并不仅仅是为文艺而文艺，还有一定的政治诉求③。

欧阳山提出"粤语文艺"的倡议在广州文坛激起了很大反响，赞同者在附和他的这一提议时，讨论的不仅仅是文艺大众化问题，更进一步涉及文化问题，特别是国语白话文、粤语文字与广东文化的复杂关系。我们从相关言论中不难看出，国语白话文在广东受到排斥，有其一定的现实缘由，远不是胡适的"文化守旧性"论断所能涵盖的。易岸云在《关于粤语文字》一文指出，许多人因为文言太深，不能普遍化，所以提倡用白话文做文章。既然追求言文一致，就是要将心中所想，表达笔端。但对于广东人而言，却觉得异常费事。因为这种白话并不是"广东白话"，而是国语白话文，即以北方官话为主。易氏认为广东有许多"文人"并不知晓国语，如果要他们先学会国语再做文章，不但时间上不许可，而且于兴趣上亦有妨碍，结果只有仍旧用文言，所以"古典主义"在广东非常盛行④。同时，广东人读文章，不免仍旧将国语白话文字用广东白话来念，所有满口"没有""那么""咱们"都念成广东音，实在难听，减少许多读者读文

---

① 转引自吴锡河：《欧阳山》，徐乃翔主编：《中国现代作家评传》（第3卷），济南：山东教育出版社，1986年，第147页。

② 《我底苦心——〈失败的失败者〉代序》（1937年），欧阳山：《欧阳山文集》（第10卷），广州：花城出版社，1988年，第4009页。

③ 20世纪30年代初，国内政治局势比较紧张（国共矛盾和日本侵华），欧阳山在回忆1932年他开始写大众小说的时候说："大概那时候我已经感觉到，企图使新文艺在可能的最短期间内和人民大众，尤其是工农大众结合起来，必须有着使他们了解和爱好的充分的作品"。（参见《我写大众小说的经过》（1940），欧阳山：《欧阳山文集》（第10卷），广州：花城出版社，1988年，第4054页。）1933年8月，国民党认为欧阳山等人的文学活动有政治性质，《广州文艺》因此被国民党查封，欧阳山等人离开广州，到上海后又参加了"左联"。

④ 易岸云：《关于粤语文字》，《青春旬刊》第1卷第13号，1932年9月15日，第282页。

章的兴味。这也使得作者怕做文章，读者怕读文章，"广东文化点得唔落后，只好让外省人去出风头呢？"①而在胡适等新文化派看来，文言复兴是广东在文化上开倒车的表现，是文化的保守性，但不少广东知识人反而觉得这是因为南方和北方语言差距太大，导致国语白话文在广东难以通行，这是一种客观的事实。

易岸云认为，语言与历史地理有着种种关系，不但世界无统一语言的一日，即使是一国一省，亦无统一语言的可能。就中国而论，文言可以全国共通，但白话却难以共通。在广东方面，国语白话文更是难以有普遍通行的可能。尽管广东境内的出版物里也可见白话文，但这种白话文是文言、白话、广东话夹杂的文字，同真正纯粹的国语相差甚远。这一种文字在广东不见得受人欢迎，在外省更不讨好。所以广东人的作品，在中国文言上非常失败，广东人在文坛上更是寂然无闻。广东省内文化逐日落后，而在新文化派的眼中，文言的盛行又给广东文化增加一个落后的因素。在这种两难的困境中，易岸云断定，国语白话文既然在广东难以普遍化和大众化，所以要"赶快用真能普遍化大众化嘅粤语文字去替代，一面要来防止文言势力尖锐化——'古典主义'复兴"，一面促进广东文化的发展，不至于走向破产②。

欧阳山等人提出"粤语文艺"的口号，从某种程度上解构了国语白话文在广东所起的正面作用，但粤语文艺能否达到文艺的大众化和通俗化的目的，还有不少技术性困难。持质疑意见的人就指出，粤语有许多汉字不能表音与义，写起来很麻烦，就是找到表音表义的字，还是有许多人不明白其义。如《广州文艺》上的粤语作品，最大的缺点就是采用许多表音字，譬如"含棚冷、捞搅、之呢"等，这些字就是读过几年书的广州人也难懂，何况识字甚少的平民大众。表音字读起来难懂，写起来更难懂。如果写一篇粤语文章便要造几十个表音字岂不是很麻烦吗？③另外，粤省境内，方言庞杂，并没有统一的粤语，粤语标准如何能定？"广州话"就能

① 因原文用粤语写成，笔者照引，参见易岸云：《关于粤语文字》，《青春旬刊》第1卷第13号，1932年9月15日，第282页。

② 同上，第282-283页。

③ 漫说：《"粤语文艺"我见》，《先导半月刊》第4期，1933年，第84页。

代表粤语吗？如果以"广州话"为标准，广州话在粤省的地位和支配力有限，除掉"广府属"十余县外，其他各县的人，说的都是非广州话，听既不懂，看亦成问题，所谓的粤语文艺就不可能完全做到大众化和通俗化。如果以文字工具来统一粤省纷繁复杂的语言，与其把他们"粤语化"，毋宁把他们"国语化"来得更容易①。

对于"粤语文艺"提倡者以"粤语文字"来复兴广东地方文化，署名为"忍秋"的作者亦不以为然，他说："广东有什么文化值得复兴的呢？"就算有，"也不需要用粤语文字来复兴的"，"像我们这样的知识分子（并不是自己吹牛），自然看得懂国语文，就是文言文又何尝不懂呢？"如果说用粤语文字来复兴广东文化，目的不是给知识分子而是献给大众，那"实在不必这么做，因为旧的东西只有加害他们而已"。不过，他也没有完全否定粤语文字的作用，只是将国语文和粤语文字的阅读对象作了区别，他认为知识分子和学生都能看懂国语文，用粤语文来介绍思想是多余的工作，但写给做工的和耕种的民众看的作品尽可以用粤语文②。

和这种温和的态度不同，"建言"就极力反对粤语文艺，他将这种提倡粤语文艺的做法视为另一种"开倒车"的行为（复兴文言是一种"开倒车"）。他认为在国人高谈重建团结的民族性的呼声中，这种"从国语文学分离开来"的粤语文艺，是"另建立地方主义""反民族主义"，破坏文化统一性的文艺③。这种言论其实已经涉及近代国语运动所建构的一个核心价值观，即国语统一与民族统一的问题，但以此宏观话语来否定方言文学的存在，显然值得商榷。在随后的抗战年代，方言文学、文艺大众化与国语文学、文化统一的关系争论逐渐成为近代中国文化乃至语言改革的重要议题④。

---

① 笑花投：《广州土话能代表粤语吗？》，《青春旬刊》第 1 卷第 16 期，1932 年 10 月 15 日；建言：《反对"粤语文艺"的四个理由》，《先导半月刊》第 4 期，1933 年。

② 忍秋：《"粤语文艺"平议》，《先导半月刊》第 1 期，1932 年，第 105 页。

③ 建言：《反对"粤语文艺"的四个理由》，《先导半月刊》第 4 期，1933 年，第 86 页。

④ 参见汪晖：《方言土语与抗日战争时期"民族形式"的论争》，《学人》第 10 辑，南京：江苏文艺出版社，1996 年；刘进才《从"文学的国语"到方言创作——四十年代方言文学创作运动的合理性及其限度》，《文学评论》2006 年第 4 期。

第七章　国语统一视野下边疆语文教育的构思与初步实践

　　辛亥革命之后，中国传统的帝制王朝被颠覆，民国政府在变动甚小的族群和地理疆域的基础上，开始了新的国家政权建设。但在多样族群的基础上如何建构统一的国家，塑造新的民族认同意识，就成为精英亟需面对的问题。语言和文字可视为民族文化的表征，亦是不同文化共同体之间交流的工具，它们在文化和教育上的重要性不言而喻。肇始于清季的国语运动，不仅仅局限于汉语内部方言的统一和书写的拼音化改革。同时，这场语文变革实际上已经牵涉边疆民族语文的改造和教育。黎锦熙曾指出，近代最广义的"国语"概念指的是在本国领土全境内，本国籍居民所操的语言都算是国语，但狭义上的国语指的是汉语汉文，标准国语乃是指北京语①。汉字也相应地被南京国民政府赋予"国字"的地位②。在确立起汉语汉字的"国"字号地位的同时，时人又是如何认知和构建"国语"与边疆民族语文的关系？和处理政治、经济问题略有不同，边疆民族语文问题是

---

　　①《黎锦熙所写"基本教育中国语教育的范围和特质"稿（1948）》，二档馆藏，教育部档案，档案号：5-12297。

　　② 在中国众多民族文字和语言中，赋予汉语以"国语"的官方地位，赋予汉字以"国字"的官方地位，这一举措一定程度上体现了近代民族主义思想的转变。国民政府行政院曾在改称"汉字"为"国字"的令文中称："兹考我国文字，已有数千年之历史，其中虽多次变迁，而在国内应用此种文字区域，代有推广，至今已推行全国，流传海外。更以现今全国民众文化交融，已形成一不可分性之大中华民族，此项通用之文字，实已为我中华民族普遍使用，自不宜再习用过去'汉字'之旧名，藉以泯除民族间之狭义观念。用特依照'国文''国语'之例，将'汉字'改称为'国字'。"（《行政院改称"汉字"为"国字"令》，二档馆藏，教育部档，案卷号 5-12286。）汉字为汉族普遍使用应是事实，但显然不是其他少数民族所普遍使用的，尽管国民政府本意是想通过改称"汉字"为"国字"，泯除民族间的隔膜，彰显各民族文化的融合和汉字使用的共享性和普遍性，但这一行为却不免留有大汉族主义的痕迹。

为国家政治、民族文化传统中极为重要且敏感的议题，这也使得政府和参与边疆建设的精英们不得不慎重其事。

一、一个中华民族

从清末至辛亥革命后，以孙中山代表的革命派的民族主义思想由兴中会、同盟会时期的汉族主义转换到"五族共和"的民族–国家建制思想[①]。1905年，同盟会以"驱除鞑虏，恢复中华，创立民国，平均地权"为其宗旨，就其民族革命部分而言，革命派借用传统的夷夏观，其革命目的是要推翻清政府，恢复汉族政府，建立单一的汉族国家，也即"中国者，中国人之中国""中国之政治，中国人任之""驱除鞑虏之后，光复我民族的国家"[②]。这一时期，孙中山及其领导的同盟会还只是以革命者的姿态宣传他们的革命目的，作为一种宣传口号和资源，这种狭隘且朴素的汉民族主义思想显然有其一定的政治功用。武昌起义爆发后，清政府的崩解已是大势所趋，这个时候革命派显然不能仅仅以一个革命者的立场，同时亦从建设者的角度来考虑革命后国家重建的问题。先前宣传仇满言论甚力的章太炎此时亦有较大转变，他曾作文抚慰满族留日学生："所谓民族革命者，本欲复我主权，勿令他人攘夺耳，非欲屠夷满族，使无孑遗，效昔日扬州十日之为也；亦非欲奴视满人不与齐民齿叙也。曩日大军未起，人心郁勃，虽发言任情，亦无尽诛满人之意。"倘若革命大军北定宛平，"贵政府一时倾覆，君等满族，亦是中国人民，农商之业，任所欲为，选举之权，一切平等，优游共和政体之中，其乐何似？我汉人天性和平，主持人道，既无屠杀人种之心，又无横分阶级之制，域中尚有蒙古、回部、西藏诸人，既皆等视，何独薄遇满人哉？"[③]章氏所言的"中国"已不仅是汉族人的中

---

① 对于这点，现今学术界多有揭示，相关研究可参见张永：《从"十八星旗"到"五色旗"——辛亥革命时期从汉族国家到五族共和国家的建国模式转变》，《北京大学学报》(哲学社会科学版)2002年第2期；周竞红：《从汉族主义到中华民族主义——清末民初国民党及其前身组织的边疆民族观转型》，《民族研究》2006年第4期；冯建勇：《清季近代国家观念之构筑及其在边疆地区的适用》，《北方论丛》2009年第2期。

②《中国同盟会革命方略》(1906年)，《孙中山全集》(第1卷)，北京：中华书局，1981年，第297页。

③《致留日满洲学生书》(1911年10月10日)，汤志钧编：《章太炎政论选集》(上册)，北京：中华书局，1977年，第519–520页。

国，而是包含了蒙古、回部、西藏诸民。这一国家观和孙中山此时的构想颇为一致。1911年孙中山在接受外媒记者访谈时就提到，中国地理上是由22个行省和蒙古、西藏、新疆三地构成①。1912年，孙氏在临时大总统宣言书中正式明确指出，中国是"合汉、满、蒙、回、藏诸地为一国"，同时"合汉、满、蒙、回、藏诸族为一人"②。孙中山在多处都有相似言论。

　　孙中山及革命派民族主义思想的转变与社会政治形势变化有关，同时亦受清季改良派和立宪派大民族主义思想的影响③。有研究者很早就指出，"五族共和"思想并不是孙中山的首创④，他虽多次指出中华民国由汉、满、蒙、回、藏所组成，五大民族亦享有平等的政治地位，但在汉族与诸民族的发展关系上（特别是文化），孙中山强调更多的是同化和合一，即创造一个统一的民族，而不是维持现状的诸多民族之分。在同盟会的总章中，孙中山就将实行种族同化作为同盟会的政纲之一⑤。在中国国民党成立时，其宣言同样宣布"励行种族同化"，以收"道一同风之效"⑥。

　　在经历了四分五裂的政局之后，自1919年开始，孙中山在阐述他的民族主义思想时，开始批评先前"五族共和"的论调，极力推广民族同化论，以图国家统一。他认为清朝倾覆，汉族光复，只不过达到民族主义的消极目的。在积极方面，汉族应当"牺牲其血统、历史与夫自尊自大之名称，而与满、蒙、回、藏之人民相见于诚，合为一炉而冶之，以成一中华民族之新主义"⑦。1920年11月4日，在上海中国国民党本部会议的演说中，他亦指出，"现在说五族共和，实在这五族的名词很不切当。我们国内

---

　　①《与巴黎〈巴黎日报〉记者的谈话》(1911年11月21日至23日)，《孙中山全集》(第1卷)，北京：中华书局，1981年，第561—562页。

　　②《临时大总统宣言书》(1912年1月1日)，《孙中山全集》(第2卷)，北京：中华书局，1982年，第2页。

　　③有关清季革命派和立宪派民族观的研究，可参见黄兴涛：《现代"中华民族"观念形成的历史考察——兼论辛亥革命与中华民族认同之关系》，《浙江社会科学》2002年第1期；村田雄二郎：《孙中山与辛亥革命时期的"五族共和"论》，《广东社会科学》2004年第5期。

　　④张正明、张乃华：《论孙中山的民族主义》，中华书局编辑部编：《纪念辛亥革命七十周年学术讨论会论文集》(下册)，北京：中华书局，1983年。

　　⑤《中国同盟会总章》(1912年3月3日)，《孙中山全集》(第2卷)，北京：中华书局，1982年，第160页。

　　⑥《国民党宣言》(1912年8月13日)，《孙中山全集》(第2卷)，北京：中华书局，1982年，第399页。

　　⑦《三民主义》(1919)，《孙中山全集》(第5卷)，北京：中华书局，1985年，第187页。

何止五族呢?"应该把"中国所有各民族融成一个中华民族"①。孙中山的民族同化和大中华民族理念的形成是以美国作为参照。在他看来,美国境内的民族,有黑种、白种,不下数百种,实为世界上民族最多的集合体,但美国不称英、荷、法、德、美,而称美利坚民族,其原因即是美国的民族主义是积极的民族主义。所以,国民党也应以美国为榜样,所讲的民族主义不是笼统的五族主义,而是汉族的民族主义,在具体方法上,应该"拿汉族来做个中心,使满、蒙、回、藏四族都来同化于我们,并且让那四种民族能够加入我们,有建国的机会,仿效美利坚民族的规模,把汉、满、蒙、回、藏五族同化成一个中华民族,组织成一个民族的国家",这个民族国家,即为一"中华民族"的国家②。孙中山这一中华民族-国家建制和同化思想本质上蕴涵着汉族中心主义。

其后,孙中山这一积极的中华民族-国家建构论上升为国民党的治国方针,但比较敏感的"同化"一词却较少提及。1923年1月1日的《中国国民党宣言》就指出,国民党所持的民族政策,"消极的为除去民族间之不平等,积极的为团结国内各民族,完成一大中华民族"③。《中国国民党党纲》中"民族主义"一条明确规定"以本国现有民族构成大中华民族,实现民族的国家"④。标志着国共实现合作的中国国民党第一次全国代表大会宣言则又对国民党的民族政策做出更大的修改,"承认中国以内各民族之自决权,于反对帝国主义及军阀之革命获得胜利以后,当组织自由统一的(各民族自由联合的)中华民国"⑤。以上引文提到的"团结""自决权""自由联合"这些语词,淡化了"同化"这一带政治强制性的关系属词,这一点是国民党受共产国际的影响而作的修正。但这个"民族自决权"是被纳入统一的国家这个前提下进行阐释的,促使汉、满、蒙、回、藏等族融

①《在上海中国国民党本部会议的演说》(1920年11月4日),《孙中山全集》(第5卷),北京:中华书局,1985年,第394页。

②《三民主义之具体办法》(1921年3月6日),《孙中山全集》(下册),三民公司,1927年,第37-39页。

③《中国国民党宣言》(1923年1月1日),《孙中山全集》(第7卷),北京:中华书局,1985年,第3页。

④《中国国民党党纲》(1923年1月1日),《孙中山全集》(第7卷),北京:中华书局,1985年,第4-5页。

⑤《第一次全国代表大会宣言》(1924年1月23日),荣孟源主编:《中国国民党历次代表大会及中央全会资料》(上),北京:光明日报出版社,1985年,第17页。

合成一个"中华民族"或"中华国族"是孙中山和国民党随后一直秉持的理念①。

九一八事变后，中国的边疆危机日益深重，东北三省被日本占领后，在内蒙方面跟着有热河的沦陷，察北的丧失，以德王为领袖的自治运动的爆发。在新疆方面，发生回民反对金树仁政权的大暴动，马仲英和盛世才的战争，南疆喀什葛尔的独立。在康藏方面，有藏军与刘文辉军队的交战，藏军入犯青海胜境，达赖喇嘛死后的西藏内部的纠纷。在云南方面发生英军侵入班洪的问题。蒙古德王在日本的唆使胁迫之下，偕"防共"的名义公然欲以武力造成第二个满洲国，引起绥远战争②。日本发动全面侵华战争，中国政治、军事和经济重心逐渐迁往西南。在这种政治局势下，构建和巩固各族之间的关系，团结各方一直抗战，成为知识精英和国民党政府必须优先考虑的问题。

1934年初，顾颉刚、谭其骧在创办史地杂志《禹贡半月刊》时就告诫国人了解民族历史、地理之于国家统一的重要性，"这数十年中，我们受帝国主义者的压迫真够受了，因此，民族意识激发得非常高。在这种意识之下，大家希望有一部《中国通史》出来，好看看我们民族的成分究竟怎样，到底有哪些地方是应当归我们的"，"民族与地理是不可分割的两件事，我们的地理学既不发达，民族史的研究又怎样可以取得根据呢？不必说别的，试看我们的东邻蓄意侵略我们，造了'本部'一名来称呼我们的十八省，暗示我们边陲之地不是原有的，我们这群傻子居然承受了他们的麻醉，任何地理教科书上都这样地叫起来了，这不是我们的耻辱？"③拥有强烈民族主义情感的傅斯年在编纂完《东北史纲》后不久，即撰写《中华民族是整个的》一文强调，经过两千多年的发展，中华民族"说一种话，写一种字，据同一种的文化，行同一种的伦理，俨然是一个家族"④。

①　有关孙中山和国民党的民族论和民族政策较为详细的研究，可参考［日］松本真澄著、鲁忠慧译：《中国民族政策之研究——以清末至1945年的"民族论"为中心》，北京：民族出版社，2003年，第74-138页。（特别是第二章"中华民国时期之民族论与民族政策"的内容。）

②　思慕：《中国边疆问题讲话》，上海：生活书店，1937年，第1-2页。

③　顾颉刚、谭其骧：《〈禹贡半月刊〉发刊词》（1934年2月20日），刘梦溪主编《中国现代学术经典·顾颉刚卷》，石家庄：河北教育出版社，1996年，第764-765页。

④　孟真：《中华民族是整个的》，《独立评论》第181期，1935年12月15日，第6页。

这时在昆明《益世报》主编《边疆副刊》的顾颉刚也提出了与傅斯年不谋而合的观点："中华民族是一个"不仅是一个信念，也是事实。他从历史和社会变迁的角度阐述了中华民族不是组织在血统上，也不建立在相同文化上，现有的汉人的文化是和非汉人共同使用的，不能将之称为汉人的文化，而只能称为"中华民族的文化"。他批评辛亥革命后产生的"五族论"，从反面加深了民众内心的民族区隔意识，也让日本有借口，以民族自决的名义来分离中国，实际上"中国之内决没有五大民族和许多小民族"，"中国人也没有分为若干种族的必要"①。顾颉刚的观点确有合理之处，他否定国内诸多民族的存在及其命名的意义，提出"中华民族是一个"这样的论题，在当时获得了不少人的赞同，亦引起了一些学者的质疑。不过，这一观点在那个时代有着非常重要的政治意义②。

知识界的这一论调对政界在关于边疆民族关系的建构和阐释上影响甚大，这可从蒋介石的相关言论中，得以管窥。1942年8月，蒋氏在西宁对汉满蒙回藏士绅的政治讲话中开始以"宗族论"代"民族论"。他说："我们中华民国，是由整个中华民族所建立的，而我们中华民族乃是联合我们汉满蒙回藏五个宗族组成一个整体的总名词。我说我们是五个宗族而不说五个民族，就是说我们都是构成中华民族的分子，像兄弟合成家庭一样。"他引用《诗经》的"本支百世"和"岂伊异人，昆弟甥舅"来说明中华民族各单位融合一体的性质和关系，"我们集许多家族，而成为宗族，更由宗族合成为整个中华民族"，所以中华民族是一个，其中各单位最确当的名称，应该称为"宗族"。而国民党中央宣传部副部长陶希圣按照蒋介石的授意执笔的《中国之命运》一书亦阐发了相同的观点。该书在分析中华民族成长的历史时写道："我们中华民族是多数宗族融合而成的，融合中华民族的宗族，历代都有增加，但其融合的动力是文化而不是武力，融合的方法是同化而不是征服"③。在1944年《中国之命运》的增订本，措辞有所修

---

① 顾颉刚：《中华民族是一个》，《宝树园文存》卷四，《顾颉刚全集》(36)，北京：中华书局，2010年，第94—106页。

② 对这一问题的详细研究可参见周文玖、张锦鹏：《关于"中华民族是一个"学术论辩的考察》，《民族研究》2007年第3期；黄天华：《民族意识与国家观念——抗战前后关于"中华民族是一个"的论争》，中国社会科学院近代史研究所民国史研究室、四川师范大学历史文化学院编：《1940年代的中国》(下卷)，北京：社会科学文献出版社，2009年。

③ 蒋中正：《中国之命运》，正中书局，1943年，第2页。

改，将"同化"改为"扶持"："我们中华民族是多数宗族融合而成的。这多数的宗族，本是一个种族和一个体系的分支"，"他们彼此之间，随接触机会之多，与迁徙往复之繁，乃不断相与融和而成为一个民族"，但"其融合的动力是文化而不是武力，融合的方法是扶持而不是征服"①。

显然，这种"五族同源"论的建构与其说是一种学术论点，不如说是在特定的时代一种政治主张的宣传。对于这一点，黄奋生已深谙其意，他说这个"宗族"名称的建立，是"使国内各宗族都能直觉的明了他们自己是中华民族的同一血统的一个宗支，有共同的命运"，这于"民族团结上，将会收到莫大的效益"，并且可免"民族"二字为人误用，"尤可免去帝国主义者挑拨分化各宗族的口实"②。罗香林等人也认为中华民族是由五个大宗族融和而成的，五大宗族，实同出一源。为求抗战的胜利，建国的成功，必须先从内部各宗族融和团结，然后能意志统一，力量集中，无往而不成③。这些言论都可表明，中国近代大中华民族-国家观的重构与政治紧紧缠绕在一起，有其内在的政治诉求，并对当时的边疆民族语文教育思想的形成产生了极大的影响。

二、同化与统一

尽管在理论上建构民族整体论或者一源论是为消除边族分化的危险和实现国家统一的需要，但实际上中国边疆民族问题的存在，是一现实的事实，不会因政治主张的宣传而突然消失。卫惠林就批评道，由若干浅薄的历史考证来说明边疆民族与汉族同源，以证明边族否定的统一同化政策的合理性，并认为提倡此种理论可以消除边族分化的危险，造成民族统一的心理基础，这种论调立意虽佳，但"独断主义的理论徒足以掩蔽问题之真实性，懈怠实际的努力"④。蒙古、新疆、西藏与西南诸省的少数民族，都

① 蒋中正：《中国之命运》（增订本），正中书局，1944年，第2页。
② 黄奋生：《"中国之命运"与民族政策》，《中国边疆》第2卷第1、2、3期合刊，1943年3月，第5-7页。
③ 罗香林、马家泉：《中华民族的成长与发达》，《新评论》第10卷第3、4期合刊，1944年9月，第1页。
④ 卫惠林：《如何确立三民主义的边疆民族政策》，《边政公论》第4卷第1期，1945年1月，第2页。

有其独特的语言文化与特殊的政教制度（即文化的边疆），与中原文化有很大的不同。如中国边疆民族语文按着不同语族可分为以下几大类：不同族语如满、蒙、回，其族语皆属于阿尔泰语系，原同祖语的亲族语，如蒙、番、苗、瑶、黎、倮罗、摆夷与汉语皆为汉藏语系，华南海外的台湾的土语又另属南岛马来语系；而在文字上，存有蒙、藏、回、苗、倮罗、么些、摆夷文等，这些文字有的仍在使用，有的于实际应用上已至半死状态[①]。如何对待这些不同的语言文字呢？这是需要政治精英和教育者去切实思考和解决的问题。形如方东澄指出："各族有各族的语言，各族有各族的文字，各族有各族的信仰，各族有各族的风尚，因之各族就有各族的思想。他们的语言、文字、信仰、风尚、思想等既与我们的不同，那么要团结这些民族为一个国族，我们办教育的就得煞费苦心了。"[②]

在中华民族-国家观的建构下，主张边疆语文的统一已成为不少人的共识。刘曼卿认为边疆教育必须采用打开语文教育的出路，因为边疆各地各族杂居，蒙藏语文也多有互异，即民族间自常往来各事，非赖翻译无法贯通，而教育更是处处以语文为中心，"我们在实施边疆教育以前，自应当打开语文教育的出路，而求语言文字之统一"。边疆文化幼稚，教育毫无基础，种族间歧视和互斗，重要的原因就是在语言文字的不一致。所以为免除患计，为增进智识计，边疆教育应"负有改革语文，统一语文的特种使命"[③]。陈光垚亦认为，欲建设西北，必先统一民族意志，欲统一民族意志必先统一全民族的语言文字。只有这样，"中央一切政令与计划，皆可由一种之语言或文字，传布全国五万万同胞，使人人皆能遵行政府所定之大政方针，为我国家民族尽忠效力，以收'万众一心''众志成城'之功"[④]。黄奋生认为边疆教育的目标，第一就是要做到"由特殊至大同"，达到古人所谓"车同轨，书同文，行同伦"的理想境界。而如果能以国语国文为各

---

① 黎锦熙：《国语边语对照表"四行课本"建议》，《国语注音符号课本及有关文书（1946—1947）》，二档馆藏，教育部档，档案号：5-12301。

② 方东澄：《边疆教育问题概论》，《边疆半月刊》第2卷第2期，1937年1月31日，第7页。

③ 刘曼卿：《边疆教育》，上海：商务印书馆，1937年，第13页。

④ 陈光垚：《建设西北必先统一语文》，《三民主义半月刊》第2卷第10期，1943年5月15日，第16页。

民族的标准语文，则整个国族文化的统一就有了坚实的基础①。遍览时人相关言论，从民族国家立场来看，不少人都认为国内各民族语文的互相沟通是抵御外强文化侵略，开发边疆的前提条件②。不过，尽管同在国语统一的视野中，但时人基于不同的民族文化观和现实因素的考虑，对"国语"的具体教育途径和实施方法却有着不同的认知和构思。

学者曾紫绶指出，蒙古各族内，在王府的私塾内，由公务人员向少量学生教授蒙文蒙字，以备日后从事公务。僧人所诵经文，多为藏文写就，僧人能认识蒙文的本来就少，认识汉文的人就更少了。在西藏无汉人杂居的县份，平民绝大部分都是文盲，没有受过教育。新疆种族复杂，语言歧异。曾紫绶据此认为，假若都按照各地方言发展教育，则学校愈发达而语文隔膜愈甚，民族思想感情的沟通和融合越加困难。另外，他亦认为若同时授以土语和国语两种语言，对于成长中的儿童来说，学习的困难和压力太大。所以边地教育，应以国语为主，土语为辅。其实施方法是训练师资，使通边地土语，在教授时，用辅助发音释义，等到学生能悟汉文之后，最后放弃土语读解③。

李进才批评那种保留原有民族语文或一律用汉语汉文的主张，他认为这两种方法都有商榷的余地。如果完全保留原有边地语文，则边疆与内地同化的目的就很难达到。但事实上，从事边地教育又不可能完全抹杀少数民族的语言和文字。他对民族语文问题提出的解决办法是，在汉夷杂居社区应一律以汉语汉字为主，其教材教法上，应尽量利用汉语，在初级班中，儿童不能作纯熟的汉语时，可用方言补助教授。以李进才所从事边教的尾村为例，该村学生中即有四种方言，每种方言通行区，不过数个社区或十余社区，在此情形之下，将以何种方言为标准，抑或均利用各地方言呢？这在实际中都是不可能的。李进才曾就此问题征求边民意见，边民亦以为应提倡汉语，因为在杂居社区，"学会汉语走遍天下，学会夷语走三个村庄"，可见汉语在这些社区的作用是非常重要的。而在完全由边民所组成

① 黄奋生：《泛论边疆教育》，《西北通讯》第3期，1947年5月10日，第5页。
② 解永昭：《服务边疆青年之应有认识》，《西陲宣化使公署月刊》第1卷第9期，1937年5月，第10页。
③ 曾紫绶：《边疆教育问题之研究》，《教育杂志》第26卷第3号，1936年3月10日，第18页。

的社区里，汉语应与土语并用，初级班应以方言为主，至高级班则授以汉语汉字，并发行汉文和边文并行的书籍。他同时认为不能因方法上的便利，即利用他种文字，如若干边区中所使用的由外国传教士依方言创制的拼音字，以教边民。这种方法虽然有好处，但对文化统一，却有不利的弊端，"就国权言，实在亟应取缔才好"①。

概而言之，从教育的实用角度来看，曾紫绶和李进才都认为，在边地语言复杂的情况下，统一语言对教育发展和文化统一有利，利用边地语文也只是为此目标服务，并不是为了保护和发展边地语文。

俞湘文从事西北游牧藏区教育多年，他亦认为边区教育应注重汉文。他分析那些注重边地民族固有语文的观点，其最大理由是在于心理方面，以为一个民族既有他们固有的文字，若要强迫他们研究另外一族的文字，会使他们意识到在受另外一族的压迫而反感。这一理由虽是实情，但并不是不可以改变。他举例说，1943年初，西北游牧藏区康根小学成立之时，当地民众亦不少反对。据该校一位姓郭的老师说法，民众反对设立学校的原因有三：一是该区社会里的小孩子，到入学年龄时就已成为家庭中生产力的一分子，抽去一名当学生，犹如抽去了一份劳动力；二是该地文化落后，生活简单，大部分感觉不到教育的需要；三是民众以为学习另一民族的文字似乎丧失了其民族的自尊心。但后来经过数月的教导以后，郭老师的许多学生对学校，都发生了兴趣。由此观之，俞湘文认为藏民在心理方面反对学生学习汉文一层问题，是不难消解的。就实际教学而言，因为藏文缺乏宗教性情以外的书籍，即使要从藏文方面来着手普及藏胞们的教育，则原有的藏文并不适宜作为传授的课本，除非要将所有新知识的书籍完全翻成藏文，这不但工程浩大，且这种翻译工作的人才并不易搜求，困难太多。况且藏族平民几全是文盲，即使翻成许多藏文书籍，对于他们仍是无济于事，还是要从基本的识字阶段开始，所以要用边民自己的文字来推广教育，并不是短时间可能实现的事情。这从某种程度上来讲，学习汉文并不是使他们抛弃已学会的本族文字，而另学一种文字，因为如藏文只

---

① 李有义：《推进边教的几个实际问题》，《今日评论》第5卷第14期，1941年4月13日，第237—238页。

有宗教领袖才能掌握，平民并不识藏文①。

对于有时人认为语言文化不同并不妨碍立国，当时的边疆问题研究专家马长寿就认为此种温和的观点与事实不符。他批评那些硬倡土语，以为国语统一是汉族文化侵略的边疆人士。他认为现代的许多边疆文字都已成为文化的残骸，西南的掸文、罗文、么些文，只有僧侣能读、能写，已不能通，固无提倡的价值。多数民族的蒙古文、西藏文以及伊斯兰文，前二者只有僧侣阶级因为读经典而所以能读能写，比较能通的都在少数。蒙藏政治为僧侣所把持，所以在政治上还在应用。至于伊斯兰文，在新疆通行的程度，多不过如蒙藏文在蒙藏。一般平民多不识字，都不用文，乃至于都不读书，"试问现在中央机关所发行的边文边报教什么人去读呢？又在筹划中的边文教科书，教什么人去念呢？……僧侣阿訇虽然能读懂了，但他们都偏见很深，而不屑读。而一般年轻的边童呢，他们不准备做僧侣做阿訇的，读了蒙藏回文有什么用？进一步读经典吗？我们是否应该望他们都做喇嘛阿訇？去研究边疆的学问吗？请问蒙文藏文伊斯兰文的书籍，除了经典之外，还有什么？过去我们骂官僚政治，以官僚的管见去理边政固然不行，但现在提倡边文的边政都是一种书痴子的边政。提倡边文的边政的意义，我始终想不到是为什么？为的是民族文化交流吗？我们的想法，提倡中原人士研究边文，希望他们在边文经典中探索边疆文化的学术价值，或者提倡边疆僧侣阿訇等研究中文，希望他们能翻译中文书籍宣扬于边疆，都很合理。此问题的焦点是希望少数的中原与边疆学者从事工作，而与中央机关之发行边文公报没有什么重要关系。为的是每种边文普及于每一个固定的边区吗？推行结果势必官方文告书报都用边文，我们试想一想未来的政府各部门之中至少要设置上述三种边文的官吏，……如此，中国的公文政治一变而为边文政治了。所谓文化不统一必并不妨碍立国，其谁信之？"②

俞湘文和马长寿则认为，因识字有限，对边疆一般民众而言，选择边文或国文并没有本质差别，所谓推行国语文就是汉文化侵略更无所谈起。

---

① 俞湘文：《西北游牧藏区之社会调查》，上海：商务印书馆，1947年版，第91-93页。
② 以上所引均见马长寿：《论统一与同化》，《边政公论》第6卷第2期，1947年6月，第11-12页。

这种观点已经有了从社会分层角度来分析语文问题的意味。同时，马长寿更进一步指出，语文不统一容易产生民族偏见和政治的不统一，这一观点在近代中国的政治语境中具有一定的代表性。

陈光垚以汉语文来统一边地语文的理由则有些不同。他认为汉人数量最多，占全国人口的绝大部分，汉语汉文的历史亦最长，在世界上一切语文中最古，而满族皆已同化于汉族，并用汉人的语言文字。蒙藏回苗所用不同汉语文者，不过一千万人，所以"无论汉语汉文有无价值，即以人数多少之比例言，诚有从速劝此一千多万同胞，一致采用汉语汉字之必要"。以少数迁就多数，如顺水推舟，以多数迁就少数，则如削足适履①。陈光垚将以多胜少的规则施之于语文选择，颇成问题。而在抗战时代，傅斯年为支持"中华民族是一个"的政治言论和立场，在致顾颉刚的信函中就建议，"但当严禁汉人侵夺番夷，并使之加速汉化，并制止一切非汉字之文字推行，务于短期中贯彻其汉族之意识，斯为正途"②。陈、傅二人的言论虽为国家统一考虑，但如果实施起来，问题亦不少。

从民族国家角度来看，国语统一是必要的，如果一个国家没有统一的语言和文字，如何能称之为"国"？从教育角度而言，统一语言亦有利于提高教学效率。不过，也有人将国语统一与文化同化论相勾连，从边疆民族本位角度提出了不同看法。如果只是一味地推行国语，边疆民族文化传统又将如何保存和承传？民众心理上能否真正接受？

三、一体与多元

根据边地教育的实际，如果仅推行国语文，其效果并不理想，其弊端引起了时人的关注。对新疆回民教育深有了解的回族学者艾沙作曾详细分析了从清末以来新疆省回民教育落后，回民不愿读汉书的原因：回民宗教信仰过深，多认读汉书为"反宗教"，失去"以马尼"（即信心），阿訇对此尤为反对，所以在社会上无形中形成一种风气，以读汉书为耻；回民不

---

① 陈光垚：《建设西北必先统一语文》，《三民主义半月刊》第2卷第10期，1943年5月15日，第16—17页。

② 《致顾颉刚》（1939），欧阳哲生主编：《傅斯年全集》（第7卷），长沙：湖南教育出版社，2003年，第205页。

了解汉族文化，不知其内容，对之常存一种鄙视观念，认为从汉文书中，学不到任何学问。从清末开始，回民对汉人常存一种"非我族类其心必异"的观点，"总以汉人之坚令我读其书籍，或将希图同化我民族，消灭我文化，于我必多不利，故汉官催促愈严，而吾民'恐惧''怀疑'愈深"，两种极相反心理，交互作用，遂使回民不读汉书问题更为复杂化。读汉书者不仅未得政府任何宠幸，为本族做过任何事业，且专为汉官充舌人，当"走狗"，是为本民族的败类，所以民众均认学汉文毫无任何实用利益，而且有害，学者愈多，民族基础，愈趋动摇①。马福祥也指出，当地新疆回族不少人认为读书就是为替汉人当差，"故学生时有逃亡，动须官厅票缉，强迫过甚，则相率投入俄籍，以求庇护"②。艾沙作、马福祥从心理角度分析新疆当地民众不愿读汉书的原因，触及问题的实质。

宫碧澄从语文使用的实用角度指出，如何解决语言文字问题是新疆教育的一个中心问题。在新疆的一个汉商或俄商，起码他要通晓缠回的语言文字，在伊犁塔城或南临，至少要懂得哈萨克族、满族、蒙古等语言或文字。不然，这个生意就难以兴隆。假如要他们每个部族来读汉书，必须先懂得汉语。汉语本来就难学，汉文更不用说，他们有时费了成年累月的工夫，有时连话都不会说，比较起他们自己的语言来真是"难中之难"了。在领受知识方面，他们以地域相近，或宗教及同文的关系，有时接受了俄国土耳其或阿富汗的东西，使得他们比较接受汉文汉语容易得多。再加上施教图书翻译和编辑不善，内容不符合新疆地方特性，这些都是新疆教育无卓著的成绩和难以普及的原因。所以，新疆的施教必须要照顾到各族的语言风俗习惯和信仰，并且要在可能的情形下，参用他们的族俗，或教义，以坚固他们的信仰心，而利导他们向接受汉文化这一条路上来走，这样我们才算办了新疆全体人民的教育，而不是办了某一种族的教育③。

王一影也说，他在西陲蛮荒的宁属夷族地区埋头苦干了一年，但根据

---

① 艾沙作、矫如述：《新疆回民教育之回顾与瞻望》，《边铎》第1卷第2期，1934年3月20日，第6页；相似论点亦可参见曾问吾：《新疆教育概况》，《边事研究》第4卷第4期，1936年9月20日；相似情形也可参见国民政府内部报告《新疆省教育厅长报告该省教育情形》，二档馆藏，南京国民政府档案，档案号：一(2)-904-16J-2840。

② 马福祥编：《蒙藏状况》，蒙藏委员会印行，1931年，第112页。

③ 宫碧澄：《新疆过去教育情况与改进计划》，《边事研究》第4卷第3期，1936年8月20日，第26-29页。

其所见到边疆夷族青年的教育与训练，边疆教育可谓失败。其情形是：所用的教科书，是采用内地通行的教科书，教学时，教员或用土话，或用国语，但不懂夷语。学生多数是接近夷区的汉人，而非夷族子弟。夷族子弟来入学的，都以强制手段征来的。他认为边疆夷族文化与汉族不同，夷族有简便易学的夷文，民间又有通行的夷语，汉语在夷族中，除土司阶级外，民间很少有能说汉语的。各地的边民学校，用国语或土语教授汉字，在整个国家教育方针来说，固然不错。但实际上，来入学的夷族学生不易听懂，汉字亦使夷族子弟感觉到记忆非常困难，就是夷族青年子弟，在学校中记得几个汉字，学会几句汉话，回到家中，无处应用，顷刻便忘，所以夷族青年视读书为畏途，先生学生之间更以语言隔阂，不能互通情感，教学上难有功效[①]。宫碧澄和王一影主要从语言环境和用途角度谈到边疆国语教育的成效。

白寿彝则从教育和文化角度强调了"小锦"在回教寺院教育中的重要性。"小锦"是用阿拉伯字母拼写中国话，在回教寺院教育所常见的十四种基本经典中，差不多每一种教典都附有这种文字。凡学习这种经典而不识中国方块字的回教徒，平常都是用这种文字写信记账和记事。一般人都错误地以为回教徒没有什么著作，识字的人太少，其实只是识用中国方块字的人太少。历来西北及西南学校教育所以得不到当地回教徒的支持，就是因为拿方块字作讲授的唯一工具。白寿彝认为对于办一种边地教育，须用他们通用的正式文字，中国方块字和他们历史没有深厚的关系，而且和他们的语言毫不相干，用方块字在他们中间来推行教育，简直是空中楼阁，而且方块字是一种独立的单音字，蒙文、藏文、维吾尔文、摆夷文都用字母组成，在学习上必汉字要容易不少，所以他主张"现在我们如果不斤斤于文字统一的假体面，而采取避名就实的过渡办法，除设立以方块字授课的普通学校外，还应该增设短期的回民小学，初级班底课程完全以'小锦'讲授，必要时还可以加上一点正式的阿拉伯文，高级班可以慢慢地加上用'小锦'注音的方块字"。当然，白寿彝提倡注重民族语文的本意是想通过事实纠正时人所谓"汉人文化"等于全盘的中国文化的观点，希望公

<hr />

① 王一影：《泛论边疆夷族青年的教育训练》，《边政公论》第1卷第3、4期合刊，1941年11月10日，第96—98页。

私立教育当局，能在边疆教育中，"给予国内各种特殊文字以适宜的位置，更希望由各种特殊文字应用上之发达，而作国内各种特殊文化之发扬，由个别的发扬走到相互的吸收和集合，以造成真正的统一的中国新文化"①。

　　白寿彝这种包容和理性的文化观点，引起了诸多学者的赞同。卫惠林就认为应摒弃传统的"我闻用夏变夷者，未闻变于夷者也"文化观，而现代的民族主义，应建立在文化政治的观点上，以促进民族的融合与文化的综合发展为目的，而不能固执盲目的统一主义与同化政策。他主张合理的语言政策应该是一面推行国语，一面选择重要边族语言为并行语言，如蒙古语、西藏语、维吾尔语、苗语、泰语、缅语、罗语为并行语言，划定通行区域，并促进其现代化②。凌纯声也说他办理边疆教育的理想"一半是国家教育，一半是民族教育"。边民有他们的语文、艺哲，要让他学习，同时边民对于国文国语以及公民知识的训练亦极其重要，他希望边疆人民能从爱他的民族扩大到爱他的国家以至全世界③。

　　边疆民族语文与政治、文化传统等方面有着紧密的关联。在塑造中华民族-国家认同的同时，如何处理国语与边疆民族语文之间的关系，知识分子和政界人士还存有不同的争议。但知识分子的主流意见认为，在边疆教育中，国语统一与民族语文的多元发展并不是决然对立的。在对待少数民族文化时，应秉持中华民族一元论（或整体论）和文化多元主义相结合的原则。从边疆少数民族文化传统和心理来看，忽略甚至压制少数民族自身文化的发展，不但不利于塑造新的国家认同意识，反而会带来诸多的障碍和非议。作为不同层次的国家认同感和民族意识，国家教育和民族教育可以并行不悖，并不是非此即彼。

四、沟通国语与边疆民族语文

　　根据边疆教育的实际情形，以及多元一体的民族文化融合观的构建，

---

　　① 以上所引均见白寿彝：《从"小锦"说到边疆教育上的文字问题》，《申报》1937年5月23日，第1版。

　　② 卫惠林：《如何确立三民主义的边疆民族政策》，《边政公论》第4卷第1期，1945年1月，第1–3页。

　　③《边疆自治与文化——本刊边疆问题座谈会记录》，《边政公论》第6卷第2期，1947年6月，第2页。

不少学者主张在语文教学方法上应作改进，即利用拼音化符号（注音符号），拼注国语和边语，加强两者的沟通。西南民族的文字如藏文、摆夷文、倮罗文等都是拼音文字占优势，没有文字的民族，也有造拼音文字的趋势。这主要是由于外国传教士替这些民族造了几套拼音文字之后，逐渐通行起来。所以，不少人认为拼音文字在西南民族中有着非常大的效用，主张应用拼音文字来教育西南民族。语言学家芮逸夫对西南民族甚有研究，在边地语文教育方面，他主张利用国音字母（即注音符号）拼缀汉语，以便西南各民族在最短期间内，学会国音字母和基本汉语；并用国音字母拼缀夷语，其国音所没有而各族特有的夷音，为其添置闰音字母或夷音符号来拼缀，借此创制各种拼音制的夷文。用这四十个字母，注国音，即成为"国音文字"，注夷音（添制一些夷音符号）即成为"国化夷字"。学起来方便，同时也可统一语文。芮逸夫通过考察西南边地一些民族发现，西洋传教士都是利用罗马字拼音的夷文书籍来传教，教会教育比较发达，所以他觉得利用国音字母来做教育及开会夷族的工具，一定可收速效。但他也强调这种办法并不是宣传废止文字，使中国文字拉丁化①。

　黎锦熙的看法与芮逸夫的观点甚为相近，可作语文教育家的一般意见。在推进边疆教育的过程中，有一部分教育者不以国语为媒介，或以为推行国语非其任务；还有一部分人常存消灭边胞语文的心理，以为凭借政治的力量，尽可以强迫通行国语文，让各种特殊语文自然减少以至淘汰消灭。黎锦熙对此两种观点，都有批评。他认为中国推行国语，要做到国语统一，"乃是规定一种标准的方言，作为全国通行的国语，以利交通而便交流，并不是要消灭其它方言和特殊语文"②。但令人感到矛盾的是，在民族语文教育上，如果专用国语和汉字作为教科用书及通俗读书的教育工具，未免"俟河之清"；而如果分别沿用边地特殊语言文字来编印各种不同的教科用书及通俗读物，又失同文一统之旨，且"谈何容易"？黎氏认为，团结民族，统一意志，形成国族，惟有打破这种语文隔阂，其最为简便的途径是将汉文与特殊语文对译并列，利用注音符号，互注其读音。边胞学会此

---

① 芮逸夫：《西南民族语文教育刍议》，《西南边疆》第2期，1938年11月，第47—49页。
② 黎锦熙：《国语边语对照表"四行课本"建议》，《国语注音符号课本及有关文书》，二档馆藏，教育部档，档案号：5-12301。

注音符号，即可迅速读汉文而习国语，施教者熟此简单符号，亦可迅速读出特殊语文的注音，以资互喻，而西南边胞仅有语言而无文字者，借此注音符号可自创文字。具体办法如下：凡边疆各级学校之教科用书及民众通俗读物，概由教育部急速统筹，分别编印。凡边疆适用之教材及读物，一律以注音国字为正文，于其左方各用蒙、藏、回文，或其它特殊语文（如苗、傈罗、摆夷等）翻译其意义。对译之蒙藏回文及其它特殊语文，更于其左方用注音符号各照其文字之读音而拼注之，如注音国文之例，如该种特殊语文并无文字者，即用注音符号照拼其语音而为其文字。注音符号系以汉字国音为主，尚不敷拼注各地异语方音之用，应请教育部从速公布《全国方音注音符号总表》以利才行。如虑注音符号之传习，一时尚难普遍，则"注音国字"之右方，更得注以"译音符号"（即国语罗马字）而各种对译之特殊语文，亦得于其左方注音符号之左，更注以"译音符号"，使未习注音符号而认识西洋字母者，亦能相互粗略拼读。如虑边胞对于注音符号及译音符号两俱未习，而国字正文读音须有以辅助其习读之速成，则于注音国字右方译音符号之右，更得利用各该种特殊语文之原有字母（此专就原有文字而言），照汉字之国音拼注，俾能直接略读国字之音。其形式如下：

（左三行）方音译音符号（即方言罗马字）

（左二行）用"方音注音符号"拼注译文之读音

（左一行）边疆特殊语文之译文（无文字者即以左二行代之）

（中　行）"注音国字"正文

（右一行）每字右注国音注音符号（已有合之字模，略占半行）

（右二行）国语译音符号（即国语罗马字）

（右三行）利用特殊语文之原有字母以拼注之国音。①

如果将这种形式进行简化，即是黎锦熙所主张的"四行课本"：（左一行）边疆特殊语文的译文、（左二行）用"方音注音符号"拼读译文的读

---

① 黎锦熙：《开发边疆的第一件事》，《国语周刊》第10期（南郑版），1941年7月31日。

音、（中行）"汉字"正文、（右一行）右注注音符号①。

　　尽管在国民政府教育部国语推行委员会中，学者们对待方言和民族语文的态度还有所不同，不过，正如吴稚晖所言，"我们对于边疆语言，既要边民也能说国语外，我们也要尊重他们的语言。边语也用注音符号，是一种很好的办法"②。这一观点逐渐成为学者们的一种共识。国语推行委员会曾设立方言调查研究所，不但调查和研究汉语各种方言，并兼及边疆和境外特殊语文的调查。为沟通国语、方言和边疆国语教育，曾成立全国方音注音符号修正委员会，聘定魏建功、黎锦熙、赵元任等人为该会委员，从事制定全国方音注音符号。1943年，该会议定了一个草案，按照人类语言发音的口舌部和方法音，将提出的音素比照国际音标，制定注音符号，综合原有的国音注音符号，并添制了新的方音注音符号，列成一表，称为《全国方音注音符号总表》③。这些举措显然考虑到了国语文与边疆民族语文的沟通问题。

　　一些国民党要员亦对边疆文化建设和民族语文教育问题作出反思和回应。曾任国民政府教育部长，时任国民党中央组织部部长、边疆语文编译委员会主任的朱家骅在多处场合谈到边疆民族语文教育问题。1942年10月21日，朱家骅在招待边疆人士茶话会上，对边疆问题和边疆工作作出指示，对于语文政策，他说道："边疆青年们除了应求得现代知识而外，尤应学习国文国语，但并不是大家学了国文国语而抛开了边疆的固有文字，反之，正要同时学好了固有的文字，以便互相沟通，互相光辉"④。在随后的边务工作会的致辞中，朱家骅更是强调，要推进边疆的建设，必先提高当地的文化水准。而文化水准的提高，就应该充分利用当地的语言文字和生活方式，创办各级学校和各种文化事业。他认为在边疆，国文的书刊不易见到，但外国人用边疆文字印成的宣传品却随处可见，这点也提示"我们

---

　　① 黎锦熙：《国语边语对照表"四行课本"建议》，《国语注音符号课本及有关文书》，二档馆藏，教育部档，档案号：5-12301。
　　②《国语会全国方音注音符号修订委员会会议报告》，二档馆藏，教育部档，档案号5-12286。
　　③ 参见《方言调查研究所工作计划》，二档馆藏，教育部档，档案号5-12288；《全国方音注音符号总表（草案）》，二档馆藏，教育部档，档案号：5-12300。
　　④ 朱家骅：《边疆问题与边疆工作》，《中央周刊》第5卷第19期，1942年12月17日，第5-6页。

从事边疆文化事业的办法"，"我们的宣传书刊必须多译成边疆文字，电影戏剧等等，也该使用边疆的语言文字，写出合乎边疆风俗或边疆同胞可以了解的事实"。而在边疆设立的学校，在小学里"应以当地的文字为主，而以国文辅之，使他们感觉到所学的即可在当地致用，不像我们幼小时候读三字经千字文一样，只会强记而不能了解"。朱家骅认为先教边胞读本地语文，进而能学习国语文，无碍于国家统一，这犹如希望他们爱国必须由爱自己的本乡做起一样[①]。朱家骅的主张和白寿彝、凌纯声的观点不谋而合。

　　在具体教育方法上，朱家骅认为语文为介绍教材的工具，一取其便，一取其善，兼而有之，最为理想。如不能做到，也可按着各族环境需要、学习的兴趣，自由选择。而政府对于边地国民教育阶段教本，当供两套，一为边地译本，一为国文教本，边地学生可自由选择。中学以上学生，为深造的便利，开始必修国语国文。教材的内容须由政府审定，应与主义国策相符合，国民教育阶段的教材，应以分区编译为原则，教材内容，边地民族者可占一半，全国统一性的占一半，统筹兼顾，不失偏颇，但中学阶段，可用统一教材[②]。

　　教育部官员周辉福在边疆教育的检讨报告中也反思道："若干年来，从事边教工作者，都很努力于推行国语教育，此在一般国民教育原则上自极重要，但边地青年如果强迫其读国文、习国语，均以学习困难而视为畏途，甚或根本不愿入学，反致阻碍正常教育的发展。其实，语文不过是教育的工具，并非教育的目的，故权衡轻重，斟酌得宜，对国语教育之推行，实无强迫的必要，至少在国民教育阶段中，应不必强迫学习，任边生自由选择。"[③]这种语文工具论思想直接或间接影响到国民政府教育部边疆教育政策的变化（详后）。

　　但也有人对沟通国语与边疆民族语文的方法以及编印蒙藏回教科书施行边教的举措有所质疑和担忧。这种兼顾国语文和边地语文，以注音符号

---

　　①《边务工作应有的认识和态度》（1942年10月25日），王聿均、孙斌合编：《朱家骅先生言论集》，台北："中央研究院"近代史研究所，1977年，第612页。

　　②朱家骅：《论边疆教育》（代序），教育部边疆教育司编印：《边疆教育概况》，1947年，第2—3页。

　　③《教育部周辉福关于边疆教育的检讨报告》（1944年5月3日），中国第二历史档案馆编：《中华民国史档案资料汇编》第五辑第二编教育（二），南京：江苏古籍出版社，1997年版，第208页。

作为沟通媒介的方法，设计周密，取意虽好，但过于理想化，其效率亦不禁让时人怀疑。正如曹树勋所说："其中黎氏之设计，最称周密，然每正文一句，复排七行，标音符号，有国字、边文字母、注音符号、译音符号等四种之多，毋将'五色令人目迷，五音令人耳聋'。吾人应知读此课文者为小学儿童，而非语音学家，小学儿童毫无文字训练之基础，对于一切字符，皆为新刺激、新经验。则对七行排印之体，是否有此学习之能量？摄化之能力？反复练习之机会？不太迟缓之进度？恐均成问题。"[①]后来，黎锦熙等人设计的"四行课本"在边疆教育中并没有推广开来可能也有这方面的原因。甚至有人对专编蒙回藏文教科书施行边教亦有质疑。曾任青海教育厅长的杨子高就极力反对专编蒙回藏文教科书，他认为这不但会增加儿童学习困难，更会引起民族情感的疏远。马鹤夫也同意这个观点，他在考察甘青藏边区时注意到，年来国民政府对边疆政策，特别注意，对边疆各民族，特别优待，但结果却"反使隔阂愈深，情感愈疏，蒙也藏也，已改进而与内地人士无异者，复改其姓名，衣其奇装，而效示改进之蒙人藏人，以求在政治上受特别优待，教育上享特别利益，将来愈分离而愈不平等。"而回汉儿童，语言习惯，大致均同，尤不宜故分畛域[②]。边疆民族语文教育问题与政治、民族心理密切相关，颇为复杂，这些反思和争议确实都是应该顾及的问题。正是这些不同观点的碰撞，体现了时人在构思民族语文教育政策所应具有的慎重态度。

五、边疆语文教育与国家认同

经历了分裂和战乱，1928年国民党形式上统一中国之后，日渐重视起对边地蒙藏地区的建设，而发展边地语文教育是加强对边区的政治统治，振兴蒙藏等地经济与文化建设的重要手段。

初等教育：1931年9月3日，国民党第三届中央执行委员会第十七次常务会议通过《三民主义教育实施原则》，这个教育原则规定了边地教育的目标之一是由教育力量力图统一边疆人民语言意志，以期建成"五族共

---

① 曹树勋：《边疆教育新论》，正中书局，1945年，第99页。
② 马鹤天：《甘青藏边区考察记》（第二编），上海：商务印书馆，1947年初版，第257-258页。

和"的大民族主义国家。另外，还明确规定了教科图书的编写文字。用蒙藏文和汉文合编小学校的教科图书，中等以上学校的教材图书以汉文编订为原则。各级学校的教材内容注重以下内容：中国民族融合的历史；帝国主义侵略中国边疆各民族的历史及事实；帝国主义侵略世界各弱小民族的历史与事实；边疆各民族人民和国民革命的关系；边疆各民族人民地方自治和民权主义的关系；边疆各民族人民经济事业和民生主义的关系；边地各民族地方环境①。

1931年，边疆教育实施原则规定，国民教育阶段教科图书的编写文字可使用边地语文，但到中学阶段，要注重汉文的统一。而教科图书的编写内容要以国民党三民主义为指导思想。1935年，在教育部和蒙藏委员会共同订定的推广边疆教育实施办法中规定，编辑民族适用的小学教科书，其内容要注意民族生活的状况，灌输科学知识，并通过一些政治材料和历史人物的介绍和学习，养成其国家观念。首先编辑的教科书包括国语、公民、常识（包括历史、地理、自然等科），编写语文以国语为主，旁注蒙回藏苗等文字②。1939年4月，第三次全国教育会议决议通过《推进边疆教育方案》。该方案要求边疆教育继续遵从融合中华民族各部分文化的方针，初等教育以公民（国民）训练与语文训练、职业训练并重。教育用语和初级及中级小学教科书，以国语为主体，以蒙藏回等语文为辅，高级小学以上学校，以国语国文编订原则③。

1941年11月，南京国民政府行政院颁布《边地青年教育及人事行政实施纲领》。该纲领首次指出，边疆教育的范围是指蒙藏及其它各地语言文化具有特殊性质者。小学教科书由教育部根据边地实际需要，分别编定印送各地应用。此项教科书，"一律以国语为主，地方语文为辅"④。边地教

---

① 《教育部订定边疆教育实施原则》（1931），中国第二历史档案馆编：《中华民国史档案资料汇编》第五辑第一编教育（二），南京：江苏古籍出版社，1994年，第830-832页。

② 《教育部二十四年度推广边疆教育实施办法案的文件》（1935年1-3月），中国第二历史档案馆编：《中华民国史档案资料汇编》第五辑第一编教育（二），南京：江苏古籍出版社，1994年，第868页。

③ 《第三次全国教育会议关于推进边疆教育方案的决议案》（1939年4月），中国第二历史档案馆编：《中华民国史档案资料汇编》第五辑第二编教育（二），南京：江苏古籍出版社，1997年，第122-123页。

④ 《边地青年教育及人事行政实施纲领》（1941），教育年鉴编纂委员会编：《第二次中国教育年鉴》，《近代中国史料丛刊》三编第十一辑（107），台北：文海出版社，1986年，第1-2页。

育视导须特别注意的事项有"边教应努力融合边地各族""边教应推行国语教育"①。1941年3月25日，国民政府教育部订定《边远区域初等教育实施纲要》，该纲要规定，边小校名不得冠以边地种族及宗教名词。教学科目包括公民训练及公民知识、国语、常识（或自然社会）、算术、工作等科。公民训练主要依据中华民族一整个国族理论，泯除各族学生因地域观念与狭义的民族观念而产生的隔阂，阐发爱国精神。语文方面，"边小一律推行国语教育"，"推行国语为边地初等教育之要务，如当地仍流行某种文字，须注重学生如何能应用国文，俾其在生活上发生需要"。筹设边地儿童保育分院，"一面可保儿童安全，一面可推行国语"②。1945年，教育部公布边疆初等教育设施办法，边疆小学课程暂照国民学校的规定，但该办法特别提到，"国语与边文得视地方需要同时教学，或任择一种教学"。边地小学设备有与边地有关书籍图表、内地文物挂图、国父遗像、国民政府主席肖像③。

中等教育：教育部曾在甘肃、青海、宁夏、西康等省指定中等学校数所，增加蒙藏语文作为必修科目。而正在筹办的国立西南师范学校设置的国语文课程，其目的是使学生通晓国语文、注音符号；其内容注重民族团结及现代中国伟大人物传记，"切忌易使极其偏狭民族思想之文字"，并将西南的文艺、歌曲、故事、传说加以整理与改变，以适宜团结抗建的需要。在边疆筹设的初级适用职业学校，其语文课程内容包括国文、国语及当地语文、算术、常识等④。1941年边远区域师范学校暂行办法规定，边师学生的训练目标主要是使学生了解国族的意义和中华民族意志集中与力量集中的必要；陶冶刻苦的精神，启发服务边地的志趣；养成边地生产建设的技术与实际工作的能力；培养边地地方行政的知能；授予公共卫生及

①《边地教育视导应特别注意事项》（1941年3月），教育部蒙藏教育司编印：《边疆教育概况》，1943年，第177页。

②《教育部订定的边远区域初等教育实施纲要》（1941年3月25日），中国第二历史档案馆编：《中华民国史档案资料汇编》第五辑第二编教育（二），南京：江苏古籍出版社，1997年，第99-100页。

③《教育部公布边疆初等教育实施办法令》（1945年9月23日），中国第二历史档案馆编：《中华民国史档案资料汇编》第五辑第三编教育（一），南京：江苏古籍出版社，2000年，第6-7页。

④《筹办国立西南师范学校计划纲要》（1939）、《初级适用职业学校筹备计划纲要》（1940），教育部蒙藏教育司编印：《边疆教育法令汇编》第一辑，1941年，第33-37页。

简易的医事知识，增进边地田野工作的知识；课程包括公民、国文、边地语文、历史、政治、体育、军事训练、卫生及医事、算术、地理、博物科、物理、化学、工艺、农业、教育、边地知识、美术及音乐。其中，国文是使学生通晓国语及注音符号，边地语文除学习必要语文外，还加习比较语言学①。为了能在不同的语言社会环境中施行边地教育，同时掌握国语文和一门边地语文，这是培养边地教育师资的重要目标。

社会教育：1940年7月，教育部公布"改进边疆寺庙教育暂行办法"，规定边疆各地喇嘛庙或清真寺视地方需要和寺庙经济能力，附设民众教育馆或阅览报室、小学民众学校及各种补习学校；举行通俗讲演，并作识字运动，举办壁报；礼拜寺附设阿文学校，每日须增国语一小时，常识及算术各一小时②。

高等教育：中央政治学校为培养边地实用人才，和中央训练部合作设立蒙藏班，专收蒙藏、青海、新疆各地学生，其中语文专修科专授蒙文、藏文。各大学添设边疆语文系，一方面是为语文学术研究，另一方面是为训练开发边地人才的语言能力③。

政治宣传和行政公文　1929年6月，国民党三届二次中央全会通过蒙藏决议案，该案要求各蒙旗及西藏、西康等地主管官厅，迅速创办各级学校，编译各种书籍及国民党党义的宣传品；实行普及国民教育，厉行识字运动，改善礼俗，使人民能受三民主义的训育④。在该案规定中，初步确定了宣传的语文工具，即将应用于边地的各种书籍和党义的宣传品翻译成边

①《教育部公布边远区域师范学校暂行办法》(1941年6月16日)，中国第二历史档案馆编：《中华民国史档案资料汇编》第五辑第二编教育(二)，南京：江苏古籍出版社，1997年，第108—109页。

②《教育部公布改进边疆寺庙教育暂行办法》(1940年7月25日)，中国第二历史档案馆编：《中华民国史档案资料汇编》第五辑第二编教育(二)，南京：江苏古籍出版社，1997年，第95—96页。

③《教育部二十八年度推行边疆教育实施方案》，《教育部编沦陷区及边疆教育经费概算》(1938—1940)，二档馆藏，南京国民政府档案，档案号：一—437-16J-2189；《国民党中央政治学校附设蒙藏班、西康班组织规则及设置边疆分校计划纲要》(1930—1934)，中国第二历史档案馆编：《中华民国史档案资料汇编》第五辑第一编教育(二)，南京：江苏古籍出版社，1994年，第818页。

④《国民党三届二次中央全会通过的蒙藏决议案中有关教育部分》，中国第二历史档案馆编：《中华民国史档案资料汇编》第五辑第一编教育(二)，南京：江苏古籍出版社，1994年，第815页。

文；设立蒙藏宣传机关，迅速从事翻译事业，"撰制各种浅显之宣传品，译成蒙藏文字"，"将总理著作，约法及中央重要法令译为蒙藏文"，"将蒙藏重要书籍译成汉文"①。至于蒙藏地区行政公文所用何种文字，官方相关规定所见不多。

　　新疆省政府在1943年制定了《新疆省公务员练习民族语与国语暂行办法》，要求四十岁以下政府公务员学习民族语言或汉语②。但在1945年新疆伊犁发生回教徒武力冲突事件中，回教徒代表在致国民党中央对于解决新疆局部事件的提示案的复书中指出，中央政府所标榜的民族一律平等的目标迄未实现，甚至发展为一种形式上的宣传口号，汉族仍压迫、轻视和侮辱回教、习惯、民族文化，实行暴虐政治，例如公安机关不是根据法律行使其职权，公务机关不任用回教徒，"因事前来接洽之回教徒常遇汉族公务人员之轻侮，所有公文均用人民所不谙之汉文办理。人民因事接洽，除受公务人员之骄傲与自作威福外，所欲接洽之事件，亦多不得解决"。新疆回教徒要求政府改变的其中一点就是"国家行政机关与司法机关之文书均用回教人民固有之文字"。从这个批评中我们至少可以了解到，新疆地方政府此前并没有做到在公文中行用边地民族文字。国民党政府为处理此次冲突危机，由张治中作出如下答复："国家行政机关与司法机关之文书，国文与回文并用，惟人民上呈政府机关之文书，准予单独使用其本族文字。""在小学，用其本族文字施教，中学以国文为必修科，大学则依照教学需要，并用国文与回文施教。"③1946年1月2日，国民党政府与三区革命临时政府签订《十一项和平条款》，条款正文内容第3条即做如上规定。

　　综观国民政府教育部关于各级教育的规定，语文教育遵循统一边地民族语文的总体构想，早期以教授和推行国语文为主，边地语文为辅的办法，教材编写以蒙、藏、回三种主要边地文字与国文对译。按照相关规定

①《国民党中央秘书处关于创办蒙藏教育设施函》(1931年7月1日)，中国第二历史档案馆编：《中华民国史档案资料汇编》第五辑第一编教育(二)，南京：江苏古籍出版社，1994年，第829页。

② 新疆维吾尔自治区地方志编纂委员会等主编：《新疆通志·语言文字志》(第76卷)，乌鲁木齐：新疆人民出版社，2000年，第24页。

③《吴忠信主持新疆工作日记》(1945年11月27日)，中国第二历史档案馆编：《中华民国史档案资料汇编》第五辑第三编政治(五)，南京：江苏古籍出版社，1999年，第368-370页。

要求，国民党党义国策类图书、报刊亦须翻译成少数民族文字，借此利于国民党意识形态在边疆区域的宣传和推广。不过，1945年之后，边疆语文教育政策则有了一些改变，即边地国民教育，国语与边文视地方需要同时教学，或任择一种教学。

　　1946年3月17日，国民党六届二中全会第十九次大会通过《边疆问题决议案》，其中第6条规定："在边疆民族所有地，各级学校之施教，应注重本族文字，并以国文为必修科，由教育部斟酌施行。"[①]国民政府教育部在为参加联合国教科文组织举行的第一届大会所写的教育报告中，解释了这种语文教育政策转变的缘由："吾人认为边文与国文同为介绍内容之工具，可以并行不悖，故学生愿学国文用国文课本，抑愿学边文用边文课本，悉听其自由选择，不加限制。"[②]不过，至中学后，国文成为边地学校的必修课，不管是教授用语，还是教科图书的编排文字，国语文占据绝对地位。此种观点将语文的形式与内容作了明确的区分，反映了教育当局基于边地的实际环境，既希望边民在不丢弃本民族语文的同时，又能统一国语文的教育理念。

　　在新、蒙、藏等边疆区域，地方势力在政治和军事上虽与南京国民政府有隙，但不管是国民党政府系统的学校，还是地方势力和个人所兴办的学校，所施之教育大多按照国民政府教育部所定科目，以推行国语文为主，但也没有忽视教授少数民族语文。

　　1929年，川康边防总指挥部为"化除汉夷畛域"，责成各垦务局、各县知事筹设化夷学校，初小预科的课程：国语、习字、精神讲话；初小正科课程：国语、习字、自然、社会、算术、手工、体育、乐歌、三民主义；高小课程：国语、习字、算术、公民、历史、地理、自然、手工、音乐、体育、三民主义[③]。西康行政督察公署于1934年11月在康定开办一所汉藏官话学校，收录移民子弟，先教以汉族语言，会汉语后，始授以简单

　　①《对于边疆问题报告之决议案》，《中央党务公报》第8卷第3、4期合刊，1846年，第25页。
　　②《抗战期间的中国教育》(1937—1945)，中国第二历史档案馆编：《中华民国史档案资料汇编》第五辑第二编教育(一)，南京：江苏古籍出版社，1997年，第335页。
　　③《训令各垦务各驻军长官各县知事为办法化夷学校简章文》《西康边防总指挥部化夷学校》，《边政》第1期，1929年9月，第20页。

文字，及浅显科学①。西康稻城县县长曾在地方创办一所官话小学校②。余湘文观察到，西北游牧藏区的康萨游牧小学，共有学生50余名，都是藏民。书本是教师带去的内地小学二三年级的国语课本，经不到半年时间的教授，这些学生不但能诵写汉字，亦能背诵总理遗嘱，唱党歌和义勇军进行曲，党化和汉化教育颇见成效③。

宁夏省政府为沟通边疆文化，加强民族意识，在回教经塾中组设"中阿学校"，教民在研习阿文经典同时，学习党义、国文等课程④。拉卜楞为甘肃省夏河县属地，为甘边藏民聚集之地，教育最为落后，当地番民向不曾受过教育，视学校为畏途，学校教育发展异常迟缓。1926年，该地藏民文化促进会设立藏民学校，招收少数番民子弟入校。1934年夏河县教育局成立，该校改名为藏民文化促进会立拉卜楞小学校，高初级班共有56人，内有藏族学生35名，汉族学生20名，回族学生1名。课程方面，除完全小学应有的课程如国语、公民、算术、地理、历史等课外，另有藏文一科，每周教授两小时。高级藏民学生，能讲普通课程及汉字，回文亦能通顺。见此效果，曾任过甘肃教育厅长的马鹤天当时就主张，西北各民族聚居之地，小学校汉藏儿童以同校为最宜，一则语言可以；二则感情融洽；三则习惯易改⑤。

在青海玉树，回教阿訇一向反对回民受教育，尤其反对入汉人学校，读汉文书籍。1921年，青海回族的一些关心文化教育的人士深感回族文化落后，积极倡议自筹资金，创办回民学校，以提高回族的文化水平。马步芳也积极提倡回民教育，组织青海回教教育促进会，作为推进全省会教育的枢纽。该会直接附设的学校，在西宁有一所高级中学和一所中心小学校，该中心小学原名锐威小学，1930年开办，有学生446人，教职员26人，为青海设备最完全的小学，每周有回文三小时，其他各校均然。同

①《汉藏官话学校》，《川边季刊》第1卷第1期，1935年3月，第190页。

②《稻城设官话小学》，《川边季刊》第1卷第2期，1935年6月，第188页。

③俞湘文：《西北游牧藏区之社会调查》，上海：商务印书馆，1947年，第84页。

④《蒙藏回及边区学校教育经费》，二档馆藏，南京国民政府档案，档案号：一一438-16J-2189。

⑤《拉卜楞之近况及其开发意见》，高长柱编著：《边疆问题论文集》，正中书局，1941年初版，第463-466页；马鹤天：《甘青藏边区考察记》（第1编），上海：商务印书馆，1947年初版，第30-33页。

时，马氏一方面提倡国民教育，一方面亦提倡回回宗教，捐助设立许多阿文（阿拉伯文）学校，有中学、有男女小学等①。

西宁的第一所回民中学创办于1931年，1936年增设高中班，校名改为"青海省回教促进会附设西宁高级中学校"。1944年，青海省回教促进会改成青海省回教教育促进会，该校改称"青海省回教教育促进会立昆仑中学"，简称"昆仑中学"。1937年，马步芳兼任校长。昆仑中学及所属各县分会所辖学校，完全自成系统，受青海省会回教教育会的统一领导和监督。在学校机构和课程安排上，该校基本上都按照国民政府教育部所颁发的中小学教育规定安排课程，所不同的有下列几点：昆仑中学所属中学、师范、小学都增设阿文课程，每周授课1—2小时，小学部多一点。教学内容主要是伊斯兰教义的基本知识，教员由各地的伊斯兰寺院的阿訇担任。依照国民政府教育部规定，中学课程设有国文、英语、数学、物理、生理卫生、生物学、中外历史、地理、公民、音乐、美术、劳作、体育等。另外，为回族学生增设伊斯兰教教义课，讲授伊斯兰教的基本知识，每周两节，1940年以后，初中增设阿文课，高中回族学生上伊斯兰教教义课②。

1930年以前，内蒙古准格尔全旗无一所小学。民国以后，国民革命影响到边远地区，准格尔旗上自贵族，下至百姓，受教育、学文化的欲望与日俱增。1930年，奇子俊创办现代小学——同仁学校。奇子俊在青年时期与国民革命军有接触，在北京结识了国民党元老于右任。后受冯玉祥的影响，他认识到要改变准旗腐败落后面貌，须从兴办教育入手，特别从南京邀请了贡沛诚等人来旗协助他办学。1930年南京政府批准建立准旗第一所公立学校——同仁学校。同仁学校校长由奇子俊兼任，韩裕如为总务主任。学校开始招收学生70多人，完全是蒙古族儿童。学生年龄一般都在六七岁，学校最初一年级、二年级、三年级各一班。后来又增加四年级一个班。因为准格尔旗汉人多于蒙人，一般蒙古族儿童都习惯汉语、汉文，所以教课也以汉文为主。同仁学校的课程设置，全部按照国民政府教育部

---

①　马鹤天：《甘青藏边区考察记》（第2编），上海：商务印书馆，1947年初版，第206、309页。

②　马鸣狮等：《解放前的昆仑中学》，中国人民政治协商会议青海省委员会文史资料研究委员会编印：《青海文史资料选辑》（第13辑），1985年。

的统一要求，设有国语、算术、美术、体育、音乐、手工、修身等课①。

新疆教育厅曾发动各区教育机构，推行社教工作，其中有识字小组、群众晚会、展览会、读报运动、壁报漫画、故事演讲与语文小组等部分，利用各种途径向民众宣传三民主义，灌输现代知识，加强国语学习②。新疆蒙哈学校创办于1935年春，开学之初，除从全疆各牧区招来蒙哈学生约二百多人外，还有少数其他民族的学生，语文教学分别以蒙哈文为主，此外还有汉语、政府政策、常识（包括史地博物），但课本很少，多是讲义。开始汉族老师上课，都要通过翻译，由于翻译人员不足，汉族老师教学很费劲，不过渐有成效③。

1937年夏，国民政府将原由拉萨清真小学改造而成的小学定名为"拉萨市第一小学校"，这所小学是国民政府在西藏地方兴办较为成功的一所国立小学。第一任校长由驻藏办事处参议蒋致余兼任，后由拉萨电台台长张威白接任，开始时教员几乎全部由驻藏办事处的官员兼任。最初在校学生不到100人，主要是回族和汉族学生，藏族学生很少。国民政府要求学校着重国语教学，以便沟通汉藏语文，并兼授藏语，定为随习科，引导藏族学生入学。课程设有藏文、国语、算术、历史、地理、公民、常识、音乐、图画、体育、习字和阿拉伯文等。藏文由喇嘛，阿文由阿訇分别任教。汉文课本由国民政府教育部审定，使用商务复兴教科书。1940年，国民政府教育部边疆教育司委任王信隆任拉萨小学校长。王信隆到任后，调整了师资结构和课程设置，并根据民族和信仰的不同，分别设置了汉文、阿拉伯文和藏文三个班级，教学质量有所提高。学校此时定为四二学制，修业时间为6年，前4年为初级小学，后2年为高级小学。一年级国语每周课时为300分钟，占总课程时数的19.2%，藏文未开设；二年级开设藏文课，每周课时是360分钟，占二年级课程总时数的19.3%；国语每周课时为

---

① 秦正英：《解放前准格尔旗的教育概况》，中国人民政治协商会议内蒙古自治区委员会文史资料研究委员会编印：《内蒙古文史资料选辑——准格尔史料专辑》（第28辑），1987年，第184-185页；奇天祥：《准格尔旗同仁学校成立始末》，《内蒙古文史资料选辑——准格尔史料专辑》（第28辑），第186-189页。

② 《新疆推行社教》，《边疆通讯》第1卷第4期，1947年，第41页。

③ 赵新亚：《回忆新疆蒙哈学校创建片段》，中国人民政治协商会议新疆维吾尔自治区委员会文史资料研究委员会编：《新疆文史资料选辑》（第20辑），乌鲁木齐：新疆人民出版社，1985年。

300分钟，占总课时数的16%；三年级藏文每周课时为360分钟，占总课时数的17.4%；国语每周课时数为300分钟，占总课时数的14.5%；四年级国语、藏文课时数不变。从这一数据来看，国民党人根据实际情形，在国立拉萨小学兼授国语和藏文，甚至在二、三年级对藏文教授更为重视。除注重不同语文教授以外，该校特别注意党化和国族化教育。如该校校歌《我爱中华》，歌词是："中华中华，我们民族的老家……"学校定"礼义廉耻"为校训，以国民党党员守则十二条为学生守则[①]。

1946年7月18日，张治中任新疆省主席时，经过新疆省政府委员会第二次会议通过的新疆省政府施政纲领中就规定：各民族在政治上、经济上、法律上、教育上一律平等；促进各民族互相尊重，互相亲善，互相扶助、实现精诚团结；发扬各民族固有之语言、文字、音乐、戏剧、艺术等一切文化；尊重各民族的宗教信仰，并取缔对于宗教之歧视；培养具有国民观念、民族意识、人格健全之国民；实行国民强迫教育，以期普及教育；在小学与中学，用其本民族文字设教，但中学应以国文为必修科，大学则依照教学需要，并用国文或回文教授[②]。

整个民国时期全国远没有达成统一之势，由于各地政治和社会环境的不同，国语教育的效果也有很大的不同。就边疆推行汉文的总体成效来看，以蒙旗地区推行汉文成绩最佳，蒙旗小学所用课本虽为蒙汉合璧，但多数学生仍愿学习汉文。藏区成绩居次，汉藏合璧课本在藏区使用时，学习汉文与藏文者各据其半，不少学习藏文者往往在课外亦学习汉文，而新疆推行汉文成绩最差。内地土著民族，多数无文字，或仅有简单文字，该区推行汉文较为顺利[③]。国语教育不仅仅是一种工具性的语文教授，更是带有政治性的同化教育，其中所包含的国族主义教育和党义教育在一定程度上塑造着民众对党治国家的认同。

---

① 喜饶尼玛、苏发祥编著：《蒙藏委员会档案中的西藏事务》，北京：中央民族大学出版社，2006年，第434页；徐百永、萨仁娜：《国民政府时期的国立拉萨小学及其创办之意义》，《西藏研究》2008年第1期；常希武：《国民党在拉萨办学简介》，西藏自治区政协文史资料研究委员会编：《西藏文史资料选辑》（第5辑），拉萨：西藏人民出版社，1985年，第85-92页。

②《新疆省政府施政纲领》（1946），二档馆藏，南京国民政府档案，档案号：一（2）-249-16J-2791。

③《推行汉文》，《申报》1947年10月3日，第6版；《边疆教育推行情形》，《中央日报》1947年10月2日，第4版。

第八章　光复初期台湾国语运动的开展
及其社会影响

　　1943 年 11 月，中、美、英三国首脑在埃及开罗开会，会后发表宣言，声明在日本投降后，将其所窃取的中国领土，东北四省、台湾、澎湖群岛等，归还中国。1945 年 8 月 15 日，日本宣告向盟国无条件投降。10 月 25 日，台湾省受降仪式在台北举行，台、澎依法归还中国。受降后，国民党即在台北成立台湾省行政长官公署接管台湾。由于日本在统治台湾五十年期间，推行日本化教育，在语言和国民思想塑造方面对台湾民众有着较深的影响，当国民党势力进据台湾以后，语言和政治的纠葛关系更显突出。在台湾光复前后，国民党在台湾岛内进行了一场"再中国化"的国语运动。台湾省国语运动可看作是中国近代民族–国家建构不可缺少的一部分，同时亦是国民党政治权力在台湾渗透的重要途径。由于台湾特殊的文化和政治环境，以及二二八事件的爆发，这一时期台湾国语运动深受当地时局影响，亦反映了光复初期台湾社会和政治的复杂面相。

一、日据时代台湾的语言环境

　　1895 年中日甲午战争后，日本强行割取台湾。在统治台湾长达半个世纪的时间内，日本依靠强制力将殖民教育输入岛内，在台湾逐渐形成了从"国语传习所"（这里的"国语"指的是"日语"）到"台北帝国大学"金字塔式的教育体系。1895 年 6 月 17 日，日本进据台湾后，台湾总督始政典礼，并成立学务部。学务部长伊泽修二在给桦山总督的《台湾教育意见书》中指出，"使新领土的人民，从速学习日本语"①。1896年3月，日本开始在台北、淡水、基隆、宜兰、新竹、苗栗、台中、鹿港、云林、嘉义、台南、凤山、恒春、澎湖十四处设立官立国语（日语）传习所，"向土人传习现行国语，以为地方行政设施的准备，并为教育的基础"。"国语传习所"分甲乙两种，甲科对具有汉文素养的台湾成人男子授以日语，修学1年至4年；乙科对儿童授以日语为主的普通教育，修业期为4年。1898年8月，台湾公学校规则公布，将"国语传习所"改为"公学校"，其课程为修身、国语、读书、习字、算术、唱歌、体操，学龄为8岁到14岁，修业年限为6年。"国语传习所"及由其改变而来的"公学校"成为日本政府对台湾施以日本化教育的滥觞，其主要目的一方面是在台湾推广日语，另一方面是借由日语，同化台湾民众，"养成本国精神"②。

1896年，日本在台湾同时还创设有"国语学校"，设师范部、语学部、实业部。语学部又分国语（日语）、土语（闽粤语及番语）二科，国语科对台人授以日语，土语科则对日人授以台语通用各语③。毕业后可办公务，修业年限3年。"国语学校"为台湾高等普通学校的开端。但在台日本人的教育，则与台湾人另成系统。小学校自1898年起，中学校自1907年，高等女学自1910年起，先后脱离"国语学校"的附属地位而独立。1919年日本颁布台湾教育令，对此前的教育制度的设置略有变更：停办国语学校，设立台北及台南师范学校，公立台中中学校改称公立台中高等普通学校，作为台湾人中等教育机构；又新办台北女子高等普通学校。两校的修业年限都比日本人的中学校及高等女学校缩短一年。创办独立的实业学校，日本人与台湾人异其系统。专门教育方面，台湾总督府医学校改名为医学专门学校，又新办农林专门学校及商业专门学校，各校都专收台湾人。在医学专门学校内设置医学专门部，作为日本人的专门教育机关。又

---

① 张博宇编：《台湾地区国语运动史料》，台北：台湾商务印书馆，1974年，第13页。
② 有关日本统治台湾初期的"国语传习所"的教育目的、课程设置、学校活动仪式与地方社会关系的详细研究可参见陈培丰：《殖民地台湾国语"同化"教育的诞生——伊泽修二关于教化、文明与国体的思考》，《新史学》（台北）2001年第1期。
③ 日本统治台湾初期，在语言不通的情况下，日语的普及成为当务之急。同时，日本人学习台语也成为必要，一方面是为政治统治的需要，另一方面亦有开展公私业务方面的实用价值。有关台湾教育体系中台语教育设置的相关研究可参见江秀姿：《日本领台明治时期之台语教育——教员讲习所及国语学校为主》，《东吴日语教育学报》2007年第30期。

设高等商业学校，都与日本国内的同种学校同其程度，但对于台湾人的专门教育，则年限与程度都较此犹低。1928年，台北帝国大学创立。

对于这一时期台湾人与日本人不平等的教育制度，正如日本人矢内原忠雄所言，这种教育制度只会造成"台湾人的地位，只可做日本人的手脚"。1922年，日本颁布台湾新教育令，解除日本人与台湾人教育系统的差别。不过，在初等教育方面，常用日语者，则收容于"小学校"；不常用日语者，则收容于"公学校"；中等程度以上的学校，则完全改为共学制度。所以，1922年以后台湾教育制度的发展，是以"日本人台湾人的共学"与"高等教育机关的兴创"为特征。而日台儿童共学制度的设置，虽为形式上的相同，事实上加深了对台民的同化程度。同时，日本政府对台湾高等教育的重视逐渐超过普通教育，几乎独占和控制了台湾的高等教育机关①。

日语推广和普及是台湾殖民化教育的重要内容，日本政府借此加速对台湾民众的同化。在统治台湾初期，日本推行日语但并不限制汉文传播，并且也不限制台湾人前往内地，读书人可以到福建读书，参加考试。台湾人所办的《台湾日日新报》，仍有汉文栏。公学校以日本语为教授用语，至于中等程度以上的学校，教授汉文，但依据日本式的读法教授。台湾民间亦有私人开办书坊和诗文社传习中文。光绪二十九年（1903），日本政府开始限制台湾人口的自由流动，印发《大日本史略》《教育敕语述义》《天变地异》《训蒙穷理图解》之类的汉译本，但禁止采用当时中国出版的教科书，如清末的初等小学国文、修身、历史教科书，以及《游学群芳》《游学琼林》等；奖励使用公学校汉文读本，举办书坊教师讲习会；对民间书坊的规程限制越来越严格，而对于加授日语、算术的书坊，予以补助金。至1922年，改公学校的汉文科为随意科，每周可以教授两小时。书坊从日治初期的1127所，学生数约为17066人，到1933年，全省的书坊缩减至只有

① 有关近代台湾教育制度的概述,笔者参考了矢内原忠雄著、周宪文译:《日本帝国主义下之台湾》(1929),台北:帕米尔书店,1985年,第142-144页;袁克吾:《台湾》(1926),沈云龙主编:《近代中国史料丛刊》续编第51辑(508),台北:文海出版社,1978年,第124-132页;薛人仰:《台湾教育之重建》(1945年8月25日),陈鸣钟、陈兴唐主编:《台湾光复和光复后五年省情》(上),南京:南京出版社,1989年,第95页;徐子为、潘公昭:《今日的台湾》,上海:中国科学图书仪器公司,1948年再版,第469-472页。

129所，学生数约为4494人。可见书坊受到日本的严格限制，即使存在的书坊，课程的内容也以日语占据主导地位，汉文只是点缀[1]。

九一八事变后，日本在台湾建立南进根据地，整军开场，实施"产业十年计划"。为适应其政治和军事目的，相关行政和教育制度亦予以改变。这一阶段的教育目标是"皇民主义"思想的灌输和体力的锻炼，公学校因之亦改称为"国民学校"。在1937年中日全面战争爆发前后，日本台湾总督小林跻造又加紧在台湾推行"皇民化运动"，企图将台人同化成为"皇国民"。在这一政策的推动下，台胞被强迫改名易姓、废宗祀、拜天照女神、吃豆浆汤、穿和服屐等。如果台胞改换姓名，则与日本人同姓看待，子弟能就学日本人小学，共同念书，物资配给亦能同享待遇[2]。在日语强制推广方面，1933年日本在台湾开始所谓"国语普及十年计划"，这个计划以10年内台湾总人口的50%能了解日语为目标，在各市街庄分设国语讲习所，由政府予以补助，如1937年一年的补助即达54万日元。国语讲习所对12岁以上25以下不解日语的台湾男女青年，施以日语为中心的初等教育，其后对于不入学之儿童及70岁以下之男女，一律作为日语教育的对象；并且在各村落里，利用农闲期间，开办简易国语讲习所，以3个月至6个月为一期，其经费由地方住民负担，州及市街庄补助。国语讲习所至1937年4月底计有2197所，学生131739人，简易国语讲习所1735所，学生73415人[3]。

1937年，学校取消汉文，报纸期刊汉文栏也被取消。禁止学生说台湾话，抓到不说日语的台胞就配挂惭愧羞耻的牌子（狗牌），奖励"常用国语者""国语家庭""国语模范部落"等[4]。1943年起，日本在台湾实施六年义务教育，并且同时普遍推行日语运动，决定"普及日语二年计划"，立付实施，强迫7岁以上的失学儿童入日语讲习所，凡20岁至25岁的壮丁，必

---

① 张博宇编：《台湾地区国语运动史料》，台北：台湾商务印书馆，1974年，第13页；矢内原忠雄著、周宪文译：《日本帝国主义下之台湾》(1929)，台北：帕米尔书店，1985年，第151页。

② 罗绍熹：《日本统治时代日语的厉行政策》，《台糖通讯旬刊》第1卷第14期，1947年9月11日，第29页。

③ 徐子为、潘公昭：《今日的台湾》，上海：中国科学图书仪器公司，1948年再版，第487页。

④ 张博宇编：《台湾地区国语运动史料》，台北：台湾商务印书馆，1974年，第13页；简后聪：《台湾史》，台北：五南出版社，2002年；庄嘉农：《愤怒的台湾》，香港：智源书局，1949年，第63页。

须于此两年内，学会日语，准备于 1945 年应征入伍[①]。

台湾最早的居民是说南岛语系的民族，明代后期说闽南方言的福建民众开始迁入，特别是郑成功带领大批闽南人来到台湾，驱逐荷兰殖民者。到清代则有更多的闽南人移居台湾，也有一些广东东部的客家人迁入台湾。所以，在台湾，福建人占绝大多数，广东人次之，其余还有少量各省的人。这种移民人口结构导致在台湾使用最多的方言是闽南话和客家话。但在光复前，台湾的社会生活已有不少方面渐被日本所影响和同化，日语已成为台湾社会的主流语言。经过日本在台湾近二十年的强制推行日语，据有关资料的不完全统计，1920 年，日语在台湾的普及率仅为 2.86%；1932 年，台湾居民解日语者，合计 1023371 人，占总人口 22.7%；1936 年共计 1641063 人，占总人口 32.9%；1940 已达到总人口的 51%，1942 年约达 58%，而到 1944 年日方宣传已达 70%[②]。

1942 年，满洲代表记者团副团长李雅森在南游台湾的时候，就有这样的感受："台湾人住宅也通是东洋式的，到处都纯然地谈着日语，四年前这里的报纸便已离绝了汉文，我仿佛又逛进了日本了。"[③]钱歌川也说，经过五十年的日本式教育，台湾的小学生"果然只会说日本话，而不会说台湾话了。现在年纪大一点的人，虽会说台湾话，但他们说的是何等不完全的中国话呀！"中国语汇已被日语所同化，"你现在随便打开一张本地报纸来看，夺目的广告栏中，便有的是'铭谢''急告''目药''齿科''罐头专门制造元''纷失启事''明细''仕度''食事'一类的日本话"。不少语词已从台湾话中逐渐消失，如电灯上的发光体，汉语一般称它"电灯泡"，而台湾话用"电球"来表达，这不过是台湾音说的日本话，但台湾本土的民众对此变化已习以为常[④]。

---

① 李絜非：《台湾》(1945)，沈云龙主编：《近代中国史料丛刊》续编第 51 辑(509)，台北：文海出版社，1978 年，第 137-138 页；《台湾教育考察报告》，《教育研究》第 110 期，1948 年 9 月 1 日，第 120 页。

② 矢内原忠雄著、周宪文译：《日本帝国主义下之台湾》(1929)，台北：帕米尔书店，1985 年，第 152 页；徐子为、潘公昭：《今日的台湾》，上海：中国科学图书仪器公司，1948 年再版，第 487-488 页。

③ 李雅森：《粤南万里行》，奉天东亚书店发行，1942 年 4 月 30 日，第 85 页。

④ 以上所引均见昧橄(钱歌川)：《台湾的国语运动》，《台湾文化》第 2 卷第 7 期，1947 年 10 月 1 日，第 7 页。

台湾刚刚光复时，魏建功和记者谈到台湾的社会情况时说："台湾老年人懂得国语文（汉语），能说台湾话，中年人写日文，能勉强说台湾话，少年则说写全为日文"[①]。国民政府教育部国语推行委员会在官方报告中也提到，"除年老等尚能操闽南语之外，所有青年儿童，多半能说日语而不懂国语"[②]，"一般人对本国文字尚缺乏正确之理解与自由运用之能力"[③]。在基层，据1946年台湾训练团高山族指导员报告花莲县花莲区士林乡高山族的情况时指出：该乡"民众十之八九通行日本语言，而文字亦应用日文"[④]。钟逸人曾任嘉义县吴凤乡中心国小校长，他回忆说，山地的学校在日剧时代初期叫作"番童教育所"，教师都是由州厅理番科派驻各部落日籍警察人员及其家属兼任的。他们对"番童"的施教甚至深入到日常生活里面，举凡饮食起居及至耕作，娱乐、插花，无所不包，山地台胞的日语说得非常流利，并不比平地人差，中上级家庭的穿着、家具，也都几乎日本化。日本"理蕃"教育的法子是硬教，这种硬教的方法，就是直接教授法，不管你懂不懂，见物触情，就喊就叫，遇到具体的物件，就要用日文字母标上它的名称，教他们学习。一般人虽认为这种办法不聪明，但仅仅只有50年的时间，50岁以下的"蕃族"已尽能懂得日本语文了[⑤]。尽管自日本统治台湾以来，台湾绅民的反日斗争没有停止过，但日本据台期间所实施的同化教育还是对台湾产生了深远的历史影响。

二、语言"复员"与台湾再"中国化"

光复前后在台湾推行的国语运动，是此前内地已经开展的语言统一运

---

①《台湾人热心学习国语》，《申报》1946年11月6日，第6版。

②《致黄司长函》，《教育部国语推行委员会布告、存稿、会稿等文书》，二档馆藏，教育部档，档案号：5-12294。

③《台湾省语文教育的现状和当前的需要》，《教育部国语推行委员会及所属单位组织条例及委员名单》，二档馆藏，教育部档，档案号：5-12283。

④《花莲县花莲区士林乡高山族概况》（1946年7月22日），陈鸣钟、陈兴唐主编：《台湾光复和光复后五年省情》（上），南京：南京出版社，1989年，第262页。

⑤钟逸人：《辛酸六十年：二二八事件二七部队队长钟逸长回忆录》（上），台北：前卫出版社，1995年初版，第331-332页；黄洵柳：《台湾光复前后的高山同胞与警察》，《台湾警察》第11期，1946年9月1日，第22页；陈怀让：《面面看高山》，《台湾警察》第5期，1946年5月，第24页。

动的继续。由于日本据台五十年，大力推行日语同化教育，造成台湾与内地甚有差异的社会和政治环境，这也使得台湾国语运动与内地国语运动相比，呈现出不同的特点和影响。台湾的光复，不仅仅要在行政上使之归入中国的政治版图，同时亦要在民族思想、语言和文字书写方面重新"再中国化"，国民政府要通过中国语文的"复员"而达到"去日本化"和重塑"国民"的目的。1944年4月17日，国民政府在国防最高委员会中央设计局下特设台湾调查委员会，委派时任行政院秘书长兼全国总动员会议主任的陈仪出任台湾调查委员会主任委员，主持接收台湾的筹备工作。陈仪在担任福建省政府主席期内，就非常重视福建省内的政治集权化和国语推广，并在中日战争期间，曾受台湾日本总督的邀请，考察过台湾，对台湾的相关情况较为了解。在筹备台湾接收事宜时，陈仪很早注意到教育问题，他在致国民政府教育部长陈立夫的信函中指出，台湾收复以后，最重要的一项工作是教育，因为台湾与内地各省情况不同，"他被敌人占据已四十九年，在这四十九年中，敌人用种种心计，不断地施行奴化教育，不仅奴化思想而已，并禁用国文、国语，普遍地强迫以实施日语、日文教育"，这导致台湾五十岁以下的人对于中国文化及三民主义差不多没有了解的机会，"这真是十二分的危机"。所以，台湾收复以后，"顶要紧的是根绝奴化的旧心理，建设革命的心理，那就为主的要靠教育了"。陈仪指出，收复前台湾教育上必须准备的重点工作分别是师资的培养、中等学校的行政人员以及国语、国文及历史的教材。他在信函中对这三点做出标记，并表示此三点在台湾须特别注重[①]。

由台湾调查委员会所拟写的《台湾接管计划纲要》同样强调了台湾教育文化上的"去日本化"和重塑民众国家意识的重要性。一方面，该纲要规定台湾接管后的公文书、教科书及报纸应禁用日文，销毁日本占领期间所印行的"有诋毁本国、本党及曲解历史"的书刊、电影等；另一方面，在文化措施上，"应增强民族意识，廓清奴化思想，普及教育机会，提高文

---

① 以上所引均见《陈仪关于光复后台湾教育之意见书与陈立夫往来函稿》(1944年5-7月)，中国第二历史档案馆、海峡两岸出版交流中心：《馆藏民国台湾档案汇编》(一)，北京：九州出版社，2006年，第242-250页。

化水准"①。为此,《纲要》设计了一些措施,如接管后确定国语普及计划,中小学校以国语为必修课,公教人员应首先遵用国语,限期逐步实施;设置省训练团和县训练所,分别训练公教人员、技术人员及管理人员,并在各级学校开办成人班、妇女班,普及国民训练,以灌输民族意识及三民主义②。

当时不少人亦认识到国语运动与民族国家建构之间的关联。吴乃光指出,许多台湾学生,或成年人,已经以日语作为日常语言,忘记了本籍语言,这是日本人在文化教育上奴化的成功。在教育上,"我们必须彻底地把其纠正,不仅要说本地语,而且更重要的要使学生能够说国语写国文。一个中国的国民,如果连祖国的文字语言却不懂,那是很不好的"③。陈英洲认为,中国语言声音系统被日语所扰乱,所以在台湾"我们要比内地同胞,多费一番'语言复员'的工夫"④。而刘耀藜则认为,台湾在脱离中国管理之时,除少数革命派人士,中华民族观念在教育上尚未明确,而日本在台湾统治期间,用假名和汉字作为教育工具,传播"万世一系"和"武士神道"的大和民族观念,所以台湾的六七十岁的民众不知所谓的中华民族观念,五六十岁以下的又深受"大和义务教育"的影响。在这种情况下,"吾人义务上亦恢复了一个最严重的责任,就是台湾同胞中华民族观念上教育的实施"⑤。为建构民族国家的认同感,政府在台湾光复后就实施了"祖籍调查",通过祖籍调查使学生知道自己与大和民族有着不同的体质与血统,"明了祖宗世系之所在,而憧然觉悟自己原是炎黄裔胄"⑥。而学习国语则是"认识祖国的起点",禁绝日语是"解脱日本压束的象征"⑦。

---

① 《台湾接管计划纲要》(1945年3月),陈鸣钟,陈兴唐主编:《台湾光复和光复后五年省情》(上),南京:南京出版社,1989年,第49—50页。

② 同上,第54页。

③ 吾乃光:《论台湾当前的教育及语文教授》,《台南一中校刊》(创刊号),1947年1月1日,第2页。

④ 陈英洲:《关于推行国语的私见》,《台糖通讯旬刊》第1卷第10期,1947年8月1日,第26页。

⑤ 刘耀藜:《台湾同胞"国语国音"的急迫实施》,《国语周刊》第51期(兰州版),1946年2月10日。

⑥ 《台湾教育考察报告》,《教育研究》第110期,1948年9月1日,第117页。

⑦ 吴棠:《代序——社教扩大运动周广播辞》,台湾省政府教育厅第四科编:《社教扩大运动周特刊集》,台湾省教育厅印,1947年,第2页。

正是深谙语文教育中的意识形态，有时论就认为，国语推行并不是选手式的训练，而是广大的全民的事情，"必须从脑子里和口头上都消灭掉有法西斯象征意味的残余，然后才可能重新建立起祖国化的思想秩序"①。魏建功曾向台胞呼吁，本国同胞之间不应该用外国语言做交际语，因为这是国家"国权"和"地位"的表现，是政府语文教育成绩的表现！是所谓"精诚团结"的表现！是"体统"！是"面子"！②何容也时常勉励来台的国语教师，"我们是来台湾作战，同日本语文以及日本思想作战"③。以上诸种言论将日语日文看作是殖民地奴化的象征，为使"日本化的台湾"转变为"中国的台湾"，禁绝日语和推行国语被时人视之为"再中国化"的重要策略。

随着治台实践的逐渐深入，陈仪和其他一些官员也深感内地人和台湾人之间存有一定的语言交流障碍，影响政府工作效率和容易导致省籍矛盾。1946年末，陈仪在总结过去一年治理台湾的成效时反思说："回顾这一年的过去，我感到我们虽然大家在努力地干，但干得不够'快'，不够'实'，不够'硬'"④。他指示在1947年，为加强政府的治权，提高工作效率起见，必须使全省公务人员迅速通晓国文国语，因为"执行治权的是公务员，其不可或缺的条件，是以国语国文为了解实施法令的工具"⑤。这一计划在1947年度台湾省行政长官公署的工作方针中就有所体现。该方针明确指令自1947年起，国语文的施行由去年的学校教育扩充普及于公务员，台湾省公务员未通国语者，必须于办公时间内，学习国语国文两小时，以期在一年之内，公务员有两万人能听能说国语，能看能写国文⑥。时任台湾行政长官公署教育处处长的范寿康亦认为，台湾本省公务人员共有4.2万人，本省籍的有3.4万人，外来的公务人员只有8000人，但由于本省

①《台湾教育考察报告》，《教育研究》第110期，1948年9月1日，第122页。
② 魏建功：《"国语运动在台湾的意义"（申解）》，《现代周刊》第1卷第9期，1946年2月28日，第10页。
③ 何容：《呼冤》，《论语半月刊》第127期，1947年4月16日，第417页。
④ 陈仪：《三十五年除夕广播辞》（1946年12月31日），陈鸣钟、陈兴唐主编：《台湾光复和光复后五年省情》（上），南京：南京出版社，1989年，第325页。
⑤《陈仪在台湾省参议会第一届第二次大会上的讲话》（1946年12月13-25日），《馆藏民国台湾档案汇编》（171），北京：九州出版社，2006年，第28页。
⑥《中华民国三十六年度台湾省行政长官公署工作方针》（1947年4月编制），《馆藏民国台湾档案汇编》（147），北京：九州出版社，2006年，第6页。

籍公务人员国语文程度还比较差，影响了工作效率。而在台湾公务机关和学校中，本省人与外省人常有纠纷。对此现象，范氏认为这些矛盾不少都因语言文字的隔阂而起，所以为了谋求外省人和本省人的感情融洽，应加紧推行国语文[①]。

光复初期的国语运动是战后台湾文化重建的重要组成部分，促进台湾的"再中国化"，构建民族国家认同是其首要目的。同时，国语运动在消除语言交流障碍，提高公务员工作效率和加强国民政府的治权方面也起着重要作用。

三、台省国语运动的方针和纲领

台湾调查委员会拟写的《台湾接管计划纲要草案》规定，台湾接管后，应限期逐步实施国语普及计划，中小学校以国语为必修课，公教人员应首先遵用国语。而中央设计局在审核《台湾接管计划纲要草案》意见书中又明确提出：公教人员，应首先说国语，但在国语未普及以前，一般民众得听其自由说土语[②]。这一意见提示国民党政府在准备推行国语的同时，并没有强行压制方言的意图。南京国民政府教育部国语推行委员会[③]在开会讨论台湾国语工作时，对台湾现实环境做了这样的假定：假定"闽南语"尚能通行台湾社会各阶层，但足以能代替日语应应付全部生活的需要；假定台胞在光复后，痛心于使用日语，在尚不能讲国语时，会自觉的恢复使用闽南话和客家话。但台湾光复后的现实却与此预想不同，由于和内地隔绝太久，大多数台胞已视国语为与自己方言无关的另一种语言，他们学习国语的态度与方法与学习外国语相同，即硬学和死记，而不能如内地各省人凭借自己的方言，比较类推，举一反三[④]。这一点也提示日语同化教育对

---

① 范寿康：《普及国语国文的重要性》，《台湾省训练团团刊》第3卷第2期，1947年1月19日，第411-412页。

②《中央设计局教育文化组审核〈台湾接管计划纲要草案〉意见书》，《馆藏民国台湾档案汇编》(25)，北京：九州出版社，2006年，第61页。

③ 1935年，南京国民政府教育部国语推行委员会由此前该部国语统一筹备委员会改组成立。1945年台湾光复以后，国语推行委员会在台湾设有分会，即"台湾省国语推行委员会"。详情见附录国语研究和推广机构的演变及其主要人员一览表。

④《台胞语文真相及国语推行之方针》(1946年4月20日)，《国语教材展览目录及国语发稿簿等文书》，二档馆藏，教育部档，档案号：5-12295。

台湾民众的影响之大。如前文所述，日本政府在统治台湾期间，提倡所谓"国家主义教育"，通过普及国语来养成日本精神，将台省与日本人同化起来。在语文教育方法上，用汉字做教日本语的媒介，结果汉字已不起中国国字的作用。本来在学习国语和方言时，对照的系统本以汉字做媒介，但由于用日本语来"训读"汉字，汉字已被附上日语里所用的读音和意义，与台湾话没有直接关系，这也使得台湾人放弃了方言和汉字中间联系的观念，完全另学一套，记忆一套，使得国语学习难度增大①。

针对此种情形，何容撰写了《恢复台湾话应有的方言地位》，魏建功发表了《台湾音系还魂说》《从台湾话学习国语》《怎样从台湾话学习国语》等文提醒台胞，使其知台语与国语原为同系语言，虽因演变而语言分歧，但仍有系统可寻，所以应该尽量运用比较类推的原则，来教授或学习国语。同时，文字教育应以"注音符号"正其文字的读音，而以标准词汇明其义②。在这个基础上，魏建功拟定了台湾省国语运动纲领，主要内容是："（1）实行台语复员，从方言比较学习国语；（2）注重国字读音，由孔子白（按：指台湾话读音）引渡到国音；（3）刷清日语句法，由国音直接读文，达成文章还原；（4）研究词类对照，充实语文内容，建成新生国语；（5）利用注音符号，沟通各族意志，融贯中华文化；（6）鼓励学习心理，增进教学效能。"③

台湾省国语推行委员会为了供给台胞从台湾话学习国语的教材和参考书籍，编印有《台语注音符号》《国台对照表》《声韵发音图及台语分布图》《国台对照丛书》（第一册）《国台语通用词汇卡片》《国语客家话最常用字对照》《国台对照轻声词汇》等书④。从国语和方言的关系来看，国语推行委员会的语言教育学家们对台湾方言甚为重视，并从语言系统上构建国语和台语的亲属关系，凸现国语和台语对照类推学习方法的重要性。如

---

① 魏建功:《台湾语音系统还魂说》,《国语注音符号课本及有关文书》,二档馆藏,教育部档,档案号:5-12301。

②《台湾省推行国语方针》,《国语注音符号课本及有关文书》,二档馆藏,教育部档,档案号:5-12301。

③《台湾省的国语运动纲领》,《国语教材展览目录及国语发稿簿等文书》,二档馆藏,教育部档,档案号:5-12295。

④《省国语推行委员会工作概况》(1946年4月至12月),《台湾省统计要览》第3期,1947年3月,第172页。

魏建功就指出："国语是跟各地方言土语中间血脉相通的一种简捷明了、当得起全国人民开诚布公的语言系统"，而"国语和台语是兄弟姊妹的关系""我们从老家里来到多年没见面的兄弟姊妹家里来，纵然生疏了，还是自然连得起宗来的"①。不过，台省国语会亦在附设的实验小学研究"直接教学法"，即对初年级生完全用标准国语来教学②。这大概预示着以后的国民学校教学，将以直接教授标准国语，而不必非得经由方言来学习国语。

　　台湾光复初期的国语运动既是一场蕴含政治性"再中国化"的文化运动，同时亦具有"去殖民化"的过程。从国家和政府的立场来看，日语日文在台湾被看作是"殖民化"的象征，驱除日语日文及其日本思想对台湾民众和社会的影响，是为国语运动另一个重要的指向。在台湾接收前夕，国民党中央执行委员会、宣传部就在《接管台湾文化宣传事业计划纲要》中明确指出：由日伪机关或私人经营之报纸、通讯社、出版社及电影制片厂、广播电台等，一律予以查封，由国民党宣传部会同台湾省长官公署接管，其已停办而设备未毁者亦同时查封。各地图书馆、书店、博物馆一律予以查封，原主应开列清单听候本部特派员与台湾警备总司令政治部会同派员前往清查，其含有敌人文化毒素者一律没收焚毁，余得发还原主③。而中央设计局教育文化组在审核《台湾接管计划纲要草案》的意见书亦要求，应将日本占领时发行含有奴化作用之教科书及其他违反民族利益之书报、电影、留声机等宣传品，除由政府存备稽查者外，一律销毁禁绝④。台湾光复后，台湾省行政长官公署就以肃清日人在文化思想上的遗毒为由，订定8条取缔违禁图书办法，公告全省各书店、书摊，对于违禁图书，应自行检查封存，听候处理，并令各县市政府遵照办理。据1946年官方统计，在台北市，由宣传委员会会同警务处及宪兵团检查违禁图书，"计有

① 魏建功：《"国语运动在台湾的意义"（申解）》，《现代周刊》第1卷第9期，1946年2月28日，第10页。
② 《教育处工作报告》，《台湾省行政长官公署施政报告》（第12期），1946年12月，第99页。
③ 《中国国民党中央执行委员会、宣传部电送台湾省行政长官公署该部接管台湾文化宣传事业计划纲要》，薛月顺编：《台湾省政府档案史料汇编——台湾省行政长官公署时期》（一），台北："国史馆"印行，1996年，第44页。
④ 《中央设计局教育文化组审核〈台湾接管计划纲要草案〉意见书》（1944年10月），《馆藏民国台湾档案汇编》（25），北京：九州出版社，2006年，第61页。

836种7300余册，除一部分由本会留作参考外，余均焚毁。其它各县市报告处理违禁图书经过者，计有台中、花莲、屏东、台南、彰化、基隆、高雄等7县市，焚毁书籍约有1万余册"。除此之外，为铲除日本侵略思想遗毒，以正视听，台湾省行政长官公署宣传委员会明令禁止宣扬帝国主义黩武侵略与皇民化运动的各种日语唱片，至于一般日语歌曲唱片，亦不准在公共场所或公众出入场合播唱。在日文使用上，在台湾光复的一年内，政府以"台湾受日人统治达五十年，大部分台胞均未谙本国文字"，所以暂准新闻纸、杂志副刊日文版。但从1946年10月25日，即台湾光复后一周年之际，开始明令撤除省内所有新闻纸、杂志日文版[1]。而台湾省政府亦转饬各县市工商界，一切商家广告、货单、收据等等，除外国制品必须注明原文外，一律应用本国文字，绝对禁止外国文字，尤其日本文字[2]。

学校教授用语方面，台湾省行政长官公署通令，为增加台胞国家民族意识，提高国语文水准，自1946年8月起，各中小学教师施教，应一律用国语（包括本省方言）讲授，不准再用日本语，除国语教学外，暂可用本省方言解释，至日常用语，尽量采用国语，不准以日语交谈，如各级学校教员对标准国语尚有不娴熟者，应从速补习，如果有违背者，"决予严惩"[3]。就驱除日语日文而言，台湾的国语运动体现出政治权力强制性的一面。

四、国语推行组织和途径

台湾收复后，陈仪即代表国民政府在台北成立台湾行政长官公署，这

---

① 《台湾省行政长官公署1946年工作报告》（一般行政部分），《台湾光复和光复后五年省情》（上），南京：南京出版社，1989年，第234-235页；《电希饬属收缴禁止日语唱片并敲碎拍卖缴库具报》，《台湾省政府公报》第51期，1948年3月3日，第799页；《电复关于查禁一般歌曲之日语唱片案希饬属宣传劝止》，《台湾省政府公报》第27期，1948年8月2日，第334页。

② 《准电禁止工商界各项单据使用日文语句一案希电转饬遵办》，《台湾省政府公报》第22期，1948年7月27日，第279页。

③ 《事由：规定自下学年度教学须一律用国语》，《台湾省行政长官公署公报》第17期，1946年7月19日，第263页；《事由：为电令本省各级学校严禁员生运用日语希遵照》，《台湾省政府公报》第24期，1947年6月12日，第255页；《事由：电令该校全体师生、县市转饬各级学校禁用日语合亟电仰遵照》，《台湾省政府公报》第60期，1947年9月6日，第947页。

一公署制度与大陆其他省份的政府组织有很大的区别，其最大的特点是南京国民政府赋予台湾行政长官公署及其行政长官个人拥有更大的权力①。与此前大陆一些省市松散且无力的国语运动不同，这一集权化和统一化的政治体制亦使台省国语推广规范有力。

在台湾光复前夕，国民政府教育部国语推行委员会即指出，"为急救台湾同胞，使其民族意识迅速恢复，在台推行国语，实为台湾教育复员当务之急"。该会在1945年3月举行第十二次常会时，即议决准备设计编辑及训练事项，具体办法是由教育部聘国语推行委员会常委及专委各1人，为台辅导委员，并派该会干事1人为督导员，共3人前往，辅导台湾省成立推行国语机构，办理设立、训练等工作②。在陈仪的邀请下，当时教育部国语推行委员会派出魏建功、何容、王炬三人前往台湾筹备国语推广事宜。1946年3月，台湾省行政长官教育处签发《台湾省各县市推行国语实施办法》。该办法规定，在省行政长官公署所在地设置台湾省国语推行委员会，在各县市政府所在地设置分会或推行所，各乡镇设置讲习工作站（班），分层负责各地国语推行事宜③。

台湾省国语推行委员会于1946年4月初成立，隶属于教育处。该会设委员19人至25人，主任委员1人，总理会务，由魏建功担任；副主任委员1人，襄理会务，由何容担任；常务委员5人至7人，处理日常会务。除教育处主管国民教育，及民众教育科长为当然委员，其余由教育处遴选语文学术专家，由行政长官公署聘派。国语推行委员会分设调查研究组、编辑审查组、训练宣传组和总务组，分掌各项事务。调查研究组：主要任务是关于国语及台湾省方言系统的调查事项；关于国语及台湾省方言声音组织的研究事项；关于台湾省语文教育的研究设计事项；关于高砂族同胞语文教育的研究设计事项等。编辑审查组：主要任务是关于国语教材教法的搜集和审查事项；关于国语教材的编辑事项；关于国语、书报及字典辞书的

---

① 有关台湾光复初期台湾省行政长官公署的研究,可参见白纯:《台湾省行政长官公署论析(1945.10—1947.4)》,《历史档案》2003年第2期。

② 《致黄司长函》(9月8日),《教育部国语推行委员会布告、存稿、会稿等文书》,二档馆藏,教育部档,档案号:5-12294。

③ 《台湾省各县市推行国语实施办法》(1946年3月9日),《台湾省行政长官公署公报》第30期,1946年6月4日,第475页。

编辑事项；关于国语书籍标准的审查事项等。训练宣传组：主要任务是关于各级国语师资的训练事项；关于各级学校语文教材的视导事项；关于高砂族同胞语文教材教育的推行事项；关于民众识字推行事项；关于推行国语的指导和考核事项；关于社会教育方式传播国语事项等①。台湾省国语教育行政，由教育处主持，而国语教育的研究、设计、调查、编审、训练、视导、宣传各项工作，由台湾省国语推行委员会负责办理。

光复前后，台湾省国语推行委员会就从内地邀请师资来台。在国语会成立以前，有33名国民学校教师从厦门市选送来台担任国语推行员。如齐铁恨、陈士骏由上海请来；吴守礼从台大聘请来担任国语推行委员会委员。后国语会又呈请部办国语专修学院、国立西北师范学院、国立社会教育学院共派遣24名学生来台。1946年暑假，台湾省国语推行委员会又聘请北平市立师范学校暑假毕业生18名来台，分派国语会成立的国语实验小学和台北女师附小任教，台湾国语师资大为增强②。国语会训练了大量国语师资，其中包括国民学校和中等学校教员、国语推行员、各机关公务员语文师资等。而在编印国语图书和期刊资料，以及设立各种国语文传习班和国语广播直接传习民众和公务人员方面也取得不少成效③。

国语推行所承教育处的命令，各县市的国语推行所于1946年3月份陆续成立，受台湾省国语推行委员会的指导，办理各县市国语推行事宜。国语推行所设主任1人，由县市长兼任，综理所务；副主任1名，由县市教育局（科）长兼任，办理所务。推行所设推行员3人至7人，由教育处遴员呈请行政长官公署派充，担任国语的教授和推行事务；干事1人，由教育处指定推行员兼任④。教育处原计划于每一县市设置国语推行所一所，全省共设19所，每所设推行员3人至7人，负责传习县市学校教员及公务人员，并直接传习民众。后因师资人力不足，暂先设立新竹县、台东县、台中

①《台湾省国语推行委员会组织规程》，《台湾省行政长官公署公报》第4卷第7期，1946年4月15日，第108页。

②张博宇编：《台湾地区国语运动史料》，台北：台湾商务印书馆，1974年，第39页；方师铎：《五十年来中国国语运动史》，台北：国语日报出版社，1969年，第119页。

③台湾省政府教育厅编印：《台湾省教育要览》，1947年，第39—45页；《省国语推行委员会工作概况》（1946年4月至12月），《台湾省统计要览》第3期，1947年，第171页。

④《台湾省各县市国语推行所组织规程》（1946年3月14日），《台湾省行政长官公署公报》第5卷第65期，1946年9月16日，第1026页。

县、台南县、台南市、嘉义市、花莲县、屏东县、基隆市等10所国语推行所，派出推行员33人。至1946年10月，台湾各县市共成立国语推行所15所。1947年1月，为便于工作和人事上的管理，各县市国语推行所被政府明令撤销，将国语推行员调省集中训练后，派往各县市政府，直接改隶于县市政府，受教育科长指导，自此，推行国语工作改由各地方县市政府负责推行①。各县市国语推行所是承担基层推行国语工作的主要组织，各地国语推行所分别设立民众班、公务班和教员班针对民众、学校教员和公务人员这三类群体来推行国语，渐有成效②。

《台湾省各县市推行国语实施办法》规定：各县市推行国语，分期成立国语传习班，先就国民学校教员实施传习（特别是国语史地教员应尽先传习），次为公务员（由县市政府分期指定），再次推及民众（自由报名参加）③。其课程政府亦作了明细规定，公教班课程：国语文（每周3小时）、会话（3小时）、注音符号（6小时），公文程序（1小时）、尺牍（1小时）、音乐（1小时）；民教班课程没有"公文程序"，其余与公教班的课程设置相同④。

据相关资料统计，彰化市国语传习所在1946年度设立国语传习班3期，第1期开办4班，毕业者424名；第2期开办5班，毕业者667名，第3期开办5班，修业生员240名；1946年度国语普及的市民总数达到1331名⑤。台南县在1947年度合计开办38班国语文训练班，毕业人数2143人；1948年初又续办公务员国语文补习班，区乡镇公所设立国语文补习班共有43班，学员1471人；学校及附属机关团体设立国语文补习班有11班，学

---

① 台湾省行政长官公署教育处编印：《台湾省教育概况》，1946年，第104页；《事由：电为撤销各县市国语推行所希遵照》，《台湾省行政长官公署公报》第6卷第67期，1946年12月20日，第1086页；《台湾省国语推行委员会通报》，《台湾省政府公报》第12卷第6期，1948年1月10日，第112页。

② 台湾省行政长官公署统计室编印：《台湾省统计要览》第3期（1946年全年情形特辑），1947年，第17页；屏东市政府编印：《屏东市政府工作概况》（1946年1月至12月），出版时间不详，第52-53页。

③ 《台湾省各县市推行国语实施办法》，《台湾省行政长官公署公报》第4卷第30期，1946年6月4日，第475页。

④ 《事由：为规定国语讲习班应授科目等电希遵照》，《台湾省行政长官公署公报》第5卷第36期，1946年8月10日，第566-567页。

⑤ 彰化市政府编印：《彰化市概览》，1947年，第23页。

员585人。除了举办国语传习所、补习班以外，还组织了各种形式的国语宣传和推广活动，如举办全县国语演说比赛、国语巡回演讲、通俗演讲；联络附近电台或有关人民团体，协助政府推行社会教育①。1947年，台中市政府及各机关特设国语文补习班推行国语，先后计设有市政府2班，水道办事处职员1班，光复教职员1班，市卫生院、警察局、税务稽征处、西区公所、南区公所、南屯区公所、北屯区公所、西屯区公所及忠孝、信义、成功、玉山、大同、和平等国民学校暨市立女子职业学校各1班②。一些工厂如台中糖厂、岛日糖厂和花莲港糖厂等，为打破员工言语的隔阂，了解中国文字语言起见，亦设立员工国语讲习班，分为初级班和中级班，请一些义务教师来授课，除学习国语文外，亦特别注重精神讲话③。各种国语传习班是台湾省国语推行委员会、各县市国语推行所，各级政府行政机关、学校、民间团体和企事业单位最为常见的推行国语的组织，由它将国语文教育逐渐推广到社会基层。

台省各级各类学校是向青少年学生群体推行国语教育的重要阵地，各校为支持国语运动推行多项措施，在国语运动中发挥了重要作用。如台湾大学中国文学系光复两年来特别注意国语的推行，"对本省学生不问院系，每周皆授以国语3小时，国文5小时，务使其在写说上，能自由表达，无所隔阂"。为适合本省学生的需要，特新编印国文及国语教本，并以注音字母教授标准国语④。一些国民学校也特别注重国语学习和教授，如台南县学甲乡第一国民学校每隔两日举行教师国语国文进修会一次，每日举行学生国语进修会一次，每月举行学生国语演讲比赛会一次，教师和学生的国语成绩进步明显⑤。

光复初期台湾国语运动主要由台湾省国语教育委员会来主导，除了这

---

① 台湾省台南县政府编印：《台南县政表解》，1947年，第34页；台南县政府编印：《三个月来工作概要》（自1948年3月1948年6月），出版时间不详，第35页；《台南县政二年》，大明印书局，1948年，第64页。

② 台中市政府编印：《台中要览》，1947年，第45页。

③ 高慕尼：《台中糖厂国语讲习班报导》，《台糖通讯旬刊》第1卷第1期，1947年5月21日，第24页；"国语讲习"，《台糖通讯旬刊》第1卷第12期，1947年8月21日，第39页。

④ 《文学院两年来工作概况》，《国立台湾大学校刊》第5期，1947年12月1日，第5版。

⑤ 陈红：《推行国语教育的检讨》，《教育月刊》第1卷第6期，1946年12月1日，第28-29页。

一主导机构以外，由陈仪延请许寿裳主持的台湾省编译馆也在国语运动中发挥了重要作用。台湾省编译馆（1946.8—1947.5）下设有学校教材组、社会读物组、名著编译组和台湾研究组，其中，学校教材组的主要任务是编纂适合台湾初等教育、中等教育及师范教育的学生中文程度的教科书，积极推展国语教育。社会读物组的任务主要是编辑大众读物，总库名为《光复文库》，并借此来推广中国语文。台湾省编译馆所编纂的教科书和大众读物不仅仅是推广国语文的载体，更是塑造学生民族意识和传播中国历史文化的重要载体①。

五、台省国语教育的成效及其问题

依据不少时人的观感，光复初期台湾国语运动成效显著。当时上海市台湾教育参观团就在参观报告中写道：台湾"各机关每日早晨多有在礼堂或办公厅练习注音符号，或讲国语。现在小学生多数已能讲国语，有一部分学长利用注音符号作班级顺序"②。朱君惕在谈到台湾教育观感也说，台湾国语教学成绩特别见到成功，在短短二年中，全省各校都已普遍推行，各级学校学生，都会听国人说国语。国立中山大学师范学院教育系同仁在考察台湾教育后也认为，国语在台湾各国民学校内的推行，比内地各省有更辉煌的成绩。依历届比赛成绩及统计可得知，小学生讲的国语程度比中学生高，中学生又比大学生高，而这个考察团参观的一些国民学校，"差不多所接触的小学生，都能听懂国语，而且说得也还流利"③。署名"高"的时人在评论台湾社会现象时就有如此感受："去年来台湾的时候，闽南人还多少可以同本地同胞打点交代办点事，其它各省朋友，办公以后就只有坐在屋子里纳闷"。当时来台湾的内地人估计，这种语言隔阂情形，至少要拖

---

① 台湾省国语推行委员会主要负责办理国语教育的研究、设计、调查、编审、训练、视导、宣传等各项工作，而台湾省编译馆的主要工作是编印、审查学校教材和社会读物，编译外国名著以及进行台湾研究等事务。有关台湾省编译馆在光复初期台湾文化重建中所起到重要作用的论述，可参考黄英哲：《台湾省编译馆设立始末(1946.8—1947.5)》，黄英哲、许雪姬、杨彦杰主编：《台湾省编译馆档案》，福州：福建教育出版社，2010年，第6-34页。

②《台湾教育参观报告》，上海市台湾教育参观团编印：《参观台湾教育归来》，1948年，第6页。

③《台湾教育考察报告》，《教育研究》第110期，1948年9月1日，第117页。

延三五年才有转机。但经过一年工夫，情形却变得好多了，"现在同我们有来往的台胞都可以讲国语了，有的除了用国语应付公事谈话，还能同我们退公以后，婉转曲折，谈笑风生"[①]。台湾新竹县县长对该县的国语进步颇为自豪，他说："在县政会议里，大家全讲国语，有时甚至连闽南话都不用。"[②]国民政府教育部长朱家骅在视察台湾教育以后，为表扬台省国语教育普遍推行的成效，特令嘉奖教育厅长许恪士、魏建功、何容等人[③]。

就光复后台湾国语推行的具体情形而言，虽然有相当进步，特别是作为台湾政治中心的台北地区的国语教育，因政府的积极推行而进步明显。但根据教育视察，在学校里，"初中学生大多数对国语会听、会讲、也会写"，可是"高中生则只有半数的会讲，而且有的还是勉强的"，小学校"台北市的成绩优于其它各校"[④]"其它各地区则须国语之推行甚为迫切"[⑤]，如"乡村里一般民众对国语教育仍是非常幼稚，不晓得听国语，说国语"[⑥]。根据1947年12月份台湾省教育厅举办的第二届全省国语演说竞赛会的比赛成绩，魏建功分析出台省国语教育的实际现象和格局："儿童优于成人，国民学校朗读，参赛单位现甚普遍，成绩分数亦最高""社会成人优于学校青年""语言系统纷杂地区优于语言系统单纯地区，如新竹县、台中市区因居住台人闽粤两系，有闽南语及客家语的分歧，国语成绩因而较高"。"偏僻县市尚须努力""中等以上学校应用不力"[⑦]。而何容亦指出，台省光复已逾两年，国语推行虽有显著成效，但其效果"尚仅限于都市与学校，非但未能普及农村，即都市机关之公务人员，各公私企业及工厂员

---

①　高：《半月评论》，《海潮》第8期，1946年8月，第2页。

②　王洁宇：《从用口来教如何进步到用书来教》，台湾省政府教育厅第四科编：《社教扩大运动周特刊集》，台湾省教育厅印，1947年，第13—14页。

③　《台省各级教育迅速发展，国语教育普遍推行》，《申报》1948年3月8日，第1版。

④　戴介民：《台省教育面面观》，上海市台省教育考察团编印：《台行实录》，1948年，第26页。

⑤　萧家霖：《台湾省教育国语部分应注意之点》，《台湾省督学视察教育报告及有关文件》（1946年6月至1948年8月），《馆藏民国台湾档案汇编》（111），北京：九州出版社，2006年，第123页。

⑥　徐银池讲、邵庆源记：《我对于推行国语教育的一些意见》，《教育月刊》第6期，1946年12月1日，第29页。

⑦　《现阶段国语在台省实际现象的观察——上教育部朱家骅部长报告书》，《国语通讯》第13期，1948年4月15日，第1版。

工，亦尚多未能应用国语以执行其职务与工作。"①这一情形也提示台湾的国语教育成效在群体和地域上有着较大差异。

在推行国语和废止日语文的过程中，不管是从政府立场来看，还是从民众的角度观之，其中都存在不少的问题和争议。在这一时期，政府当局所苦恼的最主要的问题恐怕还是缺少国语师资。台湾各县市的国语推行员主要以从福建来的33位"国民学校教师"组成基本队伍，台省教育处驻平甄选教员临时办事处，预定邀请200余人，最后选定了46位推行员，但到台的只有30位②。正如台湾省国语推行委员会在一份意见书中所指出："台湾光复以后，来台的外省同胞有几个能讲标准的国语的？有几个能认识注音符号的？台湾的国语教育不能不倚重外省同胞"，但外省来台的国语教师大多数都没有经过语言学的训练，"也不懂教学国语的方法，效力能大？"③台湾学生对从内地请来的学校教师的期望较高，但实际上，有的受过大学教育或有资格做国民学校教师的人，连国语发音都不会，连本国的注音字母都不认识。如一个中学生请求老师把一篇演说词给注出音来，老师却说："你用日本字母注吧"。那个学生不会注音符号，不能确定这些国字应该怎么读，所以请教老师，可是老师自己也不会，出现这种情况就非常尴尬了。另有小学生因为把"沦陷"依照国音读成"沦悬"，没有依照老师的方音读成"伦汉"，被老师大加申斥④。这让台湾学生颇为诧异和失望。

国民政府此前在内地进行的国语运动，是运而不动，成效不大，真正能胜任教授国语的师资并不多。内地经过抗战，教育环境趋向萧条，师资更为缺乏。尽管国民政府为照顾台湾的实际教育情形，台省国语推行委员会已邀请不少内地教员来台，但要改变台湾整个的语言环境，显然需要台湾省内教员更多的努力。而在台省各县市设立的小学校中，多有台籍教师教授国语，但这些教师发音欠准确远于三分之一，甚至若干学校教师，本

---

① 何容：《筹设省立国语文专科学校以应本省急需案》，《国语通讯》第13期，1948年4月15日，第6版。

② 何容：《谈推行语文教育》，《建国月刊》（创刊号），1947年10月1日，第28页。

③ 《台湾省国语推行委员会对于教育部召开远东区基本教育会议准备会议提出中国普遍推行国语教育意见书》，《国语教材展览目录及国语发稿簿等文书》，二档馆藏，教育部档，档案号：5-12295。

④ 洪去火（何容）：《鬼话台湾》（原载《论语半月刊》第130期，1947年6月1日），王晓波编：《二二八真相》，台北：海峡学术出版社，2002年，第106页。

身在仓促的情况下补学国语，事后即用以传授学生，其精神可嘉，但效果却大打折扣[①]。更有不少台地学校，"均罹毁劫，标准师资，无从罗致，因陋就简，多循旧规，尤于授课方面，尚用日本语文，毛笔废用，国语教师，尤感缺如"[②]。

台北县立乌来国民学校，各教师多不知国语中科学名词或教室用语，教授上困难重重。而该校有一半是高砂族学生，但仅能操番语和日语，培养番族教师尤为重要。台南县区乡镇国民学校，亦是国语教员缺乏，以致国语推行成绩欠佳[③]。在台省蕃地办学校，师资更是难得。懂国语的不懂"蕃语"，不少山地教师懂"蕃语"却又不懂国语，并且当时会说即使并不标准的北京话或上海话的，在平地随时都可以找到一份条件不错的"通译工作"，那么谁又肯到偏僻的山地来教书呢？[④]政府屡屡要求山地同胞学习国语，可是很长时间没有派来教员指导，在政府一方，虽有着种种困难，未能立即实行，但对于山地同胞，却是一个失望，他们责怪政府缺乏诚意，这无疑会加深台胞与政府之间的矛盾[⑤]。针对台湾师资缺乏的现状，何容就呼吁应在台筹设国语文专科学校，培养大量受有专门训练的师资，以及给予台省籍小学教师有进修国语文的机会[⑥]。

台湾回归中国后，对大多数台湾普通民众而言，由日语文到国语文，其熟悉的语言环境有了翻天覆地的转变，而在这一语言社会环境转换的过程中，他们遭遇到不少困境。台胞在光复之初，学习国语主要有两种阻碍，其一便是日语的影响太大，多数的青年男女，用日语掺入国语，才能表达自己的意见。台胞学习国语，不像内地民众学习国语采用类推法，他

---

①《台湾教育当前困难国语教师及课本缺乏》，《中央日报》1946年10月9日，第4版。

②《行政院专科以上学校毕业生训导班凤玄为报告台湾政情与内政部等往来文件》（1946年5—8日），《馆藏民国台湾档案汇编》（99），北京：九州出版社，2006年，第41页。

③《台湾省督学三十五年上半年视察报告摘要》，《台湾省督学视察教育报告及有关文件》（1946年6月至1948年8月），《馆藏民国台湾档案汇编》（111），北京：九州出版社，2006年，第8、41页。

④ 陈怀让：《面面看高山》，《台湾警察》第5期，1946年5月，第23-24页；钟逸人：《辛酸六十年：二二八事件二七部队队长钟逸人回忆录》（上），第332页。

⑤ 无名：《山中小记——记二个山地同胞的谈话》，《台湾警察》第2卷第8、9期合刊，1947年2月20日，第10页。

⑥ 何容：《筹设国语文专科学校以应本省急需案》，《国语通讯》第13期，1948年4月15日，第6版。

们是用学外国语的态度去学国语，用日本语词来解释国语；其二是内地人的方言障碍①。内地人口中纷歧的"方言式国语"，使得台湾民众对"国语"的感受各有不同，曾有学生在日记中说，国语有6种②。台湾在光复以前，台湾民众基本都会说日本语，而日本语统一较早，凡是来台的日本人都是说日本的标准语，但光复后，许多内地人来到台湾，虽然讲的都是广义上的国语，但方言甚重，如浙江人讲的"浙江国语"，江苏人讲的"江苏国语"，广东人讲的"广东国语"，四川人讲的"四川国语"，彼此都不同，甚至很多都听不懂，这让台湾民众在一时之间，不但要能"说"标准语，还要学"听"不甚标准的国语，这无疑增加了学习难度，甚至有放弃学习国语的情绪，由非文盲变成文盲，痛苦万分③。所以，有台胞就认为从内地来的人员也应该讲习国语，因为台省籍公务人员都热心讲习语文，而内地来的人员却不要，这就导致了一个人一口不同发音，在教育上给台湾民众带来很多不便。而同时亦有内地人呼吁内地人士应在台胞面前说话的时候，多讲国语，多讲比较正确的国语，以唤起台胞的信心，以便促进台胞的兴趣④。在国语还未普遍的过渡时期，由于方言纷歧，给台民教育带来不少障碍。如高雄县有学校学生就遭受语言困扰，学校教员用闽南语讲授，而客家学生不通闽南语，感觉非常痛苦⑤。

国语文读物方面的问题亦给台湾民众带来困扰。日本据台期间，台湾的国民教育非常发达，90%以上都能读书看报（主要是日文书报），而光复后日文禁止使用，一切书报，又没有用注音国字印刷，国音易学，国字难学，要想能读《新生报》《大公报》等，"非有三五年的工夫不可"。何容

① 黄登忠：《如何消除隔膜发扬民族精神》，《台湾省训练团团刊》第4卷第7期，1947年7月1日，第692页。

② 何容：《国语教育问题》，《台湾训练半月刊》第5卷第6期，1947年12月16日，第6页。

③《台湾省国语推行委员会对于教育部召开远东区基本教育会议准备会提出中国普遍推行国语教育意见书》，《国语教材展览目录及国语发稿簿等文书》，二档馆藏，教育部档，档案号：5-12295；何容：《国语教育问题》，《台湾训练半月刊》第5卷第6期，1947年12月16日，第8页。

④《台中市县各学校国语教学座谈会》，《国语通讯》第13期，1948年4月，第5版；黄登忠：《如何消除隔膜发扬民族精神》，《台湾省训练团团刊》第4卷第7期，1947年7月1日，第692页。

⑤《台湾省行政长官公署教育处答省参议会质询》（1946年5月），《台湾光复和光复后五年省情》（上），南京：南京出版社，1989年，第374页。

就对当时台湾报纸甚少用白话编辑新闻的行为批评道："编辑先生为什么不肯把新闻'编'一下，编得使一般不懂文言的人也能看得懂呢？编的工作至少应该把新闻里的文言词句改成白话，标题也要通俗化。要拿现在全国各地的报纸作标准，至少要到高中毕业的程度才可看懂。本省同胞上三个月的国语讲习班，要能看懂报纸，那真是天地间的奇迹。我们对于内地的报纸不敢有所要求，但本省自从日文版取消之后，原来对日文不'盲'的同胞编成了文盲，这是应该想法儿补救的。补救的方法就是把'文'改得更容易懂得点儿，改成学会了'国语'的人都能看懂的'国文'。"[1]而在一些民间书店，文言书籍如《汉文读本》《高等汉文读本》（完全是文言的）和小学教材摆在一起，就有很多家长非常担心这些才接触国语国文不久的小学生，会被这些不同的读本所迷惑，并且其程度亦非一般学生所能了解[2]。确实，当时不少人在看报纸或国语国文等类杂志时，分不清"国文"和"白话文"是常有的事[3]。为失学青年和社会民众所编辑的自学国语书籍，亦不合实际生活需要，引不起他们的学习兴趣，如流行最广的《国语广播教本》，与生活脱节之处甚多，读之味同嚼蜡，自修的民众每每拿起来未看就放下，与学生在学校里读英文的情形类似[4]。

　　正是由于国语文教育及其读物存在的种种问题和困扰，致使政府在强行废除日语日文时，引起台湾民众一些反对之声。台籍作家吴浊流在分析政府强行废除日语日文而引起不少台湾青年反对的原因时指出，台省青年对日文会如此依赖和留恋，其中有深切的原因[5]。台湾民众对日语日文的留恋，国语文教育本身存有的问题是原因之一，但更应该注意到，台湾政治环境的变化对这一时期国语运动的影响。

---

　　① 何容：《谈推行语文教育》，《建国月刊》（创刊号），1947年10月1日，第28页。

　　② 余涤之：《台南半月行》，《海潮》第9期，1946年9月15日，第14页；《台湾教育当前困难国语教师及课本缺乏》，《中央日报》1946年10月9日，第4版。

　　③《关于"国语""国文""文言文""白话"的界说来函》，《台湾省地方行政干部训练团团刊》第1卷第11期，1946年8月1日，第172页。

　　④ 张植：《台湾推行国语文之检讨》，《建国月刊》第1卷第4期，1948年1月1日，第85页。

　　⑤《附录：对废止日文的管见与日文文化的使命》（1947），吴浊流：《黎明前的台湾》，《吴浊流作品集》（第5卷），台北：远行出版社，1977年，第119–120页。

六、时局、语言和民众心态的变化

在台湾刚刚光复的几个月中，方师铎曾这样描述各阶层人士对于国语的认识、传习和接受：

> 那时候，台省人士对于国语是相当狂热的，他们有的是出于纯粹的"祖国热"，有的是"要为祖国服务"，当然也有人是为"想做新官僚"。那个时候，台湾学习国语的空气，可以说是浓厚极了，以前无人过问的"赵钱孙李""天地玄黄"的书房，也在纷纷恢复了；抗战期中，被日人从沦陷区请来，训练特务和通译的"教官话"的人，也趁机传习"北京话"，算是为国效力了；也有人在市场的屋檐墙角，挂上一面小黑板，传习几句简单的会话，以便向围拢来的临时学员收临时学费。真是五花八门，无奇不有；甚至连正待遣回国的日本人，都偷偷的在家中读《华语急救篇》，以应付当前的需要。至于学校里的本省教师，更是现学现教，辛苦异常，当时"师资"问题的严重，是可想而知了。那时候，出版的国语书籍，真是千奇百怪，什么样儿的都有；有文言的，有白话的，有用"老国音"的，有用日本的"假名"的；有通的，也有不通的；有中国人编的，也有日本人编的。[①]

台湾光复伊始，民众在爱国主义情感驱使下（也有人持功利目的），纷纷做出归化之举。女性台胞开始改穿旗袍，男性多改着中山装。在日据时代为多得配给品和升官而更改日名的人，也自动更改原姓。在时人看来，学习国语文既是爱国的表现，又能谋得一份差事，所以民众学习国语的精神，尤足惊人。不少旁观者对此举，纷纷表达赞叹之声。任先志说道："常常看见数十位台胞无凳站立学习国语达数小时之久，所以不到半年，多能听懂国语，并且普通应用语也能讲。"[②]杨克煌也回忆说，"当台湾人民知道这个消息时（按：这个消息指的是开罗宣言，规定台湾归还中国），无不欢欣鼓舞，兴奋至极。有许多人争着学习被日寇统治者禁止使用

---

① 方师铎：《五十年来中国国语运动史》，台北：国语日报出版社，1969年，第141-142页。

② 任先志：《台湾之透视》，《海潮》第5期，1946年7月15日，第13页。

了二十多年的中文和国语，准备在台湾光复后为祖国效劳，这时，一些中文的旧报纸、杂志都成了宝贵品"①。《民主报》记者箫远亦观察到，政府提倡国语甚力，社会人士亦十分注意学习，"如北京话讲习所、国语研究所等字样的牌子，到处能看到。市上书坊关于初步学习国语国文的书籍亦不少，令人奇异的如三字经、百家姓、四书到处也有新的翻版书出售"，"台湾同胞，现在对于学习国语，都是非常的勤奋。每日黄昏的街头，我们都可以听见许多人在上夜课，孜孜地在学习国语，收音机里也可以听到广播拼音字母的声音。我初到台北时，每家店铺中进去，总是哑口无言，而今则无论那家，他们都已学会了普通应酬和一些实用的话"②。重庆记者马锐寿亦反思说："我是一个广东人，和台湾人一样的不懂'北京话'。在中学的几年中，我们也学过'国音'，不自瞒的说，我们是吊儿郎当，从来没有认真过的，但我却在台湾看到台胞对'北京语'的学习狂热，黄包车夫、汽车夫、商店里的小伙计、茶店里的茶女、公务员、学生都热烈的学习，国语讲习班、国语课本，成立的成立，印刷的印刷，简直是雨后春笋。"③而据台湾广播电台台长称，国语节目为电台最受人民欢迎的节目之一，内容比较枯燥的《国语广播教本》数月来销数已达7万册，听众日逾10万人④。

时年56岁的台湾大学教授杜聪明在台湾光复之前，一句国语都不懂，光复之后，他每天利用无线电学习国语，已经说得很好。林献堂已年过66岁，同样在光复后开始学习"ㄅㄆㄇㄈ"（按：相当于汉语拼音字母bpmf），后来国语亦说得不错⑤。罗宗洛在负责台北帝国大学接收时，就有学生代表来到他的寓所向他主动提出，要求注重普及和训练国语文⑥。一些学校教师，没有受过祖国教育，不晓得说国语，教国语，但对于学习国语

---

① 杨克煌:《回忆"二二八"起义》,武汉:湖北人民出版社,1955年,第11-12页。
② 张帆编:《新生的台湾》,出版地不详:华生通讯社,1946年,第28、49页。
③ 同上,第33页。
④ 李杏邨、孙树生合译:《外国记者眼中看台湾》,沈云龙主编:《台湾月刊》(创刊号),1946年10月25日,第47页。
⑤ 朱家骅:《视察台湾教育观察》(1948年2月2日),王聿均、孙斌合编:《朱家骅先生言论集》,台北:"中央研究院"近代史研究所,1977年,第216页;刘启光:《关于新文化运动——三十六年五月十九日对本团学员演讲》,《台湾省训练团团刊》第4卷第8期,1947年7月16日,第702页。
⑥《接收台湾大学日记》,1945年10月21-23日,李东华、杨宗霖编校:《罗宗洛校长与台大相关史料集》,台北:台大出版中心,2007年,第205、207页。

的热情却是非常浓厚。如大林乡第一国民学校教师"天天都利用课外的时间到附近国语讲习班去学习、去研究。学习、研究过来时，自己还在拼命地学习和研究。遇到不明白的地方，就是我问你、你问我，或是赶快地去请问国音字典先生"①。

民众自动禁止使用日本话，在火车上，在马路上，假如有人在讲日本话，就会被人作"嘘"②。甚至连说台语都会引起时人的不满，这亦可见台湾民众学习国语的积极心态和爱国心理。吴国梁就曾回忆说："台湾光复伊始，推行国语，是当时一些庶政最重要的一环。小学教师，必须全部改用国语教学，这对儿童的学习国语影响更大。教育处在台北市办了两所小学教师国语示范补习班。其中一所设在和平西路老松小学内，指派我负责指导，这可说是我担任督学近一年中最快乐而最有意义的工作。因为台省光复之初，省民从日人五十年桎梏下解放出来，异常欢欣，其表现在语言方面，尤为突出。他们不但热烈学习国语，自我禁说日语，而且讨厌人家说台语。我曾经好几次不小心误用台语和他们对话，都被他们严辞指斥说：'在日本统治期间，我们被压迫着说日语，不得说台语及国语，今天我们很庆幸地回归祖国怀抱，而你们却不教我们说国语，实在太不应该了！'老松小学国语补习班所有学员，都抱着这样热切求知、即学即用的心情前来学习，兴趣十足。全班81位学员没有一位缺席或迟到过，在每天2小时的上课时间内，都聚精会神地在听、在念；尤其当我们研习"ㄈ""ㄓ""ㄔ""ㄕ""ㄖ""ㄩ"等几个音符时，大家更是屏息学习。"③

国民党先行来台军队举办国语补习班④，更被时人视之为祖国宪兵队不同于日本警察的亲民之举。就是在这种时代氛围之中，不少台胞对政府报以诚心诚意的欢迎，简直"比国民党还要国民党的"⑤。

① 曾安礼：《本校实施国语教育的概况》，《教育月刊》第1卷第6期，1946年12月1日，第27页。
② 刘启光：《关于新文化运动——三十六年五月十九日对本团学员演讲》，《台湾省训练团团刊》第4卷第8期，1947年7月16日，第702页。
③ 吴国梁：《校友参加台湾地区教育工作之事迹》，转引见刘登翰主编：《文化亲缘与两岸关系：以闽台为中心的考察》，北京：九州出版社，2003年，第145页。
④《台省国语全面展开》，《申报》1945年12月3日，第3版。
⑤《叶纪东先生口述记录》，魏永竹、李宣锋主编：《二二八事件文献补录》，台北：台湾省文献委员会，1994年，第56页。

但随着陈仪政府治台政策的失范，台湾政治和经济环境的恶化，台湾本土民众对政府和外省人的认知心理发生急剧变化。经济上，由于陈仪政府实行米粮、贸易统制和封锁政策，这使得"在往日过着较低的生活的本省人在缺少配给之外，更增加了高度物价的负担"；社会上，"被接收了的工厂、矿地、学校、银行都处在长期停顿的整理状态中，一般的日侨产业和敌产的贴封占据，又常表现着紊乱，缺乏计划，缺乏步骤，行政工作的效率，不能显著地、敏捷地表现"；而在政府人事制度安排上，一般高位要职都为陈仪派系的内地人所占据，而一部分行政人员的低能与贪污行为，亦为台胞所不满①。在观念上，从上海、福州、重庆渡海来台的内地军人、公务员和商人船家，其中不少人都抱着征服者的心情和姿态来看待台湾。而本省人对于内地来客，多少存有抢地盘饭碗的心理，他们以为台湾应由自己来治理，不应当让内地人"坐享其成"，并不断强调着"台湾未曾奴化"②。

当时台湾民间"五天五地"的流行语颇能反映一般民在众光复前后对政府和社会的不同感受：日本投降前因为盟军的轰炸，所以"惊天动地"；日本投降后听到台湾的光复，所以"欢天喜地"；接收人员到台湾以后原性不改，所以"花天酒地"；重用日官轻视台胞，导致政治混乱，所以"黑天暗地"；工厂关门，交通阻塞，物价飞涨，所以"呼天唤地"。而乡间过年亦有讽刺台湾政治的对联：开口奴化，闭口奴化，卑躬屈膝，奴颜事仇，竟称独立自主；伸手要金，缩手要银，与民争利，唯利是图，也说为民服务③。

在治理台湾的过程中，政府时常以国语文的好坏作为对台胞身份判别的重要标识，如陈仪就以台胞受日本奴化严重，国语文程度低下为借口，而将其拒之政府门外，以及不得实行县长、市长民选④。有记者曾问陈仪："今日台胞尚抱怨在政府中难获得高级位置，长官是否以为然？"陈仪回答

---

① 有关光复后台湾社会治理不断恶化的情形，可参见《上海如此话台湾》，《前锋》第1期，1946年10月12日，第17页；中国第二历史档案馆编：《台湾二二八事件档案史料》，北京：档案出版社，1991年，第47、147页；《台湾二二八事件》（大溪档案），"中央研究院"近代史研究所编印：《二二八事件资料选辑》（二），1992年，85—86页。

②《上海如此话台湾》，《前锋》第1期，1946年10月12日，第16页。

③ 以上所引均参见闽台通讯社编：《台湾同胞的心理变化》，王晓波编：《二二八真相》，台北：海峡学术出版社，2002年，第2—3、22页。

④《上海大公报载陈仪答记者问》（1946年11月25日），《台湾光复和光复五年省情》（下），南京：南京出版社，1989年，第572页。

道："君以为彼等不识国语国文，不明白国家法令而高居政府首位而谓然乎?"①吴克泰亦回忆说，陈仪来台起用的主要干部是他任福建省主席时的老班底，中下级干部及干警大都是从大陆各地招募来的，他们以胜利者、征服者姿态君临人民头上，而大批台湾的有用人才却以不懂国语，不会"等因奉此"这一套而被排除在政府机关和官营工矿企业之外②。廖文奎亦认为，光复伊始，接收官员，低估台胞文化，以为有产有识者凤既日化，无产无知的民众又皆蓄化。因之，"无能而狭量之官员，由惊讶而生嫉妒，欲排除台胞，乃横加'国语不谙''国文不通'之罪名以歧视之"。接管官员开口则曰"奴化太甚"，闭口称之"非再教育不可"，引起台胞的诸多不满③。

在不少时人看来，方言不通，并不妨碍台胞的工作和参政能力。吴世昌就认为，内地人不能以优越的姿态君临台湾，当地台胞诚然大多数不能说国语，无法看"三民主义"，但其一般的教育水平，政治判断力，却未必比国内别的任何省份都低④。内地人看不起台湾人，因为台湾人不能写中文，不能讲国语，不懂党义，不谙推脱及其它一切官场习惯。而在台胞看来，外省官吏只管牵亲引戚，左拉右拢，安插空位，置台民于度外。不少官员拼命学讲几句国语，只是为竞选参议员和参政员装点门面⑤。原本作为"爱国"象征的国语，却变成一种政治资本和身份识别的工具，颇令台胞不满。

但拥有身份识别功能的"国语"和"日语"，在使用上却是紊乱的。如在日语使用上，《文汇报》记者胡天就观察到，台湾光复之初，台胞虽不知"国语"为何物，"但多相率自动不再说日语，一律暂时讲台湾方言，对国语学习之热忱，亦如火如荼。谁知后来的公务人员，却多系日本留学生或原来台湾政府的公务员，彼等自以为会说东洋话为荣，多以日语与台胞交谈。接收来之私囊既饱，乃随处可见彼辈花天酒地，耀武扬威，而日语亦因随之而更见出风头矣。此种现象，台北为最，故光复一年后之今日，

①《本报记者遍访台胞，归来与陈仪论台湾》，李祖基编：《二二八事件报刊资料汇编》，台北：海峡学术出版社，2001年，第144页。

② 吴克泰：《台湾"二二八"起义亲历者的评说》，《炎黄春秋》2000年第3期，第8页。

③ 廖文奎：《为二二八惨案呼吁》，《前锋》第16期，1947年4月20日，第6页。

④ 吴世昌：《论台湾的动乱》，《观察》第2卷第4期，1947年3月22日，第8页。

⑤ 北庚：《台湾：中国的爱尔兰?》，李祖基编：《二二八事件报刊资料汇编》，台北：海峡学术出版社，2001年，第144页。

台北本地人会谈国语的最少，努力在学日语的内地人倒多。今日之'阿路内，阿路内'（即喂喂之意），已代'喂、喂'而普遍通行矣。"①政府虽明令禁止日语日文，而实际上不少公务员，因为只顾及交流上的方便，有的因为是留日学生，有的因学会了两三句日本话，却偏要和本地人来说"阿诺内"，上至机关里公务上的接触，下至家庭内"下女"的使唤，日语都被普遍的应用着。这种"只许官家放火，不许百姓点灯的"情形，甚伤国语尊严，不少台胞就认为当局每每骂本省人"奴化"，显然没有任何道理，这种歧视之举，在一定程度亦加剧了本省人对政府的不满。

由于民众集体心态的巨大逆转，"从光复后这一年多来，被现实残酷的击得希碎。他们由希望、失望而绝望，对现存的政府，在心里积压着很深的恨"②。这一认同危机以及二二八事件严重影响了同时期的国语运动。有时人就评价说："迨至去年，台湾光复，纯真的学徒诸君的兴奋、高兴，非笔舌所能形容"。台湾民众的热情，"自动的禁写日文，禁讲日语，甘自忍受不自然的写作与谈话的不便"。可是光复后不久，由外省搬入许多贪污颓废的恶作风，却"把诸君的热情吹冷了，再由许多以不知为己知的糊涂知识阶级，大放厥词，污蔑台胞的一种傲气，把诸君前途的光明击灭了。于是乎诸君愤慨之余，国文不高兴学了，国语也不高兴说了"③。台湾北投育幼院院长亦观察到："现在的台人，有一种很不正确的心理，他们以为从前说日语，是日本人统治他们，现在是说国语，是中国人统治他们。"④由于省籍矛盾和隔阂的不断加剧，不少台胞对中国的认同感渐趋淡漠，如外省人被本省人称为"中国人"，国语亦随之被称为"中国话"，有台胞就说："我又不是'中国人'，你跟我讲什么'中国话'呢！"⑤

出于对现实的不满，部分台胞盲目和偏激的排外性亦表现得越来越强烈，而出门在外买东西的外省人常常听到的这样话："讲我们的台湾话，北

---

① 胡天：《台湾一角》，李祖基编：《二二八事件报刊资料汇编》，台北：海峡学术出版社，2001年，第185页。

② 杨风：《台湾归来》（1947年3月4日），中国第二历史档案馆编：《台湾"二二八事件"档案史料》，北京：中国档案出版社，1991年，第113页。

③《劝勉学徒诸君》，《民报》1946年10月1日，第1版。

④ 广东省立法商学院社会考察团编印：《台湾考察纪要》，1948年，第20页。

⑤ 姚隼：《人与人之间及其它》，《台湾月刊》第2期，1946年11月23日，第65页。

京话我们不要听"①。正是因为产生了这样的隔阂心理，台胞不仅因怨恨政府而对国语报以排斥态度，甚至有人重新将说日文写日文视为理所当然。台胞对政府和外省人的不满，年纪稍大的一点台胞开始抱怨，"他们不像他们的弟弟妹妹的热心学习国语，把他们的记忆牵引到'昭和年代'，索性他们开口就说那熟极而流的日本话，由此而发生了'你们中国人'，'我们台湾人'可悲的畛域来！"②面对台湾日语文复兴的势头，时人甚至怀疑这场国语运动是不是失败了，张介人就说道："试观舟车上、戏园里，一切公共场合所里，甚至训练的机关与学校里，到处充满着'瓦达孤西'，'阿那大'许多倭语，令一个陌生的人，怀疑到台湾是否还是日本统治的殖民地？台胞是不是中国人？……现在满街'一抹斯'，而无人过问，实在令人惶惑不置。"③不少青年学生不但对国语不感兴趣，同样不重视台语，试看他们现在"是不是天天仍在说日语？是不是对日本话比较本省话更有兴趣？是不是还在唱日本歌，在写日文，甚至一切的行动，还都模仿着日人的样式？而且在他们模仿日本式样的时候，是不是都显得很自然而又极其得意？"④黄登忠亦对部分台人的亲日行为，惋惜不已，"我们看看现在一般大众的娱乐怎么样？我们酒后的歌舞，月下的高唱，是在唱什么把戏呢？想起来就会惋叹，我们不是在唱着日本歌，玩着日本的玩意儿么？"⑤

当政府要废除报纸使用日文时，就有教授在报上公开反对废止日文版，并说"在本省要想推行技术（工业）教育，非靠着日文不可"⑥。不少台湾民众对日语文的认知和当局者有所不同。从国家和民族角度而言，日语日文是殖民化的象征，但如吴浊流在《对废止日文的管见与日文文化的使命》一文中指出，解除了"武装"的日文不能说全部是日本文化，里面亦有许多世界文化被翻译，尤其是自然科学方面的书。政府机关报的日文

---

① 新闻报：《沉闷中的台湾》，《前锋》第13期，1947年1月20日，第15页。
② 章英：《台湾鳞爪》，《观察》第1卷第9期，1946年10月26日，第19页。
③ 张介人：《从日本过去在台湾实施的教育政策说起》，《道南月刊》第6卷第9期，1948年10月16日，第42页。
④ 曾茂森：《国语文教学漫谈》，《台湾省立工学院院刊》（创刊号），1946年12月，第30页。
⑤ 黄登忠：《如何消除隔膜发扬民族精神》，《台湾省训练团团刊》第4卷第7期，1947年7月1日，第692页。
⑥ 曾茂森：《国语文教学漫谈》，《台湾省立工学院院刊》（创刊号），1946年12月，第29页。

当然应该废止，但日文报纸和杂志，应该准许它自由发刊，这对中国文化的发展没有什么妨害的[①]。但在台湾省籍矛盾和政治环境日益恶化的情况下，这种论调显然无法得到政府当局和一些民族主义者理性的讨论和认可。

语言问题是促使光复初期台湾省籍矛盾加大的一个重要因素，二二八事件爆发以后，"日语""日文""台语""中山装"亦被一些台人用作一种身份识别和区隔工具，一些外省人同样因"语言"而受到打击。在这次事件发生的历史现场，满街都是"打阿山"（按：日据时期台湾称中国大陆为"唐山"，以"阿山"称"唐山"人，又称日据时代逃亡祖国，光复后返台的台湾人为"半山"，均有歧视之意。）"打死中国人""打支那猪""打豚军"（均为外省人别名）的声响，国旗上被大书"台湾独立"四字，日本话也讲得特别响亮，暴动者考验"阿山"的方法，一是说"台湾话"，二是说"日本话"，三则唱"日本国歌"，有时日语亦被用来查验会说闽南话或客家话的人，如果不会说日语的，就是该打[②]。当打风飘至台中时，"该处亦遍地都是流氓地痞，在野心家一声号召下，蜂拥而起，围攻仓库，缴去军警武器，殴辱外省人员，各机关首长（外省人）与外省籍公务人员皆被集中监视，失去自由，其中男女老幼均有，迫令学唱日本国歌，但中有少数商人以钱贿赂，经认为确保"良民"，即发注有日文之"良民证"后释放"[③]。

2月28日下午2时许，台北市的暴动发生后，基隆亦紧张万分，当局即宣布戒严，但街头仍有三三两两台人往来不绝。当晚8时，大世界戏院电影散场后，便有数十台人把守戏院门口，检查全部观客，先以台语问"你是哪省人？"所有听不懂答不出的外省人，当即拳打脚踢。如有冒充台湾人时，他改以日语问话，台胞一般都会讲日语，而冒充台人的福建人，因而大吃冒牌的亏，当场即有福建人被殴致死。而穿中山装中山袋的"仔山"都被殴打，甚至连本省人穿中山装亦被误殴。在台中、嘉义一带，外

①《对废止日文的管见与日文文化的使命》(1947)，吴浊流：《黎明前的台湾》，《吴浊流作品集》（第5卷），台北：远行出版社，1977年，第122页。

②劲雨编著：《台湾事变真相与内幕》，上海：建设书局，1947年，第5页。

③《台湾"二二八"事件》，《台湾警察》第2卷第10、11期合刊，1947年4月1日，第12页；路人：《台湾二二八真相》，王晓波编：《二二八真相》，台北：海峡学术出版社，2002年，第54—55页；黄存厚：《爱国乎？叛国乎？台湾"二二八"事件》，国防部新闻局扫荡周报社编印：《二二八事变始末记》，1947年，第48页。

省人被暴徒们赶到集中营里，强迫学唱日本国歌[1]。一些外省教员因不会说日语，形貌像外省人而遇害。而有些来台新闻记者以粗通台语及日语，得以幸免于难，并完成采访任务[2]。不少外省人在逃亡时，为不使外省人身份被暴徒们所识破，一边不能闭口不说话，往往要和帮助者佯装说台湾话，但同时也不能真说话。但亦有外省人即使会日语，同样遭到暴徒们的毒打，如时任台湾广播电台台长的林忠在南港就亲身经历此事。

随着国民党军队在基隆登陆以后，时局便急转直下，当局即在台北市宣布紧急戒严，大街小巷，岗警密布，台北一变而又成为"阿山"的世界。内地人这时可以挺直胸膛在街道上走走了，而带着内地的口音则再次可以向步哨证明自己的身份，安全通过哨岗[3]。

"二二八"事件之后，闽台区监察使杨亮功和检察院监察委员何汉文在分析此次事件爆发的原因时，对国民党的现行各项治台政策进行了检讨。在文化教育方面，他们认为文化教育关系台湾的根本问题，而日本奴化教育在台湾影响甚大，"台胞之年事较轻者（中等学校学生及小学教员为多）对于祖国历史、地理及一般情形，既茫然不知，而于日人长时期先入为主之恶意宣传，则中毒甚深，彼等大都怀有成见，认为中国一切文物制度，人才学术均无足取；平时所言皆日本语言（一般青年说日语比台语为熟练），日常生活亦模拟日本方式，几已死心塌地地希望永远为日本臣民。"[4]与此同时，台湾省政府治台政策也存在着诸多缺点，特别是对"台省同胞之国语推行与祖国历史、地理、文化常识等之灌输，台湾与内地各省之文化交流及日本在台文化上、教育上之遗毒之汰除，尚未能尽其最大努力"，这一点是导致此次事件爆发的原因之一。杨、何两人指出，应研求积极办法，以最大势力集中于此，"其它问题自能迎刃而解"[5]。

① 李祖基编：《二二八事件报刊资料汇编》，台北：海峡学术出版社，2001年，第270-368页；曾可今：《台变别记》，《论语半月刊》第129期，1947年5月16日，第501页。

② 君君：《台湾暴动纪实》，《观察》第2卷第5期，1947年3月29日，第18页。

③ 雪穆：《我从台湾活着回来》，文萃社编：《台湾真相》第2辑，1947年4月5日，第40页。

④《台湾省二二八事件调查报告纪要》（1947年3月30日），中国第二历史档案所编：《台湾"二二八"事件档案史料》，北京：档案出版社，1991年，第343页。

⑤《杨亮功、何汉文关于台湾"二二八"事件调查报告及善后办法建议案》（1947年4月16日），中国第二历史档案所编：《台湾"二二八"事件档案史料》，北京：档案出版社，1991年，第288页。

由杨亮功、何汉文所写的《台湾善后办法建议案》就对国语文的推行提出了具体的措施：在最近三年内，台湾中小学课程标准宜斟酌实际需要另行规定，切实推行国语、国文，并加重本国历史、地理及公民教学；遣送日籍教师回国，师范学校教师暂以聘用内地人为原则，中学及中等职业学校校长、教务主任、训育主任及公民、国语、国文、历史、地理教师暂以内地人为原则。而国民学校每校至少聘用通晓国语、国文的思想纯正的内地教师2人；举行各种讲习会，聘用内地学者来台教学，组织内地考察团，设立国文、国语函授学校①。这点与陈仪的意见不谋而合，他在给蒋介石的信函特别指出，为使台湾"根本消除祸患，使不再发生变乱计"，善后办法应"加强国语、国文、公民、史地教育，改造台人思想，使其完全中国化，对于中等以上学校校长、教务训育主任及语文史地等教员，须尽量选用外省人之优良者，因本省人除曾在外省受教育者至少数人外，几无此类人选。"②时为国防部长的白崇禧在向蒋介石胪陈改进台政的意见中，亦强调应积极推行台胞的"祖国化"教育，注意社会教育，普及国语运动，特别是对高山族的教育尤须注意，以使其早日归化③。

1947年1月，台湾省政府虽明令撤销各县市国语推行所。不过，1948年初，台湾省政府为加强国语文在台湾的推行，又明令各县市重新组织国语推行委员会④。这也可见，"二二八"事件是影响光复初期台湾国语运动走向的重要政治事件，它促使国民党政府开始反思此前"再中国化"教育的成效，并重新加紧推广国语教育。此后，台省国语教育逐渐改变了台湾的语言环境，进一步加强了民族国家的建构。

---

①《台湾善后办法建议案》(1947年4月16日)，中国第二历史档案所编：《台湾"二二八"事件档案史料》，北京：档案出版社，1991年，第292页。

②"中央研究院"近代史研究所编印：《二二八事件资料选辑》(二)，1992年，第171-172页。

③同上，第241页。

④《台湾省各县市国语推行委员会组织规程》，《台湾省政府公报》第12卷第42期，1948年2月21日，第667页。

结　语

　　1926年1月8日晚间，上宝国语运动筹备处假借新世界北部举行演讲游戏会。在当晚，上海万竹学校同学们所演唱的爱国小曲《续命汤》引起了听者注意：

　　　　中华民国十五年，齐把国语来宣传；到处举行运动会，元旦开始三十一天，提起国语好心伤，确是中华续命汤；诸位且慢来难我，让他细细说端详。全球列国四十多，中华好算大哥哥；国土人民和物产，样样比人都不错，只因语言太荒唐，东西南北不同腔；你讲话来我不懂，尽有意思没商量，又因文字太艰深，学习他时苦煞人；常有读到十七八九岁，日常书写要求人，嘴巴生来要讲话，耳朵生来要听话，如今中华的大国民，两种功用都失掉啦。文字本在代语言，特点还在传久远，如今文言的真价值，实际已近小数点，意思隔阂误会生，内乱时起外侮兴，可怜我大好中华国，遂闹到乌烟瘴气病十分。人生疾病事平常，国有外患可不亡，诸位爱国强如我，快把国语来提倡。语言统一意见除，文字改革省功夫；留下精力习科学，物质文明一定大进步。勤俭诚实爱和平，中华民族素有名，屈服强权伸公理，此外更有什么人，我们今后须认清，肩头担负实非轻，同心协力来合作，好叫华胄免沉沦。[1]

　　显然，这不是供时人消遣娱乐的闲词雅曲，而是充满了政治性和救亡意涵的劝言书。它将改革汉字、推行国语与中国的国运相勾连，实际上揭

---

　　[1]《昨晚国语会中之爱国小曲》，《申报》1926年1月9日，第1版。

示了近代国语运动的内在诉求。在思想史的视野中，近代国语运动凸现出知识精英的语文观念所发生的巨大转变；而以社会史的视角来看，这场运动亦是改革者将其理念诉之于实践的文化改革和社会运动。国语运动根植于近代中国的政治现实，同时，它亦对近代中国的政治、文化和社会产生了深远影响。

一、语文改革与民族文化传承

近代中国在西潮冲击和国家沦亡之际，知识分子民族自信心的逐渐丧失，使得不少人纷纷以改革中文为己任。正如有论者所言，中国世代知识分子为解决缓慢的大众启蒙和国家危亡之间的内在困境，不得不寻求更为直接性的改革措施，这是自晚清以来语文改革最重要的动力①。在改革者看来，作为书面语的文言为上层精英所垄断，知识无法实现共享，造成民众智力贫乏和国家羸弱，这是国家和国民的割裂；文言与现代人的口语相差甚远，无法做到"以我手写我口"的言文一致，这是传统和现代之隔；在西潮冲击和进化论史观的形塑下，不少人又认为拼音文字是世界先进文明的代表方向，为未来大同世界共有文字，而汉字是腐朽、落后的象征，这是中西文字在文化价值上的优劣之分；中国境内地域方言纷杂，这是空间距离和文化交流上的隔阂。要打破这种种区隔和限制，实现知识和价值的共享，建构强大的现代国民－国家，文言和汉字都成为"问题化"的工具。就是在这种理论逻辑的推动下，建构现代"国语"成为一种时代思潮。改革者的民族主义诉求固不可置疑，他们是"真诚地为中国的四亿文盲担忧，为中国的落后担忧"②，但其改革路径或有可批判之处。如果说语言文字是一个民族的灵魂和文化表征，但国语运动所倡导的汉字革命，推行拼音文字的思想和实践，在反对者看来，这无疑又是在解构和瓦解民族文化的基石。正是基于这种复杂且相互牵扯的民族主义情感和文化认同，这一运动亦令不少时人陷入一种痛苦的矛盾之中，吴宓就有如此感慨：

---

① W.K.Cheng, "Enlightenment and Unity: Language Reformism in Late Qing China", Modern Asian Studies35, 2(2001), pp471-476.

② 茅盾：《文艺大众化的讨论及其他》，《新文学史料》第2期，1982年，第6页。

　　吾中国国家社会之危乱，文化精神之消亡，至今而极。而宓个人志业之摧折、情感之痛苦，亦比寻常大多数之男女为加甚。所赖以为民族复兴之资、国众团结之本、文化奋进之源者，惟我中国固有之文字。所赖以为宓个人之鼓舞、策励、支持、慰藉者，惟有我一生爱读爱作之旧体文言诗。然今日者，其它不论，十余年来，所谓爱国革新之文化运动，已使文言书少人读，旧体诗几于无人作。而最近之注音字母及简字，复以政权及公令助之推行，由如是因，结如是果。可云，今日汉文正遭破毁，旧诗已经灭绝，此后吾侪将如何而兴国，如何而救亡，如何以全生，如何以自慰乎？……是故旧诗之不作，文言之堕废，尤其汉文文字系统之全部毁灭，乃吾侪所认为国家民族全体永久最不幸之事！亦宓个人情志中最悲伤最痛苦之事。……鸣呼，今日国人之言爱国、言救亡，言民族之复兴，文化之保存者，何不于此（保存汉文汉字，发挥利用旧诗），加之意哉？[①]

　　吴宓的感慨恐怕代表了不少时人的心态和价值取向。在国家疆土被日本分割侵占之时，就连始终赞成各种音标文字运动的胡适也不得不承认，必须充分利用"国语、汉字、国语文这三样东西"来做联络整个民族的感情思想的工具，"这确是今日联络全国南北东西和海内海外的中国民族的唯一工具"[②]。1930年代曾在北平辅仁大学就读西洋文学系的林熙敦也回忆说，陈垣校长在教国文的时候，对作文要求就非常严格，并同学生约法三章：一不准作白话文，必须作文言文；二不准用钢笔自左至右横写，必须用毛笔自右至左竖写；三不准写简体字，必须写繁体字，即使当时已通行的"国"字，也都要写成"國"字。而第一堂课的作文题目就是《写字有用无用论》。对于这些要求，学生们不免在心里埋怨陈垣的"守旧"。但后来陈垣和学生谈到他的用意：写字是我们中国文化的特点之一，一手好字，可以成为艺术珍品，中国的字特别是中国的书法，象征着祖国悠久的

---

　　① 吴宓著、吴学昭整理：《吴宓诗话》，北京：商务印书馆，2005年，第254-255页。
　　② 耿云志、欧阳哲生编：《胡适书信集》（中册），北京：北京大学出版社，1996年，第698-699页。

历史和灿烂的文化。你们学的是西洋文学，可不要数典忘祖，妄自菲薄！[①]在陈垣看来，被士人一直习用的繁体汉字显然比简体更有文化内涵，更有资格成为中国文化的代表。在南京国民政府暂缓推行简体字的计划以后，黎锦熙曾认为政府停止推行简体字，不是简体字本身的问题，而是行政手段的问题[②]。但简体字如不依靠政治权力而想获得社会的一致认同亦非易行之事。

1930年代是注音符号推行的鼎盛时期，牛继昌在回顾这一历史时总结道：“民国十九年以后，政府积极推行注音符号，全国各省市县各机关、团体、学校、街道、车站等公共名牌大多已加上注音符号，少数商店、工厂的招牌，间或也有注音的。”但是“抗战期间，大都有取消了，胜利以还，加注国音的名牌，只有极少机关学校，大多机关都取消了。”[③]注音符号推广效果如何，不仅需要有政治和经济力量的支持，同时社会对其认同与否也是重要的制约因素。在支持的一方看来，注音符号既是统一国语的工具，又是民众识字的工具。但是，时人对其认识并不一致，依吴稚晖的观察，推行注音符号的阻力，可分为三派：一是醉心欧化者，“此派以为注音符号原为拼音之用，其功用相当于罗马字母，然注音符号，实不如罗马字母之文明美规，故鄙弃不用”；二是痛恶倭寇者，“此派以为注音符号宛如日本之假名，此等办法既为敌人所习用，故我国应深恶痛绝”；三是保存国粹者，“此派以为注音符号原为代替国字之用，如注音符号通行，恐国字行将作废”[④]。时人对注音符号既有如此不同的认识，况乎汉字本身的改革？

与改革者仅从实用主义角度，将汉字视之为工具性的语言“符号”不同，反对者则以历史传统为理据，认为汉字本身即是本体性的文化构造物，并坚信任何汉字改革，即使是简化汉字，都是对古典文化的摧残和否定（这包括对汉字本身，即六书体例的破坏和妨碍研读古典文献的问题），

---

① 林熙敦：《回忆陈垣校长》，中国人民政治协商会议广东省广州市委员会文史资料研究委员会编：《广州文史资料专辑·珠江文苑》，广州：广东人民出版社，1985年，第13-14页。

② 黎锦熙：《简体字论》，《国语周刊》第246期，1936年6月20日。

③《牛继昌所写“国语教育在社会教育方面的设施概况及改进意见稿”》，二档馆藏，国语档，案卷号：614-578。

④《国语推行委员会第三届全体委员会议报告》，《教育部国语推行委员会第二、三届会议记录提案及决议等文件》，二档馆藏，教育部档，案卷号：5-12286。

害国甚于救国。正如吴心恒所言，国人不知保存国粹，而侈言改革，废旧文字行简体字，我知十年数十年以后，将有人东渡专研中国文字矣。这种民族主义情感和文化认同观使得近代文白、汉字简繁和存废之争，已不仅仅局限于学理、技术上的争论，论辩双方依据各自的立场将之提升到民族国家的高度，对文字和国家的关系有着不同的认知和建构。诚如罗志田所言，清季民初不少士人希望通过复古而"复兴"，同时另一边，趋新士人又怀有将中国传统送进博物馆的改革诉求。这一曲折微妙的心态，延续和影响了整个时代①。在改革者的视野中，国家须改造传统才能富强；而对另一部分知识分子而言，民族文化因传统的延续才能复兴。就是在这样一种矛盾纠葛和不断竞争的思想环境中，各派精英陷入了支持与反对的争持过程，企图简化汉字乃至推行拼音文字的改革终因缺乏社会基础（当然亦有学理和语言技术上的问题）而无疾而终。

二、统一语言与现代民族国家的建构

受社会情势和政治革命的影响，知识和政治精英的近代民族国家观有一个重构的过程，即从清季的汉族中心主义过渡到民初"五族共和"的大中华民族主义-国家建制思想。在"五族一体"的中华民族-国家建制观的主导下，近代中国的改革者们显然是有意识地将语言民族主义理论应用于实践，企图从改革语言文字角度再造新国民，建设民族国家。

中国近代精英语言统一观的形成，一方面受到日本和欧美的示范影响，同时更是国内方言保守主义和四分五裂的政治现状催发下的结果。中国古代虽有所谓的雅言、官话等区际语，但是近代"国语统一"概念的形成是与中国近代民族国家建构几乎同时的。辛亥革命之后，民国政府在变动甚小的旧有族群和地理疆域内，开始了新的民族国家建设。为配合国家政权建设，政府不但要在内地推行国语，以统一方言；同时，亦要在边疆民族区域推行国语，以统一少数民族的语言和文字。而在国外华侨之中提倡国语教育也是近代国语运动不应忽视的目标，经由国语教育来坚固其民

---

① 罗志田：《裂变中的传承——20世纪前期的中国文化与学术》，北京：中华书局，2003年。

族性，加强文化认同。

国语运动的理想不仅仅是向民众传授一种语言文字的使用技术，为全民创造共享和沟通的媒介。更为重要的是，附着其上的各种知识、价值体系和意识形态对民众的思想有着更深远的影响。这种思想价值体系有两种非常重要的来源：其一，国语教学的浪潮极大地冲击了对于旧意识形态有建构作用的知识体系，因为它不但是语体的变化，同时也有价值体系的转变，这也导致国语文教育从知识系统内部分解了传统经学教育的传统，同时促成了由新文化运动所带来的"科学"和"民主"的现代意识通过这一教育承载体重新塑造着新国民。[①]其二，北京政府教育部改"国文"为"国语"，这标志着借助于政治权力的语言统一运动，正式进入国家统一化的历史进程。1928年，作为政治统一和国家重建的主导者，南京国民政府形式上统一中国后，这种强制性的国语统一运动与其"党治国家"的政权建设相配合，国语的统一和推行进程明显加快。一当国语运动由知识精英的自愿提倡进入到经由国家权力来推行的阶段，这就不可避免地使得国语教育成为灌输三民主义意识形态的工具载体，蕴含了语言权力政治的色彩。不管是常规的国语文教育，还是非常态的国语运动会、宣传周、演讲会，其间都集中体现了"党国"意志的在场，这无疑从比较隐晦的层面规训了国民的政治认同意识。

对后世具有重大政治影响的马克思主义民族理论很早就提出，语言是标识"民族"共同体的五大特征之一，即民族是共同语言、共同地域、共同经济生活以及表现于共同文化上的共同心理素质的稳定的共同体[②]。晚近有关民族和民族主义的理论研究，虽然基于主观认知和建构性的层面解构了"民族"拥有客观实在的界定特征，不过，这些研究亦肯定了同一语言（书面语和口语）作为一种共享媒介，在世界范围内的民族国家建构中所起到的重要作用。[③]近年来，学界有关"中华民族"（中华国族）的研究流行

① 毕苑：《经学教育的淡出与近代知识体系的转移：以修身和国语教科书为中心的分析》，《人文杂志》2007年第2期。

② 斯大林：《马克思主义和民族问题》(1913)，《斯大林全集》（第2卷），北京：人民出版社，1953年，第294页。

③ 参见［英］埃里克·霍布斯鲍姆著、李金梅译：《民族与民族主义》，上海：上海人民出版社，2000年；［美］本尼迪克特·安德森著、吴叡人译：《想象的共同体：民族主义的起源与散布》，上海：上海人民出版社，2005年。

着两种解释模式，一种是"历史实体论"，另一种则是"近代建构论"。"历史实体论"认为，中华民族是在历史上延续的民族实体，它的形成是一个核心民族——汉族与边疆少数民族互动和融合的过程。而由于受西方"创造传统"和"想象社群"理论的影响，"近代建构论"者则从主观认同和创造层面，强调中华民族是近代国族主义建构下的产物①。在笔者看来，不能将两种解释模式过分绝对化。显然，"中华民族"的形成是一个动态的过程，具有前现代的基础。同时，近代民族-国家的建构显然加速了这一过程。但由于特有的历史和统治形式，中国近代国家的建构，并不是以单纯和同一的语言共同体——汉民族——作为唯一的基础，即不是一个民族，一个国家的形式。而是通过这一集权化的国家体制将其疆域内的多民族统合和塑造成具有建构特质的"中华民族"，并在这一历史和政治性民族的基础上再造民国。从这个角度来看，国语运动与中国近代各种形式的历史叙事、卫生运动、国货运动、博览会和民族象征符号的塑造和传播等等诸多力量一起共同推动着近代民族国家的建构。

三、国语运动与近代文化变迁

自新文化运动以后，在胡适、钱玄同、黎锦熙和吴稚晖等一批知识、政治精英的推动下，近代国语统一运动、白话文运动和拼音文字运动逐渐合流。由于深受语言"大一统"这种民族主义话语的影响，在近代语文改革中，不论是为推行白话文，还是为创制拼音文字，确立一个国语标准，就成为近代语文改革的一个重要目标。

刘复曾言，我们既要讲国语教育，就要去寻求中国语言的"心"，尽管全中国人的语言不一定能和这"心"完全密合，但可以"利用这种向心力，把一个具体心给大家看了，引着大家向它走。"②只是这个"心"本身是什么，或者说这个理想的国语是什么却引起了众多知识分子长久的探索

① 相关论述可参见费孝通：《中华民族的多元一体格局》，中国社会科学院科研局编选：《费孝通集》，北京：中国社会科学出版社，2005年；沈松桥：《我以我血荐轩辕——黄帝神话和晚清的国族建构》，《台湾社会研究季刊》1997年第28期；王明珂：《羌在汉藏之间：川西羌族的历史人类学研究》，北京：中华书局，2008年，第127-133、322-324页。

② 刘复：《国语问题中的一个大争点》，《国语月刊》第1卷第4期，1922年5月20日，第2页。

和争论。从清末以至20世纪三四十年代，基于不同的立场和语言观的各方知识分子对于如何确立国语标准有着甚大的争议，其争论议题经历了从标准音到标准语逐步变化的过程。对于国语标准是什么，各人所居立场不同，观点亦是各异。复古派主张采用古代正音成辞，国音派主张普通官话，京音派主张以京语作为国语标准。音韵语词的古与今、雅与俗、优与劣、普通与特殊、多数与少数之分，都是这一时期国语标准争论的分歧所在。

在这其中，北京语与国语的关系更是成为知识分子争论最为激烈的焦点问题。就当时的争论来看，时人反对最多的还是以方言作为标准语，特别是以北京语作为标准国语。尽管不少支持者喜欢援引西欧各国和日本的做法，不过，如蔡元培所说，我们现在还没有一种方言比较表，可以指出哪一地方的话是确占大多数，就不能武断用哪一地方的。且标准地方最易起争执，即使北京是首都，但首都也不一定就有国语的资格①。况且，1928年以后北京已不是首都，以北京语作为标准国语更是受到不少人的质疑。蔡元培的言论反映了一部分人希望在制定国语时要着眼于全国，试图容纳各地方言，平衡各方利益的要求。

在晚清满汉民族矛盾错综复杂的时代，与一些士人因为京话不古，受北方少数民族语言影响而反感北京话不同，经过新文化运动时期知识界的争论，知识分子对北京话（音）的观感有所改变。除了语言学和教育学的学理原因之外，北京的历史地位和人文影响仍旧是时人难以忽视的重要因素。钱玄同和黎锦熙在《推行注音符号办法建设案》一文中曾指出："本市是六百年来国语（官话）的策源地，到近年，更成为国语运动的中枢，故首都虽已南迁，但全国的标准语还在本市。"②六百年以来北京是否一直就是官话的策源地，这个论断还可商榷。不过，北京自清末开始逐渐成为近代国语运动的中枢，却是不争的事实。

准确地说，北京话的地位提升应是近代国语运动的一个推动结果。就拿京音来说，当初主持民初读音统一会，极力反对京音作为标准音的吴稚

---

① 蔡元培：《在国语讲习所的演说》（1920年6月13日），新潮社编：《蔡孑民先生言行录》，北京：北京大学出版部，1920年，第159页。

② 温锡田：《北平的国语教育》，《北平市市立师范学校季刊》（创刊号），1933年11月8日，第50页。

晖，在1920年还对京语地位的提升，言辞中颇显不屑之情："活上五十岁的人，那个不晓得清清楚楚，京音算做一物，不过三十年以来，日本人把它抬举出来。"但三十年以前各种西洋人的汉文字典，"何尝有人把京音算做一物？"①不过，经过五四时期的京音、国音之争后，他后来又反思说，民初读音统一会所定之国音，图合了法律的手续，却是不古不今，不合学理，不伦不类，无法校定于活口。以北京音作为国音，除了有活人可自参照以外，还有其他优势。如用祖宗势力压之，主张用古音，"则'天亮'必读'汀茫'，恐人以为游戏而不用"；如用历史地位竞之，"主张中州韵之洛阳，或主首都之南京，人亦必冷淡而不理"；如讨论首都，取音而用汉口、西安、兰州、成都、长春等等，皆可以马上否认，那么"骑鹤之扬州，风雅之苏杭，金碧辉煌之闽粤，彼中之人，亦不敢以吴侬软语或闽粤先秦音，尝试竞赛。于是沈阳、太原、济南等等，久认北平为北方老大哥者，亦甘心让以标准之荣誉。此北平音所以为标准音，非偶然也，亦不得已也"②。吴稚晖的这段评语透露出当时确立北京语的国语地位，其争论的复杂情形和时人的无奈心理。

显然，确定国家的标准语言，它是有关语言学、教育学和文学上的学理问题；同时，这一争论过程亦体现出不同时期的政治、社会因素对时人语言观的影响。支持国语运动的知识分子虽主张统一语言，但并不是试图通过消灭方言来强行统一国语或者使无数种的方言归合而成一种国语。他们主观上是希望在各种方言的基础上，另外推行一种标准语。而在各种方言之中，北京语的影响范围较广和地位较高，选择北京语作为国语的基础方言也有其一定的依据。不过，由于深受阶级革命话语和国共政治斗争的影响，以改良后的北京语为国语标准，显然无法获得信奉阶级革命论的左翼知识分子的认同，甚至"国语"概念本身亦被解构。支持拉丁化新文字的左翼知识分子将语言和阶级相勾连，视"国语"为脱离大众的官僚和资产阶级语言。先前在国语派眼中民族主义式的国语统一运动，亦被视为是帝国主义式的"北京话"独裁和方言压制运动。在拉丁论者看来，遵循民

① 《答评国音字典例言》，罗家伦、黄季陆主编：《吴稚晖先生全集》（第5卷），台北：中国国民党中央委员会党史史料编纂委员会出版，1967年，第207-208页。
② 《注音符号作用之辩正》（1944年3月20日），同上，第378-379页。

主化原则，平等发展各地方言，提高大众文化，才是未来统一民族语形成的必经之路。但国语派精英确定北京语作为国语的基础方言，并不是唯其独尊，漠视各地方言文化。正如黎锦熙所言，国语运动中有个"统一"与"不统一"的辩证关系。从这一角度而言，以瞿秋白为代表的新文字拉丁派对国语运动显然存有误解。但如果从后世实际影响来看，借重于政治权力的国语运动对方言文化的影响却是实际存在的①。拉丁化派的语言观虽遵循了无产阶级的革命理论逻辑，试图突出"普通话"背后的无产阶级主体力量，但其中也暗含了语言乌托邦思想。

从历史大视野来看，国语派和拉丁化派虽是中国近代汉字拼音运动中两个竞争对手，但如果抛开其间政治意识形态方面的隔膜和对立，就会发现这些争论实质上是殊途同归的，它们共同的指向都是近代中国的民族启蒙与救亡，所不同的只是考虑将要采用何种方式来唤醒中国。

新中国成立前后，语文改革再次启动，此前主张方言拉丁化的知识分子和国语派知识分子，由分歧走向聚合，继续推进文字改革。作为新中国成立初期消除文盲这项政治运动的组成部分，新中国成立初期的文字改革实际上继承了民国时期语文改革的遗产：推行简体字，创制汉语拼音方案以及推行标准语的社会运动。知识分子此时意识到方言拉丁化将会阻碍统一的国语的形成，国家在制定语言政策时也修正了方言拉丁化的规划方案，将推广"普通话"纳入了文字改革运动之中。

1949 年 8 月 25 日，吴玉章曾写信给毛泽东，请示文字改革问题。信中，他提出了文字改革的三个原则，其中一个原则即是"各地方、各民族可以拼音文字拼其方言，但同时要以较普遍的，通行的最广的北方话作为标准，使全国语言有一个统一发展的方向"。毛泽东接到信后，将信转给郭沫若、马叙伦、沈雁冰审议。郭沫若等人于 8 月 28 日复信毛泽东，基本同意吴玉章所拟的文字改革三原则，认为统一的国语是中国文字改成拼音文

---

① 经过超过半个世纪的发展，借助于政治权力的国语运动给方言文化所带来的客观负面弊端已开始显现。时过境迁，今日学界又开始讨论语言统一和方言保护的问题，其中的争端颇为复杂，利弊互现。不过，不管是反对者基于保护方言的立场否定推行国语（普通话），还是支持者为追求语言统一的理想而否定方言文化，其理都难以服众。如何让双方共存，这一点恐怕是我们亟待解决的问题。（有关争论可参见毛瀚：《保护方言为哪般》，《二十一世纪》（香港）2004 年第 6 期。）

字的先决条件，但不同意将各地方言进行拉丁化，因为推行方言拉丁化"对于统一的国语之形成，将是一种阻力"。因此，"拉丁化与国语运动应当作为一件事来进行"①。

在当时中国文字改革委员会的建议下，政府将"国语"被改名为"普通话"，官方对其作出明确定义："以北京语音为标准音，以北方话为基础方言，以典范的现代白话文著作为语法规范"。该指示还规定，除少数民族地区外，在全国小学和中等学校的语文课内一律开始教学普通话②。按照当时教育部长张奚若在官方报告中的解释，"普通话"的"普通"一词指的是普遍的、共同的意思，而不是平常、普普通通的意思③。"普通话"命名的正式确立，其实也吸收了民国时期国语问题争论中的一些思想。在当时的政治语境中，这个名称的改变，显然是政府想消除"国语"所寓含的"官僚"（阶级性）和"压制"（地域性）的政治气息，包含着对方言、少数民族语言文字的尊重。

20世纪50年代中期开始推广普通话，在当时的文字改革规划中，一方面，推广普通话是社会主义国家建设和塑造新国民的重要途径；另一方面，推行普通话也是为统一语言，推行拼音文字做长远准备，这点在很大程度上又承续了民国时期国语派的构想。回首近代中国长达半个世纪的汉字拼音化运动，时至今日，废除汉字，推行拼音文字运动已宣告停止，但统一国语、国民与国家仍是现代中国国家建设的重要目标。

近代国语运动不仅仅在思想层面显示了上层精英的语言观念发生了激烈变化，同时，这场运动亦在实践层面加速了近代文化的转型。传统科举制度的废除和帝制王朝的覆灭，使得文言作为一种身份象征和文化资源失去了旧有体制的权力保障。而从1920年代开始，在胡适、黎锦熙等国语派和新文化派精英的运动和督促下，国语文不仅仅成为新知识精英文学创作与传播现代性知识的媒介，它亦得到政府的认可，进入国民教育-知识的

---

① 程文、陈岳军编著：《吴玉章往来书信集》，重庆：重庆大学出版社，1993年，第187-191页。

②《国务院关于推广普通话的指示》（1956年2月6日），中共中央文献研究室编：《建国以来重要文献选编》第8册，北京：中央文献出版社，1994年，第114-115页。

③ 张奚若：《大力推广以北京语音为标准音的普通话——1955年10月在全国文字改革会议上的报告》，文字改革出版社编：《推广普通话文件汇编》，北京：文字改革出版社，1985年，第10页。

再生产体系，为白话文提供了文化再生产的制度保障。同时，支持国语教育的国家和地方精英由分散走向联合，通过在各地成立大量的国语教育团体，培养大量的国语人才，控制出版机构教科图书的发行，开展大规模的社会宣传等方式逐渐建立起国语的社会地位。正如时人所言，学校改国文为国语，是"社会的能力，使他成立"，而"政治的能力，使他普遍"，两者缺一不可①。

与此同时，传统文言教育及其书写则进入了一个逐渐衰落和不断被边缘化的境地。在传统文言教育和书写日益衰落和边缘化，国语逐渐取得社会地位这一转型过程中，不同阶层的社会群体经历了一个艰难的文化认同和集体心态的调适过程。传统士人和掌握军事权力的地方势力派以"斯文将丧""道德坠隳"为由，纷纷对白话文予以反对和拒斥；而一般民众面对白话文在各种报刊和政府公文、信札账目等等社会领域还没有形成普遍通行之时，大多从实用主义的角度考虑，对国语教育亦不太认同。而受不同方言习惯的影响，推行国语亦引起民众方言观念上的文化冲突，这一集体群像充分体现了近代中国文化转型过程中复杂的社会面相。

四、国语运动、政治权力与地方社会

中国的地理疆域极为广阔，各地社会环境和历史文化纷繁复杂。而新近的研究则指出，晚清以降，随着军事地方化，中央政府权力日渐缩小和国家权势重心的下移，地方势力日益强大，国民党在中国基层社会的政治统治并不均衡甚至是虚化的②。这种社会和政治状况使得国语运动在地方社会所产生的影响也有很大差异。

纵观广东省四次断断续续的国语运动，在中央势力（包括北京政府和南京国民政府两个时期）的影响和督促下，虽得到地方政府和一部分精英的支持，但除若干学校遵从教育功令之外，社会方面却是运而不动，对民

---

① 黎邵西讲、正厂记：《国语教育的三步》，《国语月刊》第1卷第6期，1922年7月20日，第1—2页。

② 参见［美］孔飞力著、谢亮生等译：《中华帝国晚期的叛乱及其敌人：1796—1864年的军事化与社会结构》，北京：中国社会科学出版社，2002年；王奇生：《党员、党权与党争：1924—1949年中国国民党的组织形态》，上海：上海书店出版社，2009年第2版。

众的影响甚小。正如喻忠恩所言，在国语运动和国民大革命兴起的初期，不少广东籍革命党人出于政治正统意识表达的需要，依然固守着强势粤语，这不能不影响到国语在广东地方的推广[①]。在1936年结束半独立的政治现状之前，广东地方当局对国语有着不小的认同歧异。地方官员金曾澄和许崇清等人虽都支持国语，不过，权力的真正掌握者陈济棠却基于文化保守主义反对国语，推行读经。而他所推行的教育政策亦得到部分地方士人的支持。白话文虽被新文化派尊为"国语"，但在不少人看来，白话文未必就能成为"正统"，这对当时的国语教育产生不小的负面作用。直到"两广事变"以后，国民党中央势力才真正进入广东，该地区的国语推行才逐渐被纳入中央政府所规定的统一计划之中。但这一时期因中日爆发全面战争，社会动荡不安，国语运动在该地并没能取得令人满意的效果。

抗战结束后，1947年10月14日，广东省教育厅曾对广东省中等学校推行国语情形有一个调查统计，其中广州市有一中等学校的教学主任、训导主任、公民教师、国文教师、史地教师颇谙国语，但无人能识注音符号，平日只有在国语运动周内或公共演讲时才用国语。其它各科教师23人，能谙国语的有14人，能识注音符号的1人，其它各职员共11人，能谙国语的有1人，无人能识注音符号[②]。广东省城中等学校教师的国语程度尚如此薄弱，可以想见一般民众对国语的熟知程度。有时人就在参观考察光复后的台湾之后，在赞扬该省国语教育取得惊人的成绩时，不禁对广东省的国语教育失望至极："广东的国语运动已推行二十年了，究竟成绩表现在哪里呢？"[③]时人黄洪才也批评道："无可讳言，在我们南中国第一大城市的广州，没有一间中学或大学纯粹以国语教授，也很少能说国语的中学教师或大学教授，真是教育之耻，国家之羞。"[④]

与广东稍有不同，福建的国语推行，因地方政府甚为重视，特别是"福建事变"后，代表中央的蒋派势力进驻较早，伴随着政治权力的统一和

---

① 《政治话语与语言教育：20世纪20年代后期的广东国语运动》，《井冈山大学学报》（社会科学版）2010年第5期。

② 《附发广东省中等学校推行国语情形调查乙份》（1947年10月14日），《教育厅关于中学英语课程标准及推行国语教育的训令》，广东省档案馆藏，档案号：5-2-23。

③ 剑之：《台湾半月游》，《广州大学校刊》第44、45期合刊，1948年10月15日，第18页。

④ 黄洪才：《关于国语运动》，《青天周刊》第5期，1947年5月，第4页。

渗透，国语在地方的影响较之于广东省为大。一开始，福建省强制推行国语，政府职员"感觉不便，甚至有些反感"，但"结果福州的国语推行工作，算是最有成绩"①。同样，"中等学校年老的教员（尤其是教会与私立学校的教员）甚感困难"。但"不出数年，闽省中、小学生大多会读国音，普通话说得流利的亦不少。后来，受过普通教育的青少年只懂用国音读字，反而不知方言是怎样念法了。抗战期间，有某'大员'由重庆来闽，曾在福州召集中等学校以上学生讲话，要主持人提供翻译，主持人告以学生都能理解，不必翻译，他甚为怀疑。及到建瓯，又对学生讲话，当场指定男女学生数人，询以所言大意，应答无误，大出意外"②。这点亦表明，闽粤两省的国语教育因当政者重视与否，其成效明显不同。

陈济棠推行读经政策，胡适在广东的尴尬遭遇及由推行国语白话文而在地方知识人中所引发的争议，表明国语运动在广东所引起的社会反响是异常复杂的，其争议话题不仅仅限于方言/国语的范畴，其间还涉及文言/白话、地方文化的延续等问题。各派人士居于不同的立场，对国语、文言、粤语是各有支持。广东地方知识分子之间有关国语和粤语文字之间的争论，显示了方言、地方文化和国语统一的内在矛盾。因粤语方言和国语差距过大，正是这种无形且强大的方言势力的存在，降低了广东地方社会对国语的认同感。很多人受方言习惯的影响，在文化观念上对白话文又不大认同，这导致他们的国语写作和说话水平不高。利用粤语写作恐又不被世人承认，难以进入文学主流，不少广东地方知识人就处在这样一种比较尴尬的境地。在一些广东左翼知识分子看来，强迫性的语言同质化政策，又造成了广东地方文化的衰落。由此，发展地方文化的需求为其拒斥国语，提倡粤语文学提供了合法话语。

不过，这种基于地方意识而反对国语的声音并没有占据主导地位的。在广东虽有不少人反对国语，但同时也有不少知识分子和学生在民族主义话语和实用主义的驱动下，自动接受或者参与到国语宣传和推广中来。戴宗杰曾在广东推行国语多年，他晚年回忆其当初立志推行国语，是因为他

① 王抡揎:《教台湾同胞说国语》,《中央日报》1945年11月5日,第5版。
② 郑贞文:《在福建教育厅任职的回忆》,中国人民政治协商会议福建省委员会文史资料研究委员会编印:《福建文史资料》第12辑,1985年,第7-8页。

在翻译柏林大学教授李芝（译音）著的《国际公法》时，看见这本书的序言中写道："这国际公法只适用于文明国家，其它半文明国家如中国、暹罗等国是不适用的。"这种歧视性话语让他大为愤慨，遂改变翻译计划，立下志愿，要尽毕生的力量去推行国语，他认为"中国人民大团结首先要有全国统一的共同的语言"。①事后，他从番禺县立女子师范学校开始了他推广国语的毕生志愿。钟荣光是广州私立岭南大学的校长，该校在民国成立前就积极提倡国语教育，其缘由是"本校在澳门设立的时候，有一个西人来回理先生，由北平来到本校，他是娴熟我们国语的，向我们用国语演讲，可是在座的学生通通不懂，后来改用西文演讲才行，我真是惭愧万分。自从经过这种教训，学校搬到这里马上就开国语一科，可是经过多年，成绩很低微，后来一切中国文学、历史、地理都用国语讲授，比较略好"②。该校学生崔世泰曾致信钟荣光提及他在省服务，因不懂国语，深感不便，要求学校平时要注意提倡国语："生抵此间，即感国语之重要，来时几成半哑之人，动采用英语则恐有洋奴之讥；若讲国语，则生实未入门径，生以为今后校中宜注意此点。"③

在广东地方政府中也有不少人支持国语教学。1930年3月28日，广东省教育厅长金曾澄就在教育部第235号训令上做出亲笔批示，他认为国语的教学，"确系现在各中小学最紧要的一件事"，要转告各教员用接近标准国语的语言做教授用语④。1933年10月，在广东全省各县市行政会议上，乐会县县长也提议"各县市学校自高级小学以上一律特设国语科以期渐收语言统一之效"一案，事后经广东省政府第232次会议议决，推许崇清、金曾澄等委员会同各厅所派秘书审查此案，并拟具办法，"小学照课程标准

---

① 戴宗杰：《我推行普通话的回忆》，李齐念主编：《广州文史资料存稿选编》第6辑（文化教育类），北京：中国文史出版社，2008年，第87页。
② 《钟校长出席大学国语研究会》（续），《私立岭南大学校报周刊》第9卷第6期，1936年11月29日，第88页。
③ "同学消息"，《私立岭南大学校报周刊》第9卷第9期，1937年1月15日，第141页。
④ 《广东省教育厅训令第366号》（1930年4月5日），《教育厅关于应用划一公文用纸，用国语教学、文字改革、机关、印信、文件、邮寄、电报往复之办法的训令密令》，广东省档案馆藏，档案号：5-2-47。

办理，中等以上学校，于国文科内酌设国语"①。从以上言论可见广东地方政府和学校对国语教育不乏重视，而这亦是国语运动得以展开的社会基础（尽管成效不明显）。

实际上，即使强调地方认同或者自治，并不一定意味着要固守本土的方言而反对国语。费约翰在研究19世纪20年代初的联邦主义思潮时也指出，方言固然是地方认同和保守主义的重要因素，但是在倡导地方自治的情形下，方言的保护，并不一定要以不接受国语为代价②。在近代知识分子有关国语/方言的话语叙事中，"国语"象征着"国家""中央""统一"，"方言"则代表着封建性、地域性，这也造成了民族主义话语在诸多方面已经超越甚至压制了地方主义文化认同。有研究者认为书写粤语是广东地域性文化的重要特质，在民间娱乐、传道、教育妇孺方面发挥了极其重要的作用，但在广东人心目中，粤语写作是属于边缘地位的，而从民国以来的国语化运动，又让这种方言的发展处于一种受压制的状态③。显然，由于深受语言"大一统"这种民族主义话语规训和影响，方言书写始终处于边缘化，这既是国语运动造成的影响，但同时未尝不是知识分子自我压制和边缘化的结果。

由于特殊的历史和政治环境，台湾的国语运动与内地有着不同的走向。在民族国家的视野中，台湾国语运动的历史意义是毋庸置疑的，它的开展推进了战后台湾的文化重建和现代民族国家认同的建构。台湾的光复，不仅仅要在政治上使之重新归入中国的行政版图，同时亦要在民族思想、语言和文字书写方式上重新"再中国化"。国民政府在台湾省所开展的国语运动，正是要通过中国语文的"复员"而达到"去日本化"和重塑"国民"的目的；同时，这一运动亦成为国民政府加强自身在台湾的统治力和试图控制民众思想的重要策略。正是在多重目的推动下，南京国民政府对台湾省国语运动的重视是在内地所未见的。

---

① 《令核办高小以上学校设国语科案》，《广东省政府公报》第250期，1934年2月20日，第55-56页；《高级小学以上设置国语科办法》，《广东省政府公报》第254期，1934年3月31日，第93-94页。

② ［澳］费约翰著，李恭忠、李里峰等译：《唤醒中国——国民革命中的政治、文化与阶级》，第238页。

③ 程美宝：《地域文化与国家认同——晚清以来"广东地域观"的形成》，北京：生活·读书·新知三联书店，2006年，第111-163页。

　　光复初期台湾的国语运动与该地的政治和社会有着密切的互动关联。因国家力量的介入，国语在台湾民间的推行，取得了不错的成绩。在各级学校中，政府规定国语文成为必修科，各科教授用语都需用国语教学，学校成为向青年学生传播国语最为重要的空间；而在各县市，"国语传习所"成为向社会推行国语的重要组织；"国语传习班"则又遍布最基层的学校、工厂、单位、街道。这样一种规范化的分层传习形式，让台湾的国语推行真正运动起来。台胞在爱国主义情感的驱动下自愿配合和学习国语，台省国语运动取得不少成效。

　　国语运动是国民政府再造国民，建构台胞对党治国家认同感的重要措施，但这种认同感的塑造显然难以仅仅依靠语言教育形成坚实的基础。随着政局变化，本省人和外省人的省籍矛盾和隔阂加深，台胞的集体心态发生巨大逆转，对政府的情感由希望变为失望以至绝望，国语运动亦随之低落。在"二二八"反抗政府的行为中，"国语"遭到排斥，而台语和日语成为一部分民众建构自身认同、区隔外省与本省的重要标识，这种意外效果的出现也凸显出光复初期台湾政治生态的复杂性。

　　闽粤和台湾省的国语运动显示，近代国语运动在社会实践层面的运作是极其复杂的。各方势力在国语运动中表达着各自的诉求，政治权力能够极大地改变各地的语言生态，地方社会文化也能深刻地影响到语言的发展。从这个角度来看，国语运动不仅仅涉及语言本身的问题，它与地方政治、社会和文化等问题交织汇合所形成的局面，一直影响至今。

附录 国语研究和推广机构的演变及其主要人员一览表

名称	读音统一会	国语统一筹备会	国语统一筹备委员会	国语统一筹备委员会	国语推行委员会
时间	1913年2月	1919年4月	1928年12月改组	1935年7月18日改组	1945年10月2日组
主要人员	吴敬恒、王照、王璞、汪怡、陈懋治、汪荣宝、钱稻孙、朱希祖、马裕藻、蔡璋、蔡璞、马体乾等	张一麐、黎锦熙、李步青、陈懋治、陆基、朱文熊、钱玄同、胡适、刘复、马裕藻等	蔡元培、李石曾、魏建功、周作人、林语堂、钱稻孙、白涤洲、吴敬恒、张一麐、钱玄同、黎锦熙、黎锦晖、任鸿隽、马体乾、陆基、沈颐等	吴敬恒、魏建功、潘公展、胡适、傅斯年、张一麐、钱玄同、蔡元培、赵元任、顾颉刚、许地山、黎锦熙、林语堂、董准、刘复、朱自清等	吴敬恒、萧家霖、傅斯年、李方桂、王玉川、黎锦熙、何容、朱自清、罗常培、顾树森、沈兼士、周辨明、陈礼江、王力、黄如今、魏建功、赵元任、徐炳昶、周耕莘、凌纯声等
主要工作	1.审订6500余字的国音; 2.审定"注音字母"; 3.议决推行国音的七条办法。	1.1918年公布注音字母; 2.1920年公布国音字典; 3.1920年将学校国文改为国语; 4.1924年决定以北京语音作为国音标准; 5.议定国语罗马字。	1.1930年，南京国民政府改"注音字母"为"注音符号"; 2.1930年教育部公布各省市县推行注音符号办法二十五条; 3.1932年教育部公布国音常用字汇。	1.铸造注音国字铜模; 2.增修国语辞典; 3.制定全国方音符号总表; 4.1940年教育部开始推行注音识字运动。	1.关于本国语言文字整理审定事项; 2.关于本国语言文字标准书籍编订事项; 3.关于本国语言文字资料收集整理改进事项; 4.关于统一中外释名音读标准规定事项; 5.关于推行国语教育人员训练事项; 6.关于国内文音及海外侨胞语文教育实施及视导事项; 7.边疆地方语文教育的设计审订事项等。
备注	蔡元培辞职后，由范源濂（静生）继任，其后北京政府教育部代总长先后由刘冠雄、范源濂、傅岳棻、陈振先、董鸿祎兼任。该会选派及会同续延聘会员114余人。派并各省选派会员80人。	北京政府教育部先后由袁希涛、傅岳棻、范源濂兼教育部长，其后先后由刘冠雄、陈振先后兼任。该会选送及会同续延聘会员80余人。	南京国民政府教育部长蒋梦麟时期。该会由部聘委员30余人。	1935年至1938年王世杰任南京国民政府教育部部长，后由陈立夫继任。	1944年底，朱家骅执掌教育部。1945年台湾光复以后，国语推行委员会成立"台湾省国语推行委员会"。

（资料来源：黎锦熙：《国语运动史纲》，上海：商务印书馆，1934年。《本会各期名称及主要人员表》，二档馆藏，教育部档案，案卷号：5-12283; 黎锦熙：《国语周刊》（兰州版）第46期，1946年1月7日。）

（资料来源：黎锦熙：《国语运动史纲》，上海：商务印书馆，1934年。《本会各期名称及主要人员表》，二档馆藏，教育部档案，案卷号：5-12286; 《教育部国语统一筹备委员会最近六年纪略（1928-1934）》，《国语周刊》第139期，1934年5月20日; 《胜利后国语推行委员会改组文件》，《国语周刊》（兰州版）第46期，1946年1月7日。）

征引文献

一、文献典籍

1.（唐）长孙无忌等撰：《隋书·经籍志》（卷一），北京：商务印书馆，1985年。

2.《清实录》（第1、7册），北京：中华书局，1985年影印版。

二、档案资料

未刊档案：

1. 福建省档案馆档案，档案号：1-1-426、24-2-192、82-6-361、2-10-12686。

2. 广东省档案馆档案，档案号：33-1-4、5-2-47、5(2)-62、2(2)-87、5-2-23。

3. 北洋政府教育部档案，中国第二历史档案馆藏，档案号：1057-92、1057-571

4. 南京国民政府档案，中国第二历史档案馆藏，档案号：一-2328-16J-2358、一-6856-16J-2713、一(2)-904-16J-2840、一-437-16J-2189、一-438-16J-2189、一(2)-249-16J-2791。

5. 南京国民政府教育部档案，中国第二历史档案馆藏，档案号：5-12283、5-12284、5-12286、5-12288、5-12289、5-12291、5-12294、5-12295、5-12297、5-12300、5-12301、5-12305、5-12306。

6. 南京国民政府教育部国语推行委员会及中国大辞典编纂处全宗档案,中国第二历史档案馆藏,档案号:614-103、614-106、614-578。

已刊档案:

7. 陈鸣钟、陈兴唐主编:《台湾光复和光复后五年省情》(上、下),南京:南京出版社,1989年。

8. 广东省档案馆编:《民国时期广东省政府档案史料选编 第十届省政府会议录》,广州:广东省档案馆,1988年。

9. 黄英哲、许雪姬、杨彦杰主编:《台湾省编译馆档案》,福州:福建教育出版社,2010年。

10. 薛月顺编:《台湾省政府档案史料汇编——台湾省行政长官公署时期》(一),台北:国史馆印行,1996年。

11. "中央研究院"近代史研究所编:《二二八事件资料选辑》,编者印,1992年。

12. 中国第二历史档案馆编:《中华民国史档案资料汇编·教育》,南京:江苏人民出版社,1979年。

13. 中国第二历史档案馆编:《中国国民党第一、二次全国代表大会会议史料》,南京:江苏古籍出版社,1986年。

14. 中国第二历史档案馆编:《台湾"二二八事件"档案史料》,北京:档案出版社,1991年。

15. 中国第二历史档案馆编:《中华民国档案史料汇编》第三辑教育,南京:江苏古籍出版社,1991年。

16. 中国第二历史档案馆编:《中华民国史档案资料汇编》第五辑第二编教育(二),南京:江苏古籍出版社,1997年。

17. 中国第二历史档案馆编:《中华民国史档案资料汇编》第三编第五辑政治,南京:江苏古籍出版社,1999年。

18. 中国第二历史档案馆编:《中华民国史资料汇编》第五辑第三编教育(一),南京:江苏古籍出版社,2000年。

19. 中国第二历史档案馆、海峡两岸出版交流中心主编:《馆藏民国台湾档案汇编》,北京:九州出版社,2006年。

三、文集、年谱、日记、回忆录、书信集

1. 北京鲁迅博物馆编:《钱玄同日记》(手稿本、影印本),福州:福建教育出版社,1996年。

2. 北京师范大学校史研究室编:《林砺儒文集》(下编),广州:广东教育出版社,1994年。

3. 陈天锡编:《戴季陶先生文存》(卷二),台北:中国国民党中央委员会党史资料委员会,1959年。

4. 陈济棠:《陈济棠自传稿》,台北:传记文学出版社,1974年。

5. 程文、陈岳军编著:《吴玉章往来书信集》,重庆:重庆大学出版社,1993年。

6. 陈寅恪著、陈美延编:《陈寅恪集·金明馆丛稿二编》,北京:生活·读书·新知三联书店,2001年。

7. 陈君葆、谢荣滚主编:《陈君葆日记全集》(卷一),香港:商务印书馆,2004年。

8. 陈鹤琴:《陈鹤琴全集》(第6卷),南京:江苏教育出版社,2008年。

9. 曹伯言整理:《胡适日记全编》,合肥:安徽教育出版社,2001年。

10. 陈原:《陈原语言学论著》(卷三),沈阳:辽宁教育出版社,1998年。

11. 复旦大学语言研究室编:《陈望道文集》(第3卷),上海:上海人民出版社,1981年。

12. 广东省社会科学院历史研究室等编:《孙中山全集》(第1、2、5、6、7卷),北京:中华书局,1981—1985年。

13. 广东省陶行知研究会编:《一代宗师——陶行知诞生100周年纪念文集》,广州:广东教育出版社,1993年。

14. 广东省哲学社会科学研究所历史研究室编:《朱执信集》(增订本)(下册),北京:中华书局,2013年。

15. 高平叔编:《蔡元培全集》,北京:中华书局,1984年。

16. 郭沫若著作编辑出版委员会编:《郭沫若全集·文学编》(第19卷),北京:人民文学出版社,1992年。

17.耿云志、欧阳哲生编：《胡适书信集》，北京：北京大学出版社，1996年。

18.顾颉刚：《顾颉刚全集》(36)，北京：中华书局，2010年。

19.季羡林：《相期以茶：季羡林散文集》，北京：中国言实出版社，2006年。

20.姜义华主编：《胡适学术文集》(语言文字研究)，北京：中华书局，1998年。

21.姜义华等编校：《康有为全集》(第一集)，北京：中国人民大学出版社，2007年。

22.胡愈之：《胡愈之文集》(第3卷)，北京：生活·读书·新知三联书店，1996年。

23.胡适：《南洋杂忆》，上海：国民出版社，1935年。

24.陆费逵：《教育文存》，上海：中华书局，1922年。

25.罗家伦、黄季陆主编：《吴稚晖先生全集》(第3、5卷)，台北：中国国民党中央委员会党史史料编纂委员会出版，1967、1969年。

26.梁启超：《饮冰室合集》，北京：中华书局，1989年。

27.吕叔湘：《吕叔湘文集·语文散论》，北京：商务印书馆，1992年。

28.吕达主编：《陆费逵教育论著选》，北京：人民教育出版社，2000年。

29.黎泽渝、刘庆俄编：《黎锦熙文集》(下)，哈尔滨：黑龙江教育出版社，2007年。

30.鲁国尧：《鲁国尧语言学论文集》，南京：江苏教育出版社，2003年。

31.鲁迅：《鲁迅全集》(第6、15卷)，北京：人民文学出版社，2005年。

32.茅盾：《茅盾全集·散文五集》(第15卷)，北京：人民文学出版社，1987年。

33.马勇编：《章太炎书信集》，石家庄：河北人民出版社，2003年。

34.倪海曙：《倪海曙语文论集》，上海：上海教育出版社，1991年。

35.《聂绀弩全集》编辑委员会编：《聂绀弩全集》(第8卷)，武汉：武汉出版社，2004年。

36.欧阳哲生编：《胡适文集》(第3卷)，北京：北京大学出版社，1998年。

37.欧阳哲生主编：《傅斯年全集》(第7卷)，长沙：湖南教育出版社，

2003 年。

38．欧阳山：《欧阳山文集》，广州：花城出版社，1988 年。

39．(清)龚自珍：《龚定盦全集·第 5 辑》，上海：上海古籍出版社，1999 年。

40．(清)曾纪泽：《曾纪泽日记》，长沙：岳麓书社，1998 年。

41．钱玄同：《钱玄同文集》，北京：中国人民大学出版社，1999 年。

42．瞿秋白：《瞿秋白文集·文学编》(第 3 卷)，北京：人民文学出版社，1989 年。

43．[苏]斯大林著，联共(布)中央马克思恩格斯列宁学院编辑，中共中央马克思恩格斯列宁斯大林著作编译局译：《斯大林全集》(第 2 卷)，北京：人民出版社，1953 年。

44．《孙中山全集》(下册)，出版地不详：三民公司，1927 年。

45．唐德刚：《胡适杂忆》，上海：华东师范大学出版社，1996 年。

46．田仲济：《田仲济文集》(第 1 卷)，南京：江苏文艺出版社，2007 年。

47．《桐乡劳先生(乃宣)遗稿》(第 4 卷)，沈云龙主编：《近代中国史料丛刊》第 36 辑(357)，台北：文海出版社，1973 年。

48．汤志钧编：《章太炎政论选集》(上册)，北京：中华书局，1977 年。

49．陶行知：《陶行知全集》(第 4 卷)，成都：四川教育出版社，2005 年。

50．《王子壮日记》(手稿本)(第 3 册)，台北："中央研究院"近代史研究所，2001 年。

51．《王世杰日记》(手稿本)(第 8 册)，台北："中央研究院"近代史研究所，1990 年。

52．汪叔子编：《文廷式集》(下册)，北京：中华书局，1993 年。

53．王世儒编：《蔡元培日记》(上)，北京：北京大学出版社，2010 年。

54．沈云龙主编：《近代中国史料丛刊》第 37 辑(367)，台北：文海出版社，出版时间不详。

55．(清)吴汝纶：《东游丛录》，东京：三省堂书店，1902 年。

56．吴宓：《吴宓日记》(第 1 册)，北京：生活·读书·新知三联书店，1998 年。

57．吴宓著、吴学昭整理：《吴宓诗话》，北京：商务印书馆，2005 年。

58．(清)吴汝纶撰：《吴汝纶全集》，合肥：黄山书社，2002 年。

59. 吴稚晖著、梁冰弦编:《吴稚晖学术论著》,上海:出版合作社,1927年。

60. 吴浊流:《吴浊流作品集》(第5卷),台北:远行出版社,1977年。

61. 王照、沈云龙主编:《近代中国史料丛刊》第27辑(265),台北:文海出版社,出版时间不详。

62. 夏衍:《懒寻旧梦录》(增补本),北京:生活·读书·新知三联书店,2000年。

63. 杨克煌:《回忆"二二八"起义》,武汉:湖北人民出版社,1955年。

64. 杨恺龄撰编:《民国吴稚晖先生敬恒年谱》,台北:台湾商务印书馆,1981年。

65. 中华职业教育社编:《黄炎培教育文选》,上海:上海教育出版社,1985年。

66. 朱萍、龙升芳主编:《陈望道全集》(第1卷),杭州:浙江大学出版社,2011年。

67. 中国社会科学院科研局编选:《费孝通集》,北京:中国社会科学出版社,2005年。

68. 朱希祖:《癸丑日记》(1913年手稿本),李德龙、俞冰主编:《历代日记丛抄》(第168册),北京:学苑出版社,2006年。

69. 钟逸人:《辛酸六十年:二二八事件二七部队队长钟逸长回忆录》(上),台北:前卫出版社,1995年。

70. 章太炎:《章太炎全集》(三),上海:上海人民出版社,1984年。

71. 周作人:《知堂回想录》,香港:三育图书有限公司,1980年。

72. 朱乔森编:《朱自清全集》(第8卷),南京:江苏教育出版社,1993年。

73. 周有光:《晚年所思》,南京:江苏文艺出版社,2012年。

四、资料汇编

1. 陈江主编:《商务印书馆大事记》,北京:商务印书馆,1987年。

2. 上海市台湾教育参观团编印:《参观台湾教育归来》,1948年。

3.《第一次中国教育年鉴》,台北:传记文学出版社,1971年影印版。

4.丁守和主编:《辛亥革命时期期刊介绍》(第5卷),北京:人民出版社,1987年。

5.福建省教育厅编印:《福建省五年来初等教育》,1939年。

6.福建省教育厅编印:《督学视察报告》(第一种),1929年。

7.福建省教育厅秘书处编:《福建现行教育法规汇编》,福建省教育厅教育周刊发行,1932年。

8.福建省政府秘书处编译室编印:《闽政一年》,1942年。

9.傅无闷编辑:《新福建》(星洲日报四周年纪念刊),星洲日报印,1933年。

10.广东省立勤勤大学教务处编印:《广东省勤勤大学概览》,1937年。

11.广东省政府新闻处编印:《广东省政府工作报告》,1947年。

12.广州市市政厅总务科编:《广州市市政报告汇刊》(1923),广州市政厅印,1924年。

13.广州市政厅编印:《广州市市政汇刊》,1928年。

14.甘肃省社会科学院历史研究所编:《陕甘宁革命根据地史料选辑》(第4辑),兰州:甘肃人民出版社,1985年。

15.顾颉刚搜录:《吴歌甲集》,北京大学研究所国学门歌谣研究会,1926年。

16.国防部新闻局扫荡周报社编印:《二二八事变始末记》,1947年。

17.国立暨南大学南洋文化事业部编印:《南洋华侨教育会议报告》,1930年。

18.广东省立法商学院社会考察团编印:《台湾考察纪要》,1948年。

19.胡绳:《新文字的理论和实践》,上海:大众文化出版社,1936年。

20.教育年鉴编纂委员会编:《第二次中国教育年鉴》,沈云龙主编:《近代中国史料丛刊》第11辑(107),台北:文海出版社,1986年。

21.教育部蒙藏教育司编印:《边疆教育法令汇编》第一辑,1946年。

22.教育部边疆教育司编印:《边疆教育概况》,1947年。

23.教育部蒙藏教育司编印:《边疆教育概况》,1943年。

24.劲雨编著:《台湾事变真相与内幕》,上海:建设书局,1947年。

25.教育部远东区基本教育研究会议筹备委员会编:《中国的基本教

育》,上海:商务印书馆,1947年。

26. 李东华、杨宗霖编校:《罗宗洛校长与台大相关史料集》,台北:台大出版中心,2007年。

27. 李祖基编:《二二八事件报刊资料汇编》,台北:海峡学术出版社,2001年。

28. 刘纪文:《广州市政府三年来施政报告书》,广州市政府印行,1935年。

29. 倪海曙编著:《拉丁化新文字运动的始末和编年纪事》,上海:知识出版社,1987年。

30. 刘建绪:《刘主席言论集》,福建省政府秘书处编译室印行,1942年。

31. 梁复然、李涛编:《亲历者忆:建党风云》,北京:中央文献出版社,2001年。

32. 马福祥编:《蒙藏状况》,南京:蒙藏委员会印行,1931年。

33. 倪海曙编:《中国语文的新生——拉丁化中国字运动二十年论文集》,上海:时代书报出版社,1949年。

34. 屏东市政府编印:《屏东市政府工作概况》,1946年。

35. 钱鹤、刘士木、李则刚合辑:《华侨教育论文集》,国立暨南大学南洋文化事业部,1929年。

36. (清)黄遵宪:《日本国志》(下卷),天津:天津人民出版社,2006年。

37. 故宫博物院编印:《清光绪朝中日交涉史料》卷51,1932年。

38. 钱炳寰编:《中华书局大事纪要》(1912—1954),北京:中华书局,2002年。

39. 荣孟源主编:《中国国民党历次代表大会及中央全会资料》,北京:光明日报出版社,1985年。

40. 舒新城编:《近代中国教育史料》,《民国丛书》第二编(46),上海:上海书店,1990年影印版。

41. 沈永宝编:《钱玄同五四时期言论集》,北京:东方出版社,1998年。

42. 上海市台省教育考察团编印:《台行实录》,1948年。

43.《商务印书馆九十年(1897—1987):我和商务印书馆》,北京:商务印书馆,1987年。

44.《商务印书馆九十五年(1897—1992):我和商务印书馆》,北京:商务印书馆,1992年。

45.《商务印书馆图书目录(1897—1949)》,北京:商务印书馆,1981年。

46. 台湾省政府教育厅第四科编:《社教扩大运动周特刊集》,台湾省政府教育厅印,1947年。

47. 思慕:《中国边疆问题讲话》,上海:生活书店,1937年。

48. 邰爽秋等合选:《历届教育会议议决案汇编》,上海:教育编译馆,1936年。

49.《台南县县政二年》,上海:大明印书局,1948年。

50. 台湾省台南县政府编印:《台南县政表解》,1947年。

51. 台湾省行政长官公署教育处编印:《台湾省教育概况》,1946年。

52. 台湾省政府教育厅编印:《台湾省教育要览》,1947年。

53. 台南县政府编印:《三个月来工作概要》(自1948年3月至6月),出版时间不详。

54. 台中市政府编印:《台中要览》,1947年。

55. 台湾省教育厅编印:《台湾省第一届全省教育会议实录》,1948年。

56. 魏永竹、李宣锋主编:《二二八事件文献补录》,台北:台湾省文献委员会,1994年。

57. 王晓波编:《二二八真相》,台北:海峡学术出版社,2002年。

58. 文字改革出版社编:《清末文字改革文集》,北京:文字改革出版社,1958年。

59. 文字改革出版社编:《推广普通话文件汇编》,北京:文字改革出版社,1985年。

60. 文字改革出版社编:《1913年读音统一会资料汇编》,北京:文字改革出版社,1958年。

61. 王聿均、孙斌合编:《朱家骅先生言论集》,台北:"中央研究院"近代史研究所印,1977年。

62. 万仁元、方庆秋主编:《中华民国史史料长编(民国三十三年)》,南京:南京大学出版社,1993年。

63. 新潮社编:《蔡孑民先生言行录》,北京大学出版部,1920年。

64. 袁克吾：《台湾》（1926），沈云龙主编：《近代中国史料丛刊》续编第51辑（508），台北：文海出版社，1978年。

65. 杨恺龄编：《吴稚晖先生纪念集》，沈云龙主编：《近代中国史料丛刊续编》第13辑（130），台北：文海出版社，1975年。

66. 张志智编：《福建中央日报评论集》（1941年4月—1942年4月），福建中央日报社论编辑委员会印，1942年。

67. 朱麟公编：《国语问题讨论集》，上海：中国书局，1921年。

68. 中共中央文献研究室编：《建国以来重要文献选编》（第8册），北京：中央文献出版社，1994年。

69. 中华民国大学院编：《全国教育会议报告》（1928年5月），沈云龙主编：《近代中国史料丛刊续编》（第43辑）（429），台北：文海出版社，1983年。

70. 中央训练部编印：《华侨教育会议报告书》，1930年。

71. "中央研究院"近代史研究所编印：《二二八事件资料选辑》，1992年。

72. 张博宇编：《台湾地区国语运动史料》，台北：台湾商务印书馆，1974年。

73. 张影辉、孔祥征编：《五四运动在武汉》（史料选辑），武汉：湖北人民出版社，1981年。

74. 张枬、王忍之编：《辛亥革命前十前间时论选集》（第1卷），北京：生活·读书·新知三联书店，1960年。

75. 张帆编：《新生的台湾》，出版地不详：华生通讯社，1946年。

76. 之光：《新文字入门》，北平：新文字研究会，1936年。

77. 彰化市政府编印：《彰化市概览》，1947年。

78. 朱有瓛等编：《中国近代教育史资料汇编·教育行政机构及教育团体》，上海：上海教育出版社，1993年。

79. 中华民国史事纪要编辑委员会编：《中华民国史事纪要》（初稿）（1935年7月至8月份），台北：中华民国史料研究中心，1990年。

80. 中华续行委办会调查特委会编：《中华归主·中国基督教事业统计》（第1卷）（1901—1920），北京：中国社会科学院世界宗教研究所，1985年。

五、史志、文史资料

1. 陈更新、耿彦君主编：《师范群英光耀中华》（第8卷），西安：陕西人民教育出版社，1993年。

2. 广州市政协文史资料研究委员会编：《南天岁月——陈济棠主粤时期见闻实录》，广州：广东人民出版社，1987年。

3. 何瑞瑶：《风云人物小志》，沈云龙主编：《近代中国史料丛刊》第98辑（977），台北：文海出版社，出版日期不详。

4. 吉林省地方志编纂委员会编纂：《吉林省志·教育志》（第37卷），长春：吉林人民出版社，1992年。

5. 李齐念主编：《广州文史资料存稿选编》第6辑（文化教育类），北京：中国文史资料出版社，2008年。

6. 中国人民政治协商会议青海省委员会文史资料研究委员会编印：《青海文史资料选辑》（第13辑），1985年。

7. 全国政协文史资料委员会编：《中华文史资料文库·文化教育编》（第15、17卷），北京：中国文史出版社，1996年。

8. 沈阳市民委民族志编纂办公室编：《沈阳满族志》，沈阳：辽宁民族出版社，1991年。

9. 西藏自治区政协文史资料研究委员会编：《西藏文史资料选辑》（第5辑），拉萨：西藏人民出版社，1985年。

10.《新疆通志语言文字志》编纂委员会：《新疆通志·语言文字志》第76卷，乌鲁木齐：新疆人民出版社，2000年。

11. 杨道正主编：《长沙教育志》，长沙：长沙教育志编纂委员会出版，1992年。

12. 玉溪市地方志编纂委员会编：《玉溪市志》，北京：中华书局，1993年。

13. 中国人民政治协商会议广东省广州市委员会文史资料研究委员会编：《广州文史资料专辑·珠江文苑》，广州：广东人民出版社，1985年。

14. 中国人民政治协商会议辽宁省委员会文史资料委员会编：《"九一八"前学校忆顾》，沈阳：辽宁人民出版社，1991年。

15. 中国人民政治协商会议全国委员会文史资料委员会编:《文史资料选辑》(第40、94辑),北京:文史资料出版社,1994、2000年。

16. 中国人民政治协商会议新疆维吾尔自治区委员会文史资料研究委员会编:《新疆文史资料》(第2辑),乌鲁木齐:新疆人民出版社,1979年。

17. 中国人民政治协商会议新疆维吾尔自治区委员会文史资料研究委员会编:《新疆文史资料选辑》(第20辑),乌鲁木齐:新疆人民出版社,1985年。

18. 中国人民政治协商会议乌鲁木齐委员会文史资料研究委员会编印:《乌鲁木齐文史资料》(第9辑),1985年。

19. 政协齐河县文史资料委员会编印:《齐河文史资料》(第4辑),1996年。

20. 中国人民政治协商会议山东省德州市委员会文史资料研究委员会编印:《德州文史》第2辑,1984年。

21. 中国人民政治协商会议福建省委员会文史资料委员会编印:《福建文史资料》(第9、12、14辑),1985、1986、1996年。

22. 中国人民政治协商会议内蒙古自治区委员会文史资料研究委员会编印:《内蒙古文史资料选辑——准格尔史料专辑》(第28辑),1987年。

23. 中国人民政治协商会议山东省沂水县委员会文史资料工作委员会编印:《沂水县文史资料》(第10辑),1999年。

24. 政协义乌县委员会秘书处编印:《义乌文史资料》(第1辑),1984年。

25. 中国人民政治协商会议山西省盂县委员会文史资料研究会编印:《盂县文史资料》(第1辑),1986年。

六、研究著作(部分列出)

1. 艾伟编:《初级教育心理学》,北京:商务印书馆,1933年。

2. 艾伟:《汉字问题》,上海:中华书局,1949年。

3. [澳]费约翰著、李恭忠等译:《唤醒中国——国民革命中的政治、文化与阶级》,北京:生活·读书·新知三联书店,2004年。

4. Arthur M.Lewis 著、殷凯译:《演说术》,上海:太平洋书店,1924年。

5. 岑麒祥编著：《语言学史概要》，北京：世界图书出版公司，2011年。

6. 曹树勋：《边疆教育新论》，正中书局，1945年初版。

7. 陈蕴茜：《崇拜与记忆：孙中山符号的建构与传播》，南京：南京大学出版社，2009年。

8. 程美宝：《地域文化与国家认同——晚清以来"广东地域观"的形成》，北京：生活·读书·新知三联书店，2006年。

9. 陈光垚：《简字论集续集》，启明学社，1933年。

10. 曹伯韩：《通俗文化与语文》，重庆：读书出版社，1946年。

11. 陈万雄：《五四新文化的源流》，北京：生活·读书·新知三联书店，1997年。

12. 陈谷嘉、邓洪波主编：《中国书院制度研究》，杭州：浙江教育出版社，1997年。

13. 戴仁著、李桐实译：《上海商务印书馆1897—1949》，北京：商务印书馆，2000年。

14. 费迪南·索绪尔著、裴文译：《普通语言学教程》，南京：江苏教育出版社，2001年。

15. 方师铎：《五十年来中国国语运动史》，台北：国语日报出版社，1969年。

16. 费孝通：《乡土中国生育制度》，北京：北京大学出版社，1998年。

17. [法]福柯著，谢强、马力译：《知识考古学》，北京：生活·读书·新知三联书店，2003年。

18. 高长柱编著：《边疆问题论文集》，正中书局，1941年初版。

19. 郭后觉编：《闽粤语与国语对照集》，上海：儿童书局，1938年。

20. 古楳编：《现代中国及其教育》（下），《民国丛书》第四编（42），上海：上海书店，1992年影印版。

21. 高本汉著、张世禄译：《中国语与中国文》，上海：商务印书馆，1933年。

22. 胡以鲁编纂：《国语学草创》，上海：商务印书馆，1923年。

23. 胡绳：《新文字的理论和实践》，上海：大众文化社，1936年。

24. 简后聪：《台湾史》，台北：五南出版社，2002年。

25. 蒋中正:《中国之命运》(增订本),正中书局,1944年。

26. 蒋中正:《中国之命运》,正中书局,1943年。

27. 刘曼卿:《边疆教育》,上海:商务印书馆,1937年。

28. 黎洁华、虞伟:《戴季陶传》,广州:广东人民出版社,2003年。

29. 乐嗣炳编:《国语学大纲》,上海:大众书局,1935年。

30. 黎锦熙:《国语运动史纲》,上海:商务印书馆,1934年。

31. 黎锦熙:《汉语规范化论丛》,北京:文字改革出版社,1963年。

32. 黎锦熙编:《注音汉字》,上海:商务印书馆,1936年。

33. 李乐毅:《简化字源》,北京:华语教学出版社,1996年。

34. 罗志田:《裂变中的传承——20世纪前期的中国文化与学术》,北京:中华书局,2003年。

35. 李宗黄:《模范之广州市》,上海:商务印书馆,1929年。

36. 林炳铨整理:《中国当代文学研究资料·欧阳山专集》,福建师范大学中文系现代文学教研室印行,1979年。

37. 李孝悌:《清末的下层社会启蒙运动:1901—1911》,石家庄:河北教育出版社,2001年。

38. 刘翔等编著:《商周古文字读本》,北京:语文出版社,1989年。

39. 刘复、李家瑞编:《宋元以来俗字谱》,国立中央研究院历史语言研究所单刊,1930年。

40. 刘登翰主编:《文化亲缘与两岸关系:以闽台为中心的考察》,北京:九州出版社,2003年。

41. 梁启超:《新大陆游记》,上海:商务印书馆,1916年。

42. 卢戆章:《一目了然初阶》(中国切音新字厦腔)(1892),北京:文字改革出版社,1956年。

43. 罗一东:《演说学》,出版地不详,1930年。

44. 刘进才:《语言运动与中国现代文学》,北京:中华书局,2007年。

45. 李雅森:《粤南万里行:东亚新闻记者代表大会赴约纪行》,奉天东亚书店,1942。

46. 刘梦溪主编:《中国现代学术经典·胡适卷》,石家庄:河北教育出版社,1996年。

47. 刘梦溪主编:《中国现代学术经典·顾颉刚卷》,石家庄:河北教育出版社,1996年。

48. 马鹤天:《甘青藏边区考察记》(第1—2编),上海:商务印书馆,1947年。

49. [美]列文森著、郑大华等译:《儒教中国及其现代命运》,北京:中国社会科学出版社,2000年。

50. [美]本尼迪克特·安德森著、吴叡人译:《想象的共同体:民族主义的起源与散布》,上海:上海人民出版社,2005年。

51. 倪海曙:《清末汉语拼音运动编年史》,上海:上海人民出版社,1959年。

52. 倪海曙:《中国拼音文字概论》,上海:时代书报出版社,1948年。

53. 倪海曙:《中国拼音文字运动史简编》,上海:时代书报出版社,1948年。

54. 裘锡圭:《文字学概要》,北京:商务印书馆,2013年修订版。

55. [日]小森阳一著、陈多友译:《日本近代国语批判》,长春:吉林人民出版社,2003年。

56. [日]依田憙家著、卞立强译:《日中两国近代化比较研究》(增订本),北京:北京大学出版社,1991年。

57. [日]冈野英太郎著、王蕃清等译:《演说学》,直隶教育图书局,1912年。

58. 矢内原忠雄著、周宪文译:《日本帝国主义下之台湾》(1929),台北:帕米尔书店,1985年。

59. 申国昌:《守本与开新:阎锡山与山西教育》,济南:山东教育出版社,2008年。

60. 韶华:《谈天说地》,北京:群众出版社,1995年。

61. 田海蓝:《欧阳山评传》,北京:中国文史出版社,2008年。

62. 谭彼岸:《晚清的白话文运动》,武汉:湖北人民出版社,1956年。

63. 王奇生:《党员、党权与党争:1924—1949年中国国民党的组织形态》,上海:上海书店,2009年第2版。

64. 王照:《官话合声字母》,北京:文字改革出版社,1957年影印版。

65. 王了一：《汉字改革》，长沙：商务印书馆，1940年。

66. 王钟翰：《清史新考》，沈阳：辽宁大学出版社，1997年。

67. 王明珂：《羌在汉藏之间：川西羌族的历史人类学研究》，北京：中华书局，2008年。

68. 王汎森：《晚明清初思想十论》，上海：复旦大学出版社，2008年。

69. 汪怡：《新著国语发音学》，上海：商务印书馆，1924年。

70. 许地山：《国粹与国学》，上海：商务印书馆，1947年。

71. 萧迪忱选：《汉字改革论文选》，济南：山东省立民众教育馆，1935年。

72. 徐子为、潘公昭：《今日的台湾》，上海：中国科学图书仪器公司，1948年再版。

73. 喜饶尼玛、苏发祥编著：《蒙藏委员会档案中的西藏事务》，北京：中央民族大学出版社，2006年。

74. ［新加坡］谢世涯：《新中日简体字研究》，北京：语文出版社，1989年。

75. 徐乃翔主编：《中国现代作家评传》（第3卷），济南：山东教育出版社，1986年。

76. 叶赖士：《拉丁化概论》，上海：天马书店，1935年。

77. 于锦恩：《民国注音字母政策史论》，北京：中华书局，2007年。

78. ［英］埃里克·霍布斯鲍姆著、李金梅译：《民族与民族主义》，上海：上海人民出版社，2000年。

79. 叶宝奎：《明清官话音系》，厦门：厦门大学出版社，2001年。

80. 杨慧：《思想的行走——瞿秋白"文化革命"思想研究》，北京：商务印书馆，2012年。

81. 俞湘文：《西北游牧藏区之社会调查》，上海：商务印书馆，1947年。

82. 余楠秋编：《演说学概要》，上海：中华书局，1934年。

83. 周振鹤、游汝杰著：《方言与中国文化》（第2版），上海：上海人民出版社，2006年。

84. 庄嘉农：《愤怒的台湾》，香港：智源书局，1949年。

85. 张书岩等编著：《简化字溯源》，北京：语文出版社，1997年。

86. 朱文熊：《江苏新字母》，北京：文字改革出版社，1957年。

87. 周辨明：《拉丁化呢？国语罗马字呢？》，厦门大学语言学系刊行，

1936年。

88.宗延虎编:《名家论学:郑子瑜先生受聘复旦大学顾问教授志念文集》,上海:复旦大学出版社,1988年。

89.张涤非:《土语拉丁化批判》,抗战出版社,1938年。

90.周敏之:《王照研究》,长沙:湖南人民出版社,2002年。

91.詹玮:《吴稚晖与国语运动》,台北:文史哲出版社,1992年。

92.张彬主编:《浙江教育史》,杭州:浙江教育出版社,2006年。

93.张朋园:《知识分子与近代中国的现代化》,南昌:百花洲文艺出版社,2002年。

94.周其厚:《中华书局与近代文化》,北京:中华书局,2007年。

95.周作人讲校、邓恭三记录:《中国新文学的源流》,北平:人文书店,1932年。

96.《中国文字论集》(上册),台北:中国文字学会,1955年。

七、研究文章(部分列出)

1.白纯:《台湾省行政长官公署论析(1945.10—1947.4)》,《历史档案》2003年第2期。

2.毕苑:《经学教育的淡出与近代知识体系的转移:以修身和国语教科书为中心的分析》,《人文杂志》2007年第2期。

3.岑麒祥:《方言调查方法概论》,《语言文学专刊》第1卷第1期,1936年。

4.陈觉全:《广州市推行普通话(国语、官话)史略》,《岭南文史》1996年第1期。

5.陈平原:《有声的中国——“演说”与近现代中国文章变革》,《文学评论》2007年第3期。

6.村田雄二郎:《孙中山与辛亥革命时期的“五族共和”论》,《广东社会科学》2004年第5期。

7.村田雄二郎著、赵京华译:《五四时期的国语统一论争——从“白话”到“国语”》,王中忱等编:《东亚人文·第一辑》,北京:生活·读书·新知三联书店,2008年。

8.胡全章:《被遮蔽的风景:清末民初北京白话报刊演说文》,《中国图书评论》2011年第8期。

9.黄岭峻:《从大众语运动看30年代中国知识分子的主体意识》,《近代史研究》1994年第6期。

10.黄天华:《民族意识与国家观念——抗战前后关于"中华民族是一个"的论争》,中国社会科学院近代史研究所民国史研究室、四川师范大学历史文化学院编:《1940年代的中国》(下卷),北京:社会科学文献出版社,2009年。

11.黄兴涛:《现代"中华民族"观念形成的历史考察——兼论辛亥革命与中华民族认同之关系》,《浙江社会科学》2002年第1期。

12.黄英哲:《魏建功与光复后台湾国语运动(1946—1948)》,刘柏林、胡令远编:《中日学者中国学论文集——中岛敏夫教授汉学研究五十年志念文集》,上海:复旦大学出版社,2006年。

13.黎锦熙:《鲁迅与注音符号》,《师大月刊》第30期,1936年10月。

14.李伯重:《八股之外:明清江南的教育及其对经济的影响》,《清史研究》2004年第1期。

15.李宇明:《清末文字改革家的方言观》,《方言》2002年第3期。

16.林语堂:《闽粤方言之来源》,《国立中山大学语言历史学研究所周刊方言专号》第8集,第85—87期合刊,1929年6月26日。

17.刘进才:《国语运动与现代民族国家的想象》,《人文杂志》2010年第4期。

18.鲁国尧:《台湾光复后的国语推行运动和〈国音标准汇编〉》,《语文研究》2004年第4期。

19.罗志田:《近代中国思想史研究的两点反思》,《社会科学研究》2009年第2期。

20.罗志田:《清季围绕万国新语的思想论争》,《近代史研究》2001年第4期。

21.毛瀚:《保护方言为哪般》,《二十一世纪》(香港)2004年第6期。

22.彭春凌:《以"一返方言"抵抗"汉字统一"与"万国新语"——章太炎

关于语言文字问题的论争（1906—1911）》，《近代史研究》2008年第2期。

23. 仇志群：《台湾推行国语的历史和现状》，《台湾研究》1994年第4期。

24. ［日］炳谷行人：《民族主义与书写语言》，《学人》第9辑，1996年。

25. 桑兵：《文与言的分与合——重估五四时期的白话文》，《社会科学战线》2010年第10期。

26. 沈松桥：《我以我血荐轩辕——黄帝神话和晚清的国族建构》，《台湾社会研究季刊》1997年第28期。

27. 苏云峰：《康有为主持下的万木草堂》，《"中央研究院"近代史研究集刊》（台湾）1972年第3期。

28. 汪晖：《方言土语与抗日战争时期"民族形式"的论争》，《学人》第10辑，1996年。

29. 汪家熔：《陆费逵人品和创办中华书局动机考辨》，《中国编辑》2006年第1期。

30. 汪林茂：《清末文字改革：民族主义与文化运动》，《学术月刊》2007年第10、11期。

31. 汪毅夫：《魏建功等"语文学术专家"与光复初期台湾的国语运动》，《东南学术》2002年第6期。

32. 王东杰：《"声入心通"：清末切音字运动和"国语统一"思潮的纠结》，《近代史研究》2010年第5期。

33. 王东杰：《从文字变起：中西学战中的清季切音字运动》，《中山大学学报》（社会科学版）2009年第1期。

34. 王东杰：《口头表达与现在政治：清季民初社会变革中的"言语文化"》，《学术月刊》2009年第12期。

35. 王东杰：《一国两文：清季切音字运动中"国民"与"国粹"的紧张》，《学术月刊》2010年第8、9期。

36. 王尔敏：《中国近代知识普及化之自觉及国语运动》，《"中央研究院"近代史研究所集刊》（台北）1982年第11期。

37. 吴克泰：《台湾"二二八"起义亲历者的评说》，《炎黄春秋》2000年第3期。

38. 吴元康整理：《胡适史料补阙》，《民国档案》2006年第4期。

39. 徐百永、撒仁娜:《国民政府时期的国立拉萨小学及其创办之意义》,《西藏研究》2008年第1期。

40. 许寿椿:《评对拼音文字"言文一致"的误解和迷信》,《汉字文化》1992年第3期。

41. 叶宝奎:《民初国音的回顾与反思》,《厦门大学学报》2007年第5期。

42. 喻忠恩,《政治话语与语言教育:20世纪20年代后期的广东国语运动》,《井冈山大学学报》(社会科学版)2010年第5期;

43. 喻忠恩:《"两广事变"后的广东国语运动》,《开放时代》2009年第4期。

44. 袁红涛:《"白话"与"国语":从国语运动认识文学革命》,《四川大学学报》(哲学社会科学版)2005年第1期。

45. 张迎春:《"雅""俗"观念自先秦至汉末衍变及其文学意义》,《文学评论》1996年第3期。

46. 张永:《从"十八星旗"到"五色旗"——辛亥革命时期从汉族国家到五族共和国家的建国模式转变》,《北京大学学报》(哲学社会科学版),2002年第2期。

47. 张正明、张乃华:《论孙中山的民族主义》,《纪念辛亥革命七十周年学术讨论会论文集》(下册),北京:中华书局,1983年。

48. 周竞红:《从汉族主义到中华民族主义——清末民初国民党及其前身组织的边疆民族观转型》,《民族研究》2006年第4期。

49. 周文玖、张锦鹏:《关于"中华民族是一个"学术论辩的考察》,《民族研究》2007年第3期。

八、外文

1. 菅野敦志,〈台湾における「简体字论争」—国民党の「未完の文字改革」とその行方—〉,《日本台湾学会报》第6号,2004年.

2. Evelyn Sakakida Rawski, *Education and Popular Literacy in Ch'ing China*, Ann Arbor: University of Michigan Press, 1979.

3. John de Francis, *Nationalism and Language Reform in China*, Princeton:

Princeton University Press,1950.

4. Pierre Bourdieu, *Language and Symbolic Power*, Massachusetts: Harvard University Press, 1991.

5. Victor H.Mair, "Buddhism and the Rise of the Written Vernacular in East Asia: The Making of National Languages", The Journal of Asian Studies, Vol.53, No.3. (August.1994).

6. W.K.CHENG, "Enlightenment and Unity: Language Reformism in Late Qing China", Modern Asian Studies35, 2(2001).

九、报刊（部分列出）

《安徽俗话报》《北京大学日刊》《边疆半月刊》《边政公论》《朝报》（南京）《晨报》（北京）《晨报》（上海）《大公报》《独立评论》《歌谣周刊》《观察》《广东教育》《广东省政府公报》《广州民国日报》《国粹学报》《国闻周报》《国立台湾大学校刊》《国文月刊》《国语报》《国语通讯》《国语月报》《国语月刊》《国语周刊》《集美周刊》《甲寅周刊》《教与学》《江西省政府公报》《教育杂志》《论语半月刊》《民报》《民国日报》（上海）、《全国国语运动大会会刊》《三民主义半月刊》《申报》《盛京时报》《时事新报》（上海）、《私立岭南大学校报周刊》《台湾省行政长官公署公报》《台湾省政府公报》《台湾文化》《文学月报》《文化与教育》《新华日报》《新教育》《新青年》《新文字半月刊》《政论半月刊》《中国边疆》《中华教育界》《中央党务公报》《中央日报》《中央周刊》《中国文化》等。

说明：征引文献按照拼音首字母顺序排列。文中档案号注释，凡两组数字者，第一组为全宗号，第二组是案卷号（或缩微号）。凡三组数字者，第一组为全宗号，第二组是目录号，第三组是案卷号。

后　记

这本书是在我的博士论文的基础上修改而成的。

2004年，我进入南京大学历史系读研，其间在导师陈蕴茜教授的指导下，研读了一些有关民族主义理论和近代中国国家建设的著作，陈老师提示我要特别关注语言问题与民族国家建设、政治权力的重要关联。在与陈老师商量之后，我最后确定将近代国语运动作为硕士论文的选题。虽然确定了这个选题，但心中不免忐忑，因为近代国语运动不仅仅属于历史学的议题，更涉及语言学的知识。就我个人能力而言，驾驭这个题目有非常大的难度。为了保险起见，我主要从历史学角度来构思论文的内容。在撰写硕士论文之前，我主要利用南京的史料优势，在中国第二历史档案馆查阅了南京国民政府教育部国语推行委员会及中国大辞典编纂处全宗档案和南京国民政府教育部有关语文改革的全部档案。除了抄录档案资料之外，我通过各种途径查阅了国家图书馆、南京图书馆、上海图书馆、南京大学图书馆等地所藏民国报纸、期刊和著作上所载与近代文字改革相关的资料。最后，以这两部分的资料作为核心史料来撰写论文。因个人研究能力和写作时间限制，我的硕士论文对国语运动相关问题的论述远不够深入和全面。

2007年，我又跟随胡成教授攻读博士学位，原本想另换选题，但一直未找到更好的题目，后又征求胡老师的意见，决定继续做国语运动的研究。胡老师同意我继续做国语运动的研究，给了我相当大的支持。不过，他也一再提醒我，青年学人做思想文化史的研究有诸多不足，容易流于空泛，要从问题着手，将研究具体化、地方化。在这一思路的指引下，我又将近代国语运动的研究视角延伸至蒙藏边疆、广东、福建和台湾等地的推广实践，拓展了国语运动的研究内容。

从读硕期间确定选题、查找资料，到2010年4月份完成博士论文初稿并进行答辩，同年7月份我进入安徽师范大学工作，又断断续续对论文进行了一些修改，增加了一些内容。到文稿正式出版时，其间差不多间隔了十年左右的时间。在这期间，学术界关于近代语文改革的研究成果不断涌现。一方面，我在学习和阅读这些相关研究论著之时，不禁自惭形秽，深感自己研究的不足；但另一方面，我心中也暗自庆幸，当初在纠结和不安的压力之下并没有放弃这个选题。研究这个议题的人越多，也足见这一议题的学术价值。

在文稿即将出版之际，我想借此机会感谢那些曾经教导和帮助过我的诸位师友。

我的博士论文成稿之后，胡成教授和陈蕴茜教授首先对论文初稿提出了诸多修改意见。尽管我尽全力修改，但由于个人能力所限，论文仍远远没有达到他们的要求。博士论文答辩时，南京大学李良玉教授、马俊亚教授、朱宝琴教授、张生教授，南京师范大学张连红教授、中国第二历史档案馆曹必宏研究员在百忙之中抽出时间对博士论文初稿提出了宝贵的修改和评阅意见。

在论文写作的过程中，杨成龙、蒋宝麟、李恒俊、严海建、王春林、杨荣庆等同窗好友代我查阅、复印论文资料和修改论文。中国第二历史档案馆、广东省档案馆、福建省档案馆、南京图书馆、上海图书馆、安徽省图书馆、南京大学图书馆、安徽师范大学图书馆为我查阅相关资料提供了便利的服务。

我在安徽师范大学政治学院工作期间，一直得到张奇才教授、高正礼教授和姚宏志教授等学院领导和同仁的照顾帮助。特别感谢胡安全教授在文稿出版之前，为文稿撰写推荐意见。文稿能出版得益于安徽师范大学出版社各位编辑的辛苦工作，同时也得到了安徽师范大学学术著作出版基金的资助。文稿部分内容曾在《中共党史研究》《抗日战争研究》《史林》《历史档案》《史学集刊》《北京社会科学》《江淮论坛》《学术界》等学术期刊上发表，各位审稿专家对文稿提出了不少建设性的意见。在此，一并向他们表示感谢。

最后，我要感谢的是我的家人。我的学业和工作给他们增添了繁重的家庭负担，他们默默无闻的辛劳和支持是我人生前进最大的动力。这本书就是献给他们的。

2010年4月初稿写于南京大学

2017年3月修改于安徽师范大学